>>> 绿色交通建设与维护丛书

# 铁路钢-混凝土组合桥梁的动力性能计算和振动控制方法

朱 力 著

中国建设科技出版社 有限责任公司
China Construction Science and Technology Press Co., Ltd.

北 京

图书在版编目（CIP）数据

铁路钢-混凝土组合桥梁的动力性能计算和振动控制方法 / 朱力著 . -- 北京：中国建设科技出版社有限责任公司，2025.5. -- （绿色交通建设与维护丛书）.
ISBN 978-7-5160-4426-1

Ⅰ.U448.13

中国国家版本馆 CIP 数据核字第 2025JV2156 号

铁路钢-混凝土组合桥梁的动力性能计算和振动控制方法
TIELU GANG-HUNNINGTU ZUHE QIAOLIANG DE DONGLI XINGNENG JISUAN HE ZHENDONG KONGZHI FANGFA
朱　力　著

| | |
|---|---|
| 出版发行： | 中国建设科技出版社有限责任公司 |
| 地　　址： | 北京市西城区白纸坊东街 2 号院 6 号楼 |
| 邮　　编： | 100054 |
| 经　　销： | 全国各地新华书店 |
| 印　　刷： | 北京印刷集团有限责任公司 |
| 开　　本： | 787mm×1092mm　1/16 |
| 印　　张： | 12.75 |
| 字　　数： | 300 千字 |
| 版　　次： | 2025 年 5 月第 1 版 |
| 印　　次： | 2025 年 5 月第 1 次 |
| 定　　价： | **78.00 元** |

本社网址：www.jskjcbs.com，微信公众号：zgjskjcbs
请选用正版图书，采购、销售盗版图书属违法行为
**版权专有，盗版必究**。本社法律顾问：北京天驰君泰律师事务所，张杰律师
举报信箱：zhangjie@tiantailaw.com　　举报电话：（010）63567684
本书如有印装质量问题，由我社事业发展中心负责调换，联系电话：（010）63567692

# 前言 PREFACE

近年来,随着我国高速铁路网的快速发展和铁路运输需求持续增长,铁路钢-混凝土组合桥梁凭借自重轻、跨越能力大、施工便捷及经济效益显著等优势,成为现代铁路桥梁工程领域的重要发展方向。然而,在列车长期动荷载与环境因素的耦合作用下,组合桥梁面临时变效应、疲劳损伤等一系列突出问题,其在车桥耦合作用下的动力性能与振动控制问题,已成为制约桥梁安全高效服役的关键因素。

国内外学者围绕钢-混凝土组合桥梁的动力性能与振动控制,在时变效应、车桥耦合系统、疲劳可靠度及振动控制等方面开展了大量研究,但随着工程实践不断深入,仍存在诸多亟待解决的技术难题。本书基于作者在铁路钢-混凝土组合桥梁动力性能与振动控制领域的科研成果及工程实践经验,系统梳理了该领域的研究进展,深入探讨了考虑时变效应、滑移、剪力滞等因素的钢-混凝土组合桥梁动力性能计算与振动控制理论及方法。从基础理论出发,构建了考虑滑移、剪力滞和时变效应的有限梁单元,建立了列车-组合箱梁耦合时变系统动力分析模型,开展了考虑时变效应的车桥动力分析、组合梁桥动力疲劳性能分析与可靠性评估,同时针对车桥耦合作用下的振动问题,提出了被动控制与混合控制等有效解决方案。

本书基于作者承担的国家自然科学基金课题撰写而成,主要研究铁路钢-混凝土组合桥梁的动力性能计算和振动控制方法。本书内容完整,针对性强,实用性好,撰写兼顾学术深度与工程实用性,既可作为高等院校土木工程、铁道工程专业研究生教材,也能为桥梁设计、施工与运维技术人员提供理论参考。

本书共分7章,第1章绪论,第2章钢-混凝土组合箱梁滑移、剪力滞和时变效应的有限梁单元,第3章列车-组合箱梁耦合时变系统动力分析模型,第4章考虑时变效应的车桥动力分析,第5章考虑时变效应的组合箱梁桥动力疲劳性能分析与可靠性评估,第6章车桥耦合作用下钢-混凝土组合箱梁桥被动控制,第7章车桥耦合作用下钢-混凝土组合箱梁桥混合控制。

由于作者水平有限,书中难免存在错漏与不足之处,恳请专家同行和读者批评指正。

著 者
2025 年 5 月

# 目录 CONTENTS

**1 绪论** — 1
    1.1 钢-混凝土组合箱梁时变效应的研究进展 / 1
    1.2 车桥耦合系统的研究进展 / 2
    1.3 桥梁附加变形对车桥耦合系统动力响应影响的研究进展 / 2
    1.4 桥梁疲劳可靠度研究进展 / 3
    1.5 振动控制研究进展 / 4
    1.6 本书研究论述的主要内容 / 10

**2 钢-混凝土组合箱梁滑移、剪力滞和时变效应的有限梁单元** — 13
    2.1 概述 / 13
    2.2 钢-混凝土组合箱梁剪力滞效应以及界面滑移介绍 / 13
    2.3 组合箱梁的分析模型 / 15
    2.4 分析模型的数值计算过程 / 18
    2.5 验证有限梁单元模型 / 22
    2.6 有限梁单元模型的应用 / 25
    2.7 本章小结 / 30

**3 列车-组合箱梁耦合时变系统动力分析模型** — 32
    3.1 概述 / 32
    3.2 精细的钢-混凝土组合箱梁动力分析模型 / 32
    3.3 经典的列车动力分析模型 / 42
    3.4 刚柔耦合列车-组合箱梁动力分析模型 / 45
    3.5 本章小结 / 60

**4 考虑时变效应的车桥动力分析** — 62
    4.1 概述 / 62
    4.2 考虑时变效应的车桥动力模型 / 62
    4.3 时变效应对三跨简支钢-混凝土组合箱梁桥动力响应的影响 / 71
    4.4 时变效应对三跨连续钢-混凝土组合箱梁桥动力响应的影响 / 82
    4.5 本章小结 / 94

**5 考虑时变效应的组合箱梁桥动力疲劳性能分析与可靠性评估** — 95
    5.1 概述 / 95

5.2 关键部位应力时程 / 96
5.3 钢-混凝土组合箱梁桥长期疲劳损伤评估 / 101
5.4 结构可靠度基本原理及方法 / 102
5.5 疲劳极限状态函数 / 105
5.6 随机变量概率分布特性研究 / 106
5.7 可靠度指标的计算 / 114
5.8 本章小结 / 115

# 6 车桥耦合作用下钢-混凝土组合箱梁桥被动控制 — 117

6.1 概述 / 117
6.2 MTMDs 系统动力分析模型 / 117
6.3 列车-组合箱梁-MTMDs 耦合系统动力分析模型 / 118
6.4 车桥耦合作用下 MTMDs 系统的优化设计 / 119
6.5 车桥耦合作用下 MTMDs 系统减振影响因素分析 / 126
6.6 本章小结 / 146

# 7 车桥耦合作用下钢-混凝土组合箱梁桥混合控制 — 147

7.1 概述 / 147
7.2 MR-TMD 系统动力分析模型 / 147
7.3 列车-组合箱梁-MR-TMD 耦合系统动力分析模型 / 150
7.4 基于车桥耦合作用的混合控制策略 / 151
7.5 车桥耦合作用下 MR-TMD 系统减振影响因素分析 / 161
7.6 本章小结 / 180

附录 A 形函数矩阵 $[N_c]_{6×18}$、$[N_s]_{6×18}$、$[N_{sl}]_{1×18}$ 和 $[N_F]_{9×18}$ — 182

附录 B 与钢-混凝土组合箱梁系统有关的矩阵元素 — 183

附录 C 与列车系统有关的矩阵元素 — 185

附录 D 与刚柔耦合列车-组合箱梁系统有关的矩阵元素 — 186

附录 E 形函数矩阵 $N_{se}$、$N_{he}$ — 191

附录 F MTMDs 系统与钢-混凝土组合箱梁系统耦合的矩阵元素 — 192

附录 G MR-TMD 与钢-混凝土组合箱梁耦合的矩阵元素 — 193

参考文献 — 194

# 1 绪 论

## 1.1 钢-混凝土组合箱梁时变效应的研究进展

混凝土的收缩徐变会对钢-混凝土组合箱梁长期性能产生影响，因此，在时变效应、滑移效应、剪力滞效应综合作用下，组合梁的受力性能会更加复杂。国际学者针对组合梁由于混凝土收缩徐变效应产生的时变行为的计算方法做过一定研究。对于收缩效应，由于混凝土收缩应变与应力状态无关，故计算时相当于给结构施加初应变，处理方法较为简单。对于徐变效应，由于混凝土徐变应变与应力状态相关，不仅与当前应力状态相关，还与整个应力历史相关，计算起来较为复杂。一般分步法和单步代数法是研究结构徐变行为常用的求解方法。使用单步代数法，如有效模量（EM）法、平均应力（MS）法以及按龄期调整有效模量（AAEM）法，利用各种求积公式来处理数值积分，其中应力历史可以忽略，但求解精度会受到影响。

Baant 基于数值积分中的中点法则和梯形法则，提出了一种通用的逐步计算法来求解数值积分，但是这种方法在求解过程中需要存储每个时间点的全部徐变应力历史。因此，与其他方法相比，求解时间和计算成本更高。上述问题后续已经被 Baant 和 Wu 解决。Bazant 和 Wu 基于 Maxwell 的流变本构模型提出新的数值积分方法，该方法仅需要上一个时间步的应力和应变结果。Jurkiewiez 等将基于 Maxwell 流变本构模型的逐步增量法引入组合梁考虑界面滑移和时变效应的一维模型中。Gilbert 和 Bradford 对 2 根两跨连续组合梁进行了 340d 的长期性能试验，指出混凝土时变效应对连续组合梁的受力性能有重要影响。Dezi 等通过引入剪力滞翘曲形函数，开发考虑界面滑移与剪力滞效应的 13 个自由度的组合梁有限梁单元，并采用逐步计算法求解了组合梁的时变效应。

与国外相比，国内针对组合梁长期性能的研究在时间上稍显滞后。薛伟辰等对预应力组合梁的长期性能展开试验研究，并基于按龄期调整的有效模量法提出考虑界面滑移与时变效应的组合梁有限梁单元模型。孙海林等基于 MC90 收缩和徐变模型与纤维模型以及有限元方法编制了计算程序，对长期荷载作用下的简支钢-混凝土组合箱梁变形进行了分析，并且计算结果与试验结果相吻合。樊健生等展开组合梁负弯矩长期性能试验研究，基于逐步计算法建立了相应的组合梁一维分析模型，通过引入混凝土板的受拉刚化效应，该模型可用来预测混凝土裂缝宽度随时间的发展情况。Zhu 等比较了采用一般步进法与单步代数法模型的求解结果，发现除简支组合梁剪切翘曲位移外，单步代数法能很好地预测组合梁的时变特性。

对于滑移效应的研究主要有三种手段：基于有限元理论，采用内置自由度、弹簧单元模拟混凝土板及钢箱间的滑移效应；开发考虑滑移效应的钢-混凝土组合箱梁单元；采用解析法建立考虑滑移效应的钢-混凝土组合箱梁控制方程。对钢-混凝土组合箱梁的剪力滞效应的研究则主要采用解析解方法和数值计算方法。

## 1.2　车桥耦合系统的研究进展

当前对于桥梁-列车耦合系统动力响应的研究主要致力于完善车辆模型。国际上，多采用簧上质量、简谐荷载、移动质量及多刚体弹簧-阻尼系统等车辆模型来模拟车辆的动力作用。张楠、夏禾、郭薇薇等在23个自由度车辆模型的基础上增加了轮对的侧滚自由度，建立了27个自由度的车辆模型。Au等对移动铁路列车作用下斜拉桥的振动响应进行了研究，研究包括随机样本数量、阻尼、铁路轨道质量等级以及列车车辆初始运动状态等因素的影响。

针对钢-混凝土组合箱梁桥-列车耦合系统的研究，各国学者也进行了初步探索。Zhou等利用Hamilton原理，建立考虑剪力滞效应、滑移以及转动惯量的钢-混组合箱梁控制微分方程，并在相应的边界条件的基础上，推导出不同边界类型的钢-混组合箱梁固有频率方程。Wang等利用梁单元模拟混凝土板及钢箱梁、纵向水平弹簧模拟栓钉连接件，建立考虑滑移效应的钢-混组合梁车桥耦合分析模型，分析滑移效应对组合梁-车辆耦合系统动力响应的影响规律。Üiker-Kaustell等基于连续小波变换理论，对一座单跨道砟桥面的钢-混组合梁铁路桥的一阶竖向自振频率与等效粘滞阻尼比的振幅相关性展开了研究。Liu等以工字钢-混凝土组合箱梁桥、钢箱-混凝土组合箱梁桥为研究对象，针对钢-混组合梁车桥耦合系统动态评估和建模问题展开了研究。Zhu等基于有限元理论、Euler-Bernoulli梁理论和能量法原理推导出钢-混组合梁-车辆耦合系统振动方程，并用Newmark-$\beta$逐步时间积分法求解，分析了在重载列车作用下滑移效应及剪力滞效应对钢-混组合梁桥与列车动力响应的影响。陈超等基于Vlasov薄壁杆件约束扭转理论与Umansky第二扭转理论建立了考虑剪力滞效应、滑移效应、畸变效应以及约束扭转的钢-混凝土组合箱梁桥-列车耦合系统，开展上述因素对车桥耦合系统动力响应影响的分析。

车桥耦合动力分析模型分析方法主要包括时域法与频域法两类，国内外常用时域法进行求解。时域法主要分为分离迭代法与直接耦合法，直接耦合法是将车辆模型与桥梁模型通过轮轨接触理论消除非独立的自由度而耦合成共同受力的系统，可以同时求解车桥的动力响应。

## 1.3　桥梁附加变形对车桥耦合系统动力响应影响的研究进展

Takai研究日本新干线不同波长的轨道不平顺对列车安全性、舒适性、轮轨噪声的影响，提出采用40m弦检测不平顺，可以保证高速列车运行的舒适性与安全性。曹艳梅等研究了既有铁路桥梁基础施工对既有铁路桥梁变形量及行车安全性的影响，得出当列车以较高行车速度通过桥梁时，必须限制桥梁基础的不均匀沉降。Yau等研究了轨道结构变形对磁悬浮列车运行性能的影响，得出轨道附加变形会对列车的运行性能产生较为严重的影响。Esveld 通过实测的方法，分析轨道不平顺与车辆响应之间的关系，得到了轨道不平顺激励对轨道力、车体振动加速度的传递函数。罗浩以 4 座武广客运专线的桥梁为例，针对桥梁徐变对桥上高速列车运营性能的影响规律展开了研究。王凡等分析了混凝土徐变效应对车桥耦合振动的影响规律，指出徐变效应会引起附加轨道不平顺，高速铁路桥梁动力分析中应予以重视。李国琪对某高速铁路 56m 简支箱梁用 MIDAS 建模进行长期挠度及徐变变形的预测，并基于 ANSYS 及 UM 软件建立车桥模型，研究徐变上拱对车桥动力响应的影响。王昆鹏系统性地研究了桥梁附加变形对高速列车运行安全的影响，得出混凝土徐变会引起桥上轨道结构的变形，并对桥上运行列车的安全性产生影响。王安琪基于多体系统动力学与有限元仿真法，研究了钢筋混凝土桥梁徐变对轨道不平顺与高速列车动力响应的影响，并提出了梁体徐变变形阈值和控制措施。

## 1.4　桥梁疲劳可靠度研究进展

Miner 在 1945 年将 Palmgren 提出的结构疲劳线性损伤累积理论公式化，形成了简单方便的 P-M 线性疲劳损伤累积准则，至今仍被广泛使用。潘际炎在 1992 年对铁路钢桥的疲劳可靠度以及疲劳荷载谱展开了研究。Zhao 等在 1994 年对钢桥构件的疲劳可靠度进行了评估，基于美国州公路和运输官员协会（AASHTO）的 S-N 曲线方法，采用先进的一次二阶矩法根据可靠度指标计算相应的失效概率，并提出一种基于线弹性断裂力学的方法。谭冬梅等以武汉天兴洲大桥为背景，研究了随机风-车-覆冰耦合作用下斜拉索的疲劳可靠度。李慧乐等基于车桥耦合动力分析模型对铁路钢桥的疲劳可靠度进行了评估，研究了车速及轨道不平顺程度对结构构件疲劳可靠度的影响，发现桥梁构件的等效应力幅与循环次数具有随机特性，在分析中应作为随机变量，可采用对数正态分布表示。罗媛等采用响应面法研究了重载交通荷载对简支梁疲劳可靠度指标的影响。任效佐基于车桥耦合理论，通过 MATLAB 数学开发软件编制程序，研究了重载铁路对钢筋混凝土桥梁的跨中钢筋与梁端箍筋的疲劳损伤以及疲劳可靠度。苏有华建立基于主 S-N 曲线的正交异性钢桥疲劳寿命模型，对纵肋与横隔板焊接节点展开了疲劳可靠度的研究。王维基于 AASHTO 规范提出通过钢梁疲劳可靠度来确定钢桥极限荷载的新方法，并对工字形简支组合梁的主梁疲劳可靠度进行了研究。崔玉萍总结日本工程师关于组合结构疲劳性能的研究，得出 SRC 梁的破坏是由钢梁的疲劳破坏导致的。Oehlers 等对组合梁的疲劳问题展开了研究，得出组合梁可能发生栓钉屈曲，栓钉顶部混凝土产生横向裂纹，栓钉周围混凝土被压碎等破坏模式。Gattesco 等以试验形式研究了组合结构的疲劳性能，试验结果表明，在疲劳荷载作用下组合结构以邻近栓钉的混凝土局部压碎及栓钉剪切破坏为主要破坏形式，并且栓钉以前后对称形式开始断裂。叶梅新等对芜湖公铁两用大桥结合梁受压区展开了试验研究，得出疲劳破坏形式有焊缝处钢梁母材被栓钉撕裂，靠近焊缝处栓钉剪断。聂建国等总结了栓钉的三种主要疲劳破坏模式，并总结了钢-混凝土组合箱梁桥主要的疲劳破坏模式——钢梁受拉翼缘受拉破坏和栓钉剪切破坏。Albrecht 等对组合结构进行疲劳试验研究，得出组合结构疲劳强度限值由受拉翼缘钢板焊缝焊接质量控制。

## 1.5 振动控制研究进展

结构振动控制（Vibration Control of Engineering Structures）的概念起源于20世纪中后期，首先由美籍华裔土木学者姚治平（Yao J. T. P）提出，他将现代控制理论（Advanced Control Theory）引进到土木工程结构中，之后逐渐引起了世界各地研究者的重视，以至于研究者相继引入了振动控制的方法，试图解决土木工程结构振动过大的问题。在国内，工程结构振动控制的研究起步相对较晚，由王光远院士首先对高层建筑结构风激振动控制做了综述之后才被广泛关注。

经过几十年理论和实践的不断发展和完善，工程结构振动控制的理论也日趋成熟，是一种比较新的、积极的对策。经过几十年的发展，结构振动控制在理论完善及试验模型方面取得了较大的成果，目前已成为土木工程领域最具前瞻性和生命力的发展方向之一。

目前，结构振动控制的分类方法不尽相同。而根据外部能源供给，工程结构振动控制可分为被动控制、主动控制和半主动控制，这也是国内外最普遍的一种分类方法。如果结合上述两种及以上的控制方法，则为混合控制（Hybrid Control）。

### 1.5.1 被动控制研究进展

被动控制（Passive Control）没有外部能源，不需要额外的供电，一般通过耗能或增加阻尼来实现；所以，其振动控制原理是子结构被动地依附于主体结构上，并与之协调工作，跟随主体结构一起振动，所以实际可行性强。与此同时，因为此控制方式不用改变结构形式，施工维护也较容易，是目前最常见的结构振动控制方式，在工程上已经有了广泛的应用。到21世纪初，在北美已有超过100座建筑和桥梁采用了被动控制装置。

当前，较为简单、经济和有效的被动控制装置是调谐质量阻尼器（Tuned Mass Damper，TMD），其通过桥梁结构（主体结构）的振动带动TMD质量块振动，从而产生两者之间的相对运动，以消耗系统振动的能量，达到减振的目的。如今大多数新型的被动控制装置也是基于此原理开发的，例如，调谐液体阻尼器（TLD）、惯性质量调谐减振阻尼器（ITMD）、冲击调谐质量阻尼器（PTMD）、摆式调谐质量阻尼器（P-TMD）。常见的被动控制装置见图1-1。直到目前，学者对TMD装置的减振原理和控制效果的影响因素做了大量的研究，理论上也比较成熟。在针对建筑结构工程的应用上，Wirsching和Campbell研究了在随机振动下不同层数的建筑结构使用TMD所能达到的最优减振效果。在针对海洋工程的应用上，Yang等、Verma等分别研究了TMD装置用于海上风力涡轮机的动力模型和优化设计。在针对桥梁工程的应用上，Ueda等针对Funade人行天桥桥塔的风致振动，采取了以TMD来减振的方式。Chen和Huang基于Timoshenko梁模型研究了在简谐激励下TMD装置的减振特性。Kwon等、Wang等、Shi和Cai、Moghaddas、Li等研究了在移动荷载作用下TMD对不同桥型的减振效果。但是，随着TMD装置在土木工程中应用的增加，研究者逐渐发现TMD装置有一个很明显的缺陷，即对所控制的结构频率过于敏感。本质上，TMD装置的减振作用是通过将其频率调谐到受控结构某一阶模态对应的频率附近来实现的，因此在进行 TMD 的减振设计时要求对桥梁结构自振频率的估计非常精确。然而，在大多数工程实际中，由于设计估计和施工误差、车桥耦合系统的时变效应和时滞性等因素，通过调谐很难达到理论上预期的理想状态，甚至导致 TMD 装置出现明显的失谐效应，使其减振率大幅降低，所以装置本身的鲁棒性不足，可靠性也不强。而对于有着特殊的力学性能的钢-混凝土组合箱梁结构自身而言，固有的滑移、剪力滞效应会使设计时对其自振频率的估计错误，大大降低了减振效果。此外，TMD 装置也只能适用于窄带激励，也就是最佳的控制效果一般是针对使主体结构发生共振的频率（一般为基频）。所以，桥梁结构的模态越多，振动控制的难度就越大。

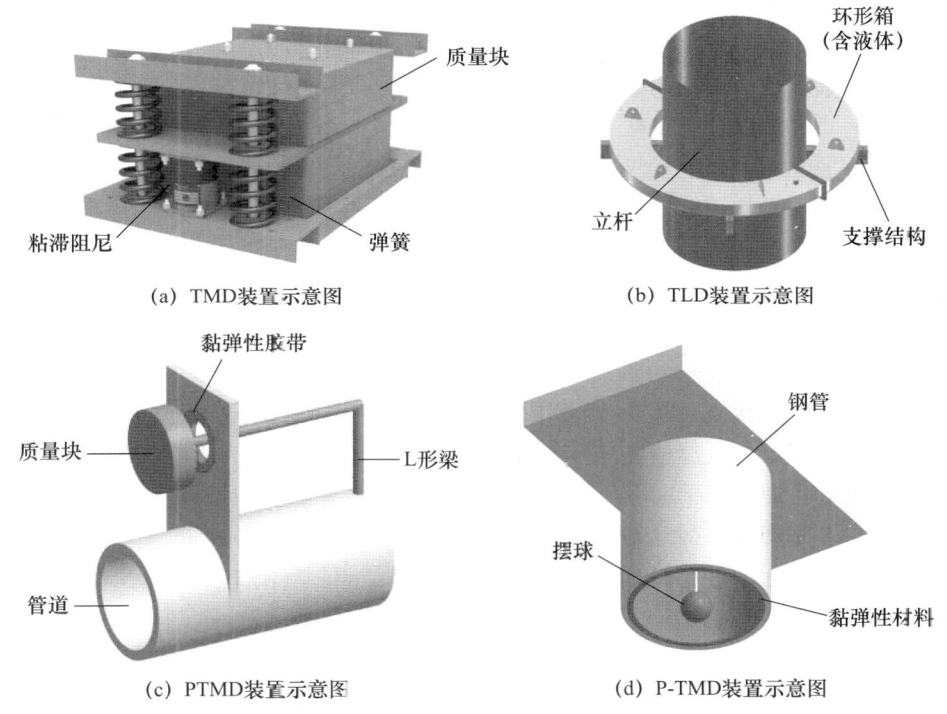

图 1-1　常见的被动控制装置

为进一步满足 TMD 工程应用的有效性和鲁棒性，研究者试图寻找 TMD 装置最优的减振效果。Krenk 和 Høgsberg 将传统的 TMD 装置改进成调谐质量吸能器（Tuned Mass Absorber，TMA），开发了一个用于柔性多自由度（Multiple Degrees of Freedom，MDOFs）结构的校准程序，通过工程算例证明了其灵活性和减振效率。Lievens 针对人致振动下人行天桥的舒适性，进行了 TMD 装置的鲁棒性设计，增强了减振效果。而令人欣慰的是，Xu 和 Igusa 将多个具有不同自振频率的 TMD 分别布置于单自由度（Single Degree of Freedom，SDOF）大质量体系结构附近，组成了一个多重调谐质量阻尼器（Multiple Tuned Mass Dampers，MTMDs）以覆盖更宽的激励频率。由于 MTMDs 装置具有比 TMD 装置更大的控制频带，包含更多的频率，其不仅能够分散单个 TMD 的质量和体积，更重要的是，MTMDs 还具有更高的减振率和可靠性。因此对结构发生多个共振的模态进行减振控制可以获得较好的效果。Park 等基于每个 TMD 装置具有相同阻尼的假设，分别研究了在均布质量、线性分布质量结构系统上具有频率均匀分布的 MTMDs 阻尼器的最优动力特性，并且探究了单个 TMD 系统失效对整个 MTMDs 系统工作性能的影响。Gu 等保持每个 TMD 的刚度和阻尼比相同，研究了 MTMDs 系统的最优参数，并应用到杨浦大桥抖振控制的设计计算中。Kareem 和 Kline、Jangid、Li 和 Liu、Abé 和 Fujino 也对 MTMDs 的参数优化进行了研究，改进和完善了优化方法。Bandivadekar 和 Jangid 结合了数值搜索技术和曲线拟合法，得到了 MTMDs 系统在外部激励作用下抑制阻尼结构动态响应的最佳参数及相应的稳态位移，并推导出了以阻尼比、调谐频率比和频带宽度等为变量的显式优化表达式，以便应用于工程设计中。经过几十年的发展，MTMDs 装置现已应用于土木工程的风致振动、人致振动、地震作用、水流作用等外部激励的减振，取得了一定的成果。

除此之外，在减小车桥耦合自激激励下桥梁的振动方面，Lin 等曾发现，在同一车速下，当列车轴重均匀分布时，MTMDs 系统在抑制铁路桥梁共振方面比单个 TMD 更有效、可靠。Yau 和 Yang 开发了宽带的 MTMDs 减振系统以抑制在移动列车作用下的连续钢桁梁桥振动。Li 等讨论了 MTMDs 系统中每个子 TMD 装置对高速列车作用下铁路简支梁桥减振的影响因素，并识图寻找 MTMDs 系统抑制桥梁共振响应的最佳参数。Chen 和 Wu 建立了一个综合的大跨度斜拉桥-MTMDs 耦合系统分析模型，并综合考虑了车辆、风、桥梁和 MTMDs 控制系统的耦合影响；通过几种不同控制方案的比较，对此系统性能进行了参数化研究，验证了分析模型可用于大跨度桥梁-车辆耦合系统的各种控制研究，并能在更实际的基础上设计和评估对大跨度桥梁的振动控制效果。Luu 等针对结构备受关注的频段，基于 $H_2$ 范数提出了一种 MTMDs 系统的优化方法，从而控制了高铁桥梁的多个共振峰值响应。Stănciou 和 Ouyang 开发了一种 MTMDs 系统设计优化的迭代方法，即在每一时间步引入对每个 TMD 装置的参数修正来更新被控结构的接收信号，与控制理论中的反馈元件之间存在某种相似之处，并将此方法应用于改善在同一方向上、任意速度下移动质量引起的 Euler-Bernoulli 梁结构的振动响应。Beygi 和 Karoumi 对 40m 瑞典有砟高速铁路组合梁桥进行了研究，行车速度范围为 $220\sim240\mathrm{km/h}$，使用了由 5 个 TMD 装置组成的 MTMDs 减振系统，有效地控制了桥梁的振动，并能适应冷暖季节交替引起的桥梁刚度变化。Pisal 和 Jangid 研究了在多轴车辆荷载作用下多重调谐质量摩擦阻尼器的三种不同布置方式对减小 Euler-Bernoulli 简支梁桥不良共振响应的有效性，分别建立了日本 SKS（Salkesa）列车、我国台湾高速铁路（THSR）列车激励下的桥梁和 TMFD 系统的简化模型，并找出了 TMFDs 系统的最佳参数。Miguel 等提出了一种新的 MTMDs 鲁棒性优化设计方法，结合最大熵原理（The Principle of Maximum Entropy）和萤火虫算法（Firefly Algorithm），并将此算法应用于在车桥耦合随机激励下简支 T 梁桥的减振。Araz 和 Kahya 将两个 TMD 串联形成一个串联多重调谐质量阻尼器（Series Multiple Tuned Mass Dampers，SMTMDs），并被应用到了高速铁路简支梁桥的振动控制中。

尽管 MTMDs 装置扩大了减振的带宽，被动控制的减振效果却不尽如人意。目前针对车桥耦合振动控制的研究主要集中在混凝土梁桥或者钢梁桥上，并且分析模型比较简单；而针对钢-混凝土组合箱梁这种结构的研究目前极少，并且尚未考虑滑移及剪力滞效应等特殊的力学性能，不仅导致动力响应分析结果不太精确，也给钢-混凝土组合箱梁振动控制的研究造成了影响。由于缺乏专门针对考虑钢-混凝土组合箱梁滑移、剪力滞效应的车桥耦合时变系统振动控制的有效研究手段，具有滑移、剪力滞效应的钢-混凝土组合箱梁桥在列车动力相互作用下的振动控制机理尚待深入的研究。然而，列车-组合梁-MTMDs 系统是一个较为复杂的耦合时变系统，所以在控制装置的优化设计方面，MTMDs 参数优化的目标函数是隐函数且不可微，对振动控制进行参数优化有较大的难度，然而针对此情况进行优化设计的研究也比较少。

### 1.5.2 主动和半主动控制研究进展

为了更好地提高减振效果，主动控制（Active Control）和半主动控制（Semi-active Control）应运而生。其控制系统的工作原理是由传感器（Sensors）感应受控的主体结构（Controlled plant）的状态，识别并传给控制器（Controller）进行计算，作动器（Actuators）根据计算的预期结果提供所需的作动力。所以，通过引入合适的算法，调整控制装置的工作状态和动力特性参数，可以达到对主体结构进行最优控制的目的。虽然半主动控制与主动控制原理相似，但最主要的不同在于外部能量输入。与主动控制相比，半主动控制的外部驱动能源消耗较小，因此作动器不仅能利用少许的外部能量，还能有效地借助主体结构的往复振动所产生的相对变形或相对速度进行反馈控制，减小主体结构的振动。常见的半主动控制装置包括主动变刚度系统（AVS）、主动变阻尼装置（AVD）、粘滞液体阻尼器（VFD）等。磁流变阻尼器（Magneto-rheological Damper, MRD）属于主动变阻尼装置的一种，是当前研究最普遍的半主动控制装置，能够使用低功率电流实现广泛的物理行为；MRD 由于结构简单、阻尼力可以实时改变、所需能源非常低，现已得到了广泛的应用。

MRD 的应用起源于磁流变液（Magneto-rheological Fluid, MRF），由有机载液（Organic carrier liquid）球形高导磁的磁性微粒（Magnetic micron-sized particles）和表面活性剂（Surfactant additives）组成，是一种可控、可调、可逆的新型非牛顿流体，也是当前智能材料（Smart materials）研究领域的一个重要的部分。在磁场作用下，固体微粒多畴粒子（Multidomain particles）被磁化通过相互作用而发生聚集，见图 1-2，使 MRF 在极短的时间内提高黏度（Viscosity），转变为低流动性的宾汉流体（Bingham fluids），具有类似固体的物理力学性质，表现出明显的剪切屈服应力（Yield stress）；当无磁场消失，MRF 又变回高流动性的牛顿流体（Newtonian fluid），此效应为磁流变效应（Magneto-rheological Effect, MRE）。因为这种变化具有可逆性、连续性，在无磁场时，分散的高密度固体微粒（其密度往往比基液大，此体系为热力学不稳定体系）发生沉降；随着时间的推移，固体微粒反复地聚集和沉降将导致 MRF 物理力学性质不可避免地发生改变，甚至失去 MRE，所以沉降稳定性（Sedimentation Stability）也起了很大作用。由此可知，以上两个特性决定了 MRF 控制性能的好坏。而准确方便且能体现上述两种特性的 MRD 模型是控制系统的核心。

能可靠地描述 MRF 特性的 MRD 模型可分为两大类：物理模型（Physical model）和现象模型（Phenomenological model）。前者通过 MRD 的几何参数和 MRF 的材料特性确定 MRD 阻尼力，包含解析模型（Analytical model）、数值模型（Numerical model）；模型比较复杂，通常用于 MRD 几何参数等设计，难以应用于实际控制系统。后者

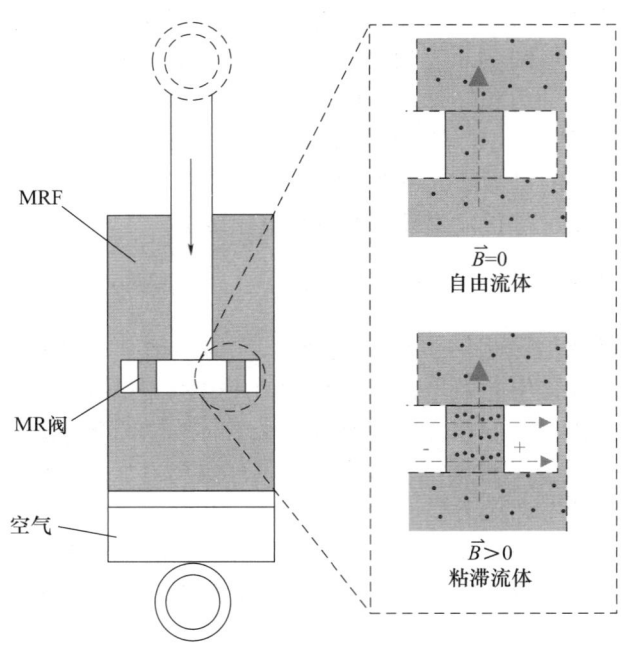

图 1-2　MRD 性能示意图

通过试验获得数据，从而确定 MRD 模型的关键参数，具体又可以分为非参数模型和参数模型。

非参数模型包括神经网络模型（Neural network model）、模糊逻辑模型（Fuzzy logic model）等，特点是模型中的参数并不表征实际的物理力学意义。参数模型包括 Bouc 和 Wen 提出的 Bouc-Wen 模型、Bingham 塑性模型，Wereley 等开发的 Biviscous 非线性磁滞模型、Dahl 动态摩擦模型、LuGre 摩擦模型等，表征的参数具有实际物理力学意义，如弹簧、阻尼、质量、摩擦等物理力学意义都能在模型中体现。不过，参数模型并不是万能的，难以预测多工况下的 MRD 作动力，并且在参数识别的过程中得到的解通常不是唯一。例如，经典的 Bouc-Wen 滞回模型，该模型数学表达较为简单，并能够表征绝大多数 MRD 的滞回特性，但模型中的参数与所施加的电流和激励频率无关，只适用于单一工况；而在不同的工况下，不能较好地表征 MRD 的滞回特性，参数需要重新试验并识别；因此，Motra 等考虑了阻尼力与输入电压、状态的关系，修正了此模型。此外，Stanway 等根据 Bingham 伪静力模型（Bingham's Pseudo-static Model）提出了能描述 MRD 的 Bingham 模型，但是该模型假设 MRD 的剪切应力与剪切应变呈线性关系，不能很好地反映 MRD 的滞回特性和低速区的恢复力衰减现象。之后，Spencer 等开发了一种能够充分描述 MRD 固有非线性的现象模型（Phenomenological Model），并与美国 LORD 公司（LORD Corporation of Cary）生产出的 MRD 的试验结果做对比，验证了在一般情况下该模型的准确性，且其能够用于结构控制设计和分析。Pan 等提出了一种新型的滞回模型，表达形式较为简单，且每个参数的物理力学意义都很清晰，方便对其进行参数识别；不同条件下试验数据的误差分析和比较，表明该模型更为精确，适应性也较一般模型更强。Bui 等基于传统的静力模型，提出了一种拟静力魔术公式（Quasi-static Magic Formula，QSMF）模型，适用于剪切型和流动型 MRD，以更精确的方式反映了 MRF 不对称的滞回变形。

同时，对 MRD 的控制算法和半主动控制策略一直以来也是研究的热点，Jung 等将剪切最优控制算法（Clipped-optimal Control Algorithm）的半主动控制策略拓展到了非线性耦合桥梁系统中，减小了在强震作用下桥墩塑性铰处的塑性变形和桥墩与桥面之间的相互碰撞所引起的非弹性变形；Zafarani 和 Halabian 引入了一种新型自适应控制器，利用了剪切最优控制算法，提高了对地震作用下多层不规则框架钢结构非弹性扭转变形响应控制的鲁棒性。Chang 和 Zhou 采用了 MRD 并结合基于神经网络（Neural Network）的控制算法，分别研究了单自由度系统的最优预测控制和多自由度系统的线性二次调节器（Linear Quadratic Regulator，LQR）控制，表明减振效果良好；Xu 等基于神经网络提出了一种在线实时控制（Online Control）的方法，用于解决半主动控制的时滞性问题，并对三层钢筋混凝土框架结构进行半主动控制，减轻了地震灾害。Terasawa 和 Sano 提出了一种完全自适应隔振控制方案（Fully Adaptive Semi-active Control of Vibration Isolation），并应用在地面和第一楼层之间，安装了两个自适应控制器，分别为自适应逆控制器（Adaptive Inverse Controller，提供给 MRD 必要的电压）和自适应参考控制器（Adaptive Reference Controller，将第一层楼板的动力特性与参考的动力特性相匹配）。Maddaloni 等结合了地震预警系统（Seismic Early Warning System，SEWS）和半主动反馈控制策略实时改变 MRD 的阻尼力，并应用到美国南加利福尼亚州奥兰治县的 91/5 公路桥中。Rodriguez 等针对基础隔震建筑结构，提出了基于力反馈的半主动控制算法，主要优点是只需局部测量；通过与其他半主动算法进行比较，该控制策略在不增加楼板加速度的前提下可以有效地减小楼板基础位移。Huang 和 Sun 基于极点配置理论（Pole Assignment Theory），提出了一种利用 MRD 有效、高效减缓大跨度悬索桥主缆振动的最优控制算法。除此之外，还有两种及以上算法或控制策略结合的情况。针对变刚度和变阻尼的 MRD，Amini 和 Zalaghi 提出了两种半主动控制方案：一种是具有八种不同 On/Off 开关控制（On/Off Bang-bang Control Algorithm），并通过遗传算法（Genetic Algorithm，GA）进行了 MRD 的参数优化；另一种则采用模糊控制算法（Fuzzy Control Algorithm），有效地减小了在地震激励下连续梁桥的位移和加速度响应。

从以上研究可以看出，大多数半主动控制的研究集中在了地震作用下自由度不多的简单结构；再者，此种控制方式存在现实意义上的难题，如装置布置复杂、控制算法自身存在局限性和时滞性等，这些也是目前制约了半主动控制工程应用的主要原因之一。特别是，对于桥梁等大型结构，此种控制方式很大程度上仍停留在理论阶段。

### 1.5.3 混合控制研究进展

混合控制是将以上两种及以上的控制方式同时作用在主体结构上的控制方法，能够突破单一控制系统应用时自身条件的局限性，获得更好的减振效果。当能源供应不足时，混合控制装置很大概率上不会失效，因为一部分控制装置仍会发挥减振作用，所以稳定性和可靠性都比单一的控制装置好。此外，混合控制的控制方式组合灵活，可以适应不同工程结构的减振要求。

早在 20 世纪末，Yang 等已经探索了几种用于地震激励下桥梁结构的混合保护系统，例如，橡胶支座和可变阻尼器或作动器（Rubber Bearing and Variable Damper or Actuators），滑动支座和作动器（Sliding Bearing and Actuator），并证明了所提出的控制方法对结构系统参数不确定性具有鲁棒性和减振的有效性。从 2001 年开始，日本已经建造了一些应用混合控制技术的工民建结构。例如，Nagashima 等、Fujinami 等、Watakabe 等、Saito 等和 Nakamura 等分别研究了混合质量阻尼器（Hybrid Mass Damper，HMD）在钢框架高层建筑中的减振性能。Kim 和 Adeli 研究了在各种地震激励下通过被动阻尼系统和半主动调谐液柱阻尼器（Semi-active Tuned Liquid Column Damper，STLCD）系统对不规则高层建筑进行的混合控制。之后，Park 等建立了斜拉桥抗震保护混合控制系统，包括铅橡胶支座——被动控制装置，以减小桥梁中的地震力；液压作动器或 MRD——附加控制装置，进一步减小桥梁，特别是桥面板的位移响应，突破了每个子系统单独运行时存在的某种局限性。Hsieh 等结合了 TMD 装置和 TLD 装置建立了混合控制系统，以扩大外激励下对浮式结构减振频率的带宽，从而能在工程中得到应用。

目前，混合控制策略已经取得了一些进展。Yang 等考虑了地震动，基于变结构系统（Variable Structure System，VSS）或滑模控制（Sliding Mode Control，SMC）理论，提出了一种可变阻尼器，减小了地震激励下桥梁的绝对加速度和梁与支架之间的相对位移。Yau 和 Yang 提出了一种混合调谐减振质量阻尼器（Hybrid Tuned Mass Damper，H-TMD），以控制高速列车运行下斜拉桥的多阶共振。Chanda 对三层框架结构的地震响应采用了主动控制和被动控制相结合的混合控制方式，经试验证明了该控制方法可行。Aly 和 Lavasani 等将混合磁流变调谐质量阻尼器（Magnetorheological and Tuned Mass Damper，MR-TMDs）分别应用到了受风、地震作用的建筑物中。Han 等提出了一种新型的 H-TMD 装置，结合了被动控制和主动控制，并采用了混合逻辑动态（Mixed Logic Dynamic，MLD）的混合控制模型，来建立大跨度斜拉桥-H-TMD 系统，在地震作用下进行了仿真分析；结果表明，该方法具有良好的减振特性，并且能在不同的控制状态之间很好地切换，因此比主动调谐质量阻尼器（A-TMD）更节能。

然而，目前对于桥梁结构，特别是钢-混凝土组合箱梁桥结构而言，应用混合控制方式进行振动控制的工程案例却很少；并且，没有针对车桥耦合自激激励、时变复杂耦合系统的情况。

## 1.6 本书研究论述的主要内容

根据上述国内外研究进展，笔者对现有研究中需要进一步探索的方向进行了一些研究，得出了一些科学结论，对今后的研究具有一定的参考价值。现将本书的主要研究内容介绍如下。

（1）考虑组合梁的界面滑移、剪力滞效应的精细的刚柔耦合列车-组合箱梁时变系统动力分析模型的研究

基于 Euler-Bernoulli 梁理论，分别针对混凝土板和钢梁翼缘板，引入剪力滞翘曲位移强度函数和剪力滞翘曲形函数；根据虚功原理，推导考虑界面滑移、剪力滞效应的

钢-混凝土组合箱梁平衡微分方程。基于车桥耦合动力学，针对刚柔耦合列车-组合箱梁时变系统，建立精细化的多自由度动力分析模型，并推导列车-组合箱梁时变系统的动力平衡方程。将已有研究中的工程实测数据，与本书研究所建立的刚柔耦合列车-组合箱梁时变系统动力分析模型数值模拟所得的数据进行对比分析，验证该模型的正确性和有效性。

（2）考虑时变效应的车桥耦合动力分析计算程序的研究

为了研究时变效应对车桥耦合动力系统的动力响应的影响，建立考虑滑移、剪力滞、时变效应的2节点18个自由度钢-混凝土组合箱梁有限梁单元模型。基于上述有限元模型提取单元刚度矩阵，进一步得到单元一致质量矩阵，采用Rayleigh粘滞阻尼得到单元阻尼矩阵，进而得到组合箱梁运动方程，车辆模型基于经典27个自由度车辆模型，通过轮轨作用关系得到车辆模型与桥梁模型相互作用的组合箱梁桥-列车耦合系统。通过研究组合箱梁桥的下挠曲线，研究时变效应对车桥耦合系统动力响应的影响。

（3）时变效应作用下的组合箱梁桥及其上运行列车动力性能的研究

以建立的考虑时变效应的车桥耦合动力分析计算程序为工具，对三跨简支钢-混凝土组合箱梁和三跨连续钢-混凝土组合箱梁及其上运行的列车进行动力分析，研究时变效应、滑移效应和剪力滞效应对运营阶段钢-混凝土组合箱梁桥和高速列车动力响应的影响规律。同时，对简支钢-混凝土组合箱梁桥运营阶段疲劳损伤进行分析。以中国高速铁路为研究背景，确定常用列车类型、列车编组等信息，基于建立的车桥耦合系统求解，运营期间高速列车过桥时桥梁跨中钢梁下翼缘和梁端栓钉的应力时程，通过雨流计数法得到相应的应力幅统计结果。基于P-M线性疲劳损伤累积准则，分别确定钢梁与栓钉的$S$-$N$曲线，研究时变效应对组合箱梁桥疲劳性能的影响。其次，对高速铁路简支钢-混凝土组合箱梁桥进行可靠度研究。基于结构可靠度理论与随机振动理论，分别建立考虑时变效应与不考虑时变效应的可用于分析桥梁可靠度的疲劳极限状态方程。确定各个随机变量的概率分布；对列车过桥时产生的等效应力幅和应力循环次数进行概率统计并进行拟合；基于蒙特卡洛原理，计算钢-混凝土组合箱梁结构的失效概率与可靠度指标，研究时变效应对高速铁路钢-混凝土组合箱梁桥可靠度的影响。

（4）精细的刚柔耦合列车-组合箱梁-MTMDs时变系统动力分析模型及钢-混凝土组合箱梁被动控制影响因素研究

以工程结构振动控制原理为理论基础，从钢-混凝土组合箱梁结构与MTMDs装置相互耦合运动着手，建立考虑滑移及剪力滞效应的精细的刚柔耦合列车-组合箱梁-MTMDs时变系统多自由度动力分析模型，进而推导出此耦合时变系统的动力平衡方程。同时，编制TMD装置动力参数的优化程序，结合德国ICE3列车通过钢-混凝土组合箱梁桥工程算例进行数值仿真，对各种优化算法做分析比选。最后，探究MTMDs装置对多重调谐控制减振效果的影响规律。

（5）精细的刚柔耦合列车-组合箱梁-MR-TMD时变系统动力分析模型与钢-混凝土组合箱梁的混合控制的研究

将传统被动控制的TMD装置结合到半主动控制的MRD智能装置中，形成一个MR-TMD装置，基于工程结构振动控制原理，建立考虑滑移及剪力滞效应的精细的刚柔耦合列车-组合箱梁-MR-TMD时变系统动力分析模型，进而推导出此耦合时变系统的动力平衡方程；编制了对 TMD 装置动力参数的优化程序，提出一种针对车桥耦合作用下减小钢-混凝土组合箱梁桥竖向振动的混合控制策略，结合工程实例进行数值仿真，探究简支钢-混凝土组合箱梁桥的界面滑移和剪力滞效应对混合控制减振效果的影响规律，为所提出的理论在实际铁路工程上应用提供了一定的技术支持。

# 2 钢-混凝土组合箱梁滑移、剪力滞和时变效应的有限梁单元

## 2.1 概述

本章提出了一种钢-混凝土组合箱梁的 2 节点 18 个自由度有限梁单元模型，它能够模拟钢-混凝土组合箱梁的界面滑移、剪力滞和混凝土收缩徐变效应的影响。该模型的求解涉及时间域和空间域。时间域求解采用了精度优于单步代数方程方法的逐步计算法，并且该逐步计算法可以不存储应力和应变历史。空间域求解采用 2 节点 18 个自由度的有限梁单元。此外，还开发了一种递归方法，用于求解每个时间步长的一维理论模型，通过与精细有限单元的数值结果进行对比，充分验证了所提出的有限梁单元在瞬间分析中的精确性；同时与现有的组合箱梁长期性能试验结果进行对比，验证了所提出的有限梁单元用于长期分析的精确性。应用经过验证的有限梁单元模型预测了简支钢-混凝土组合箱梁随时间变化的行为，包括竖向挠度、界面滑移、剪切引起的翘曲位移和应力。结果表明，混凝土收缩和徐变效应对梁的结构响应有显著影响。从初始加载龄期的 28d 到 3 年，中跨竖向挠度、端部界面滑移、剪力导致的梁端混凝土板和钢底翘曲位移、混凝土板最大压应力和钢底翼缘最大拉应力分别增加了 47.01%、－10.99%、111.64%、7.01%、－6.75%和 4.56%。

## 2.2 钢-混凝土组合箱梁剪力滞效应以及界面滑移介绍

钢-混凝土组合箱梁已被广泛应用于建筑物和桥梁的建设中。在竖向荷载作用下，组合箱梁的混凝土板和钢梁分别承受压力和拉力，以充分发挥混凝土抗压性能和钢材抗拉性能。剪力连接件用于连接钢梁和混凝土板以实现两者的整体工作性能。然而，剪力连接件的变形会导致混凝土板和钢梁之间的界面出现滑移。混凝土板和钢梁之间的界面滑移会降低结构的抗弯刚度。除了界面滑移，板上的剪力滞效应导致了非均匀的应力分布，特别是对于具有宽大混凝土板的组合箱梁。然而，宽板上的剪力滞效应有正有负。就前者而言，混凝土板-钢梁交接处的应力大于板的其他部分，而就后者而言，混凝土板-钢梁交接处的应力小于其他部分。由于应力的非均匀分布，忽视剪力滞效应可能会导致低估混凝土板某些部分的实际应力。因此，为了准确模拟组合箱梁的真实行为，必须考虑剪力滞效应以及界面滑移的影响。图 2-1 给出了钢-混凝土组合箱梁的上述两种力学效应。除了前面提到的空间运动学的影响，由于混凝土收缩徐变而使结构产生的时变

行为一直是组合箱梁研究重点关注的问题，混凝土的收缩徐变效应会导致组合箱梁的内力和变形随时间发展不断变化。

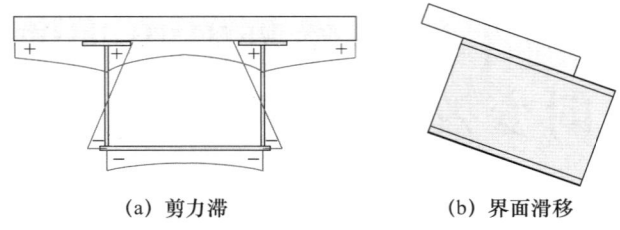

(a) 剪力滞　　　　　　　(b) 界面滑移

图 2-1　钢-混凝土组合箱梁的剪力滞和界面滑移

在分析组合箱梁的结构行为时，考虑界面滑移效应、剪力滞效应和时变效应的一维模型已被广泛使用。一维杆系模型与桥梁的几何特征相吻合，保留沿梁跨方向的纵向维度，在横向和竖向用截面特性来简化，其计算效率显然优于三维精细模型，且其准确性和适用性早已被众多的工程实践验证。

为了求解一维模型，需要对空间域和时间域进行求解。对于空间变量，各个位移函数和整个梁的强度函数被纳入虚功方程。通常采用有限元法（FEM）来求解数值方程。如何考虑时间域是研究的重点。组合箱梁由于混凝土收缩徐变效应产生的时变行为的计算方法目前已有不少研究。对于收缩效应，由于混凝土收缩应变与应力状态无关，故计算时相当于给结构施加初应变，处理方法较为简单。对于徐变效应，由于混凝土徐变应变与应力状态相关，而且不仅与当前应力状态相关，还与整个应力历史相关，计算起来较为复杂，因而这也是众多研究聚焦于此的原因。

为了得出时间域的求解方案，文献中常见的是一般分步法和使用单步代数方程的方法。这些求解程序需要使用数值时间积分程序，将遗传的积分关系转化为在求解算法中容易处理的时间分解的构成关系。使用单步代数方程的方法，如有效模量法、平均应力法和按龄期调整有效模量法，利用各种正交公式来处理数值积分，其中应力历史可以被忽略，但精度会受到影响。相比之下，Bazant 提出了一种使用梯形或中点法则处理数值积分的通用分步法。这种方法的缺点是在求解过程中需要储存每个时间点的整个应力历史。因此，与其他方法相比，求解时间和计算成本都比较高。然而，该问题后续已经被 Baant 和 Wu 解决。他们通过引入 Dirichlet 级数来拟合徐变函数，从而为逐步计算法提出了新的积分策略，该方法仅需要存储上一步的应力和应变历史。该方法既拥有较高的精度，又同时节约了内存且提高了计算效率，为结构随时间变化的行为分析提供了良好的数值方法。

上述内容表明，时间域采用不存储应力历史的逐步计算法求解，空间域采用在欧拉梁基础上附加新自由度函数的有限梁单元法求解，可以为组合箱梁的复杂空间行为、时变行为提供最准确的预测。此项研究基于虚功原理提出了考虑滑移、剪力滞和时间效应的钢-混凝土组合箱梁一维分析模型。对于一维理论模型的求解，在空间域上采用有限元离散化方法，在时间域上采用不存储应力和应变历史的逐步递增法。为钢-混凝土组合箱梁提出了一个具有 18 个自由度（DOF）的梁元素模型。该模型计算结果的准确性和适用性通过数值模拟和一些经典试验进行了验证。其中模型的瞬时行为通过精细有限元模型计算结果进行了验证，随时间变化的行为通过长期性能试验结果进行了验证。

## 2.3 组合箱梁的分析模型

### 2.3.1 基本假设和坐标系

该梁单元模型基于虚功原理与经典 Euler-Bernoulli 梁理论构建，结合钢-混凝土组合箱梁的实际受力特性，对该模型的理论推导与构建做出了以下几点基本假定：

（1）混凝土板和钢梁的竖向和横向弯曲曲率相同；
（2）混凝土板和钢梁的竖向和横向挠度相同；
（3）由弯曲效应导致的结构剪切变形忽略不计；
（4）只考虑钢梁和混凝土板在纵向的滑移，剪力连接件在纵向均匀布置，故界面的剪力连接刚度在纵向为常数；
（5）考虑结构在竖向弯曲作用下的剪力滞效应；
（6）关注结构正常使用阶段受力行为，混凝土板始终处于弹性受力状态，依据 Baant 的研究，混凝土的徐变行为采用线性徐变模型来模拟；
（7）关注结构正常使用阶段受力行为，钢梁始终处于弹性受力状态，故钢材的应力-应变关系为线弹性；
（8）关注结构正常使用阶段受力行为，界面的剪力连接件始终处于弹性受力状态。

图 2-2 给出了所关注的工字形或箱形组合梁的几何参数定义情况，其中 $O_c$ 为混凝土板的形心，$O_s$ 为钢梁的形心，$C_s$ 为组合梁换算截面的扭转中心。

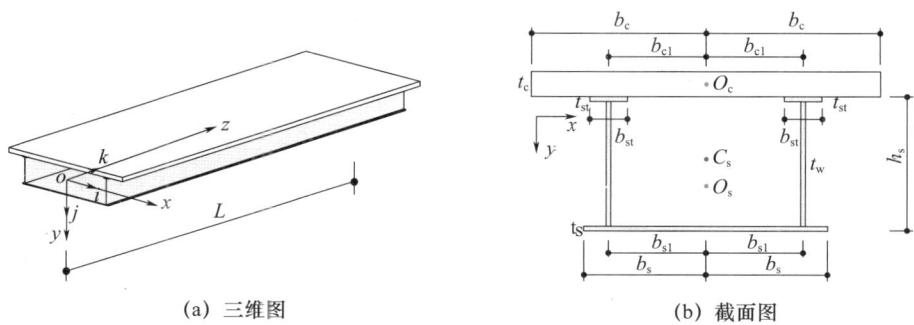

(a) 三维图      (b) 截面图

图 2-2 组合梁的几何参数定义

### 2.3.2 组合箱梁的运动学和应变分量

基于上述研究假定和图 2-2 坐标系，组合箱梁上任意点的横向位移 $u(x, y, z)$、竖向位移 $v(x, y, z)$，混凝土板纵向位移 $w_c(x, y, z)$ 和钢梁纵向位移 $w_s(x, y, z)$ 分别为：

$$\begin{cases} u(x,y,z) = u_0(z) - \phi(z)(y - y_h) \\ v(x,y,z) = v_0(z) + \phi(z)(x - x_h) \\ w_c(x,y,z) = w_{c0}(z) - u'_0(z)x - v'_0(z)y + f_c(z)\psi_c(x) \\ w_s(x,y,z) = w_{s0}(z) - u'_0(z)x - v'_0(z)y + f_s(z)\psi_s(x) \end{cases} \quad (2\text{-}1)$$

其中 $y_h$ 为扭转中心 $C_s$ 的 $y$ 向坐标，$x_h$ 为扭转中心 $C_s$ 的 $x$ 向坐标；$w_{c0}$ 和 $w_{s0}$ 分别为混凝土板形心 $O_c$ 和钢梁形心 $O_s$ 的纵向位移；$u_0$ 为混凝土板形心或钢梁形心的横向位移，$v_0$ 为混凝土板形心或钢梁形心的竖向位移；$\phi$ 为整体结构的扭转角；$f_c(z)$ 和 $f_s(z)$ 分别为混凝土板和钢梁的剪力滞翘曲强度函数；$\psi_c(x)$ 和 $\psi_s(x)$ 分别为混凝土板和钢梁的剪力滞翘曲形函数，前者可依据式（2-2）计算。对于钢 U 形梁，上翼缘板和腹板不存在剪力滞翘曲问题，因而 $\psi_s(x) = 0$，对于钢梁下翼缘板则需要考虑剪力滞效应，钢 U 形梁的剪力滞效应采用式（2-3）计算。

$$\psi_c(x) = \begin{cases} \left[1 - \left(\dfrac{b_c - |x|}{b_c - b_{c1}}\right)^2\right]\left(\dfrac{b_c - b_{c1}}{b_{c1}}\right)^2 & |x| > b_{c1} \\ 1 - \left(\dfrac{|x|}{b_c}\right)^2 & |x| \leqslant b_{c1} \end{cases} \quad (2\text{-}2)$$

$$\psi_s(x) = \begin{cases} 1 - \left(\dfrac{|x|}{b_{s1}}\right)^2 & |x| \leqslant b_{s1} \text{ 钢梁底板} \\ 0 & |x| > b_{s1} \text{ 钢梁底板} \\ 0 & \text{钢梁顶板和腹板} \end{cases} \quad (2\text{-}3)$$

钢梁和混凝土板的界面滑移 $d_{sl}$ 为：

$$d_{sl}(z) = w_{s0}(z) - w_{c0}(z) + v'_0(z)h_0 \quad (2\text{-}4)$$

式中，$h_0$ 为混凝土板和钢梁形心之间的竖向距离。

由混凝土板的位移变量，可得混凝土板的正应变 $\varepsilon_c$ 和切应变 $\gamma_c$。

$$\begin{cases} \varepsilon_c(x,y,z) = w'_{c0}(z) - u''_0(z)x - v''_0(z)y + f'_c(z)\psi_c \\ \gamma_c(x,y,z) = \phi'(z)r_c^* + f_c(z)\psi_{c,x} \end{cases} \quad (2\text{-}5)$$

由钢梁的位移变量，可得钢梁的正应变 $\varepsilon_s$ 和切应变 $\gamma_s$。

$$\begin{cases} \varepsilon_s(x,y,z) = w'_{s0}(z) - u''_0(z)x - v''_0(z)y + f'_s(z)\psi_s \\ \gamma_s(x,y,z) = \phi'(z)r_s^* + f_s(z)\psi_{s,x} \end{cases} \quad (2\text{-}6)$$

式中，$r_c^*$ 为扭转中心 $C_s$ 到混凝土板任意点沿混凝土板薄壁的垂直距离，$r_s^*$ 为扭转中心 $C_s$ 到钢梁任意点沿钢梁薄壁的垂直距离；$\psi_{c,x}$ 为 $\psi_c$ 对 $x$ 求一阶导数，$\psi_{s,x}$ 为 $\psi_s$ 对 $x$ 求一阶导数。

### 2.3.3 组合箱梁的虚功原理

依据经典的虚功原理得到组合箱梁的一维理论模型。组合箱梁的虚功为：

$$\delta\Pi = \iint\limits_{L}\oiint\limits_{A_c}\delta\boldsymbol{\varepsilon}_c^T\boldsymbol{\sigma}_c\mathrm{d}a\mathrm{d}z + \iint\limits_{L}\oiint\limits_{A_s}\delta\boldsymbol{\varepsilon}_s^T\boldsymbol{\sigma}_s\mathrm{d}a\mathrm{d}z + \int_L\delta d_{sl}q_{sl}\mathrm{d}z - \sum\delta\boldsymbol{W}^T\boldsymbol{Q} - \int_L\delta\boldsymbol{W}^T\boldsymbol{q}\mathrm{d}z = 0$$

$$\forall\,\delta\boldsymbol{\varepsilon}_s,\delta\boldsymbol{\varepsilon}_c,\delta q_{sl},\delta\boldsymbol{W} \quad (2\text{-}7)$$

式中，$A_s$ 和 $A_c$ 分别为钢梁和混凝土板的截面面积；$L$ 为组合箱梁的跨长。为了表述简洁，变量和公式在后续采用矩阵的形式来表述。

#### 2.3.3.1 钢梁和混凝土板的内虚功

式（2-7）中的前两项 $\iint_{L\,A_c}\delta\boldsymbol{\varepsilon}_c^T\boldsymbol{\sigma}_c\mathrm{d}a\mathrm{d}z$ 和 $\iint_{L\,A_s}\delta\boldsymbol{\varepsilon}_s^T\boldsymbol{\sigma}_s\mathrm{d}a\mathrm{d}z$ 分别为混凝土板和钢梁变形产生的内虚功。$\boldsymbol{\varepsilon}_c$ 为混凝土板的应变矩阵，如式（2-8）所示，分别包括正应变和切应变。

$$\boldsymbol{\varepsilon}_c = (\varepsilon_c \quad \gamma_c)^T \tag{2-8}$$

对于混凝土板的应变矩阵 $\boldsymbol{\varepsilon}_c$，令

$$\boldsymbol{\varepsilon}_c = \boldsymbol{B}_c \boldsymbol{d}_c \tag{2-9}$$

其中

$$\boldsymbol{B}_c = \begin{pmatrix} -x & -y & 1 & \psi_c & 0 & 0 \\ 0 & 0 & 0 & 0 & r_c^* & \psi_{c,x} \end{pmatrix} \tag{2-10}$$

$$\boldsymbol{d}_c = (u_0'' \quad v_0'' \quad w_{c0}' \quad f_c' \quad \phi' \quad f_c)^T \tag{2-11}$$

$\boldsymbol{\varepsilon}_s$ 为钢梁的应变矩阵，如式（2-12）所示，分别包括正应变和切应变。

$$\boldsymbol{\varepsilon}_s = (\varepsilon_s \quad \gamma_s)^T \tag{2-12}$$

对于钢梁的应变矩阵 $\boldsymbol{\varepsilon}_s$，令

$$\boldsymbol{\varepsilon}_s = \boldsymbol{B}_s \boldsymbol{d}_s \tag{2-13}$$

其中

$$\boldsymbol{B}_s = \begin{pmatrix} -x & -y & 1 & \psi_s & 0 & 0 \\ 0 & 0 & 0 & 0 & r_s^* & \psi_{s,x} \end{pmatrix} \tag{2-14}$$

$$\boldsymbol{d}_s = (u_0'' \quad v_0'' \quad w_{s0}' \quad f_s' \quad \phi' \quad f_s)^T \tag{2-15}$$

混凝土板的应力矩阵 $\boldsymbol{\sigma}_c$ [式（2-16）] 包括正应力分量 $\sigma_c$ 和切应力分量 $\tau_c$：

$$\boldsymbol{\sigma}_c = (\sigma_c \quad \tau_c)^T \tag{2-16}$$

基于假定（6），考虑混凝土的收缩徐变效应，引入徐变函数 $J(t, t_0)$ 和收缩应变矩阵 $\boldsymbol{\varepsilon}_{c,sh}(t)$，得到混凝土的应力矩阵与应变矩阵关系表达式：

$$\boldsymbol{\varepsilon}_c(t) - \boldsymbol{\varepsilon}_{c,sh}(t) = J(t, t_0)\boldsymbol{X}_c^{-1}\boldsymbol{\sigma}_c(t_0) + \int_{t_0}^{t} J(t, \tau)\boldsymbol{X}_c^{-1}\mathrm{d}\boldsymbol{\sigma}_c(\tau) \tag{2-17}$$

式中，$t$ 为混凝土的龄期，$t_0$ 为混凝土的初始加载龄期，$\boldsymbol{\varepsilon}_{c,sh}(t)$ 为混凝土 $t$ 时刻收缩应变矩阵 [式（2-18）]，关系矩阵 $\boldsymbol{X}_c$ 如式（2-19）所示，式（2-19）中 $v_c$ 为混凝土的泊松比。

$$\boldsymbol{\varepsilon}_{c,sh} = (\varepsilon_{c,sh} \quad 0)^T \tag{2-18}$$

$$\boldsymbol{X}_c = \begin{pmatrix} 1 & 0 \\ 0 & \dfrac{1}{2(1+v_c)} \end{pmatrix} \tag{2-19}$$

钢梁的应力矩阵 $\boldsymbol{\sigma}_s$ [式（2-20）] 包括正应力分量 $\sigma_s$ 和切应力分量 $\tau_s$：

$$\boldsymbol{\sigma}_s = (\sigma_s \quad \tau_s)^T \tag{2-20}$$

根据假定（7），钢梁的应力矩阵 $\boldsymbol{\sigma}_s$ 和应变矩阵 $\boldsymbol{\varepsilon}_s$ 的关系为：

$$\boldsymbol{\sigma}_s = E_s \boldsymbol{X}_s \boldsymbol{\varepsilon}_s \tag{2-21}$$

式中，$E_s$ 为钢材的弹性模量，关系矩阵 $\boldsymbol{X}_s$ 如式（2-22）所示，$v_s$ 为钢材的泊松比。

$$\boldsymbol{X}_s = \begin{pmatrix} 1 & 0 \\ 0 & \dfrac{1}{2(1+v_s)} \end{pmatrix} \tag{2-22}$$

#### 2.3.3.2 界面滑移的内虚功

式（2-7）的第 3 项 $\int_L \delta d_{sl} q_{sl} dz$ 为钢梁和混凝土板之间的界面滑移产生的内虚功。依据假定（8），界面剪力 $d_{sl}$ 与界面滑移 $q_{sl}$ 的关系式为：

$$q_{sl}(z) = \rho d_{sl}(z) \tag{2-23}$$

式中，$\rho$ 为界面沿纵向单位长度的剪力连接刚度。

#### 2.3.3.3 外虚功

式（2-7）的 $\sum \delta W^T Q$ 为作用于组合箱梁任意位置处的集中荷载产生的外虚功，$\int_L \delta W^T q dz$ 为作用于组合箱梁任意位置处的分布荷载产生的外虚功。

根据式（2-1），钢梁或混凝土板任意位置处的位移向量 $W$ 分别可以写成：

$$W = [u(x,y,z) \quad v(x,y,z) \quad w_c(x,y,z) \quad w_s(x,y,z)]^T \tag{2-24}$$

进而式（2-24）可写成：

$$W = H d_F \tag{2-25}$$

其中

$$H = \begin{pmatrix} 1 & 0 & 0 & 0 & 0 & 0 & -(y-y_{Cs}) & 0 & 0 \\ 0 & 0 & 1 & 0 & 0 & 0 & x-x_{Cs} & 0 & 0 \\ 0 & -x & 0 & -y & 1 & 0 & 0 & \psi_c & 0 \\ 0 & -x & 0 & -y & 0 & 1 & 0 & 0 & \psi_s \end{pmatrix} \tag{2-26}$$

$$d_F = (u_0 \quad u'_0 \quad v_0 \quad v'_0 \quad w_{c0} \quad w_{s0} \quad \phi \quad f_c \quad f_s)^T \tag{2-27}$$

集中荷载矩阵 $Q$ 和分布荷载矩阵 $p$ 分别为：

$$Q = (Q_x \quad Q_y \quad Q_{cz} \quad Q_{sz})^T \tag{2-28}$$

$$q = (q_x \quad q_y \quad q_{cz} \quad q_{sz})^T \tag{2-29}$$

式中，$Q_x$、$Q_y$ 和 $Q_z$ 分别为沿着 $x$ 轴、$y$ 轴和 $z$ 轴的集中荷载；$q_x$、$q_y$ 和 $q_z$ 分别为沿着 $x$ 轴、$y$ 轴和 $z$ 轴的分布荷载。需要说明的是，此理论模型可以考虑荷载作用于任意位置的情况。

## 2.4 分析模型的数值计算过程

曲线组合箱梁一维理论模型的求解包括时间域和空间域两个维度上的求解。在时间域上，采用较为精确的逐步计算法，为了节省计算空间而不存储应力历史，对徐变函数进行 Dirichlet 级数拟合；在空间域上，采用有限单元法将结构离散为多个 2 节点的梁单元，计算其单元刚度矩阵和单元节点等效荷载矩阵，再集成整体刚度矩阵和整体等效荷载矩阵。

### 2.4.1 时间积分：不存储应力和应变历史的逐步递增法

当不计温度对混凝土的影响时，混凝土总应变为瞬时应变、收缩应变和徐变应变的叠加，如式（2-30）所示。其中收缩应变与结构受力无关，整体结构计算模型中考虑收缩影响时相当于给结构施加初应变，处理方法较为简单；而瞬时应变和徐变应变与结构受力相关，应力和应变都随时间发展而变化，而应变又与应力相关，此过程的数值分析较为复杂，故引入徐变函数 $J(t, t_0)$ 计算瞬时应变和徐变应变。

$$\varepsilon_c(t) = \varepsilon_{c,e}(t) + \varepsilon_{c,sh}(t) + \varepsilon_{c,cr}(t) \tag{2-30}$$

而且徐变函数又可写为式（2-31）的形式：

$$J(t, t_0) = \frac{1}{E_c(t)} + C(t, t_0) \tag{2-31}$$

式中，$E_c(t)$ 为 $t$ 时刻混凝土的弹性模量，$C(t, t_0)$ 为初始加载龄期为 $t_0$ 时 $t$ 时刻混凝土的徐变度函数。将式（2-31）代入式（2-17）中，并分离开瞬时应变 $\varepsilon_{c,e}(t)$ 和徐变应变 $\varepsilon_{c,cr}(t)$，可得：

$$\varepsilon_{c,e}(t) = \boldsymbol{X}_c^{-1}\frac{\boldsymbol{\sigma}_c(t)}{E_c(t)} = \boldsymbol{X}_c^{-1}\frac{\boldsymbol{\sigma}_c(t_0)}{E_c(t_0)} + \int_{t_0}^{t}\frac{1}{E_c(\tau)}\boldsymbol{X}_c^{-1}\mathrm{d}\boldsymbol{\sigma}_c(\tau) \tag{2-32}$$

$$\varepsilon_{c,cr}(t) = \boldsymbol{X}_c^{-1}\boldsymbol{\sigma}_c(t_0)C(t,t_0) + \int_{t_0}^{t}C(t,\tau)\boldsymbol{X}_c^{-1}\mathrm{d}\boldsymbol{\sigma}_c(\tau) \tag{2-33}$$

为尽可能提高精度，采用逐步递增法，并引入 Dirichlet 级数拟合徐变度函数 $C(t, t_0)$，采用不存储应力和应变历史的逐步计算法。式（2-31）中徐变度函数 $C(t, t_0)$ 的 Dirichlet 级数展开形式如式（2-34）所示，即 Kabir 公式：

$$C(t, t_0) = \sum_{j=1}^{m}\alpha_j(t_0)[1 - e^{-(t-t_0)/\tau_j}] \tag{2-34}$$

Baant 建议对于混凝土徐变问题取 $m=4$ 足以保证按级数展开的精度，并建议延迟时间 $\tau_j = 10^{j-1}$（$j=1, 2, \cdots, m$）。在已知 $C(t, t_0)$ 的前提下可通过最小二乘算法得到式（2-34）中的 $\alpha_j(t_0)$（$j=1, 2, \cdots, m$）。

为了采用逐步递增法，将 $t_0$ 到 $t$ 的时间历程离散为 $\Delta t_n = t_n - t_{n-1}$（$n \geqslant 1$）的形式，求解 $\Delta t_n$ 内的 $\Delta \varepsilon_c^n$、$\Delta \varepsilon_{c,cr}^n$、$\Delta \varepsilon_{c,sh}^n$ 和 $\Delta \sigma_c^n$。这些变量中，$\Delta \varepsilon_{c,sh}^n$ 与应力无关，可通过收缩应变的依时本构关系得到；$\Delta \varepsilon_c^n$ 可以通过混凝土的位移矩阵 $\boldsymbol{d}_c$ 得到；而 $\Delta \varepsilon_{c,cr}^n$ 和 $\Delta \sigma_c^n$ 的计算较为复杂，需通过递归法予以实现。

以第 $n$ 个时间步 $\Delta t_n$ 为例，根据式（2-33）有

$$\varepsilon_{c,cr}^n = \begin{cases} [\boldsymbol{0}]_{2\times 1} & n = 0 \\ \boldsymbol{X}_c^{-1}\sum_{i=0}^{n-1}\Delta\boldsymbol{\sigma}_c^i C(t_n, t_i) & n > 0 \end{cases} \tag{2-35}$$

当 $n > 0$ 时，

$$\Delta\varepsilon_{c,cr}^n = \varepsilon_{c,cr}^n - \varepsilon_{c,cr}^{n-1} = \boldsymbol{X}_c^{-1}\left\{\sum_{i=0}^{n-2}\Delta\boldsymbol{\sigma}_c^i[C(t_n,t_i) - C(t_{n-1},t_i)] + \Delta\boldsymbol{\sigma}_c^{n-1}C(t_n,t_{n-1})\right\}$$

$$\tag{2-36}$$

当 $n = 0$ 时，

$$\Delta\varepsilon_{c,cr}^0 = \varepsilon_{c,cr}^0 = [\boldsymbol{0}]_{2\times 1} \tag{2-37}$$

故可得：

$$\Delta\varepsilon_{c,cr}^n = \begin{cases} [\boldsymbol{0}]_{2\times 1} & n = 0 \\ \boldsymbol{X}_c^{-1}\left[\sum_{i=0}^{n-2}\Delta\boldsymbol{\sigma}_c^i[C(t_n,t_i) - C(t_{n-1},t_i)] + \Delta\boldsymbol{\sigma}_c^{n-1}C(t_n,t_{n-1})\right] & n > 0 \end{cases} \tag{2-38}$$

式（2-38）中，

$$C(t_n, t_i) - C(t_{n-1}, t_i)$$
$$= \sum_{j=1}^{m} \alpha_j(t_i) \left[1 - e^{-\lambda_j(t_n - t_i)/\tau_j}\right] - \sum_{j=1}^{m} \alpha_j(t_i) \left[1 - e^{-(t_{n-1} - t_i)/\tau_j}\right]$$
$$= \sum_{j=1}^{m} \alpha_j(t_i) \left[e^{-(t_{n-1} - t_i)/\tau_j} - e^{-(t_n - t_i)/\tau_j}\right]$$
$$= \sum_{j=1}^{m} \alpha_j(t_i) e^{-(t_{n-1} - t_i)/\tau_j} \left[1 - e^{-\Delta t_n/\tau_j}\right] \quad (2\text{-}39)$$

故可得到

$$\Delta \boldsymbol{\varepsilon}_{c,cr}^{n} = \boldsymbol{X}_c^{-1} \left[\sum_{j=1}^{m} \boldsymbol{\beta}_j^n (1 - e^{-\Delta t_n/\tau_j}) + \Delta \boldsymbol{\sigma}_c^{n-1} C(t_n, t_{n-1})\right] \quad (2\text{-}40)$$

其中有

$$\boldsymbol{\beta}_j^n = \begin{cases} \Delta \boldsymbol{\sigma}_c^0 \alpha_j(t_0) & n = 1 \\ \sum_{i=0}^{n-1} \Delta \boldsymbol{\sigma}_c^i \alpha_j(t_i) e^{-(t_{n-1} - t_i)/\tau_j} & n > 1 \end{cases} \quad (2\text{-}41)$$

可以发现 $\boldsymbol{\beta}_j^n$ 满足递推关系，如式（2-42）所示。只需要存储上一个时间步 $\Delta t_{n-1}$ 的 $\boldsymbol{\beta}_j^{n-1}$ 和应力增量 $\Delta \boldsymbol{\sigma}_c^{n-1}$，即可得到时间步 $\Delta t_n$ 的 $\boldsymbol{\beta}_j^n$，如此则避免了对于应力和应变历史的存储。

$$\boldsymbol{\beta}_j^n = \boldsymbol{\beta}_j^{n-1} e^{-\Delta t_{n-1}/\tau_j} + \Delta \boldsymbol{\sigma}_c^{n-1} \alpha_j(t_{n-1}) \quad (2\text{-}42)$$

因此可以发现，由上一个时间步 $\Delta t_{n-1}$ 的应力增量 $\Delta \boldsymbol{\sigma}_c^{n-1}$ 和时间步 $\Delta t_n$ 的 $\boldsymbol{\beta}_j^n$，即可得到时间步 $\Delta t_n$ 的应变增量 $\Delta \boldsymbol{\varepsilon}_{c,cr}^n$。根据式（2-32），可得：

$$\Delta \boldsymbol{\sigma}_c^n = \overline{E}_c^n \boldsymbol{X}_c (\Delta \boldsymbol{\varepsilon}_c^n - \Delta \boldsymbol{\varepsilon}_{c,cr}^n - \Delta \boldsymbol{\varepsilon}_{c,sh}^n) \quad (2\text{-}43)$$

由式（2-43）可以得到时间步 $\Delta t_n$ 的 $\Delta \boldsymbol{\sigma}_c^n$。之后进入下一个时间步 $\Delta t_{n+1}$，继续重复上述的计算过程。

其中

$$\overline{E}_c^n = \begin{cases} E_c^n & n = 0 \\ E_c^{n-0.5} & n > 0 \end{cases} \quad (2\text{-}44)$$

### 2.4.2 空间积分：2节点18个自由度的有限梁单元

采用精度高和稳定性强的有限单元算法实现一维理论模型空间域的求解。与式（2-7）类似，在时间增量步 $\Delta t_n$ 内同样满足虚功原理：

$$\delta(\Delta \Pi) = \iint_{L\,A_c} \delta \boldsymbol{\varepsilon}_c^T (\Delta \boldsymbol{\sigma}_c^n) \mathrm{d}a \mathrm{d}z + \iint_{L\,A_s} \delta \boldsymbol{\varepsilon}_s^T (\Delta \boldsymbol{\sigma}_s^n) \mathrm{d}a \mathrm{d}z + \int_L \delta \boldsymbol{d}_{sl} (\Delta \boldsymbol{q}_{sl}^n) \mathrm{d}z -$$
$$\sum \delta \boldsymbol{W}^T (\Delta \boldsymbol{Q}^n) - \int_L \delta \boldsymbol{W}^T (\Delta \boldsymbol{q}^n) \mathrm{d}z = 0$$
$$\forall \delta \boldsymbol{\varepsilon}_s, \delta \boldsymbol{\varepsilon}_c, \delta \boldsymbol{d}_{sl}, \delta \boldsymbol{W} \quad (2\text{-}45)$$

将组合箱梁离散成2节点18个自由度的有限梁单元，每个节点包含9个自由度。单元节点位移矩阵 $\boldsymbol{d}_e$ 为：

$$\boldsymbol{d}_e = (\boldsymbol{d}_{e1} \quad \boldsymbol{d}_{e2})^T \quad (2\text{-}46)$$

$$\boldsymbol{d}_{ei} = (u_i \quad u'_i \quad v_i \quad v'_i \quad w_{ci} \quad w_{si} \quad \phi_i \quad f_{ci} \quad f_{si}) \quad \text{for } i=1, 2 \quad (2\text{-}47)$$

基于单元节点位移矩阵 $\boldsymbol{d}_e$，分别引入形函数矩阵 $[\boldsymbol{N}_c]_{6\times18}$、$[\boldsymbol{N}_s]_{6\times18}$、$[\boldsymbol{N}_{sl}]_{1\times18}$ 和 $[\boldsymbol{N}_F]_{9\times18}$，可得：

$$\boldsymbol{d}_c = \boldsymbol{N}_c \boldsymbol{d}_e \quad (2\text{-}48)$$

$$\boldsymbol{d}_s = \boldsymbol{N}_s \boldsymbol{d}_e \quad (2\text{-}49)$$

$$\boldsymbol{d}_{sl} = \boldsymbol{N}_{sl} \boldsymbol{d}_e \quad (2\text{-}50)$$

$$\boldsymbol{d}_F = \boldsymbol{N}_F \boldsymbol{d}_e \quad (2\text{-}51)$$

式中，形函数矩阵 $[\boldsymbol{N}_c]_{6\times18}$、$[\boldsymbol{N}_s]_{6\times18}$、$[\boldsymbol{N}_{sl}]_{1\times18}$、$[\boldsymbol{N}_F]_{9\times18}$ 的取值见附录 A。

将式（2-9）、式（2-13）、式（2-21）、式（2-23）、式（2-25）、式（2-43）、式（2-48）和式（2-49）代入式（2-45），得到组合箱梁在时间步 $\Delta t_n$ 内的平衡方程。

$$\boldsymbol{K}^n \Delta \boldsymbol{d}_e^n = \Delta \boldsymbol{F}^n \quad (2\text{-}52)$$

式中，$\boldsymbol{K}^n$ 为时间步 $\Delta t_n$ 的增量刚度矩阵；$\Delta \boldsymbol{d}_e^n$ 为时间步 $\Delta t_n$ 的增量单元节点位移矩阵；$\Delta \boldsymbol{F}^n$ 为时间步 $\Delta t_n$ 的增量单元节点等效荷载矩阵。

增量刚度矩阵 $\boldsymbol{K}^n$ 的计算公式为：

$$\boldsymbol{K}^n = \int_{l_e} \left[ \boldsymbol{N}_c^T \left( \overline{E}_c^n \iint_{A_c} \boldsymbol{B}_c^T \boldsymbol{X}_c \boldsymbol{B}_c \mathrm{d}a \right) \boldsymbol{N}_c + \boldsymbol{N}_s^T \left( E_s^n \iint_{A_s} \boldsymbol{B}_s^T \boldsymbol{X}_s \boldsymbol{B}_s \mathrm{d}a \right) \boldsymbol{N}_s + \boldsymbol{N}_{sl}^T \rho \boldsymbol{N}_{sl} \right] \mathrm{d}z \quad (2\text{-}53)$$

式中，$l_e$ 为有限梁单元的长度。

增量单元节点等效荷载矩阵 $\Delta \boldsymbol{F}^n$ 为：

$$\Delta \boldsymbol{F}^n = \Delta \boldsymbol{F}_{\text{ext}}^n + \Delta \boldsymbol{F}_{\text{cr}}^n + \Delta \boldsymbol{F}_{\text{sh}}^n \quad (2\text{-}54)$$

$\Delta \boldsymbol{F}^n$ 由三部分组成，其中 $\Delta \boldsymbol{F}_{\text{ext}}^n$ 为由增量步内外荷载产生的单元节点等效荷载矩阵，$\Delta \boldsymbol{F}_{\text{cr}}^n$ 为增量步内由徐变应变产生的单元节点等效荷载矩阵，$\Delta \boldsymbol{F}_{\text{sh}}^n$ 为增量步内由收缩应变产生的单元节点等效荷载矩阵。3 个荷载矩阵的计算公式分别为：

$$\Delta \boldsymbol{F}_{\text{ext}}^n = \int_{l_e} \boldsymbol{N}_F^T \boldsymbol{H}^T \Delta \boldsymbol{q}^n \mathrm{d}z + \boldsymbol{N}_F^T \boldsymbol{H}^T \Delta \boldsymbol{Q}^n \quad (2\text{-}55)$$

$$\Delta \boldsymbol{F}_{\text{cr}}^n = \int_{l_e} \boldsymbol{N}_c^T \left( \overline{E}_c^n \oiint_{A_c} \boldsymbol{B}_c^T \boldsymbol{X}_c \Delta \boldsymbol{\varepsilon}_{c,\text{cr}}^n \mathrm{d}a \right) \mathrm{d}z \quad (2\text{-}56)$$

$$\Delta \boldsymbol{F}_{\text{sh}}^n = \int_{l_e} \boldsymbol{N}_c^T \left( \overline{E}_c^n \oiint_{A_c} \boldsymbol{B}_c^T \boldsymbol{X}_c \Delta \boldsymbol{\varepsilon}_{c,\text{sh}}^n \mathrm{d}a \right) \mathrm{d}z \quad (2\text{-}57)$$

综合上述时间域和空间域的求解算法，提出组合箱梁考虑滑移、剪力滞和时变效应的 2 节点 18 个自由度有限梁单元模型的求解步骤。

首先根据式（2-34）和所有时间步的 $C(t_n, t_i)$（$i=0, 1, \cdots, n-1$），通过最小二乘拟合得到所有的 $\alpha_j(t_i)$，之后开始递归过程。

（1）根据式（2-42）计算 $\boldsymbol{\beta}_j^n$。

（2）计算 $\Delta \boldsymbol{\varepsilon}_{c,\text{sh}}^n$；根据式（2-40）计算 $\Delta \boldsymbol{\varepsilon}_{c,\text{cr}}^n$。

（3）根据式（2-53）计算 $\boldsymbol{K}^n$；根据式（2-55）～式（2-57）计算 $\Delta \boldsymbol{F}_{\text{ext}}^n$、$\Delta \boldsymbol{F}_{\text{cr}}^n$ 和 $\Delta \boldsymbol{F}_{\text{sh}}^n$；根据式（2-54）计算 $\Delta \boldsymbol{F}^n$；根据式（2-52）计算 $\Delta \boldsymbol{d}_e^n$。

（4）根据式（2-48）和式（2-9）计算 $\Delta \boldsymbol{\varepsilon}_c^n$。

（5）根据式（2-43）计算 $\Delta \boldsymbol{\sigma}_c^n$，用以计算下一个时间步的 $\Delta \boldsymbol{\varepsilon}_{c,\text{cr}}^n$。

（6）返回（1），进行下一个时间步的新一轮计算。

综上，此研究提出了组合箱梁考虑界面滑移、剪力滞和时变效应的 2 节点 18 个自由度的有限梁单元。

## 2.5 验证有限梁单元模型

为了验证考虑钢-混凝土组合箱梁的滑移、剪力滞和时变效应的有限梁单元模型的准确性和适用性，分别按瞬时行为和长期行为对有限梁单元模型进行了验证。

### 2.5.1 瞬时行为

首先分析了一个工程中应用到的简支钢-混凝土组合箱梁在均布荷载作用下的瞬时行为。简支钢-混凝土组合箱梁跨度为 60m，截面尺寸如表 2-1 所示。该试件的材性参数为：界面剪力连接刚度 $\rho=1\mathrm{kN/mm^2}$，钢材弹性模量 $E_s=2.06\times10^5\mathrm{MPa}$，钢材泊松比 $v_s=0.3$，混凝土弹性模量 $E_c=3.8629\times10^4\mathrm{MPa}$，混凝土泊松比 $v_c=0.2$。收缩龄期 $t_{sh}=7\mathrm{d}$，加载龄期 $t_0=28\mathrm{d}$，相对湿度 $RH=75\%$。简支钢-混凝土组合箱梁承受竖向均布荷载，其大小为 $200\mathrm{kN/m}$。

表 2-1　简支组合梁横截面（瞬时分析验证）　　　　　单位：mm

| $b_c$ | $b_{c1}$ | $t_c$ | $b_s$ | $b_{s1}$ | $t_s$ | $b_{st}$ | $t_{st}$ | $h_s$ | $t_w$ |
|---|---|---|---|---|---|---|---|---|---|
| 9000 | 5000 | 300 | 5000 | 5000 | 24 | 600 | 16 | 3000 | 20 |

分别采用所提出的有限梁单元模型和精细有限元模型对该结构进行数值分析。采用 ANSYS 18.0 软件建立了该简支钢-混凝土组合箱梁的精细有限元模型，如图 2-3 所示，其中混凝土板和钢梁采用 SHELL 181 壳单元模拟，栓钉采用 COMBIN 14 弹簧单元模拟。预应力荷载等效为一对等大反向的集中荷载。该模型已经进行了网格测试，计算结果的收敛精度保证在 5% 以内。

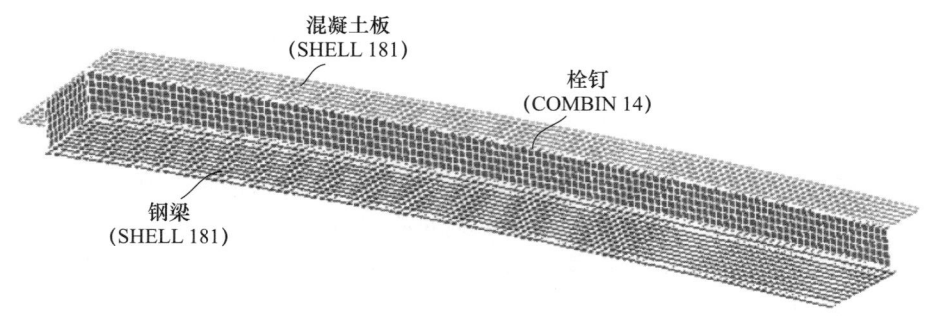

图 2-3　简支钢-混凝土组合箱梁的精细有限元模型

图 2-4 给出了精细有限元模型和所提出的有限梁单元模型的对比结果，具体计算了挠度、界面滑移、混凝土顶部应力和钢梁底板应力。由图 2-4 可知，两者计算偏差仅在 5% 以内。

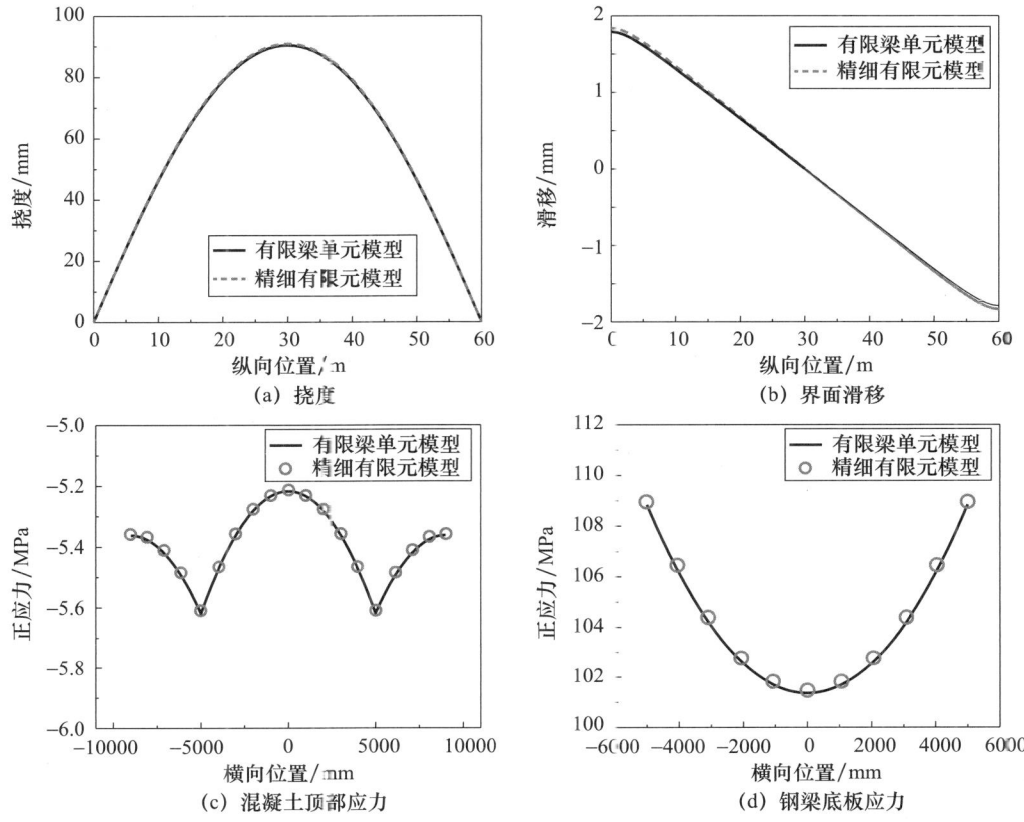

图 2-4 有限梁单元和精细有限元模型对简支钢-混凝土组合箱梁预测结果的比较

## 2.5.2 长期行为

樊建生等研究了两根组合梁在竖向均布荷载下的长期受力行为。两个试件具有相同的几何尺寸：跨度为 4m，钢梁高度为 180mm，钢筋混凝土板厚度为 60mm、宽度为 600mm。在钢梁的上翼缘上焊接了单列栓钉，纵向间距为 80mm。试件 LCB1 和 LCB2 的混凝土板分别使用 C20 和 C30 级混凝土。LCB1 材性试验中第 7 天和第 28 天的混凝土立方体抗压强度分别为 24.3MPa 和 32.3MPa，LCB2 材性试验中第 7 天和第 28 天的混凝土立方体抗压强度分别为 33.4MPa 和 44.7MPa。在混凝土龄期为第 7 天的时候，对两根梁进行持续均布加载，并持续监测 3 年。竖向均布荷载（包括梁的自重）为 6.23kN/m。图 2-5 为试件的尺寸、加载情况和截面特性。

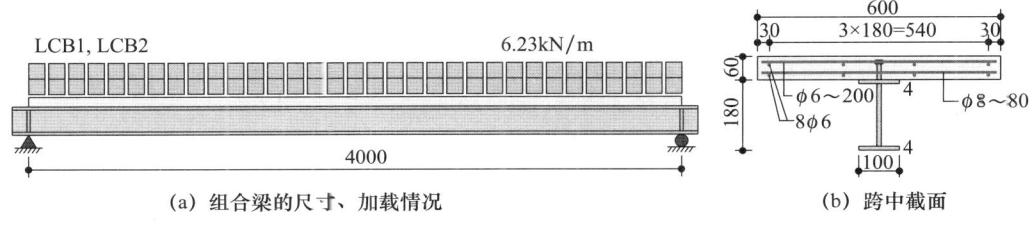

图 2-5 试验组合梁的尺寸、加载情况和截面特性（尺寸单位：mm）

图 2-6 给出了试件测得的挠度和钢梁下翼缘板应变发展与所提出的有限梁单元模型的预测结果对比。在有限梁单元模型中，采用材料试验中测得的收缩应变和欧洲混凝土规范 CEB-FIP 90 建议的徐变模型来计算混凝土的收缩和徐变效应。可以看出，模型计算结果与试验结果吻合良好。

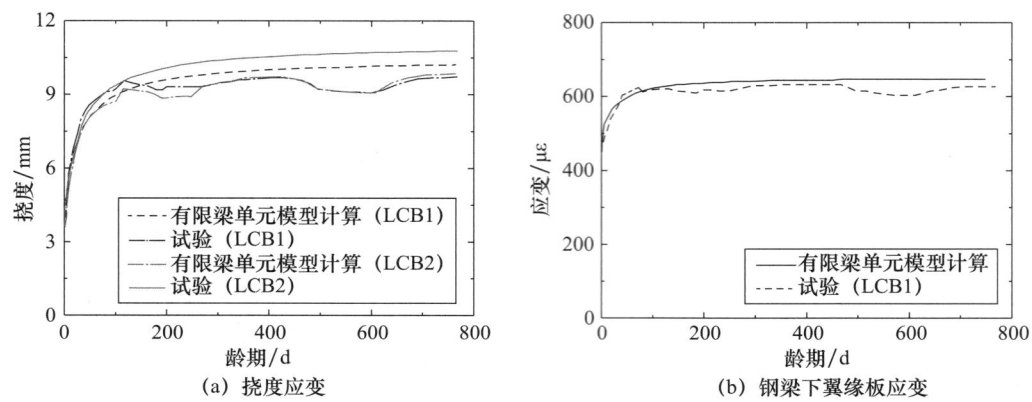

图 2-6　试验结果与有限梁单元模型预测结果的对比

Bradford 和 Gilbert 进行了四根简支钢-混凝土组合箱梁的长期性能试验，试件的名称为 B1～B4。试件的尺寸、加载情况和截面特性如图 2-7 所示。试件 B1 和 B2 的栓钉纵向间距为 200mm，共两列；试件 B3 和 B4 的栓钉纵向间距为 600mm，共两列。试件 B2 和 B4 的持续的竖向均布荷载仅由其自重（1.92kN/m）组成，而试件 B1 和 B3 的持续的竖向均布荷载由其自重（1.92kN/m）和附加均布荷载（7.52kN/m）组成。混凝土的圆柱体抗压强度为 31.1MPa，弹性模量为 $2.51×10^4$ MPa，钢材的弹性模量取 $2.0×10^5$ MPa；混凝土在第 220 天时的收缩终值为 $410×10^{-6}$，徐变系数为 2.6。

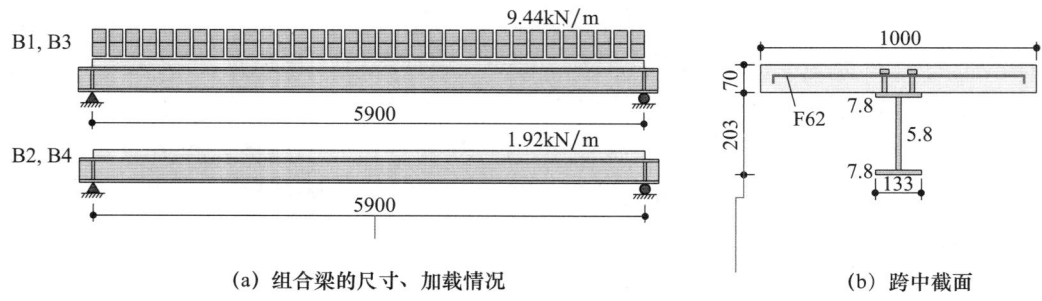

图 2-7　试验组合梁的尺寸、加载情况和截面特性（尺寸单位：mm）

图 2-8 给出了试件测得的挠度以及所提出的有限梁单元模型的预测结果。在有限梁单元模型中，混凝土的收缩应变和徐变系数曲线由其材性试验确定。可以看出，模型计算结果与试验结果吻合良好。

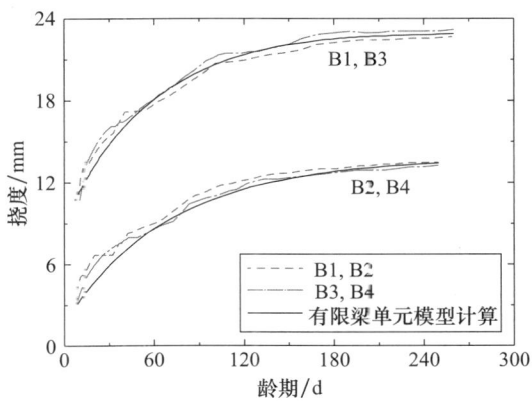

图 2-8  试验结果与有限梁单元模型预测结果的比较

## 2.6  有限梁单元模型的应用

本节将采用所提出的分析求解方法来预测简支钢-混凝土组合箱梁随时间变化的行为。简支钢-混凝土组合箱梁跨度为 40m，截面尺寸如表 2-2 所示。该试件的材性参数为：界面剪力连接刚度 $\rho=1\mathrm{kN/mm^2}$，钢材弹性模量 $E_s=2.06\times10^5\mathrm{MPa}$，钢材泊松比 $\upsilon_s=0.3$，混凝土立方体抗压强度 $f_{ck}=50\mathrm{MPa}$，混凝土泊松比 $\upsilon_c=0.2$。收缩龄期 $t_{sh}=7d$，加载龄期 $t_0=28d$，相对湿度 $RH=75\%$。简支钢-混凝土组合箱梁承受竖向均布荷载，其大小为 200kN/m。模型中采用欧洲混凝土规范 CEB-FIP 90 规定的收缩应变和徐变系数计算方法。

表 2-2  简支钢-混凝土组合箱梁横截面（应用）  单位：mm

| $b_c$ | $b_{c1}$ | $t_c$ | $b_s$ | $b_{s1}$ | $t_s$ | $b_{st}$ | $t_{st}$ | $h_s$ | $t_w$ |
| --- | --- | --- | --- | --- | --- | --- | --- | --- | --- |
| 6500 | 4000 | 250 | 4000 | 4000 | 24 | 600 | 12 | 2000 | 16 |

### 2.6.1  剪力连接刚度的影响

为探究界面滑移的影响，还对另外两种不同界面剪力连接刚度的组合梁模型进行了分析，分别为 $\rho=0.5\mathrm{kN/mm^2}$ 和 $\rho=10\mathrm{kN/mm^2}$ 的情况。图 2-9~图 2-12 分别给出了简支钢-混凝土组合箱梁竖向挠度、界面滑移、混凝土顶板应力和钢梁底板应力的情况。其中，(a) 和 (b) 分别为第 28 天和第 3 年的情况。由图 2-9~图 2-12 可得，相比于该模型 $\rho=1\mathrm{kN/mm^2}$，该模型 $\rho=0.5\mathrm{kN/mm^2}$ 的第 28 天和第 3 年的跨中竖向挠度分别大 13.90% 和 8.40%，梁端的界面滑移分别大 91.64% 和 90.62%，混凝土顶板最大压应力分别小 2.2% 和 2.13%，钢梁底板最大应力分别大 1.06% 和 0.96%；该模型 $\rho=10\mathrm{kN/mm^2}$ 的第 28 天和 3 年的跨中竖向挠度分别小 13.08% 和 7.90%，梁端的界面滑移分别小 89.13% 和 89.20%，混凝土顶板最大压应力分别大 1.97% 和 1.91%，钢梁底板最大应力分别小 0.96% 和 0.88%。

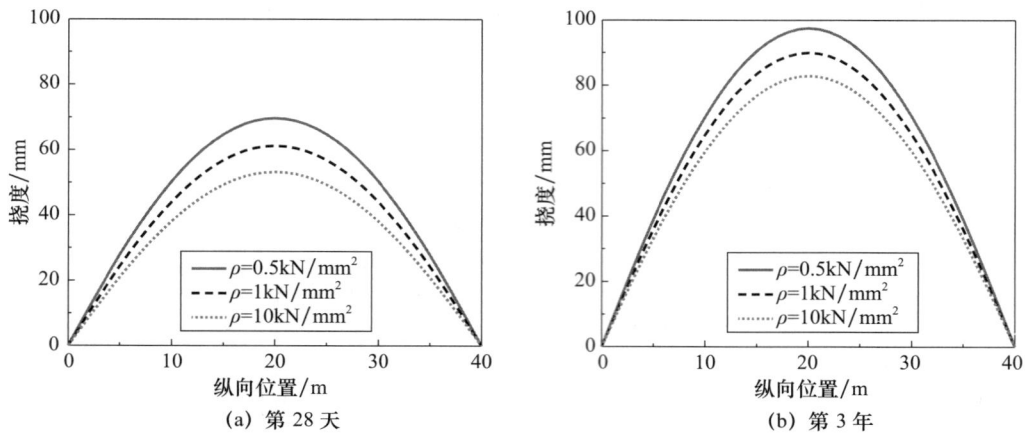

图 2-9　简支钢-混凝土组合箱梁的竖向挠度（剪力连接刚度的影响）

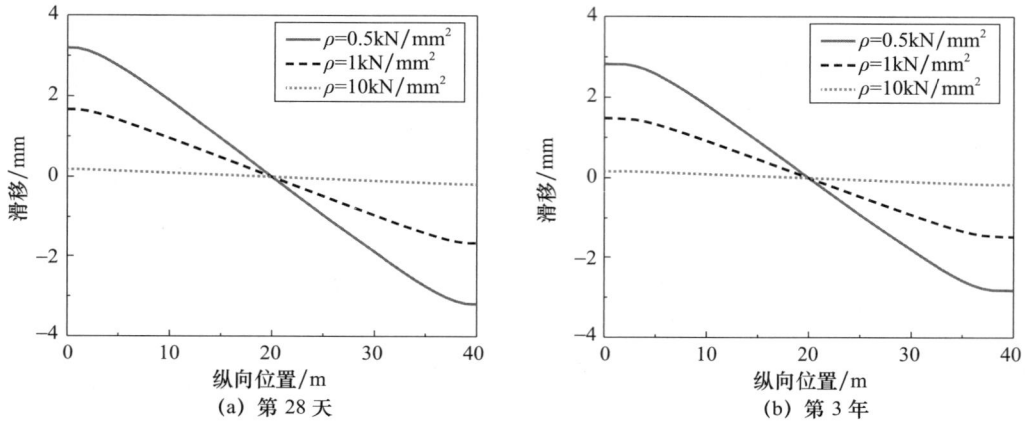

图 2-10　简支钢-混凝土组合箱梁的界面滑移（剪力连接刚度的影响）

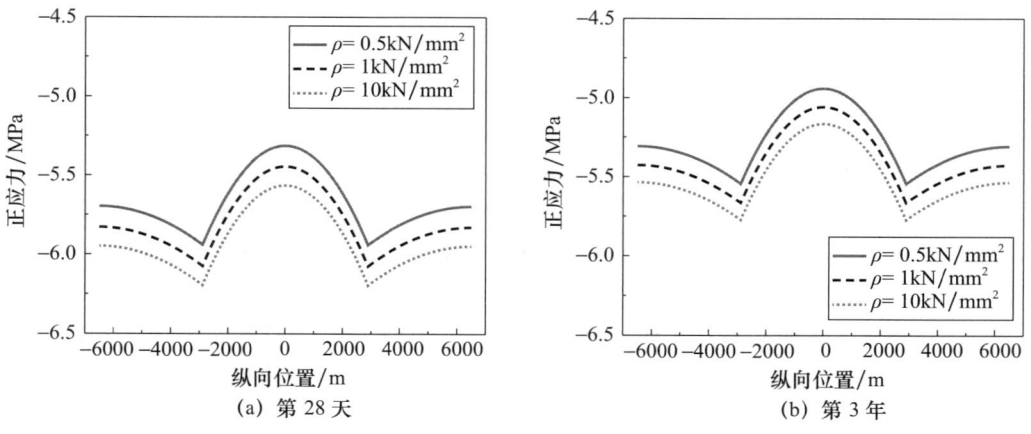

图 2-11　简支钢-混凝土组合箱梁的混凝土顶板应力（剪力连接刚度的影响）

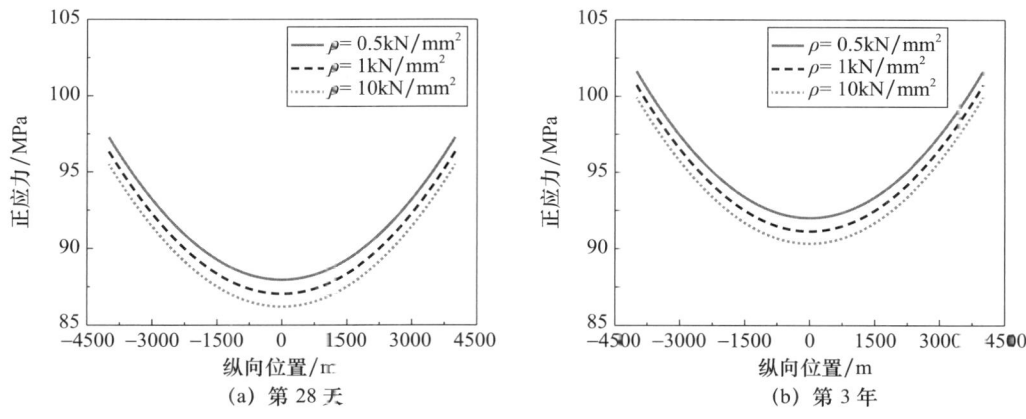

图 2-12 简支钢-混凝土组合箱梁的钢梁底板应力（剪力连接刚度的影响）

### 2.6.2 随时间变化的分析

对本章的钢-混凝土组合箱梁模型进行了随时间变化的分析，主要探究第 28 天龄期和第 3 年龄期的情况。图 2-13～图 2-18 显示了组合梁受力行为随时间的变化情况，包括竖向挠度、界面滑移、剪力导致的混凝土板翘曲位移、剪力导致的钢底翼缘板翘曲位移、混凝土板应力和钢底翼缘板应力。图 2-13（a）、图 2-14（a）、图 2-15（a）、图 2-16（a）、图 2-17（a）和图 2-18（a）给出了这些响应在第 28 天和第 3 年的分布情况，而图 2-13（b）、图 2-14（b）、图 2-15（b）、图 2-16（b）、图 2-17（b）和图 2-18（b）给出了这些响应随时间的变化情况。

从图 2-13（a）可以看出，第 3 年的长期竖向挠度比第 28 天的大 47.01%。从图 2-13（b）中可以看出，竖向挠度逐渐增大，但随着时间的推移，增大率逐渐减小。

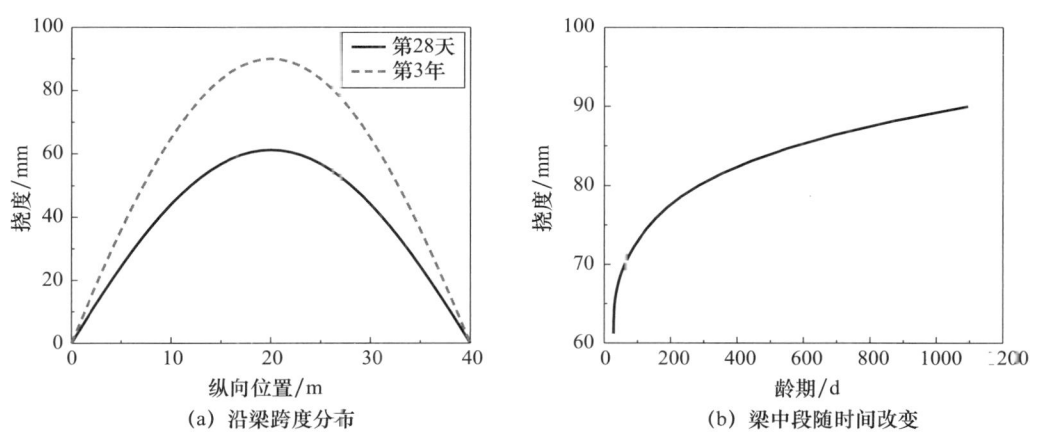

图 2-13 简支钢-混凝土组合箱梁的竖向挠度（随时间变化的分析）

图 2-14 显示了界面滑移随时间的变化。众所周知，梁端附近通常会出现明显的滑移。据观察，这些响应与常见的观察结果一致。图 2-14（a）显示，端部的界面滑移不断减小，从第 28 天的 1.665mm 减小到第 3 年的 1.482mm。从图 2-14（b）中可以看

出，界面滑移逐渐减小，但减小速度随时间而减小。

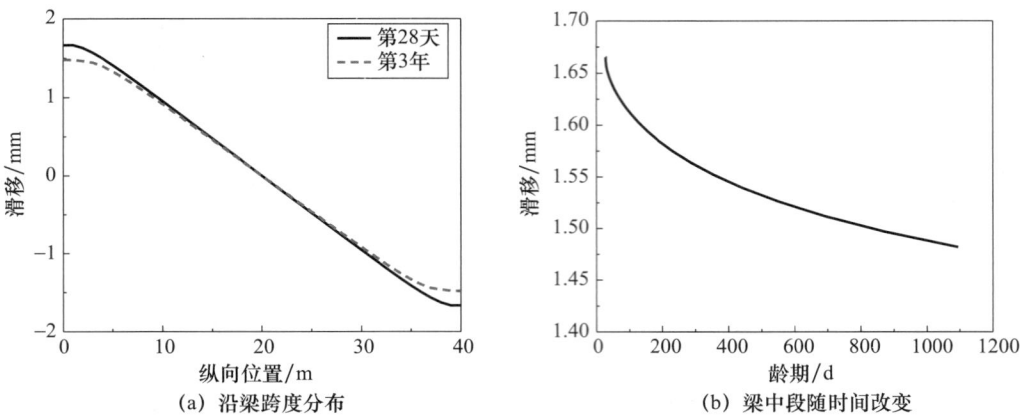

图 2-14　简支钢-混凝土组合箱梁的界面滑移（随时间变化的分析）

从图 2-15 中可以看出，混凝土板在梁端附近因剪力产生的翘曲位移更为显著，而在跨中的响应为 0。如图 2-15（a）所示，第 3 年梁端翘曲位移比第 28 天高 111.64%。从图 2-15（b）中可以看出，混凝土板的翘曲位移逐渐增大，但随着时间的推移，增大率逐渐减小，在大约第 400 天以后增长就十分缓慢了。

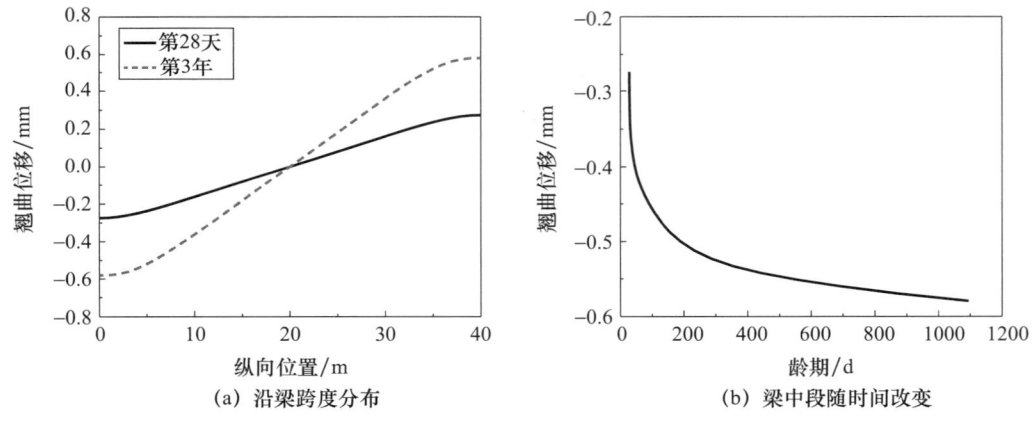

图 2-15　混凝土板因简支钢-混凝土组合箱梁的剪力导致的翘曲位移（随时间变化的分析）

图 2-16 显示，剪力导致的钢底部翘曲位移的分布形式与界面滑移相似。如图 2-16（a）所示，第 3 年钢底部的翘曲位移比第 28 天高出 7.01%。图 2-16（b）显示，钢底部的翘曲位移逐渐增大，但增大的速度随着时间的推移而减小。可以看出，混凝土板翘曲位移的增加比钢底部翘曲位移的增加更为显著。

图 2-17 显示了混凝土板应力分布随时间变化的情况。由图 2-17（a）中可以看出，混凝土板边缘的应力从第 28 天的 5.829MPa 持续下降到第 3 年的 5.428MPa；钢腹板和混凝土板连接处的应力由第 28 天的 6.075MPa 下降到第 3 年的 5.665MPa；混凝土板中心线的应力由第 28 天的 5.446MPa 下降到第 3 年的 5.058MPa。图 2-17（b）显示，混凝土板的应力在第 400 天后开始缓慢下降。

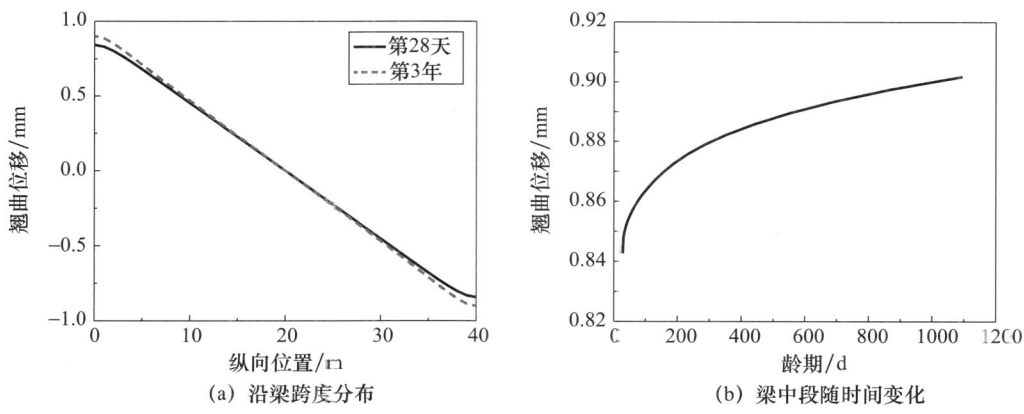

图 2-16　简支钢-混凝土组合箱梁受剪时钢底部的翘曲位移（随时间变化的分析）

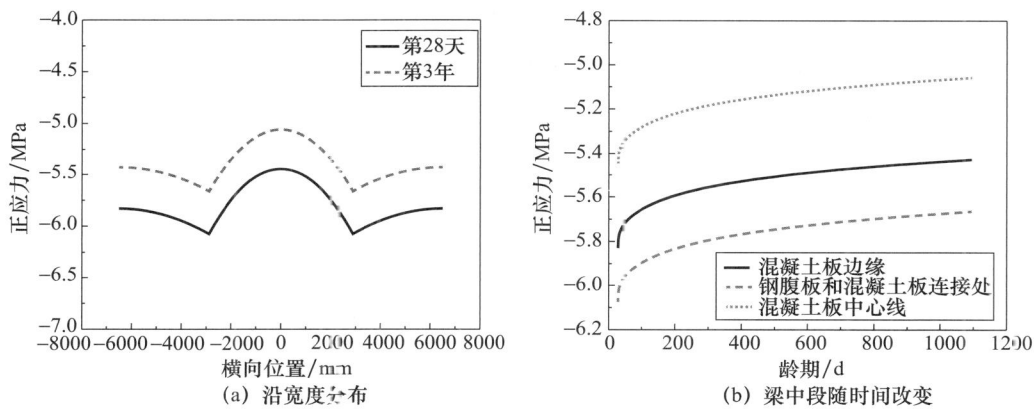

图 2-17　简支钢-混凝土组合箱梁混凝土板上的应力（随时间变化的分析）

图 2-18 显示了钢材应力分布随时间的变化。在图 2-18（a）中，钢腹板和混凝土板连接处的应力由第 28 天的 96.349MPa 增加到第 3 年的 100.739MPa；钢底部中心线的应力由第 28 天的 87.039MPa 增加到第 3 年的 91.133MPa。从图 2-18（b）中可以看出，钢底部的应力在第 400 天后开始缓慢增加。

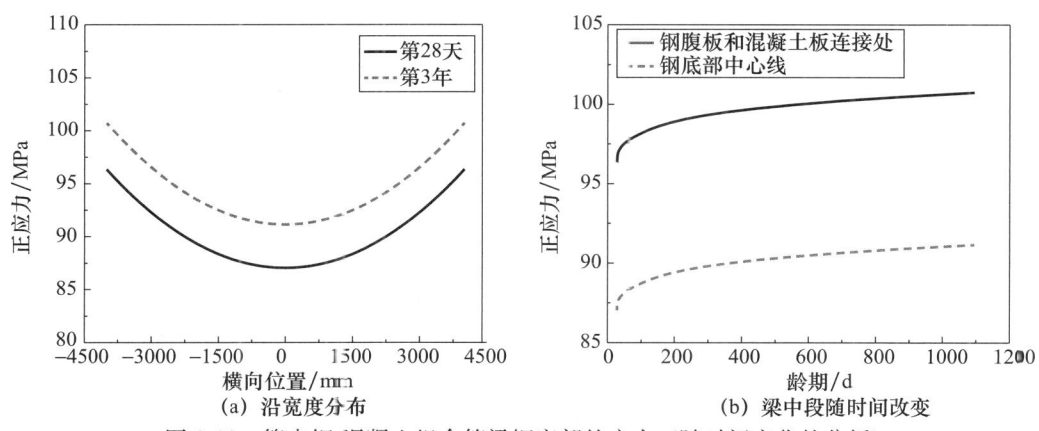

图 2-18　简支钢-混凝土组合箱梁钢底部的应力（随时间变化的分析）

为了更好地显示模型随时间变化的影响，对第 3650 天的简支钢-混凝土组合箱梁进行了分析。图 2-19 显示了混凝土板在第 28 天和第 3650 天的应力分布。图 2-20 显示了钢底部在第 28 天和第 3650 天的应力分布。从图 2-19 和图 2-20 中可以看出，混凝土板上的应力在这段时间内（第 28 天至第 3650 天）不断减小，而钢底部的应力则不断增大。这表明混凝土徐变效应对混凝土板产生了卸载效应。

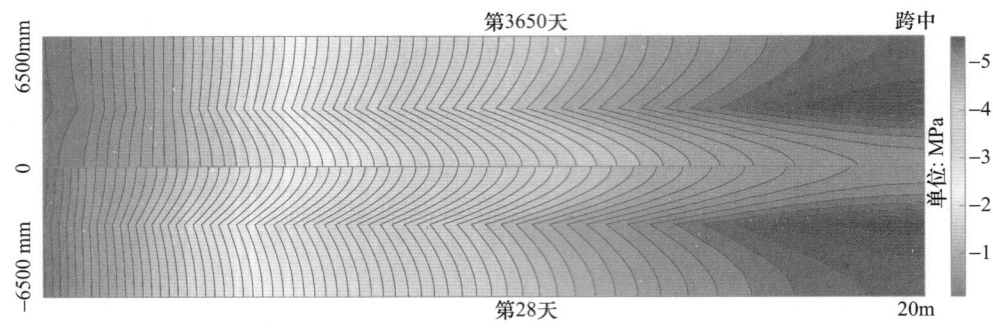

图 2-19　简支钢-混凝土组合箱梁混凝土板应力等值线图

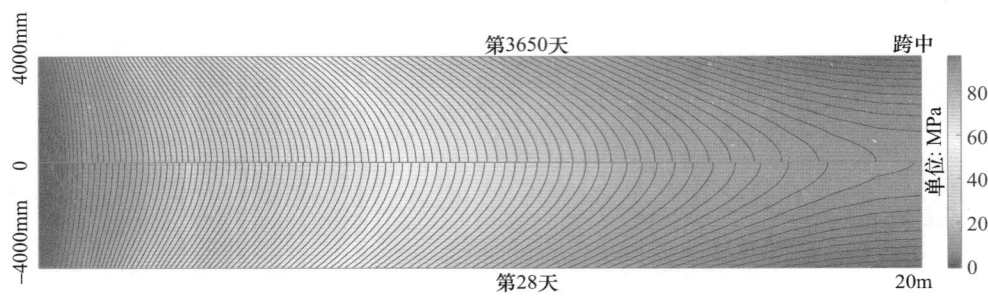

图 2-20　简支钢-混凝土组合箱梁钢底部应力等值线图

## 2.7　本章小结

此研究提出了钢-混凝土组合箱梁考虑界面滑移、剪力滞和时变效应的 18 个自由度的有限梁单元模型。关于数值计算过程及其应用的具体结论如下。

(1) 本章对组合箱梁的分析模型进行了求解，在时间域上采用较为精确的逐步计算法，并引入了 Dirichlet 级数拟合徐变函数，避免了对应力和应变历史的存储；在空间域上，采用有限单元法，将结构离散为多个 2 节点 18 个自由度的梁单元，从而实现了高效的分析和计算。

(2) 使用 ANSYS 进行了详细的数值模拟，以验证所提模型在瞬时分析中的准确性和适用性。采用关于组合梁经典的长期试验结果与建立的有限梁单元模型的计算结果进行了对比分析，证明了有限梁单元模型应用于长期分析的准确性和适用性。

(3) 将所提出的模型进一步应用于简支钢-混凝土组合箱梁随时间变化的行为分析。分析了一些结构响应，包括竖向挠度、界面滑移、剪切引起的翘曲位移、钢底部应力和混凝土板应力。关注这些响应从初始加载龄期的第 28 天到第 3 年之间的变化情况。界面剪力连接刚度、收缩和徐变效应对这些响应有重大影响。

（4）与 $\rho=1\text{kN}/\text{mm}^2$ 的模型相比，$\rho=0.5\text{kN}/\text{mm}^2$ 的模型第 3 年跨中竖向挠度增大了 8.40%，端部界面滑移增大了 90.62%；$\rho=10\text{kN}/\text{mm}^2$ 的模型第 3 年跨中竖向挠度减小了 7.90%，端部界面滑移减小了 89.20%。

（5）对于 $\rho=1\text{kN}/\text{mm}^2$ 的模型，从第 28 天到第 3 年，跨中竖向挠度增加了 47.02%，端部界面滑移减少了 10.99%，梁端混凝土板因剪力导致翘曲位移增加了 111.64%，靠近梁端钢底的翘曲位移增加了 7.01%，混凝土板的最大压应力减少了 6.75%，钢底翼缘的最大拉应力增加了 4.56%。即使到了第 10 年力学响应也一直在发展，其发展速度仍然不容忽视。

# 3 列车-组合箱梁耦合时变系统动力分析模型

## 3.1 概　　述

钢-混凝土组合箱梁车桥耦合系统会受到外部激励和内部激励的作用，并产生振动，外部激励是作用于桥梁的外力，如风荷载、地震作用等，内部激励的响应除了与轮轨蛇行运动、轨道不平顺和轮对偏心等因素有关外，基于钢-混凝土组合箱梁的结构特性，还需考虑界面滑移、剪力滞和时变效应等复杂空间力学效应对组合箱梁振动响应的影响。

本章以钢-混凝土组合 Z 字梁平面有限梁单元模型为理论基础，将钢-混凝土组合箱梁视为变形体，提出了考虑界面滑移和剪力滞效应的钢-混凝土组合箱梁空间有限梁单元模型，并用于精细的刚柔耦合列车-组合箱梁时变系统的构建、动力的分析以及振动控制的研究；建立经典的 27 个自由度二系悬挂系统列车多刚体动力分析模型，每节列车由 1 个车体、2 个转向架和 4 个轮对组成；轮轨接触关系设置为法向密贴、切向 Kalker 线性蠕滑；将时变模型产生的桥梁长期下挠位移叠加到轨道不平顺上以考虑时变效应对系统的影响；最终建立了刚柔耦合列车-组合箱梁时变系统动力分析模型。本书所提出的分析模型为研究时变效应对钢-混凝土组合箱梁-车辆耦合系统动力响应的影响提供了有效的研究手段。

## 3.2 精细的钢-混凝土组合箱梁动力分析模型

以 Dezi 等、Gara 等所提出的钢-混凝土组合工字梁平面有限梁单元模型为理论基础，本研究将钢-混凝土组合箱梁视为变形体，提出了考虑界面滑移和剪力滞效应的钢-混凝土组合箱梁空间有限梁单元模型，并用于精细的刚柔耦合列车-组合箱梁时变系统的构建、动力的分析以及振动控制的研究。

### 3.2.1 基本假定与坐标系的建立

将钢-混凝土组合箱梁视为变形体，基于 Euler-Bernoulli 梁经典理论，引入以下 9 个基本假定；其中，前 6 个基于经典的薄壁结构理论，后 3 个则关注铁路桥梁在正常使用状态下的受力行为：

（1）忽略组合箱梁界面的掀起效应，即发生弯曲变形后，两者的曲率、挠度保持一致。

(2) 钢梁和混凝土板的界面存在纵向滑移。

(3) 不考虑弯曲和畸变产生的钢-混凝土组合箱梁的剪切变形。

(4) 钢梁翼缘板和混凝土板在竖向弯曲变形下会产生剪力滞效应。

(5) 忽略混凝土板中的钢筋配置。

(6) 基于小变形和刚周边假定，虽然钢-混凝土组合箱梁在扭转后发生翘曲，但其截面形状与原截面在同一方向上的投影相同。

(7) 剪力栓钉在纵、横向都为均匀布置，且分布较密，故抗剪连接刚度 $\rho_{sh}$ 在整个研究中都保持为常数。

(8) 钢梁和混凝土板始终处于弹性受力阶段；在钢梁和混凝土板的交界面处，剪力栓钉也始终处于弹性受力阶段。

(9) 已采取足够的抗失稳构造措施，保证钢梁不发生整体和局部失稳。

笛卡尔空间坐标系中的钢-混凝土组合箱梁如图 3-1 所示。图 3-1 中具体的几何特征参数说明如下，并与之后的研究保持一致：

(1) $O$ 为坐标原点即钢-混凝土组合箱梁换算截面的形心，$O_c$、$O_s$ 分别为混凝土板和钢梁各自的形心，$C_T$ 为钢-混凝土组合箱梁的扭转中心。

(2) 根据右手螺旋定则，$O$-$x$ 轴为沿纵向平行于钢-混凝土组合箱梁未变形时的中轴线，$O$-$y$ 轴沿横向平行于钢梁下翼缘板，$O$-$z$ 轴沿竖向垂直于钢梁下翼缘板指向下。

(3) $2b_c$、$2b_{su}$ 和 $2b_s$ 分别为混凝土板、钢梁上翼缘板和钢梁下翼缘板的横向宽度，$2b_{c1}$ 为两侧钢梁腹板中轴线在混凝土板上的横向间距，$2b_{s1}$ 为两侧钢梁腹板中轴线在钢梁下翼缘板上的横向间距。

(4) $h_s$ 为钢梁的垂直高度。

(5) $t_c$、$t_{su}$、$t_s$ 和 $t_w$ 分别为混凝土板、钢梁上翼缘板、钢梁下翼缘板和钢梁腹板的厚度。

(6) $L_b$ 为钢-混凝土组合箱梁的计算跨径。

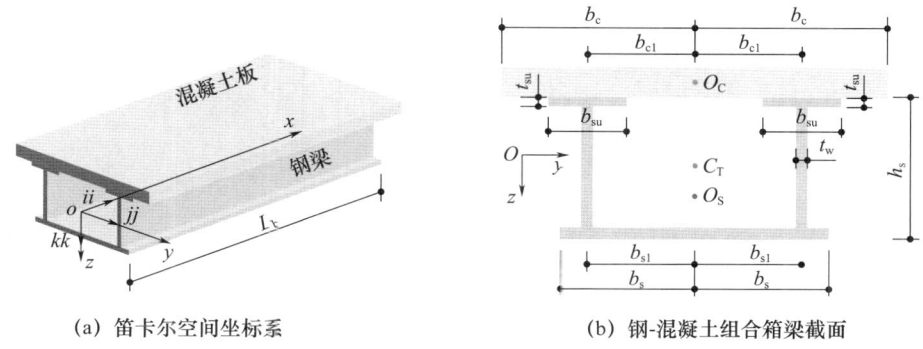

(a) 笛卡尔空间坐标系　　(b) 钢-混凝土组合箱梁截面

图 3-1　钢-混凝土组合箱梁的坐标系与几何特征参数

值得注意的是，计算钢-混凝土组合箱梁换算截面时，将混凝土换算成钢材有两种方法，如图 3-2 所示：

(1) 混凝土板厚度不变，宽度按弹性模量折减（实际宽度除以钢材与混凝土弹性模量之比，即 $b_c \cdot E_c/E_s$)，此种情况适用于轴向变形和弯曲变形的截面特性计算。

（2）混凝土板宽度不变，厚度按弹性模量折减（实际厚度除以钢材与混凝土弹性模量之比，即 $t_c \cdot E_c/E_s$)，此种情况适用于扭转变形和畸变的截面特性计算。

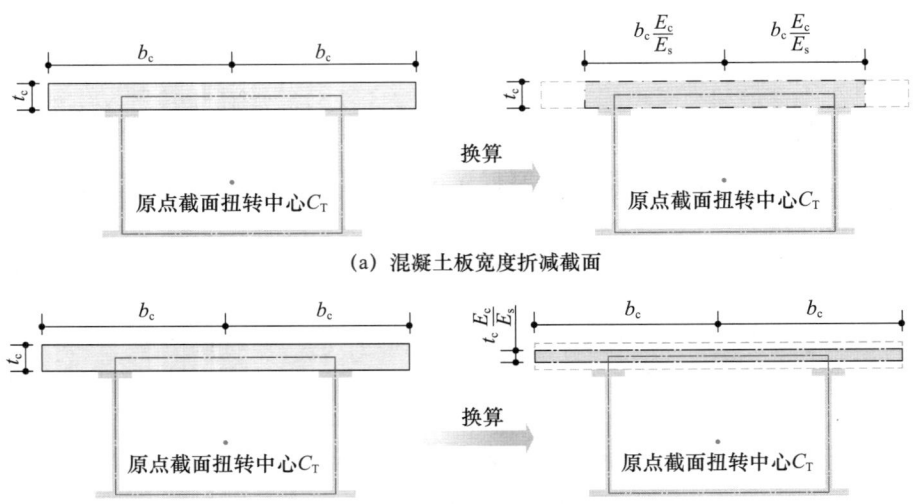

图 3-2 钢-混凝土组合箱梁换算截面法

### 3.2.2 钢-混凝土组合箱梁的几何方程

在 3.2.1 节中所建立的空间坐标系里，钢-混凝土组合箱梁任意一点的位置矢量可表示为：

$$r(x, y, z) = x\boldsymbol{ii} + y\boldsymbol{jj} + z\boldsymbol{kk} \quad \forall (x, y) \in \{\overline{A}_c \cup \overline{A}_s\}, z \in [0, L] \quad (3-1)$$

式中，$\boldsymbol{ii}$、$\boldsymbol{jj}$、$\boldsymbol{kk}$ 分别为沿 $O\text{-}x$ 轴、$O\text{-}y$ 轴和 $O\text{-}z$ 轴的单位向量；$\overline{A}_c$、$\overline{A}_s$ 分别为混凝土板和钢梁各自所占面域。

为了考虑混凝土板与钢梁的剪力滞效应（图 3-3），分别引入剪力滞翘曲位移强度函数 $f_c(x)$、$f_s(x)$ 和剪力滞翘曲形函数 $\psi_c(y)$、$\psi_s(y)$，并根据式（3-2）和式（3-3）计算。

$$\psi_c(y) = \begin{cases} 1 - \dfrac{(|y| - b_c)^2}{(b_c - b_{c1})^2} & |y| > b_{c1} \\ 1 - \dfrac{y^2}{b_{c1}^2} & |y| \leqslant b_{c1} \end{cases} \quad (3-2)$$

$$\psi_s(y) = \begin{cases} 1 - \dfrac{y^2}{b_{s1}^2} & |y| \geqslant b_{s1} \cap (y \in \text{下翼缘板}) \\ 0 & |y| > b_{s1} \cap (y \in \text{下翼缘板}) \\ 0 & y \in \text{上翼缘板和腹板} \end{cases} \quad (3-3)$$

上式中，对于 U 形钢梁，上翼缘板和腹板由于宽度较小，不会存在剪力滞现象，因此 $\psi_s(y) = 0$；下翼缘板由于宽度较大，需要考虑剪力滞效应。

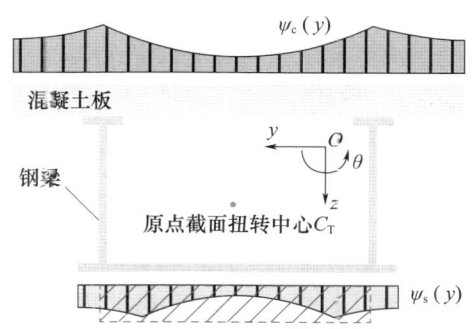

图 3-3  混凝土板与钢梁的剪力滞效应

由图 3-4 可得钢-混凝土组合箱梁上任意一点分别沿 $O\text{-}x$ 轴，$O\text{-}y$ 轴、$O\text{-}z$ 轴方向上的平动位移：

$$\begin{cases} u(x, y, z) = u_0(x) - \phi(x)(z - z_{C_T}) \\ v(x, y, z) = v_0(x) + \phi(x)(y - y_{C_T}) \\ w_m(x, y, z) = w_{m0}(x) - u'_0(x)(y - y_m) - v'_0(x)(z - z_m) + f_m(x)\psi_m(y) \end{cases} \quad (3\text{-}4)$$

式中，$u_0$、$v_0$ 分别为钢-混凝土组合箱梁形心 $O$ 沿 $O\text{-}y$ 轴（横向）、$O\text{-}z$ 轴（竖向）的平动位移；$y_{C_T}$、$z_{C_T}$ 分别为沿 $y$、$z$ 方向的钢-混凝土组合箱梁换算截面扭转中心 $C_T$ 的坐标；$m = c$、$s$ 分别为混凝土板和钢梁，$y_c$、$y_s$ 分别为沿 $y$ 方向的混凝土板、钢梁的形心坐标，$z_c$、$z_s$ 分别为沿 $z$ 方向的混凝土板、钢梁的形心坐标，$w_{c0}$、$w_{s0}$ 分别为混凝土板、钢梁形心沿 $O\text{-}x$ 轴（纵向）的平动位移；$\phi$ 是钢-混凝土组合箱梁的自由扭转角；$-u'_0(x)(y - y_m)$ 为横向弯曲贡献的纵向位移；$-v'_0(x)(z - z_m)$ 为竖向弯曲贡献的纵向位移；$f_m(x)\psi_m(y)$ 为剪力滞效应贡献的纵向位移。

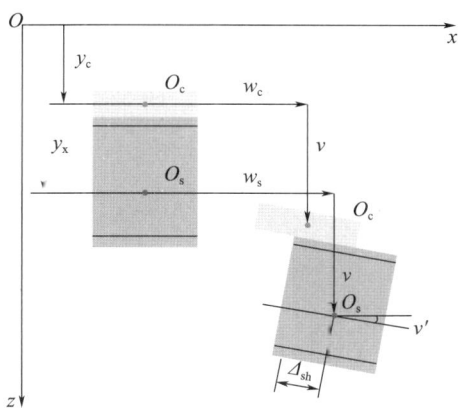

图 3-4  钢-混凝土组合箱梁的位移示意图

因钢梁的腹板处不存在剪力滞效应的影响［钢梁的剪力滞翘曲形函数 $\psi_s(y)$ 在腹板处等于 0］，故混凝土板和钢梁的界面滑移的计算可不包括混凝土板和钢梁的剪力滞翘曲位移强度函数。界面滑移量 $\Delta_{sh}$ 可以简化为：

$$\Delta_{sh}(x, y, z) = w_{s0}(x) - w_{c0}(x) + v'_0(x)h_0 \quad (3\text{-}5)$$

式中，$h_0$ 为混凝土板形心 $O_c$ 与钢梁形心 $O_s$ 沿 $O$-$z$ 轴的距离。

根据混凝土板和钢梁的纵向位移，分别对坐标 $x$ 求一阶偏导数，可得混凝土板和钢梁的正应变 $\varepsilon_{mz}$ 和剪应变 $\gamma_{mz}$：

$$\begin{cases} \varepsilon_{mz}(x,y,z) = w'_{m0}(x) - u''_0(x)(y-y_m) - v''_0(x)(z-z_m) + f'_m(x)\psi_m(y) \\ \gamma_{mz} = \phi'r^* + f_m\psi_{m,y} \end{cases} \quad (3\text{-}6)$$

式中，$r^*$ 为扭转中心到钢-混凝土组合箱梁上任意一点的垂直距离，$\psi_{m,y}$ 为 $\psi_m$ 对坐标 $y$ 的一阶导数，$m$=c、s；$-u''_0(x)(y-y_m)$ 为横向弯曲贡献的正应变，$-v''_0(x)(z-z_m)$ 为竖向弯曲变形贡献的正应变，$f'_m(x)\psi_m(y)$ 为剪力滞效应贡献的正应变。

### 3.2.3 钢-混凝土组合箱梁的本构方程

根据 3.2.1 节中的假定（8），混凝土与钢材的应力-应变关系始终处于线弹性状态，所以两者的正应力 $\sigma_m$ 和剪应力 $\tau_m$ 分别为：

$$\begin{Bmatrix} \sigma_m \\ \tau_m \end{Bmatrix} = \begin{bmatrix} E_m & 0 \\ 0 & \dfrac{E_m}{2(1+v_m)} \end{bmatrix} \begin{Bmatrix} \varepsilon_m \\ \gamma_m \end{Bmatrix} \quad (3\text{-}7)$$

式中，$m$=c 时求解的为混凝土的正应力和剪应力；$m$=s 时求解的为钢材的正应力和剪应力。

### 3.2.4 钢-混凝土组合箱梁的平衡方程

根据虚功原理，钢-混凝土组合箱梁的虚功方程为：

$$\int_V \boldsymbol{\sigma} \cdot \nabla(\delta\boldsymbol{d}_b) = \int_V \boldsymbol{q}_b \cdot \delta\boldsymbol{d}_b + \int_{\partial V} \boldsymbol{q}_s \cdot \delta\boldsymbol{d}_b \quad \forall(\delta\boldsymbol{d}_b) \neq 0 \quad (3\text{-}8)$$

式中，等号左边为内力虚功，$\boldsymbol{\sigma}$ 为柯西应力张量，$\nabla$ 为梯度算子，$\delta\boldsymbol{d}_b$ 为广义位移列向量的变分，即应变列向量；等号右边为外力虚功，$\boldsymbol{q}_b$、$\boldsymbol{q}_s$ 为钢-混凝土组合箱梁所受的主动力，即体力和面力；$V$、$\partial V$ 分别为钢-混凝土组合箱梁的体域和面域。

钢-混凝土组合箱梁有 7 个独立的广义位移，所对应的广义位移列向量 $\boldsymbol{d}_b(x)$ 为：

$$\boldsymbol{d}_b^T(x) = \begin{bmatrix} w_{c0}(x) & w_{s0}(x) & v_0(x) & u_0(x) & \phi(x) & f_c(x) & f_s(x) \end{bmatrix} \quad (3\text{-}9)$$

同时，引入线性微分算子 $\nabla\boldsymbol{d}_{bK}$ 和 $\nabla\boldsymbol{d}_{bp}$：

$$(\nabla\boldsymbol{d}_{bK})^T = \begin{bmatrix} w'_{c0} & w'_{s0} & -v''_0 & -u''_0 & \phi' & f'_c & f_c & f'_s & f_s & \Delta_{sh} \end{bmatrix} \quad (3\text{-}10)$$

$$(\nabla\boldsymbol{d}_{bp})^T = \begin{bmatrix} w_{c0} & w_{s0} & v_0 & -v'_0 & u_0 & -u'_0 & \phi & f_c & f_s \end{bmatrix} \quad (3\text{-}11)$$

联立式（3-7）、式（3-8）、式（3-10）和式（3-11），可得到钢-混凝土组合箱梁的平衡方程：

$$\int_0^L \boldsymbol{K}_b(x)\nabla\boldsymbol{d}_{bK}\nabla(\delta\boldsymbol{d}_{bK})\mathrm{d}x = \int_0^L \boldsymbol{p}_b(x)\nabla(\delta\boldsymbol{d}_{bp})\mathrm{d}x + \sum \boldsymbol{P}_b(x_p)\nabla[\delta\boldsymbol{d}_{bp}(x_p)] \quad (3\text{-}12)$$

式中，$\delta\boldsymbol{d}_{bK}$、$\delta\boldsymbol{d}_{bp}$ 分别为广义位移列向量 $\boldsymbol{d}_{bK}$、$\boldsymbol{d}_{bp}$ 的变分；$x_p$ 为集中荷载作用点在 $O$-$x$ 轴方向上的位置；钢-混凝土组合箱梁的材料刚度矩阵 $\boldsymbol{K}_b(x)$，是由混凝土的刚度矩阵 $\boldsymbol{K}_{bc}(x)$ 和钢材的刚度矩阵 $\boldsymbol{K}_{bs}(x)$ 在相应的自由度上线性叠加而成的。

$$\boldsymbol{K}_b(x) = \boldsymbol{K}_{bc}(x) + \boldsymbol{K}_{bs}(x) \quad (3\text{-}13)$$

式中，$\boldsymbol{K}_{bc}(x)$ 和 $\boldsymbol{K}_{bs}(x)$ 的非零元素具体形式分别为：

$$\boldsymbol{K}_{bc}(x) = \begin{bmatrix} E_cA_c & 0 & 0 & 0 & 0 & E_cS_{c\psi} & 0 & 0 & 0 & 0 \\ 0 & 0 & 0 & 0 & 0 & 0 & 0 & 0 & 0 & 0 \\ 0 & 0 & E_cI_{cy} & 0 & 0 & E_cI_{cy\psi} & 0 & 0 & 0 & 0 \\ 0 & 0 & 0 & E_cI_{cz} & 0 & 0 & 0 & 0 & 0 & 0 \\ 0 & 0 & 0 & 0 & 0 & 0 & 0 & 0 & 0 & 0 \\ E_cS_{c\psi} & 0 & E_cI_{cy\psi} & 0 & 0 & E_cI_{c\psi} & 0 & 0 & 0 & 0 \\ 0 & 0 & 0 & 0 & 0 & 0 & \dfrac{E_cI_{c\gamma\psi}}{2(1+\upsilon_c)} & 0 & 0 & 0 \\ 0 & 0 & 0 & 0 & 0 & 0 & 0 & 0 & 0 & 0 \\ 0 & 0 & 0 & 0 & 0 & 0 & 0 & 0 & 0 & 0 \\ 0 & 0 & 0 & 0 & 0 & 0 & 0 & 0 & 0 & 0 \end{bmatrix} \quad (3\text{-}14)$$

$$\boldsymbol{K}_{bs}(x) = \begin{bmatrix} 0 & 0 & 0 & 0 & 0 & 0 & 0 & 0 & 0 & 0 \\ 0 & E_sA_s & 0 & 0 & 0 & 0 & 0 & E_sS_{s\psi} & 0 & 0 \\ 0 & 0 & E_sI_{sy} & 0 & 0 & 0 & 0 & E_sI_{sy\psi} & 0 & 0 \\ 0 & 0 & 0 & E_sI_{sz} & 0 & 0 & 0 & 0 & 0 & 0 \\ 0 & 0 & 0 & 0 & \dfrac{E_sI_x}{2(1+\upsilon_s)} & 0 & 0 & 0 & 0 & 0 \\ 0 & 0 & 0 & 0 & 0 & 0 & 0 & 0 & 0 & 0 \\ 0 & 0 & 0 & 0 & 0 & 0 & 0 & 0 & 0 & 0 \\ 0 & E_sS_{s\psi} & E_sI_{sy\psi} & 0 & 0 & 0 & 0 & E_sI_{s\psi} & 0 & 0 \\ 0 & 0 & 0 & 0 & 0 & 0 & 0 & 0 & \dfrac{E_sI_{s\gamma\psi}}{2(1+\upsilon_s)} & 0 \\ 0 & 0 & 0 & 0 & 0 & 0 & 0 & 0 & 0 & \rho_{sh} \end{bmatrix}$$

$$(3\text{-}15)$$

式中，$A_c$ 为混凝土板横截面的面积，$I_{cy}$ 为混凝土板截面绕 $O\text{-}y$ 轴的转动惯量，$I_{cz}$ 为混凝土板截面绕 $O\text{-}z$ 轴的转动惯量；$A_s$ 为钢梁横截面的面积，$I_{sy}$ 为钢梁截面绕 $O\text{-}y$ 轴的转动惯量，$I_{sz}$ 为钢梁截面绕 $O\text{-}z$ 轴的转动惯量；$I_x$ 为钢-混凝土组合箱梁（混凝土换算成钢材）绕 $O\text{-}x$ 轴的抗扭惯性矩。式（3-14）中，$S_{c\psi}$、$I_{c\psi}$、$I_{cy\psi}$ 和 $I_{c\gamma\psi}$ 是与剪力滞效应有关的混凝土板截面翘曲截面特性，对应的计算公式如下：

$$S_{c\psi} = \int_{\overline{A}_c} \psi_c \mathrm{d}A \qquad (3\text{-}16)$$

$$I_{c\psi} = \int_{\overline{A}_c} \psi_c^2 \mathrm{d}A \qquad (3\text{-}17)$$

$$I_{cy\psi} = \int_{\overline{A}_c} \psi_c z \mathrm{d}A \qquad (3\text{-}18)$$

$$I_{c\gamma\psi} = \int_{\overline{A}_c} \psi_{c,y}^2 \mathrm{d}A \qquad (3\text{-}19)$$

式（3-15）中，$S_{s\psi}$、$I_{s\psi}$、$I_{sy\psi}$ 和 $I_{s\gamma\psi}$ 为与剪力滞效应有关的钢梁截面翘曲截面特性，对应的计算公式如下：

$$S_{s\psi} = \int_{\overline{A}_s} \psi_s \mathrm{d}A \tag{3-20}$$

$$I_{s\psi} = \int_{\overline{A}_s} \psi_s^2 \mathrm{d}A \tag{3-21}$$

$$I_{sy\psi} = \int_{\overline{A}_s} \psi_s z \mathrm{d}A \tag{3-22}$$

$$I_{s\gamma\psi} = \int_{\overline{A}_s} \psi_{s,y}^2 \mathrm{d}A \tag{3-23}$$

$\boldsymbol{p}_b(x)$、$\boldsymbol{P}_b(x_p)$ 分别为分布荷载向量、集中荷载列向量，如下所示：

$$\boldsymbol{p}_b^T(x) = \begin{bmatrix} q_{cx} & q_{sx} & q_z & m_y & q_y & m_z & m_x & \omega_c & \omega_s \end{bmatrix} \tag{3-24}$$

$$\boldsymbol{P}_b^T(x_p) = \begin{bmatrix} Q_{cx} & Q_{sx} & Q_z & M_y & Q_y & M_z & M_x & W_c & W_s \end{bmatrix} \tag{3-25}$$

式中，$q_{cx}$、$q_{sx}$ 分别为混凝土板、钢梁沿 $x$ 方向的分布荷载密度；$q_y$、$q_z$ 分别为钢-混凝土组合箱梁沿 $y$、$z$ 方向的分布荷载密度；$m_x$、$m_y$ 和 $m_z$ 分别为钢-混凝土组合箱梁绕 $O$-$x$ 轴、$O$-$y$ 轴和 $O$-$z$ 轴的分布力矩密度；$\omega_c$、$\omega_s$ 分别为混凝土板、钢梁的剪力滞翘曲双力矩密度。$Q_{cx}$、$Q_{sx}$ 分别为混凝土板、钢梁沿 $x$ 方向的集中荷载；$Q_y$、$Q_z$ 分别为钢-混凝土组合箱梁在 $y$、$z$ 方向上所受的集中荷载；$M_x$、$M_y$ 和 $M_z$ 分别为钢-混凝土组合箱梁绕 $O$-$x$ 轴、$O$-$y$ 轴和 $O$-$z$ 轴的集中力矩，$W_c$、$W_s$ 分别为混凝土板、钢梁的剪力滞翘曲双力矩。

由于剪力栓钉均匀布置，根据 3.2.1 节中的假定（7）和（9），可以认为钢梁与混凝土板交界面的抗剪连接刚度 $\rho_{sh}$ 沿纵向均匀分布，则界面黏结滑移力 $q_{sh}$ 为：

$$q_{sh} = \rho_{sh} \Delta_{sh} \tag{3-26}$$

### 3.2.5 钢-混凝土组合箱梁空间有限梁单元模型

基于有限元法，将钢-混凝土组合箱梁离散成有限个梁单元，每个梁单元 2 节点 18 个自由度，每个节点包含 9 个自由度，并考虑界面滑移和剪力滞效应，如图 3-5 所示。

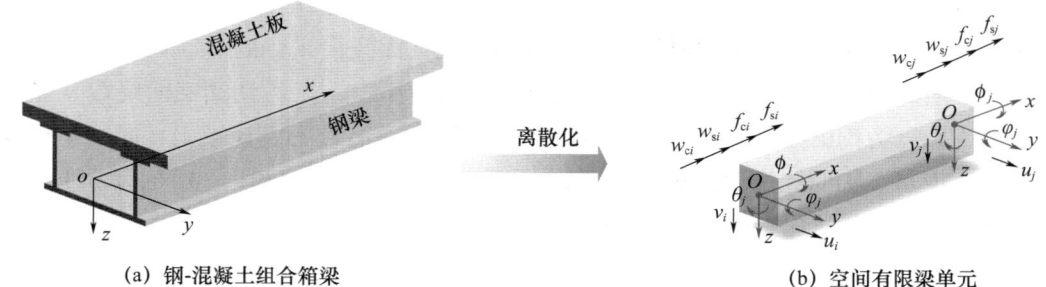

(a) 钢-混凝土组合箱梁　　　　　　　　　　(b) 空间有限梁单元

图 3-5　钢-混凝土组合箱梁空间有限梁单元模型

在每一梁单元上，任意一点的广义位移为：

$$\boldsymbol{d}_b(x) = \boldsymbol{N}_K(x) \boldsymbol{d}_{be} \tag{3-27}$$

式中，$\boldsymbol{d}_{be}$ 为单元的节点位移列向量，其分块形式见下式：

$$\boldsymbol{d}_{be}^T = \begin{bmatrix} \boldsymbol{d}_{be,i}^T & \boldsymbol{d}_{be,j}^T \end{bmatrix} \tag{3-28}$$

式中，$i$、$j$ 分别为梁单元两端的节点号；$\boldsymbol{d}_{be,i}$、$\boldsymbol{d}_{be,j}$ 分别为 $i$ 节点位移、$j$ 节点位移子向量，对应元素见下式：

$$\boldsymbol{d}_{\mathrm{be},i}^{\mathrm{T}} = \begin{bmatrix} w_{ci} & w_{si} & v_i & \varphi_i & u_i & \theta_i & \phi_i & f_{ci} & f_{si} \end{bmatrix} \tag{3-29}$$

$$\boldsymbol{d}_{\mathrm{be},j}^{\mathrm{T}} = \begin{bmatrix} w_{cj} & w_{sj} & v_j & \varphi_j & u_j & \theta_j & \phi_j & f_{cj} & f_{sj} \end{bmatrix} \tag{3-30}$$

式中，$n=i$，$j$；$w_{cn}$、$w_{sn}$ 分别为混凝土板、钢梁沿 $O\text{-}x$ 轴方向的位移；$\phi_n$ 为钢-混凝土组合箱梁绕 $O\text{-}x$ 轴的自由扭转角；$f_{cn}$、$f_{sn}$ 分别为混凝土板、钢梁的剪力滞翘曲位移，均取为一次线性函数；$u_n$、$v_n$ 分别为钢-混凝土组合箱梁在 $y$、$z$ 方向上的位移，$\theta_n$、$\varphi_n$ 分别为绕 $O\text{-}z$ 轴、$O\text{-}y$ 轴的转角，均取为三次函数 $l$。

$\boldsymbol{N}_{\mathrm{K}}(x)$ 为与 $\boldsymbol{d}_{\mathrm{b}}(x)$ 对应的关于刚度的形函数矩阵，其具体元素见附录 B。

将 $\boldsymbol{N}_{\mathrm{K}}(x)$ 代入式（3-22）中，得到有限梁单元的刚度矩阵 $\boldsymbol{K}_{\mathrm{be}}$ 和有限梁单元节点荷载列向量 $\boldsymbol{F}_{\mathrm{be}}$ 为：

$$\boldsymbol{K}_{\mathrm{be}} = \int_0^{l_e} \boldsymbol{N}_{\mathrm{K}}^{\mathrm{T}}(x) \boldsymbol{K}_{\mathrm{b}}(x) \boldsymbol{N}_{\mathrm{K}}(x) \mathrm{d}x \tag{3-31}$$

$$\boldsymbol{F}_{\mathrm{be}} = \int_0^{l_e} \boldsymbol{N}_{\mathrm{K}}^{\mathrm{T}}(x) \boldsymbol{p}_{\mathrm{b}}(x) \mathrm{d}x + \sum \boldsymbol{N}_{\mathrm{K}}^{\mathrm{T}}(x_{\mathrm{p}}) \boldsymbol{P}_{\mathrm{b}}(x_{\mathrm{p}}) \tag{3-32}$$

忽略转动惯量的影响，考虑广义位移列向量 $\boldsymbol{d}_{\mathrm{bM}}$：

$$\boldsymbol{d}_{\mathrm{bM}}^{\mathrm{T}} = \begin{bmatrix} w_{c0}(x) & w_{s0}(x) & v(x,y,z) & u(x,y,z) & \phi(x) & f_c(x) & f_s(x) \end{bmatrix} \tag{3-33}$$

与 $\boldsymbol{d}_{\mathrm{bM}}(x)$ 对应的关于质量的形函数矩阵为 $\boldsymbol{N}_{\mathrm{M}}(x)$，其具体形式见附录 B。式中，$\lambda = x/l_e$，$l_e$ 为每个梁单元的长度。

钢-混凝土组合箱梁的密度矩阵 $\boldsymbol{\rho}$ 为：

$$\boldsymbol{\rho} = \begin{bmatrix} \rho_c & 0 & 0 & 0 & 0 & 0 & 0 \\ 0 & \rho_s & 0 & 0 & 0 & 0 & 0 \\ 0 & 0 & \rho_t & 0 & 0 & 0 & 0 \\ 0 & 0 & 0 & \rho_t & 0 & 0 & 0 \\ 0 & 0 & 0 & 0 & \rho_t & 0 & 0 \\ 0 & 0 & 0 & 0 & 0 & \rho_c & 0 \\ 0 & 0 & 0 & 0 & 0 & 0 & \rho_s \end{bmatrix} \tag{3-34}$$

式中，$\rho_c$、$\rho_s$ 分别为混凝土、钢材的密度；$\rho_t$ 为按混凝土和钢材各自的密度及所贡献的截面积换算所得的平均密度，如式（3-35）所示：

$$\rho_t = \frac{\rho_c A_c + \rho_s A_s}{A_c + A_s} \tag{3-35}$$

由此可建立钢-混凝土组合箱梁有限梁单元的一致质量矩阵 $\boldsymbol{M}_{\mathrm{be}}$：

$$\boldsymbol{M}_{\mathrm{be}} = \iiint_V \boldsymbol{N}_{\mathrm{M}}^{\mathrm{T}}(x) \boldsymbol{\rho} \boldsymbol{N}_{\mathrm{M}}(x) \mathrm{d}V \tag{3-36}$$

$\boldsymbol{M}_{\mathrm{be}}$ 中非零元素的具体形式见附录 B。

基于坐标转换关系，可将有限梁单元在局部坐标系下的刚度矩阵 $\boldsymbol{K}_{\mathrm{be}}$、一致质量矩阵 $\boldsymbol{M}_{\mathrm{be}}$ 和节点荷载列向量 $\boldsymbol{F}_{\mathrm{be}}$ 转换成整体坐标系下的有限梁单元矩阵和荷载列向量。

由于简支钢-混凝土组合箱梁结构的特殊性，也为了便于研究，可以认为桥梁模型的整体坐标系与局部坐标系的方向一致，即直接根据有限梁单元的刚度矩阵 $\boldsymbol{K}_{\mathrm{be}}$ 和一致质量矩阵 $\boldsymbol{M}_{\mathrm{be}}$ 和组集成钢-混凝土组合箱梁的整体刚度矩阵 $\boldsymbol{K}_{\mathrm{bb}}$ 和整体质量矩阵 $\boldsymbol{M}_{\mathrm{bb}}$，再基于 Rayleigh 粘滞阻尼理论叠加 $\boldsymbol{K}_{\mathrm{bb}}$ 和 $\boldsymbol{M}_{\mathrm{bb}}$，可得钢-混凝土组合箱梁的整体阻尼矩阵

$C_{bb}$，具体表达式如下：

$$C_{bb} = \alpha_c M_{bb} + \beta_c K_{bb} \tag{3-37}$$

式中，$\alpha_c$ 为 $M_{bb}$ 的比例系数，$s^{-1}$；$\beta_c$ 为 $K_{bb}$ 的比例系数，s。

将钢-混凝土组合箱梁桥第 $i$ 阶的特征振型记为 $\{\Phi_i\}$，由于 $K_{bb}$ 和 $M_{bb}$ 的比例系数具有正交性，与振型矩阵 $\Phi$ 有如下关系：

$$\begin{cases} \{\Phi_i\}^T [M_{bb}] \{\Phi_j\} = \delta_{ij} [M_{bb,i}] \\ \{\Phi_i\}^T [K_{bb}] \{\Phi_j\} = \delta_{ij} [K_{bb,i}] \end{cases} \tag{3-38}$$

式中，$\delta_{ij}$ 为 Kronecker 记号，其具体形式如下：

$$\begin{cases} \delta_{ij} = 1, \ i = j \\ \delta_{ij} = 0, \ i \neq j \end{cases} \tag{3-39}$$

$K_{bb,i}$、$M_{bb,i}$ 分别为第 $i$ 阶振型刚度和振型质量，有如下关系：

$$K_{bb,i} = \omega_i^2 M_{bb,i} \tag{3-40}$$

因为阻尼矩阵 $C_{bb}$ 为 $K_{bb}$ 和 $M_{bb}$ 的线性叠加，所以与振型 $\Phi$ 也具有正交性，可得：

$$\{\Phi_i\}^T [C_{bb}] \{\Phi_j\} = \delta_{ij} [C_{bb,i}] \tag{3-41}$$

$$C_{bb,i} = \alpha_c M_{bb,i} + \beta_c K_{bb,i} \tag{3-42}$$

式中，$C_{bb,i}$ 为第 $i$ 阶振型阻尼。

钢-混凝土组合箱梁桥的粘滞阻尼比 $\xi_i$ 的表达式为：

$$C_{bb,i} = 2\xi_i \omega_i M_{bb,i} \tag{3-43}$$

联立式（3-40）、式（3-42）和式（3-43），可得：

$$\frac{\alpha_c}{2\omega_i} + \beta_c \frac{\omega_i}{2} = \xi_i \tag{3-44}$$

为了接近较为真实的情况，较好地模拟钢-混凝土组合箱梁的阻尼特性，一般选取对其结构动力响应成分占比较大的两阶振型所对应的频率 $\omega_1$、$\omega_2$ 和阻尼比 $\xi_1$、$\xi_2$ 来计算比例系数 $\alpha_c$ 和 $\beta_c$，具体表达式为：

$$\begin{cases} \dfrac{\alpha_c}{2\omega_1} + \beta_c \dfrac{\omega_1}{2} = \xi_1 \\ \dfrac{\alpha_c}{2\omega_2} + \beta_c \dfrac{\omega_2}{2} = \xi_2 \end{cases} \tag{3-45}$$

由此解得：

$$\begin{cases} \alpha_c = 2\omega_1 \omega_2 \dfrac{(\omega_2 \xi_1 - \omega_1 \xi_2)}{\omega_2^2 - \omega_1^2} \\ \beta_c = 2 \dfrac{\omega_2 \xi_2 - \omega_1 \xi_1}{\omega_2^2 - \omega_1^2} \end{cases} \tag{3-46}$$

最后，将式（3-46）代入式（3-47），可以得到钢-混凝土组合箱梁的整体阻尼矩阵 $C_{bb}$。

### 3.2.6 钢-混凝土组合箱梁桥子系统的动力方程

将钢-混凝土组合箱梁划分为 $n_b$ 个单元和 $n_b+1$ 个节点，则组合箱梁桥子系统的动力方程为：

$$M_{bb} \ddot{q}_b + C_{bb} \dot{q}_b + K_{bb} q_b = F_b \tag{3-47}$$

式中，$\dot{q}_b$、$\ddot{q}_b$ 分别为钢-混凝土组合箱梁桥子系统的位移列向量 $q_b$ 对时间 $t$ 的一阶、二阶偏导数；$F_b$ 为钢-混凝土组合箱梁桥子系统在整体坐标系中的节点荷载列向量，对应的分块形式为：

$$F_b^T = \begin{bmatrix} F_{b1} & F_{b2} & \cdots & F_{bl} & F_{bl+1} & \cdots & F_{bN_b+1} \end{bmatrix} \tag{3-48}$$

基于 Xia 等的研究，钢-混凝土组合箱梁桥受到列车轮对的集中荷载，如图 3-6 所示。

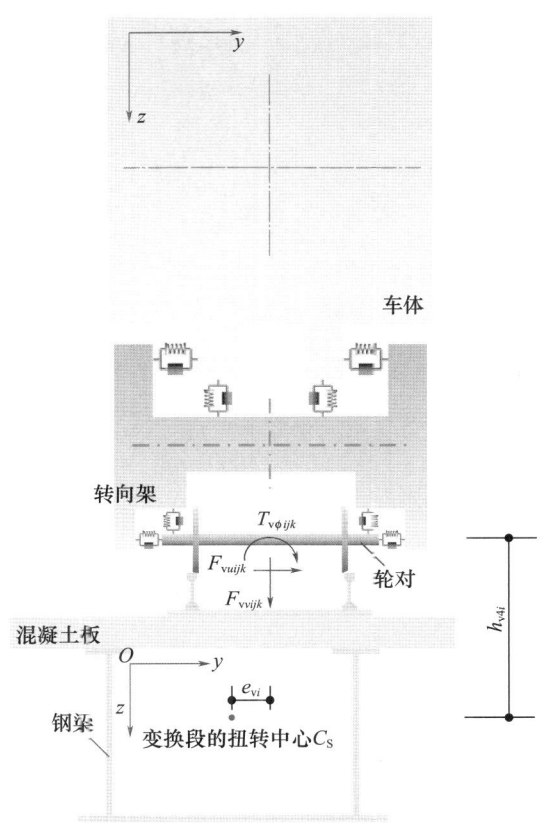

图 3-6 列车轮对作用于钢-混凝土组合箱梁桥上的集中荷载

则第 $i$ 节车体的第 $j$ 个转向架所对应的第 $k$ 个轮对作用于钢-混凝土组合箱梁桥的第 $l$ 个单元上的横向力 $F_{vuijk}$、竖向力 $F_{vvijk}$ 和扭转力矩 $T_{v\phi ijk}$ 为：

$$F_{vuijk} = -m_{vwijk}\ddot{u}_{vwijk} + c_{vlhij}(\dot{u}_{vtij} - h_{v3i}\dot{\phi}_{vtij} + \eta_{vk}d_{vi}\dot{\theta}_{vtij} - \dot{u}_{vwijk}) + \\ k_{vlhij}(u_{vtij} - h_{v3i}\phi_{vtij} + \eta_{vk}d_{vi}\theta_{vtij} - u_{vwijk}) \tag{3-49}$$

$$F_{vvijk} = -m_{vwijk}\ddot{v}_{vwijk} + c_{vlvij}(\dot{v}_{vtij} + \eta_{vk}d_{vi}\dot{\varphi}_{vtj} - \dot{v}_{vwijk}) + \\ k_{vlvij}(v_{vtij} - \eta_{vk}d_{vi}\varphi_{vtij} - v_{vwijk}) + \left(m_{vwijk} + \frac{m_{vci}}{4} + \frac{m_{vtij}}{2}\right)g \tag{3-50}$$

$$T_{v\phi ijk} = -J_{vw\phi ijk}\ddot{\phi}_{vwijk} + c_{vlvij}b_{v1i}^2(\dot{\phi}_{vtij} - \dot{\phi}_{vwijk}) + k_{vlvij}b_{v1i}^2(\phi_{vtij} - \phi_{vwijk}) + \\ F_{vuijk}h_{v4i} + F_{vvijk}e_{vi} \tag{3-51}$$

式中，$m_{vwijk}$、$J_{vw\phi ijk}$ 分别为第 $i$ 节车体的第 $j$ 个转向架所对应的第 $k$ 个轮对的质量和转动惯量，其他字母和符号如图 3-7 所示。

则第 $l$、第 $l+1$ 个节点的荷载列向量为：

$$\begin{bmatrix} \boldsymbol{F}_{bl} \\ \boldsymbol{F}_{bl+1} \end{bmatrix} = F_{vu\,ijk}\boldsymbol{N}_{Fu}^{T} + F_{vv\,ijk}\boldsymbol{N}_{Fv}^{T} + T_{v\phi\,ijk}\boldsymbol{N}_{T\phi}^{T} \tag{3-52}$$

式中，$\boldsymbol{N}_{Fu}$、$\boldsymbol{N}_{Fv}$ 和 $\boldsymbol{N}_{T\phi}$ 为关于节点荷载的形函数矩阵，对应的元素为：

$$\boldsymbol{N}_{Fu}^{T} = \begin{bmatrix} 0 \\ 0 \\ 0 \\ 0 \\ 1-3\lambda^2+2\lambda^3 \\ l_e(\lambda-2\lambda^2+\lambda^3) \\ 0 \\ 0 \\ 0 \\ 0 \\ 0 \\ 3\lambda^2-2\lambda^3 \\ l_e(-\lambda^2+\lambda^3) \\ 0 \\ 0 \\ 0 \end{bmatrix}, \quad \boldsymbol{N}_{Fv}^{T} = \begin{bmatrix} 0 \\ 0 \\ 1-3\lambda^2+2\lambda^3 \\ l_e(\lambda-2\lambda^2+\lambda^3) \\ 0 \\ 0 \\ 0 \\ 0 \\ 0 \\ 0 \\ 3\lambda^2-2\lambda^3 \\ l_e(-\lambda^2+\lambda^3) \\ 0 \\ 0 \\ 0 \\ 0 \end{bmatrix}, \quad \boldsymbol{N}_{T\phi}^{T} = \begin{bmatrix} 0 \\ 0 \\ 0 \\ 0 \\ 0 \\ 0 \\ 1-\lambda \\ 0 \\ 0 \\ 0 \\ 0 \\ 0 \\ 0 \\ \lambda \\ 0 \\ 0 \end{bmatrix} \tag{3-53}$$

## 3.3 经典的列车动力分析模型

本研究将列车视为刚性体，基于 Xia 等的研究，采用经典的二系悬挂系统列车动力分析模型，每节列车由 1 个车体（包括浮沉 $v_{vc}$、摇头 $\theta_{vc}$、横摆 $u_{vc}$、点头 $\varphi_{vc}$、侧滚 $\phi_{vc}$，共 5 个自由度）、2 个转向架（包括浮沉 $v_{vt}$、摇头 $\theta_{vt}$、横摆 $u_{vt}$、点头 $\varphi_{vt}$、侧滚 $\phi_{vt}$，共 5 个自由度）和 4 个轮对（包括浮沉 $v_{vw}$、横摆 $u_{vw}$、侧滚 $\phi_{vw}$，共 3 个自由度）组成，总体共计 27 个自由度；具体的物理力学特征参数和几何特征参数标注如图 3-7 所示。

图 3-7 列车模型中车体、转向架和轮对的具体参数说明如下，且与后续的研究保持一致：

（1）$m_{vci}$、$m_{vtij}$、$m_{vwijk}$ 分别为第 $i$ 节车体、第 $j$ 个转向架和第 $k$ 个轮对的质量，ton；

（2）$J_{vc\phi i}$、$J_{vt\phi ij}$、$J_{vw\phi ijk}$ 分别为第 $i$ 节车体、第 $j$ 个转向架和第 $k$ 个轮对在侧滚自由度（$\phi_{vci}$、$\phi_{vtij}$ 和 $\phi_{vwijk}$）上的转动惯性矩，ton·m$^2$；

（3）$J_{vc\theta i}$、$J_{vt\theta ij}$ 分别为第 $i$ 节车体、第 $j$ 个转向架在摇头自由度（$\theta_{vci}$、$\theta_{vtij}$）上的转动惯性矩，ton·m$^2$；

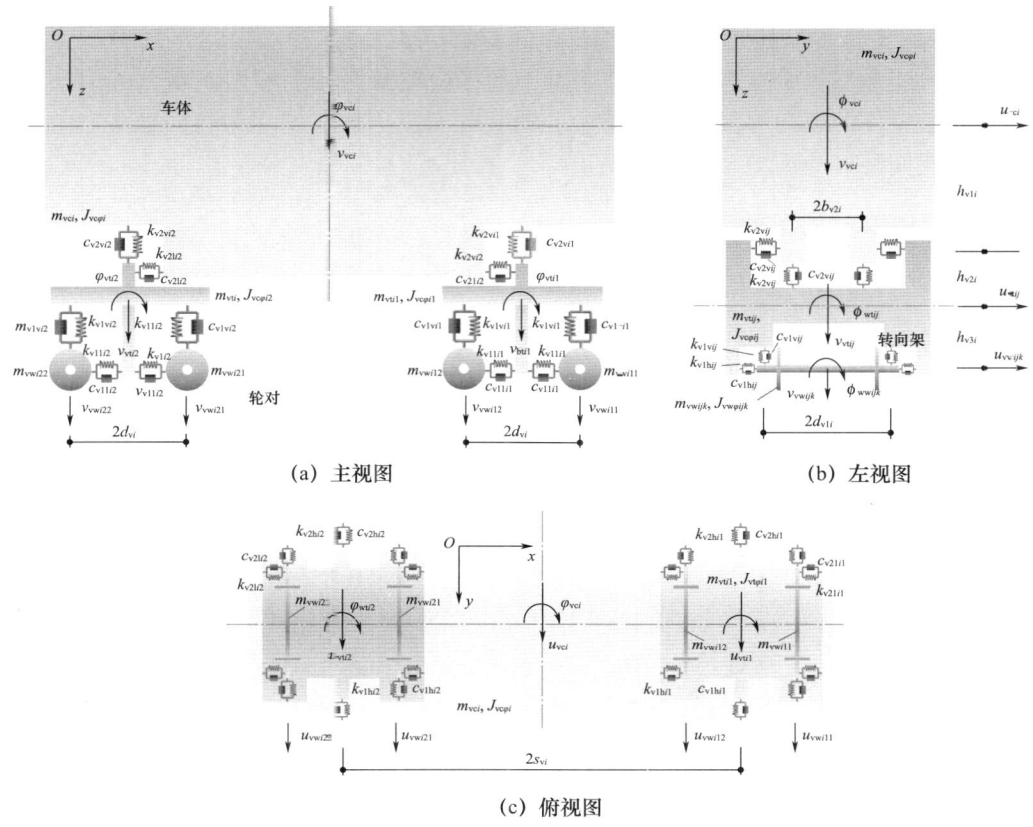

图 3-7 列车模型与特征参数

（4）$J_{vc\varphi i}$、$J_{vt\varphi ij}$ 分别为第 $i$ 节车体、第 $j$ 个转向架在点头自由度（$\varphi_{vci}$、$\varphi_{vtij}$）上的转动惯性矩，ton·m²；

（5）$u_{vci}$、$u_{vcij}$、$u_{vcijk}$ 分别为第 $i$ 节车体、第 $j$ 个转向架、第 $k$ 个轮对的横摆位移，m；

（6）$v_{vci}$、$v_{vcij}$、$v_{vcijk}$ 分别为第 $i$ 节车体、第 $j$ 个转向架、第 $k$ 个轮对的浮沉位移，m；

（7）$k_{v1lij}$、$k_{v1hij}$、$k_{v1vij}$ 分别为一系悬挂装置中连接第 $i$ 节车体、第 $j$ 个转向架、第 $k$ 个轮对在 $x$ 方向（纵向）、$y$ 方向（横向）、$z$ 方向（竖向）上的弹簧对应的刚度，MN/m；

（8）$k_{v2lij}$、$k_{v2hij}$、$k_{v2vij}$ 分别为二系悬挂装置中连接第 $i$ 节车体、第 $j$ 个转向架、第 $k$ 个轮对在 $x$ 方向（纵向）、$y$ 方向（横向）、$z$ 方向（竖向）上的弹簧对应的刚度，MN/m；

（9）$c_{v1lij}$、$c_{v1hij}$、$c_{v1vij}$ 分别为一系悬挂装置中连接第 $i$ 节车体、第 $j$ 个转向架在 $x$ 方向（纵向）、$y$ 方向（横向）、$z$ 方向（竖向）上对应的阻尼系数，MN·s/m；

（10）$c_{v2lij}$、$c_{v2hij}$、$c_{v2vij}$ 分别为二系悬挂装置中连接第 $i$ 节车体、第 $j$ 个转向架在 $x$ 方向（纵向）、$y$ 方向（横向）、$z$ 方向（竖向）上对应的阻尼系数，MN·s/m；

（11）$b_{v1i}$、$b_{v2i}$ 分别为一系悬挂装置和二系悬挂装置中左、右两个竖向弹簧横向间距的一半，mm；

(12) $d_{vi}$ 为每个转向架中前、后两个轮对之间纵向间距的一半,m;

(13) $s_{vi}$ 为前、后转向架中心之间纵向间距的一半,m;

(14) $h_{v1i}$ 为车体中心与二系悬挂装置中的横向弹簧之间的竖向间距,mm;$h_{v2i}$ 为二系悬挂装置中的横向弹簧与转向架中心的竖向间距,mm;$h_{v3i}$ 为转向架中心与轮对中心的竖向间距,mm。

### 3.3.1 单节列车的动力方程

第 $i$ 节列车的动力方程为:

$$\boldsymbol{M}_{vvi}\ddot{\boldsymbol{q}}_{vi}+\boldsymbol{C}_{vvi}\dot{\boldsymbol{q}}_{vi}+\boldsymbol{K}_{vvi}\boldsymbol{q}_{vi}=\boldsymbol{F}_{vi} \tag{3-54}$$

式中,$\boldsymbol{M}_{vvi}$ 为第 $i$ 节列车的质量矩阵,对应的分块形式如下所示:

$$\boldsymbol{M}_{vvi}=\begin{bmatrix} \boldsymbol{M}_{vcci} & \boldsymbol{0} & \boldsymbol{0} \\ \boldsymbol{0} & \boldsymbol{M}_{vt_1t_1i} & \boldsymbol{0} \\ \boldsymbol{0} & \boldsymbol{0} & \boldsymbol{M}_{vt_2t_2i} \end{bmatrix} \tag{3-55}$$

式中,$\boldsymbol{M}_{vcci}$、$\boldsymbol{M}_{vt_jt_ji}$ 分别为第 $i$ 节车体、转向架的质量分块矩阵,其具体元素如下:

$$\boldsymbol{M}_{vcci}=\begin{bmatrix} m_{vci} & 0 & 0 & 0 & 0 \\ 0 & J_{vc\phi i} & 0 & 0 & 0 \\ 0 & 0 & J_{vc\theta i} & 0 & 0 \\ 0 & 0 & 0 & m_{vci} & 0 \\ 0 & 0 & 0 & 0 & J_{vc\varphi i} \end{bmatrix} \tag{3-56}$$

$$\boldsymbol{M}_{vt_jt_ji}=\begin{bmatrix} m_{vtij} & 0 & 0 & 0 & 0 \\ 0 & J_{vt\phi ij} & 0 & 0 & 0 \\ 0 & 0 & J_{vt\theta ij} & 0 & 0 \\ 0 & 0 & 0 & m_{vtij} & 0 \\ 0 & 0 & 0 & 0 & J_{vt\varphi ij} \end{bmatrix} \tag{3-57}$$

式中,$j$ 为转向架的位置,$j=1$ 为前转向架,$j=2$ 为后转向架。

$\boldsymbol{K}_{vvi}$、$\boldsymbol{C}_{vvi}$ 分别为第 $i$ 节列车的刚度、阻尼矩阵,对应的分块形式如下所示:

$$\boldsymbol{K}_{vvi}=\begin{bmatrix} \boldsymbol{K}_{vcci} & \boldsymbol{K}_{vct_1i} & \boldsymbol{K}_{vct_2i} \\ \boldsymbol{K}_{vt_1ci} & \boldsymbol{K}_{vt_1t_1i} & \boldsymbol{0} \\ \boldsymbol{K}_{vt_2ci} & \boldsymbol{0} & \boldsymbol{K}_{vt_2t_2i} \end{bmatrix}, \boldsymbol{C}_{vvi}=\begin{bmatrix} \boldsymbol{C}_{vcci} & \boldsymbol{C}_{vct_1i} & \boldsymbol{C}_{vct_2i} \\ \boldsymbol{C}_{vt_1ci} & \boldsymbol{C}_{vt_1t_1i} & \boldsymbol{0} \\ \boldsymbol{C}_{vt_2ci} & \boldsymbol{0} & \boldsymbol{C}_{vt_2t_2i} \end{bmatrix} \tag{3-58}$$

式中,$\boldsymbol{K}_{vcci}$、$\boldsymbol{K}_{vt_jt_ji}$ 分别为车体、转向架的刚度分块矩阵;$\boldsymbol{K}_{vt_jci}$ 为第 $i$ 节车体对第 $j$ 个转向架的刚度分块矩阵;$\boldsymbol{K}_{vct_ji}$ 为第 $i$ 节车体的第 $j$ 个转向架对车体的刚度分块矩阵,根据反力互等定理,$\boldsymbol{K}_{vct_ji}=\boldsymbol{K}_{vt_jci}$。

对于单节列车的阻尼矩阵 $\boldsymbol{C}_{vvi}$,其形式与单节列车的刚度矩阵 $\boldsymbol{K}_{vvi}$ 相同,因此只需将其刚度矩阵中的 "$\boldsymbol{K}$" 用 "$\boldsymbol{C}$" 代替即可。

$\boldsymbol{q}_{vi}$ 为第 $i$ 节列车的位移子向量,对应的分块形式如下:

$$\boldsymbol{q}_{vi}^{\mathrm{T}}=\begin{bmatrix} \boldsymbol{q}_{vci} & \boldsymbol{q}_{vt_1i} & \boldsymbol{q}_{vt_2i} \end{bmatrix} \tag{3-59}$$

式中,$\boldsymbol{q}_{vci}$、$\boldsymbol{q}_{vt_ji}$ 分别为第 $i$ 节车体、第 $j$ 个转向架的位移列向量,其具体元素如下:

$$\boldsymbol{q}_{vci}^{\mathrm{T}}=\begin{bmatrix} u_{vci} & \phi_{vci} & \theta_{vci} & v_{vci} & \varphi_{vci} \end{bmatrix} \tag{3-60}$$

$$\boldsymbol{q}_{\mathrm{vt}_j}^{\mathrm{T}} = \begin{bmatrix} u_{\mathrm{vt}ij} & \phi_{\mathrm{vt}ij} & \theta_{\mathrm{vt}ij} & v_{\mathrm{vt}ij} & \varphi_{\mathrm{vt}ij} \end{bmatrix} \tag{3-61}$$

式中，$\dot{\boldsymbol{q}}_{\mathrm{v}i}$、$\ddot{\boldsymbol{q}}_{\mathrm{v}i}$ 分别为 $\boldsymbol{q}_{\mathrm{v}i}$ 关于时间 $t$ 的一阶、二阶偏导数。

$\boldsymbol{F}_{\mathrm{v}i}$ 为第 $i$ 节列车的荷载列向量；若不考虑列车所受的外部作用，对应的分块形式如下：

$$\boldsymbol{F}_{\mathrm{v}i} = \begin{bmatrix} \boldsymbol{F}_{\mathrm{vc}i} \\ \boldsymbol{F}_{\mathrm{v}_i t_1} \\ \boldsymbol{F}_{\mathrm{v}_i t_2} \end{bmatrix} = \begin{bmatrix} \boldsymbol{0} \\ \boldsymbol{F}_{\mathrm{v}_i t_1 \mathrm{w}} \\ \boldsymbol{F}_{\mathrm{v}_i t_2 \mathrm{w}} \end{bmatrix} \tag{3-62}$$

式中，$\boldsymbol{F}_{\mathrm{v}_i t_1 \mathrm{w}}$ 和 $\boldsymbol{F}_{\mathrm{v}_i t_2 \mathrm{w}}$ 分别为前、后两个转向架上的轮对通过一系悬挂系统中的弹簧、阻尼器传到钢-混凝土组合箱梁上的荷载对应的列向量，可以表示为：

$$\boldsymbol{F}_{\mathrm{v}_i t_j \mathrm{w}} = \sum_{k=1}^{2} \begin{cases} (k_{\mathrm{v}1hij} u_{\mathrm{vw}ijk} + c_{\mathrm{v}1hij} \dot{u}_{\mathrm{vw}ijk}) \\ b_{\mathrm{v}1i}^2 (k_{\mathrm{v}\varphi ij} \phi_{\mathrm{vw}ijk} + c_{\mathrm{v}1vij} \dot{\phi}_{\mathrm{vw}ijk}) - h_{\mathrm{c}3i}(k_{\mathrm{v}1hij} u_{\mathrm{vw}ijk} + c_{\mathrm{v}1hij} \dot{u}_{\mathrm{vw}ijk}) \\ \eta_{\mathrm{v}k} d_{\mathrm{v}i} (k_{\mathrm{v}1hij} u_{\mathrm{vw}ijk} + c_{\mathrm{v}1hij} \dot{u}_{\mathrm{vw}ijk}) \\ (k_{\mathrm{v}1vij} v_{\mathrm{vw}ijl} + c_{\mathrm{v}1vij} \dot{v}_{\mathrm{vw}ijl}) \\ \eta_{\mathrm{v}k} d_{\mathrm{v}i} (k_{\mathrm{v}1vij} v_{\mathrm{vw}ijl} + c_{\mathrm{v}1vij} \dot{v}_{\mathrm{vw}ijl}) \end{cases} \tag{3-63}$$

式中，$\eta_{\mathrm{v}k}$ 为第 $k$ 个轮对的位置符号函数，其表达式如下：

$$\eta_{\mathrm{v}k} = \begin{cases} 1 & (k=1, \text{转向架前轮对}) \\ -1 & (k=2, \text{转向架后轮对}) \end{cases} \tag{3-64}$$

### 3.3.2 列车子系统的动力方程

将第 $i$ 节列车的动力方程扩展到 $n_{\mathrm{v}}$ 节列车，可得列车子系统的动力方程：

$$\boldsymbol{M}_{\mathrm{vv}} \ddot{\boldsymbol{q}}_{\mathrm{v}} + \boldsymbol{C}_{\mathrm{vv}} \dot{\boldsymbol{q}}_{\mathrm{v}} + \boldsymbol{K}_{\mathrm{vv}} \boldsymbol{q}_{\mathrm{v}} = \boldsymbol{F}_{\mathrm{v}} \tag{3-65}$$

式中，$\boldsymbol{M}_{\mathrm{vv}}$、$\boldsymbol{C}_{\mathrm{vv}}$、$\boldsymbol{K}_{\mathrm{vv}}$ 分别为列车子系统的质量矩阵、阻尼矩阵和刚度矩阵，对应的分块形式如下：

$$\boldsymbol{M}_{\mathrm{vv}} = \begin{bmatrix} \boldsymbol{M}_{\mathrm{v}1} & \boldsymbol{0} & \boldsymbol{0} & \boldsymbol{0} \\ \boldsymbol{0} & \boldsymbol{M}_{\mathrm{v}2} & \boldsymbol{0} & \boldsymbol{0} \\ \boldsymbol{0} & \boldsymbol{0} & \ddots & \boldsymbol{0} \\ \boldsymbol{0} & \boldsymbol{0} & \boldsymbol{0} & \boldsymbol{M}_{n_{\mathrm{v}}} \end{bmatrix}, \boldsymbol{C}_{\mathrm{vv}} = \begin{bmatrix} \boldsymbol{C}_{\mathrm{v}1} & \boldsymbol{0} & \boldsymbol{0} & \boldsymbol{0} \\ \boldsymbol{0} & \boldsymbol{C}_{\mathrm{v}2} & \boldsymbol{0} & \boldsymbol{0} \\ \boldsymbol{0} & \boldsymbol{0} & \ddots & \boldsymbol{0} \\ \boldsymbol{0} & \boldsymbol{0} & \boldsymbol{0} & \boldsymbol{C}_{n_{\mathrm{v}}} \end{bmatrix}, \boldsymbol{K}_{\mathrm{vv}} = \begin{bmatrix} \boldsymbol{K}_{\mathrm{v}1} & \boldsymbol{0} & \boldsymbol{0} & \boldsymbol{0} \\ \boldsymbol{0} & \boldsymbol{K}_{\mathrm{v}2} & \boldsymbol{0} & \boldsymbol{0} \\ \boldsymbol{0} & \boldsymbol{0} & \ddots & \boldsymbol{0} \\ \boldsymbol{0} & \boldsymbol{0} & \boldsymbol{0} & \boldsymbol{K}_{n_{\mathrm{v}}} \end{bmatrix} \tag{3-66}$$

$\boldsymbol{F}_{\mathrm{v}}$ 为列车子系统在整体坐标系中的荷载列向量，对应的分块形式如下：

$$\boldsymbol{F}_{\mathrm{v}}^{\mathrm{T}} = \begin{bmatrix} \boldsymbol{F}_{\mathrm{v}1} & \boldsymbol{F}_{\mathrm{v}2} & \cdots & \boldsymbol{F}_{\mathrm{v}n_{\mathrm{v}}} \end{bmatrix} \tag{3-67}$$

$\boldsymbol{q}_{\mathrm{v}}$ 为列车子系统的位移列向量，对应的分块形式如下：

$$\boldsymbol{q}_{\mathrm{v}}^{\mathrm{T}} = \begin{bmatrix} \boldsymbol{q}_{\mathrm{v}1} & \boldsymbol{q}_{\mathrm{v}2} & \cdots & \boldsymbol{q}_{\mathrm{v}n_{\mathrm{v}}} \end{bmatrix} \tag{3-68}$$

式中，$\dot{\boldsymbol{q}}_{\mathrm{v}}$、$\ddot{\boldsymbol{q}}_{\mathrm{v}}$ 分别为 $\boldsymbol{q}_{\mathrm{v}}$ 关于时间 $t$ 的一阶、二阶偏导数。

## 3.4 刚柔耦合列车-组合箱梁动力分析模型

基于本章所开发的空间有限梁单元模型和经典的 27 个自由度列车模型，针对刚柔耦合列车-组合箱梁时变系统，建立精细的多自由度动力分析模型，如图 3-8 所示。

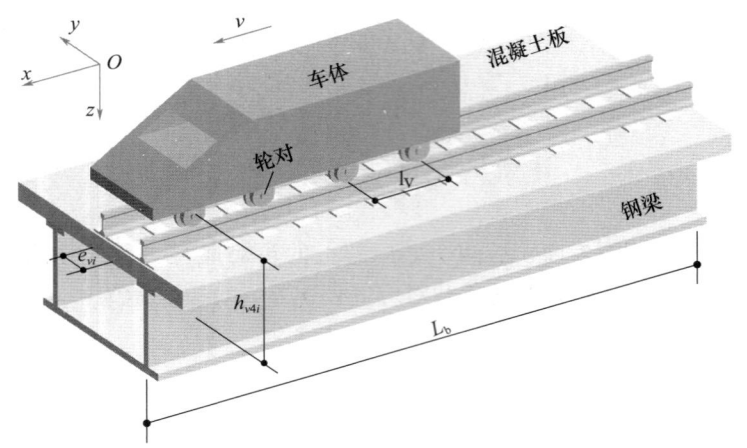

图 3-8 刚柔耦合列车-组合箱梁动力分析模型

### 3.4.1 轨道不平顺自激激励

轨道不平顺是车桥耦合系统相互作用的主因，也是最重要的自激激励。各国的分类方法不尽相同，其中一种可根据轨道断面的不同方向分为钢轨竖向凸凹不平引起的方向不平顺、轨头横向凹凸不平引起的高低不平顺、左右轨顶面高差引起的水平和轨距不平顺。

轨道不平顺获得方法也不尽相同，例如，通过线路实测采集统计整理，但该方法工作量大，需充足样本且成本高昂。因此，国内外研究普遍的做法是对大量的实测样本数据进行统计，数值拟合出轨道不平顺功率谱密度，以此描述不平顺的幅值相对于波长的分布规律，得到对应的时间域或者空间域的样本。假设轨道不平顺序列为各态历经的平稳随机过程，可使用统计样本函数集合的均方解来描述其随机性，常用的方法有三角级数法、卡尔曼滤波法、傅里叶逆变换法、自回归模型法、自回归滑动平均模型法等。本研究采用经典的三角级数法，将轨道不平顺视为均值为零的平稳高斯（Gaussian）过程，通过三角级数离散成有限多个余弦波进行叠加。最终，高低不平顺 $Z_r$、水平不平顺 $Z_c$ 和方向不平顺 $y_a$ 的空间序列表达式分别如下：

$$Z_r = \sqrt{2} \sum_{i=1}^{N} \sqrt{S_v(\omega_i)\Delta\omega} \cdot \cos(\omega_i x_{vwijk} + \phi_i) \tag{3-69}$$

$$Z_c = \sqrt{2} \sum_{i=1}^{N} \sqrt{S_u(\omega_i)\Delta\omega} \cdot \cos(\omega_i x_{vwijk} + \phi_i) \tag{3-70}$$

$$Y_a = \sqrt{2} \sum_{i=1}^{N} \sqrt{S_\phi(\omega_i)\Delta\omega} \cdot \cos(\omega_i x_{vwijk} + \phi_i) \tag{3-71}$$

式中，$S_v(\omega_i)$、$S_u(\omega_i)$ 和 $S_\phi(\omega_i)$ 分别为高低不平顺、水平不平顺和方向不平顺在时间域内的功率谱密度函数，$cm^2/(rad/s)$；$\Delta\omega$ 为时域频率间隔，$rad/s$；$\omega_1$、$\omega_N$ 分别代表第一个、最后一个时域频率；$\omega_i$（$i=1, 2, \cdots, N$）为在时间域内的第 $i$ 个频率，表达式为：

$$\omega_i = \omega_1 + \left(i - \frac{1}{2}\right)\Delta\omega \tag{3-72}$$

$\phi_i$ 为第 $i$ 个时域频率对应的相位，可认为在 $[0, 2\pi]$ 内独立且均匀地分布。

最后，为了验证上述模拟的轨道不平顺样本和所对应的功率谱密度保持相同的特性，将模拟的样本进行傅里叶变换得到功率谱密度，与模拟时所给定的功率谱密度函数进行对比；如果两者差别不大，则可认为模拟的结果有效。

假定列车在组合箱梁桥上匀速行驶，运营速度为 $V_v$，在轮轨接触关系为密贴的情况下，钢-混凝土组合箱梁桥和列车之间的位移可以认为只差一个轨道不平顺，即列车上第 $i$ 节车体、第 $j$ 个转向架、第 $k$ 个轮对的横向位移 $u_{vwijk}$、竖向位移 $v_{vwijk}$、自由扭转角 $\phi_{vwijk}$ 分别由轮对相应位置处（$x = x_{vwijk}$）钢-混凝土组合箱梁的位移和轨道不平顺叠加而成：

$$\boldsymbol{M}_{vv}\ddot{\boldsymbol{q}}_v + \boldsymbol{C}_{vv}\dot{\boldsymbol{q}}_v + \boldsymbol{K}_{vv}\boldsymbol{q}_v = \boldsymbol{F}_v \begin{bmatrix} u_{vwijk} \\ v_{vwijk} \\ \phi_{vwijk} \end{bmatrix} = \begin{bmatrix} u_b(x_{vwijk}) + h_{v4i}\phi_b(x_{vwijk}) + U_S(x_{vwijk}) \\ v_b(x_{vwijk}) + e_{vi}\phi_b(x_{vwijk}) + V_S(x_{vwijk}) \\ \phi_b(x_{vwijk}) + \Phi_S(x_{vwijk}) \end{bmatrix}$$

$$\tag{3-73}$$

式中，$U_S$、$V_S$、$\Phi_S$ 分别为列车轨道的方向不平顺、高低不平顺和水平不平顺；$u_b$、$v_b$、$\phi_b$ 分别为钢-混凝土组合箱梁桥在 $x = x_{vwijk}$ 处的横向位移、竖向位移和自由扭转角，具体表达式为：

$$u_b(x_{vwijk}) = \boldsymbol{N}_{bu}^T(x_{vwijk}) \begin{bmatrix} \boldsymbol{q}_{bl} \\ \boldsymbol{q}_{bl+1} \end{bmatrix}$$

$$v_b(x_{vwijk}) = \boldsymbol{N}_{bv}^T(x_{vwijk}) \begin{bmatrix} \boldsymbol{q}_{bl} \\ \boldsymbol{q}_{bl+1} \end{bmatrix} \tag{3-74}$$

$$\phi_b(x_{vwijk}) = \boldsymbol{N}_{b\phi}^T(x_{vwijk}) \begin{bmatrix} \boldsymbol{q}_{bl} \\ \boldsymbol{q}_{bl+1} \end{bmatrix}$$

因局部坐标下位置变量 $x_{vwijk}$ 为时间 $t$ 的函数，故 $u_b$、$v_b$、$\phi_b$ 对 $t$ 的一阶、二阶偏导数分别为：

$$\dot{u}_b(x_{vwijk}) = \boldsymbol{N}_{bu}^T(x_{vwijk}) \begin{bmatrix} \dot{\boldsymbol{q}}_{bl} \\ \dot{\boldsymbol{q}}_{bl+1} \end{bmatrix} + \dot{\boldsymbol{N}}_{bu}^T(x_{vwijk}) \begin{bmatrix} \boldsymbol{q}_{bl} \\ \boldsymbol{q}_{bl+1} \end{bmatrix}$$

$$\dot{v}_b(x_{vwijk}) = \boldsymbol{N}_{bv}^T(x_{vwijk}) \begin{bmatrix} \dot{\boldsymbol{q}}_{bl} \\ \dot{\boldsymbol{q}}_{bl+1} \end{bmatrix} + \dot{\boldsymbol{N}}_{bv}^T(x_{vwijk}) \begin{bmatrix} \boldsymbol{q}_{bl} \\ \boldsymbol{q}_{bl+1} \end{bmatrix} \tag{3-75}$$

$$\dot{\phi}_b(x_{vwijk}) = \boldsymbol{N}_{b\phi}^T(x_{vwijk}) \begin{bmatrix} \dot{\boldsymbol{q}}_{bl} \\ \dot{\boldsymbol{q}}_{bl+1} \end{bmatrix} + \dot{\boldsymbol{N}}_{b\phi}^T(x_{vwijk}) \begin{bmatrix} \boldsymbol{q}_{bl} \\ \boldsymbol{q}_{bl+1} \end{bmatrix}$$

$$\ddot{u}_{\mathrm{b}}(x_{\mathrm{v}wijk}) = \mathbf{N}_{\mathrm{b}u}^{\mathrm{T}}(x_{\mathrm{v}wijk})\begin{bmatrix}\ddot{\mathbf{q}}_{\mathrm{b}l}\\ \ddot{\mathbf{q}}_{\mathrm{b}l+1}\end{bmatrix} + 2\dot{\mathbf{N}}_{\mathrm{b}u}^{\mathrm{T}}(x_{\mathrm{v}wijk})\begin{bmatrix}\dot{\mathbf{q}}_{\mathrm{b}l}\\ \dot{\mathbf{q}}_{\mathrm{b}l+1}\end{bmatrix} + \ddot{\mathbf{N}}_{\mathrm{b}u}^{\mathrm{T}}(x_{\mathrm{v}wijk})\begin{bmatrix}\mathbf{q}_{\mathrm{b}l}\\ \mathbf{q}_{\mathrm{b}l+1}\end{bmatrix}$$

$$\ddot{v}_{\mathrm{b}}(x_{\mathrm{v}wijk}) = \mathbf{N}_{\mathrm{b}v}^{\mathrm{T}}(x_{\mathrm{v}wijk})\begin{bmatrix}\ddot{\mathbf{q}}_{\mathrm{b}l}\\ \ddot{\mathbf{q}}_{\mathrm{b}l+1}\end{bmatrix} + 2\dot{\mathbf{N}}_{\mathrm{b}v}^{\mathrm{T}}(x_{\mathrm{v}wijk})\begin{bmatrix}\dot{\mathbf{q}}_{\mathrm{b}l}\\ \dot{\mathbf{q}}_{\mathrm{b}l+1}\end{bmatrix} + \ddot{\mathbf{N}}_{\mathrm{b}v}^{\mathrm{T}}(x_{\mathrm{v}wijk})\begin{bmatrix}\mathbf{q}_{\mathrm{b}l}\\ \mathbf{q}_{\mathrm{b}l+1}\end{bmatrix}$$

$$\ddot{\phi}_{\mathrm{b}}(x_{\mathrm{v}wijk}) = \mathbf{N}_{\mathrm{b}\phi}^{\mathrm{T}}(x_{\mathrm{v}wijk})\begin{bmatrix}\ddot{\mathbf{q}}_{\mathrm{b}l}\\ \ddot{\mathbf{q}}_{\mathrm{b}l+1}\end{bmatrix} + 2\dot{\mathbf{N}}_{\mathrm{b}\phi}^{\mathrm{T}}(x_{\mathrm{v}wijk})\begin{bmatrix}\dot{\mathbf{q}}_{\mathrm{b}l}\\ \dot{\mathbf{q}}_{\mathrm{b}l+1}\end{bmatrix} + \ddot{\mathbf{N}}_{\mathrm{b}\phi}^{\mathrm{T}}(x_{\mathrm{v}wijk})\begin{bmatrix}\mathbf{q}_{\mathrm{b}l}\\ \mathbf{q}_{\mathrm{b}l+1}\end{bmatrix}$$

(3-76)

式中，$\mathbf{N}_{\mathrm{b}u}$、$\mathbf{N}_{\mathrm{b}v}$、$\mathbf{N}_{\mathrm{b}\phi}$ 分别为与轨道的水平、高低和方向不平顺有关的形函数列向量，具体形式如下：

$$\dot{\mathbf{N}}_{\mathrm{b}v} = V_{\mathrm{v}}\begin{bmatrix}0\\0\\\frac{1}{l_{\mathrm{e}}}(-6\lambda+6\lambda^2)\\1-4\lambda+3\lambda^2\\0\\0\\0\\0\\0\\0\\\frac{1}{l_{\mathrm{e}}}(6\lambda-6\lambda^2)\\-2\lambda+3\lambda^2\\0\\0\\0\end{bmatrix},\ \dot{\mathbf{N}}_{\mathrm{b}u} = V_{\mathrm{v}}\begin{bmatrix}0\\0\\0\\0\\\frac{1}{l_{\mathrm{e}}}(-6\lambda+6\lambda^2)\\1-4\lambda+3\lambda^2\\0\\0\\0\\0\\0\\0\\\frac{1}{l_{\mathrm{e}}}(6\lambda-6\lambda^2)\\-2\lambda+3\lambda^2\\0\\0\\0\end{bmatrix},\ \dot{\mathbf{N}}_{\mathrm{b}\phi} = V_{\mathrm{v}}\begin{bmatrix}0\\0\\0\\0\\0\\0\\-\frac{1}{l_{\mathrm{e}}}\\0\\0\\0\\0\\0\\0\\\frac{1}{l_{\mathrm{e}}}\\0\\0\end{bmatrix}$$

(3-77)

### 3.4.2 轮轨接触关系

为了更好地模拟在列车高速运行时的工程实际情况，得到钢-混凝土组合箱梁和列车的动力特性和响应，考虑更符合工程实际的轮轨接触关系。轮轨接触关系将两个单独的受力体——列车的轮对和桥梁上的钢轨通过法向和切向相互作用有机地联系在一起。本研究中，对于具体的轮轨接触关系考虑如下。

#### 3.4.2.1 法向密贴假定

对于轮轨的法向接触，经典的 Hertz 法向轮轨接触理论假定轮轨之间存在弹性相对压缩量和法向轮轨接触力，两者呈非线性关系。但在实际工程中，铁轨中所用的钢材变形很小，所以刚度基本无太大变化。所以，对于大多数铁路桥梁而言，计算轮轨竖向相互作用力时，通常假定轮轨接触关系为竖纵向密贴，即轮对与钢轨在竖向无相对运动，两者不仅具有相同的法向位移，也有相同的法向速度、法向加速度，且轮轨间的法向相互作用力在一系悬挂系统中呈线性，如图 3-9 所示。

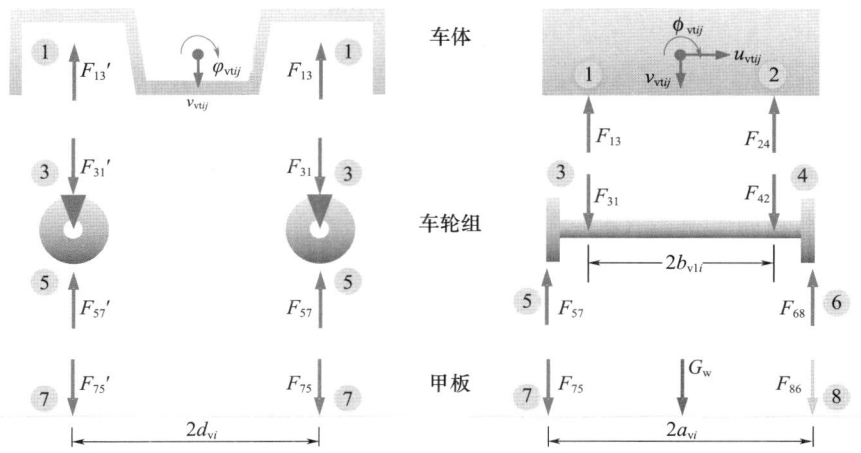

图 3-9 法向轮轨接触相互作用关系示意图

此时，轮对在浮沉 $v_{vw}$ 和侧滚 $\theta_{vw}$ 方向上的运动状态完全取决于桥梁上的钢轨，对应的位移则为桥梁的动力响应叠加轨道不平顺。

图 3-9 中四个接触点①②③④的竖向位移表达式为：

$$\begin{cases} v_{①}=v_{vtij}+\eta_{vk}\cdot d_{v1i}\cdot \varphi_{vtij}-b_{v1i}\cdot \phi_{vtij} \\ v_{②}=v_{vtij}+\eta_{vk}\cdot d_{v1i}\cdot \varphi_{vtij}+b_{v1i}\cdot \phi_{vtij} \\ v_{③}=v_r-b_{v1i}\cdot \phi_r \\ v_{④}=v_r+b_{v1i}\cdot \phi_r \end{cases} \quad (3\text{-}78)$$

式中，$v_{vtij}$ 为钢-混凝土组合箱梁上钢轨的竖向位移，$\phi_{vtij}$ 为钢轨在列车点头方向 $\phi_v$ 上的转角。

假设每个轮对的静重为 $G_w$，根据牛顿第三定律与一系悬挂装置中轮对与转向架、轮对与钢轨之间的静力平衡条件，可得轮对与钢轨间的相互作用力：

$$\begin{cases} F_{13}=F_{31}=k_{v1vij}\;(v_{①}-v_{③})+c_{v1vij}\;(\dot{v}_{①}-\dot{v}_{③}) \\ F_{24}=F_{42}=k_{v1vij}\;(v_{②}-v_{④})+c_{v1vij}\;(\dot{v}_{①}-\dot{v}_{④}) \end{cases} \quad (3\text{-}79)$$

$$\begin{cases} F_{75}=\dfrac{G_w}{2}-\dfrac{m_{vwijk}\;(\ddot{v}_{vwijk}+\ddot{z}_r)}{2}+\dfrac{J_{vw\theta ijk}\;(\ddot{\phi}_{vwijk}+\ddot{\phi}_r)}{2a_{vi}}+\left(1+\dfrac{b_{v1i}}{a_{vi}}\right)\dfrac{F_{13}}{2}+\left(1-\dfrac{b_{v1i}}{a_{v1i}}\right)\dfrac{F_{24}}{2} \\ F_{86}=\dfrac{G_w}{2}-\dfrac{m_{vwijk}\;(\ddot{v}_{vwijk}+\ddot{z}_r)}{2}-\dfrac{J_{vw\theta ijk}\;(\ddot{\phi}_{vwijk}+\ddot{\phi}_r)}{2a_{vi}}+\left(1-\dfrac{b_{v1i}}{a_{vi}}\right)\dfrac{F_{13}}{2}+\left(1+\dfrac{b_{v1i}}{a_{vi}}\right)\dfrac{F_{24}}{2} \end{cases}$$

$$(3\text{-}80)$$

式中，$\ddot{v}_{vwijk}$、$\ddot{\phi}_{vwijk}$ 为轮对在浮沉 $v_{vw}$ 和侧滚 $\phi_{vw}$ 方向上的加速度，根据法向密贴假定，与钢轨在相应的方向上保持一致；$\ddot{z}_r$、$\ddot{\phi}_r$ 分别为轮对通过钢轨时，对应的轨道不平顺在浮沉 $v$ 和侧滚 $\phi$ 方向上引起的轮对附加加速度，可由微分形式表示：

$$\begin{cases} \dot{z}_r = \lim_{\Delta t \to 0}\dfrac{\Delta z_r}{\Delta t} = \lim_{\Delta t \to 0}\dfrac{\Delta z_r}{\Delta w_r/V_v} = V_v \cdot \lim_{\Delta t \to 0}\dfrac{\Delta z_r}{\Delta w_r} = V_v \cdot \dfrac{\partial z_r}{\partial w_r} \\ \dot{\varphi}_r = \lim_{\Delta t \to 0}\dfrac{\Delta \varphi_r}{\Delta t} = \lim_{\Delta t \to 0}\dfrac{\Delta \varphi_r}{\Delta w_r/V_v} = V_v \cdot \lim_{\Delta t \to 0}\dfrac{\Delta \varphi_r}{\Delta w_r} = V_v \cdot \dfrac{\partial \varphi_r}{\partial w_r} \end{cases} \quad (3\text{-}81)$$

$$\begin{cases} \ddot{z}_r = \lim_{t \to 0}\dfrac{\Delta \dot{z}_r}{\Delta t} = \lim_{t \to 0}\dfrac{\Delta \dot{z}_r}{\Delta w_r/V_v} = V_v \cdot \lim_{t \to 0}\dfrac{\Delta \dot{z}_r}{\Delta w_r} = V_v^{\,2} \cdot \dfrac{\partial^2 z_r}{\partial w_r} \\ \ddot{\varphi}_r = \lim_{t \to 0}\dfrac{\Delta \dot{\varphi}_r}{\Delta t} = \lim_{t \to 0}\dfrac{\Delta \dot{\varphi}_r}{\Delta w_r/V_v} = V_v \cdot \lim_{t \to 0}\dfrac{\Delta \dot{\varphi}_r}{\Delta w_r} = V_v^{\,2} \cdot \dfrac{\partial^2 \varphi_r}{\partial w_r} \end{cases} \quad (3\text{-}82)$$

式中，$w_r$ 表示轨道方向对应的钢轨位移，可认为是钢轨处的轨道不平顺；$V_v$ 为列车的运行速度。

#### 3.4.2.2 切向 Kalker 线性蠕滑

轮轨切向相互作用理论一般包括 Kalker 线性蠕滑、蛇形运动。前者假设轮轨间的相互作用由两者的相对运动引起，后者则认为两者横向的相对位移在形状上呈正弦曲线（轮对的大小决定幅值和波长，并符合某种概率分布）。大量的试验证明，两种方法所得到的计算结果都能较好地符合实际。所以，本研究采用简化的 Kalker 线性蠕滑理论作为切向轮轨接触关系建立的依据。

在列车局部坐标系下，假定轮轨间的相对运动与两者相互作用力为近似线性关系，且与对应的轨道不平顺有关。所以，横摆和摇头方向的蠕滑率为轮轨相对位移的线性函数，即：

$$\begin{cases} \xi_{cy} = \dfrac{\dot{u}_{vwijk} - \dot{u}_{rijk}}{V_v} \\ \xi_{c\phi} = \dfrac{\dot{\varphi}_{vwijk} - \dot{\varphi}_{rijk}}{V_v} \end{cases} \quad (3\text{-}83)$$

式中，$\xi_{cy}$ 和 $\xi_{c\phi}$ 分别为横摆和摇头方向上的蠕滑率；$\dot{u}_{vwijk}$ 和 $\dot{u}_{rijk}$ 分别为轮对与钢轨在横摆方向上的速度，$\dot{\varphi}_{vwijk}$ 和 $\dot{\varphi}_{rijk}$ 分别为轮对与钢轨在摇头方向上的速度。

忽略轮对在横摆 $u_{vw}$ 和侧滚方向 $\phi_{vw}$ 的耦合效应，则轮轨间的蠕滑力 $F_{cy}$、$F_{c\phi}$ 为：

$$\begin{cases} F_{cy} = -f_{cy} \cdot \xi_{cy} \\ F_{c\phi} = -f_{c\phi} \cdot \xi_{c\phi} \end{cases} \quad (3\text{-}84)$$

式中，$f_{cy}$ 和 $f_{c\phi}$ 分别为横摆和摇头方向上的蠕滑系数，对应的表达式分别为：

$$\begin{cases} f_{cy} = S_y (Nr)^{2/3} \\ f_{c\phi} = S_\phi (Nr)^{4/3} \end{cases} \quad (3\text{-}85)$$

式中，$r$ 为轮对的几何半径；$N$ 为轮轨的法向接触力，本研究可近似取为轮对的静重 $G_w$。

在实际工程应用上，常忽略轮轨间摇头方向上的线性蠕滑力 $F_{c\phi}$，只采用基于轮轨横摆向的线性蠕滑力 $F_{cy}$，如图 3-10 所示。

$$\begin{aligned} F_{cy} &= -f_{cy}\xi_{cy} = -\dfrac{f_{cy}}{V_v}\left[\dot{u}_{vwijk} - \dot{u}_r\left(x_{vwijk}\right)\right] \\ &= -\dfrac{S_y r^{2/3}}{V_v} N^{2/3} \left[\dot{u}_{vwijk} - \dot{u}_r\left(x_{vwijk}\right)\right] \end{aligned} \quad (3\text{-}86)$$

式中，$\dot{u}_{vwijk}$ 为第 $i$ 节车体、第 $j$ 个转向架、第 $k$ 个轮对的横向速度；$k$ 为轮对的位置，$k=1$ 为前轮对，$k=2$ 为后轮对；$\dot{u}_r(x_{vwijk})$ 为第 $i$ 节车体、第 $j$ 个转向架、第 $k$ 个轮对位置处（$x=x_{vwijk}$）钢-混凝土组合箱梁桥上钢轨的横向速度，由钢-混凝土组合箱梁桥的横向速度与轨道不平顺叠加，对应的表达式如下：

$$u_r(x_{vwijk}) = u_b(x_{vwijk}) + h_{v4i}\phi_b(x_{vwijk}) + U_S(x_{vwijk}) \tag{3-37}$$

式中，$S_y$ 为横摆方向上的蠕滑几何参数，$N^{1/3} \cdot m^{-2/3}$，可依据文献（张楠等）选取。

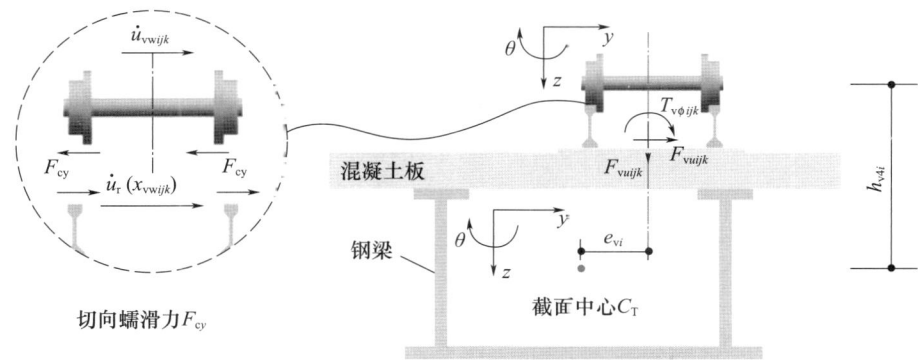

图 3-10 轮对所受集中力与横向轮轨接触关系

如图 3-10 所示，第 $i$ 节车体的第 $j$ 个转向架所对应的第 $k$ 个轮对作用于钢-混凝土组合箱梁桥的第 $l$ 个单元上的横向力 $F_{vuijk}$ 和扭转力矩 $T_{v\phi ijk}$ 变为：

$$F_{vuijk} = -F_{cy} = -\frac{f_{cy}}{V_v}[\dot{u}_{vwijk} - \dot{u}_r(x_{vwijk})] \tag{3-38}$$

$$T_{v\phi ijk} = -J_{vw\varphi ijk}\ddot{\phi}_{vwijk} + c_{v1vij}b_{v1i}^2(\dot{\phi}_{vtij} - \dot{\phi}_{vwijk}) + k_{v1vij}b_{v1i}^2(\phi_{vtij} - \phi_{vwijk}) + [F_{vuijk} - F_{cy}(x_{vwijk})]h_{v4i} + F_{vuijk}e_{vi} \tag{3-39}$$

第 $i$ 节列车的荷载列向量 $\boldsymbol{F}_{vi}$ 的分块形式变为：

$$\boldsymbol{F}_{vi} = \begin{bmatrix} \boldsymbol{0} \\ \boldsymbol{F}_{vt_1 wi} \\ \boldsymbol{F}_{vt_2 wi} \\ \boldsymbol{F}_{vwi} \end{bmatrix} \tag{3-90}$$

式中，第 $k$ 个轮对通过一系悬挂装置的弹簧、阻尼器传到前后两个转向架上的力列向量 $\boldsymbol{F}_{vt_1 wi}$、$\boldsymbol{F}_{vt_2 wi}$ 变为：

$$\boldsymbol{F}_{vt_j wi} = \sum_{k=1}^{2} \begin{Bmatrix} 0 \\ b_{v1i}^2(k_{vt zij}\phi_{vwijk} + c_{v1vij}\dot{\phi}_{vwijk}) - h_{v3i}(k_{v1hij}u_{vwijk} + c_{v1hij}\dot{u}_{vwijk}) \\ \eta_{vk}d_{vi}(\dot{\varepsilon}_{v1hij}u_{vwijk} + c_{v1hij}\dot{u}_{vwijk}) \\ (k_{v1vij}v_{vwijl} + c_{v1vij}\dot{v}_{vwijl}) \\ \eta_{vk}d_{vi}(\dot{\varepsilon}_{v1vij}v_{vwijl} + c_{v1vij}\dot{v}_{vwijl}) \end{Bmatrix} \tag{3-91}$$

$\boldsymbol{F}_{vwi}$ 为轮对所受荷载列向量，具体表达式为：

$$F_{vwi} = \begin{Bmatrix} F_{cy}(x_{vwij1}) \\ F_{cy}(x_{vwij2}) \\ F_{cy}(x_{vwij3}) \\ F_{cy}(x_{vwij4}) \end{Bmatrix} \quad (3\text{-}92)$$

而轮对的独立自由度只有横摆 $u_{vw}$ 方向的平移，而浮沉 $v_{vw}$ 方向的平移和侧滚 $\theta_{vw}$ 方向的转动可由组合箱梁的位移确定。所以，单节列车只有 19 个独立的自由度；则第 $i$ 节列车的质量矩阵 $M_{vvi}$ 的分块形式变为：

$$M_{vvi} = \begin{bmatrix} M_{vcci} & 0 & 0 & 0 \\ 0 & M_{vt_1 t_1 i} & 0 & 0 \\ 0 & 0 & M_{vt_2 t_2 i} & 0 \\ 0 & 0 & 0 & M_{vwi} \end{bmatrix} \quad (3\text{-}93)$$

式中，$M_{vwi}$ 为第 $i$ 节列车轮对的质量分块矩阵，具体元素如下：

$$M_{vwi} = \begin{bmatrix} m_{vw_1 i} & 0 & 0 & 0 \\ 0 & m_{vw_2 i} & 0 & 0 \\ 0 & 0 & m_{vw_3 i} & 0 \\ 0 & 0 & 0 & m_{vw_4 i} \end{bmatrix} \quad (3\text{-}94)$$

式中，$m_{vw_k i}$ 为第 $i$ 节列车、第 $k$ 个轮对的质量；一般情况下，每个转向架上的两个轮对质量相等，即 $m_{vw_1 i} = m_{vw_2 i}$，$m_{vw_3 i} = m_{vw_4 i}$。

第 $i$ 节列车的刚度、阻尼矩阵 $K_{vvi}$、$C_{vvi}$ 的分块形式变为：

$$K_{vvi} = \begin{bmatrix} K_{vcci} & K_{vct_1 i} & K_{vct_2 i} & 0 & 0 \\ K_{vt_1 ci} & K_{vt_1 t_1 i} & 0 & K_{vt_1 w_1 i} & 0 \\ K_{vt_2 ci} & 0 & K_{vt_2 t_2 i} & 0 & K_{vt_2 w_2 i} \\ 0 & K_{vw_1 t_1 i} & 0 & K_{vw_1 w_1 i} & 0 \\ 0 & 0 & K_{vw_2 t_2 i} & 0 & K_{vw_2 w_2 i} \end{bmatrix} \quad (3\text{-}95)$$

$$C_{vvi} = \begin{bmatrix} C_{vcci} & C_{vct_1 i} & C_{vct_2 i} & 0 & 0 \\ C_{vt_1 ci} & C_{vt_1 t_1 i} & 0 & C_{vt_1 w_1 i} & 0 \\ C_{vt_2 ci} & 0 & C_{vt_2 t_2 i} & 0 & C_{vt_2 w_2 i} \\ 0 & C_{vw_1 t_1 i} & 0 & C_{vw_1 w_1 i} & 0 \\ 0 & 0 & C_{vw_2 t_2 i} & 0 & C_{vw_2 w_2 i} \end{bmatrix} \quad (3\text{-}96)$$

式中，$K_{vw_k w_k i}$ 为第 $k$ 个轮对的刚度分块矩阵；$K_{vt_j w_k i}$ 为第 $k$ 个轮对和第 $j$ 个转向架的刚度分块矩阵；$K_{vw_k t_j i}$ 为第 $j$ 个转向架和第 $k$ 个轮对的刚度分块矩阵，根据反力互等定理，$K_{vw_k t_j i} = K_{vt_j w_k i}$。

单节列车的阻尼矩阵 $C_{vvi}$ 的形式与单节列车的刚度矩阵 $K_{vvi}$ 相同，因此只需将其刚度矩阵中的"$K$"用"$C$"代替即可，所有元素的具体表达式参见附录 C。

$q_{vi}$ 为第 $i$ 节列车的位移子向量，对应的分块形式如下：

$$\boldsymbol{q}_{vi}^T = \begin{bmatrix} \boldsymbol{q}_{vci} & \boldsymbol{q}_{vt_1 i} & \boldsymbol{q}_{vt_2 i} & \boldsymbol{q}_{vw_1 i} & \boldsymbol{q}_{vw_2 i} \end{bmatrix} \quad (3\text{-}97)$$

式中，$q_{vw_k i}$ 分别为第 $i$ 节列车上第 $k$ 个轮对的位移列向量，对应的具体元素如下：

$$\boldsymbol{q}_{vw_k i}^T = \begin{bmatrix} u_{vwijk} & u_{vwijk} \end{bmatrix} \quad (3\text{-}98)$$

### 3.4.3 列车-组合箱梁耦合系统的动力方程

因为桥梁模型的整体坐标系与局部坐标系的方向一致，且与列车模型的坐标系一致，并且所有结构系统与轮轨接触关系均为线性，利用直接耦合法，可将式（3-65）的列车动力平衡方程和式（3-47）的桥梁动力平衡方程组集在一起，得到车桥耦合系统动力平衡方程为：

$$\begin{bmatrix} \boldsymbol{M}_{vv} & \boldsymbol{0} \\ \boldsymbol{0} & \boldsymbol{M}_{bb} \end{bmatrix} \begin{bmatrix} \ddot{\boldsymbol{q}}_v \\ \ddot{\boldsymbol{q}}_b \end{bmatrix} + \begin{bmatrix} \boldsymbol{C}_{vv} & \boldsymbol{0} \\ \boldsymbol{0} & \boldsymbol{C}_{bb} \end{bmatrix} \begin{bmatrix} \dot{\boldsymbol{q}}_v \\ \dot{\boldsymbol{q}}_b \end{bmatrix} + \begin{bmatrix} \boldsymbol{K}_{vv} & \boldsymbol{0} \\ \boldsymbol{0} & \boldsymbol{K}_{bb} \end{bmatrix} \begin{bmatrix} \boldsymbol{q}_v \\ \boldsymbol{q}_b \end{bmatrix} = \begin{bmatrix} \boldsymbol{F}_v \\ \boldsymbol{F}_b \end{bmatrix} \quad (3\text{-}99)$$

将式（3-53）等号右边关于列车和钢-混凝土组合箱梁桥自由度的系数全部移项到等号左边，因此等号右边荷载列向量中只有已知的轨道不平顺项，因此动力方程有如下形式：

$$\begin{bmatrix} \boldsymbol{M}_{vv}^t & \boldsymbol{M}_{vb}^t \\ \boldsymbol{M}_{bv}^t & \boldsymbol{M}_{bb}^t \end{bmatrix} \begin{bmatrix} \ddot{\boldsymbol{q}}_v \\ \ddot{\boldsymbol{q}}_b \end{bmatrix} + \begin{bmatrix} \boldsymbol{C}_{vv}^t & \boldsymbol{C}_{vb}^t \\ \boldsymbol{C}_{bv}^t & \boldsymbol{C}_{bb}^t \end{bmatrix} \begin{bmatrix} \dot{\boldsymbol{q}}_v \\ \dot{\boldsymbol{q}}_b \end{bmatrix} + \begin{bmatrix} \boldsymbol{K}_{vv}^t & \boldsymbol{K}_{vb}^t \\ \boldsymbol{K}_{bv}^t & \boldsymbol{K}_{bb}^t \end{bmatrix} \begin{bmatrix} \boldsymbol{q}_v \\ \boldsymbol{q}_b \end{bmatrix} = \begin{bmatrix} \boldsymbol{F}_v^t \\ \boldsymbol{F}_b^t \end{bmatrix} \quad (3\text{-}100)$$

式中，$t$ 为每个时间步矩阵的非零元素需要更新。附录 C 中给出了第 $i$ 节车体、第 $j$ 个转向架、第 $k$ 个轮对作用于钢-混凝土组合箱梁桥第 $l$ 个单元时，刚度子矩阵、质量子矩阵、阻尼子矩阵和荷载子向量的结果。

由上式可知，最终的动力方程中出现了车桥耦合项，并且列车自身项和桥梁自身项也进行了更新，所以此方程是一个二阶时变线性微分方程组，可借助针对时域内的数值积分的方法。本研究选用无条件稳定的 Newmark-$\beta$ 逐步时间积分法，求解过程将于下节详述。

### 3.4.4 列车-组合箱梁耦合系统的动力方程求解

首先，将车桥耦合系统的动力平衡方程式（3-54）简写为如下形式：

$$\boldsymbol{M}\ddot{\boldsymbol{q}} + \boldsymbol{C}\dot{\boldsymbol{q}} + \boldsymbol{K}\boldsymbol{q} = \boldsymbol{F} \quad (3\text{-}101)$$

由于此方程是一个连续时刻且时变的方程，所以离散为每个时刻 $t_i$ 的方程便于利用逐步时间积分求解：

$$\boldsymbol{M}_i \ddot{\boldsymbol{q}}_i + \boldsymbol{C}_i \dot{\boldsymbol{q}}_i + \boldsymbol{K}_i \boldsymbol{q}_i = \boldsymbol{F}_i \quad (3\text{-}102)$$

式中，$i$ 为第 $t_i$ 个时刻。

选取很小的时间段 $[t_i, t_{i+1}]$，对应的时间步长为 $\Delta t$。假设在这个时间段内，车桥耦合系统的加速度为常量 $\ddot{\boldsymbol{q}}_\gamma$，且介于 $\ddot{\boldsymbol{q}}_i$ 和 $\ddot{\boldsymbol{q}}_{i+1}$ 之间。由广义的中值定理可得车桥耦合系统的速度为：

$$\dot{\boldsymbol{q}}_{i+1} = \dot{\boldsymbol{q}}_i + \ddot{\boldsymbol{q}}_\gamma \Delta t \quad (3\text{-}103)$$

在时间段 $[t_i, t_{i+1}]$ 内，对时间步长进行 $\Delta t$ 积分，可得车桥耦合系统在 $t_{i+1}$ 时刻的

位移 $q_{i+1}$：

$$q_{i+1}=q_i+\dot{q}_i\Delta t+\frac{1}{2}\ddot{q}_\gamma\Delta t^2 \qquad (3\text{-}104)$$

式中，

$$\ddot{q}_\gamma=(1-\gamma)\ddot{q}_i+\gamma\ddot{q}_{i+1} \quad (0\leqslant\gamma\leqslant 1) \qquad (3\text{-}105)$$

由 $\ddot{q}_i$ 和 $\ddot{q}_{i+1}$ 线性叠加而成，$\gamma$ 为权重控制参数。

为了提高计算的精度，式（3-105）也有如下表达式：

$$\ddot{q}_\gamma=(1-2\beta)\ddot{q}_i+2\beta\ddot{q}_{i+1} \quad \left(0\leqslant\beta\leqslant\frac{1}{2}\right) \qquad (3\text{-}106)$$

将式（3-105）、式（3-106）分别代入式（3-103）、式（3-104）中，得到车桥耦合系统在 $t_{i+1}$ 时刻的速度 $\dot{q}_{i+1}$ 和位移 $q_{i+1}$ 的递推公式：

$$\begin{cases}\dot{q}_{i+1}=\dot{q}_i+(1-\gamma)\Delta t\ddot{q}_i+\gamma\Delta t\ddot{q}_{i+1}\\ q_{i+1}=q_i+\Delta t\dot{q}_i+\left(\frac{1}{2}-\beta\right)\Delta t^2\ddot{q}_i+\beta\Delta t^2\ddot{q}_{i+1}\end{cases} \qquad (3\text{-}107)$$

联立式（3-107），解得在 $t_{i+1}$ 时刻车桥耦合系统加速度 $\ddot{q}_{i+1}$ 和速度 $\dot{q}_{i+1}$ 的另一种表达形式：

$$\begin{cases}\ddot{q}_{i+1}=\dfrac{1}{\beta\Delta t^2}(q_{i+1}-q_i)-\dfrac{1}{\beta\Delta t}\dot{q}_i+\left(1-\dfrac{1}{2\beta}\right)\ddot{q}_i\\ \dot{q}_{i+1}=\dfrac{\gamma}{\beta\Delta t}(q_{i+1}-q_i)+\left(1-\dfrac{\gamma}{\beta}\right)\dot{q}_i+\left(1-\dfrac{\gamma}{2\beta}\right)\ddot{q}_i\Delta t\end{cases} \qquad (3\text{-}108)$$

由此可以看出，车桥耦合系统当前时刻的速度 $\dot{q}_{i+1}$、加速度 $\ddot{q}_{i+1}$ 可通过上一时刻的位移 $q_i$、速度 $\dot{q}_i$、加速度 $\ddot{q}_i$ 和当前时刻的位移 $q_{i+1}$ 线性组合而成，故此方法属于隐式逐步时间积分法。

因 $t_{i+1}$ 时刻车桥耦合系统的动力平衡方程式为：

$$M_{i+1}\ddot{q}_{i+1}+C_{i+1}\dot{q}_{i+1}+K_{i+1}q_{i+1}=F_{i+1} \qquad (3\text{-}109)$$

将式（3-109）代入式（3-108），解得在 $t_{i+1}$ 时刻车桥耦合系统位移 $q_{i+1}$：

$$q_{i+1}=\hat{F}_{i+1}/\hat{K}_{i+1} \qquad (3\text{-}110)$$

式中，$\hat{K}_{i+1}$ 为 $t_{i+1}$ 时刻车桥耦合系统的等效刚度，$\hat{F}_{i+1}$ 为 $t_{i+1}$ 时刻车桥耦合系统的等效外荷载列向量，对应的表达式如下：

$$\hat{K}_{i+1}=K_{i+1}+\frac{1}{\beta\Delta t^2}M_{i+1}+\frac{\gamma}{\beta\Delta t}C_{i+1} \qquad (3\text{-}111)$$

$$\hat{F}_{i+1}=F_{i+1}+\left[\frac{1}{\beta\Delta t^2}q_i+\frac{1}{\beta\Delta t}\dot{q}_i+\left(\frac{1}{2\beta}-1\right)\ddot{q}_i\right]M_{i+1}+$$

$$\left[\frac{\gamma}{\beta\Delta t}q_i+\left(\frac{\gamma}{\beta}-1\right)\dot{q}_i+\left(\frac{\gamma}{2\beta}-1\right)\Delta t\ddot{q}_i\right]C_{i+1} \qquad (3\text{-}112)$$

由上式可知，Newmark-$\beta$ 逐步时间积分法有 8 个关键的积分常数，与控制参数 $\beta$ 和 $\gamma$ 有关，分别是：

$$a_0=\frac{1}{\beta\Delta t^2},\ a_1=\frac{\gamma}{\beta\Delta t},\ a_2=\frac{1}{\beta\Delta t} \qquad (3\text{-}113)$$

$$a_3=\frac{1}{2\beta}-1,\ a_4=\frac{\gamma}{\beta}-1,\ a_5=\left(\frac{\gamma}{2\beta}-1\right)\Delta t \qquad (3\text{-}114)$$

$$a_6 = (1-\gamma)\Delta t, \quad a_7 = \gamma\Delta t \tag{3-115}$$

所以，控制参数 $\beta$ 和 $\gamma$ 均会影响每个时间步迭代计算结果的精确性和收敛性。

事实上，在某些情况下，Newmark-$\beta$ 逐步时间积分法是无条件稳定的，这意味着该算法对于该收敛性条件下所有的时间步长 $\Delta t$ 将收敛于正确的解：

$$\Delta t \leqslant \frac{1}{\omega_{max}\sqrt{(\gamma/2)-\beta}}\left(\gamma \geqslant \frac{1}{2}, \beta \leqslant \frac{1}{2}\right) \tag{3-116}$$

式中，$\omega_{max}$ 为计算分析时待求解的结构所对应最大的自振频率，rad/s。

通常情况下，$\gamma$ 过大会衰减结构的高阶频率，影响结构阻尼的效果；$\gamma$ 过小很可能会使计算发散，失去稳定性。故通常取 $\gamma=0.5$。为进一步控制分析误差，实际也有满足下式的参数组合，保证无条件稳定性：

$$\frac{\gamma}{2}-\beta=0 \tag{3-117}$$

所以，通常取 $\beta=0.25$ 用于一般的结构数值计算分析。

根据图 3-11 及以上推导，在 MATLAB 2021® 里，编写针对车桥耦合系统的 Newmark-$\beta$ 逐步时间积分法，具体的计算求解步骤如下：

(1) 选取合适的时间步长 $\Delta t$ 和控制参数 $\beta$、$\gamma$；

(2) 计算 8 个用于求解的积分常数：$a_0$、$a_1$、$a_2$、$a_3$、$a_4$、$a_5$、$a_6$、$a_7$；

(3) 确定当前时刻 $t_i$ 车桥耦合系统的位移 $\boldsymbol{q}_i$、速度 $\dot{\boldsymbol{q}}_i$ 和加速度 $\ddot{\boldsymbol{q}}_i$；

(4) 形成 $t_{i+1}$ 时刻车桥耦合系统的质量矩阵 $\boldsymbol{M}_{i+1}$、阻尼矩阵 $\boldsymbol{C}_{i+1}$、刚度矩阵 $\boldsymbol{K}_{i+1}$ 和外荷载列向量 $\boldsymbol{F}_{i+1}$；

(5) 形成 $t_{i+1}$ 时刻车桥耦合系统的等效刚度矩阵 $\hat{\boldsymbol{K}}_{i+1}$：

$$\hat{\boldsymbol{K}}_{i+1} = \boldsymbol{K}_{i+1} + a_0\boldsymbol{M}_{i+1} + a_1\boldsymbol{C}_{i+1} \tag{3-118}$$

(6) 形成 $t_{i+1}$ 时刻车桥耦合系统的等效外荷载矩阵 $\hat{\boldsymbol{F}}_{i+1}$：

$$\hat{\boldsymbol{F}}_{i+1} = \boldsymbol{F}_{i+1} + [a_0\boldsymbol{q}_i + a_2\dot{\boldsymbol{q}}_i + a_3\ddot{\boldsymbol{q}}_i]\boldsymbol{M}_{i+1} + [a_1\boldsymbol{q}_i + a_4\dot{\boldsymbol{q}}_i + a_5\ddot{\boldsymbol{q}}_i]\boldsymbol{C}_{i+1} \tag{3-119}$$

(7) 根据车桥耦合系统的动力响应，由 $\boldsymbol{q}_{i+1} = \hat{\boldsymbol{F}}_{i+1}/\hat{\boldsymbol{K}}_{i+1}$ 求解 $t_{i+1}$ 时刻车桥耦合系统的位移 $\boldsymbol{q}_{i+1}$；

(8) 计算 $t_{i+1}$ 时刻车桥耦合系统的加速度 $\ddot{\boldsymbol{q}}_{i+1}$ 和速度 $\dot{\boldsymbol{q}}_{i+1}$：

$$\ddot{\boldsymbol{q}}_{i+1} = a_0(\boldsymbol{q}_{i+1}-\boldsymbol{q}_i) - a_2\dot{\boldsymbol{q}}_i - a_3\ddot{\boldsymbol{q}}_i \tag{3-120}$$

$$\dot{\boldsymbol{q}}_{i+1} = \dot{\boldsymbol{q}}_i + a_6\ddot{\boldsymbol{q}}_i + a_7\ddot{\boldsymbol{q}}_{i+1} \tag{3-121}$$

(9) 由于车桥耦合系统的矩阵元素是时变的，需要不断更新，所以下一个时刻 $t_{i+1}$ 接着循环步骤 (3)~(8)，直到所有时间步车桥耦合系统的动力响应计算完成。

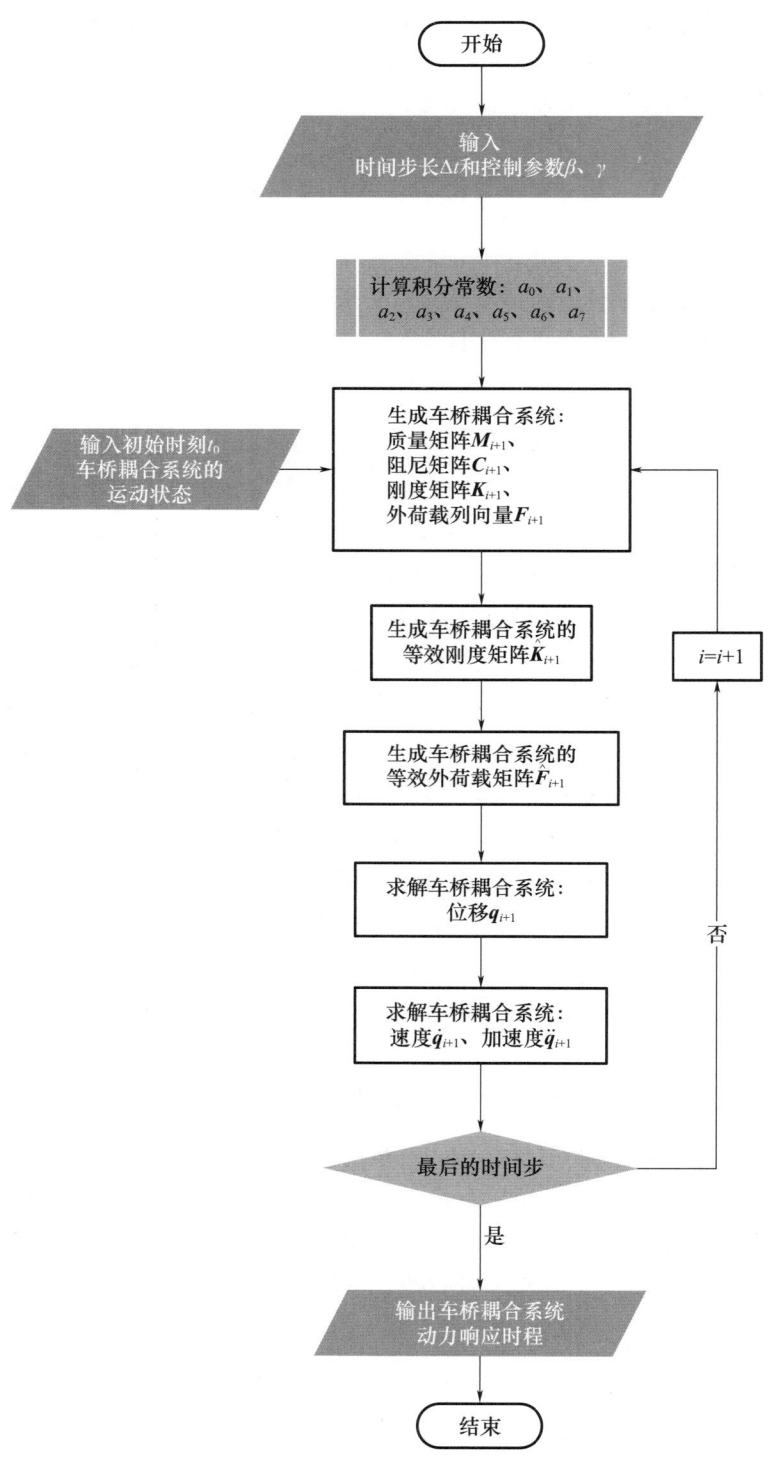

图 3-11 Newmark-$\beta$ 逐步时间积分法求解程序框图

### 3.4.5 列车-组合箱梁耦合系统动力响应计算程序

为了研究车桥耦合作用下对钢-混凝土组合箱梁桥的振动控制，假设列车匀速（$V_v$）通过简支钢-混凝土组合箱梁桥，以列车上桥时为系统的初始时刻 $t_0=0$，当最后一组列车的轮对下桥后，仍需留有一段时间，以便能直观地看出桥梁子系统自由振动的动力响应衰减情况。在计算过程中，为了避免钢-混凝土组合箱梁桥自重等因素引起的初始变形对结果分析造成的影响，认为各个系统的静力平衡位置为零点初始状态。

本研究采用 MATLAB 2021® 软件编写求解与分析程序，主要计算流程与思路如下：

（1）分别确定列车子系统、钢-混凝土组合箱梁桥子系统的基本参数（力学参数、几何参数）和初始状态；

（2）直接建立二系悬挂系统空间车辆动力分析模型；

（3）将钢-混凝土组合箱梁桥划分为 $n_b$ 个梁单元，每个梁单元长度取为 $l_e$，并保持不变，则组合梁的计算跨径为 $L_b = n_b \cdot l_e$，由此建立其动力分析模型；

（4）结合列车动力方程和钢-混凝土组合箱梁桥动力方程，确定轮轨接触关系，组集成车桥耦合系统中不随时间变化的静态刚度矩阵 $\boldsymbol{K}_s$、静态阻尼矩阵 $\boldsymbol{C}_s$、静态质量矩阵 $\boldsymbol{M}_s$；

（5）判断车辆第 $k$ 个轮对位于钢-混凝土组合箱梁桥上的位置：当列车第 $k$ 个轮对所处的位置 $x_{vwijk}$ 满足 $(n-1)l_e \leq x_{vwijk} \leq nl_e$ 时，则认为该轮对位于桥梁第 $n$ 个单元上；此时，在局部坐标系下，第 $k$ 个轮对在该梁单元上的位置 $x_{vwijk,e} = x_{vwijk} - (n-1)l_e$，则与钢-混凝土组合箱梁弯曲变形和自由扭转对应的形函数列向量 $\boldsymbol{N}_{vb}$ 为：

$$\boldsymbol{N}_{vb}(x) = \begin{bmatrix} 1-3\lambda^2+2\lambda^3 \\ l_e(\lambda-2\lambda^2+\lambda^3) \\ 3\lambda^2-2\lambda^3 \\ l_e(-\lambda^2+\lambda^3) \\ 1-\lambda \\ \lambda \end{bmatrix} \tag{3-122}$$

并对时间 $t$ 求一阶、二阶偏导数，可得 $\dot{\boldsymbol{N}}_{vb}$、$\ddot{\boldsymbol{N}}_{vb}$：

$$\dot{\boldsymbol{N}}_{vb}(x) = V_v \begin{bmatrix} \frac{1}{l_e}(-6\lambda+6\lambda^2) \\ 1-4\lambda+3\lambda^2 \\ \frac{1}{l_e}(6\lambda-6\lambda^2) \\ -2\lambda+3\lambda^2 \\ -\frac{1}{l_e} \\ \frac{1}{l_e} \end{bmatrix}, \quad \ddot{\boldsymbol{N}}_{vb}(x) = V_v^2 \begin{bmatrix} \frac{1}{l_e^2}(-6+12\lambda) \\ \frac{1}{l_e}(-4+6\lambda) \\ \frac{1}{l_e^2}(6-12\lambda) \\ \frac{1}{l_e}(-2+6\lambda) \\ 0 \\ 0 \end{bmatrix} \tag{3-123}$$

（6）根据第 $k$ 个轮对的位置 $x_{vwijk}$，通过三角级数法进行模拟，得到相关的轨道高低不平顺 $V_s$、水平不平顺 $U_s$ 和方向不平顺 $\Phi_s$；

（7）根据每个时刻不同的参数，组集成车桥耦合系统中随时间变化的动态刚度矩阵

$K_d$、动态阻尼矩阵 $C_d$、动态质量矩阵 $M_d$，详见附录 D；然后，叠加已经得到的静态矩阵，得到车桥耦合系统的质量矩阵 $K$、刚度矩阵 $C$ 和阻尼矩阵 $M$；

（8）依据边界条件依次对钢-混凝土组合箱梁桥施加约束，使用 Newmark-$\beta$ 逐步时间积分法求解车桥耦合系统动力平衡方程，得到此时刻的车桥耦合系统动力响应；

（9）接着循环步骤（5）～（8），直到所有时间步车桥耦合系统的动力响应计算完成。

上述计算流程对应的程序框图如图 3-12 所示。

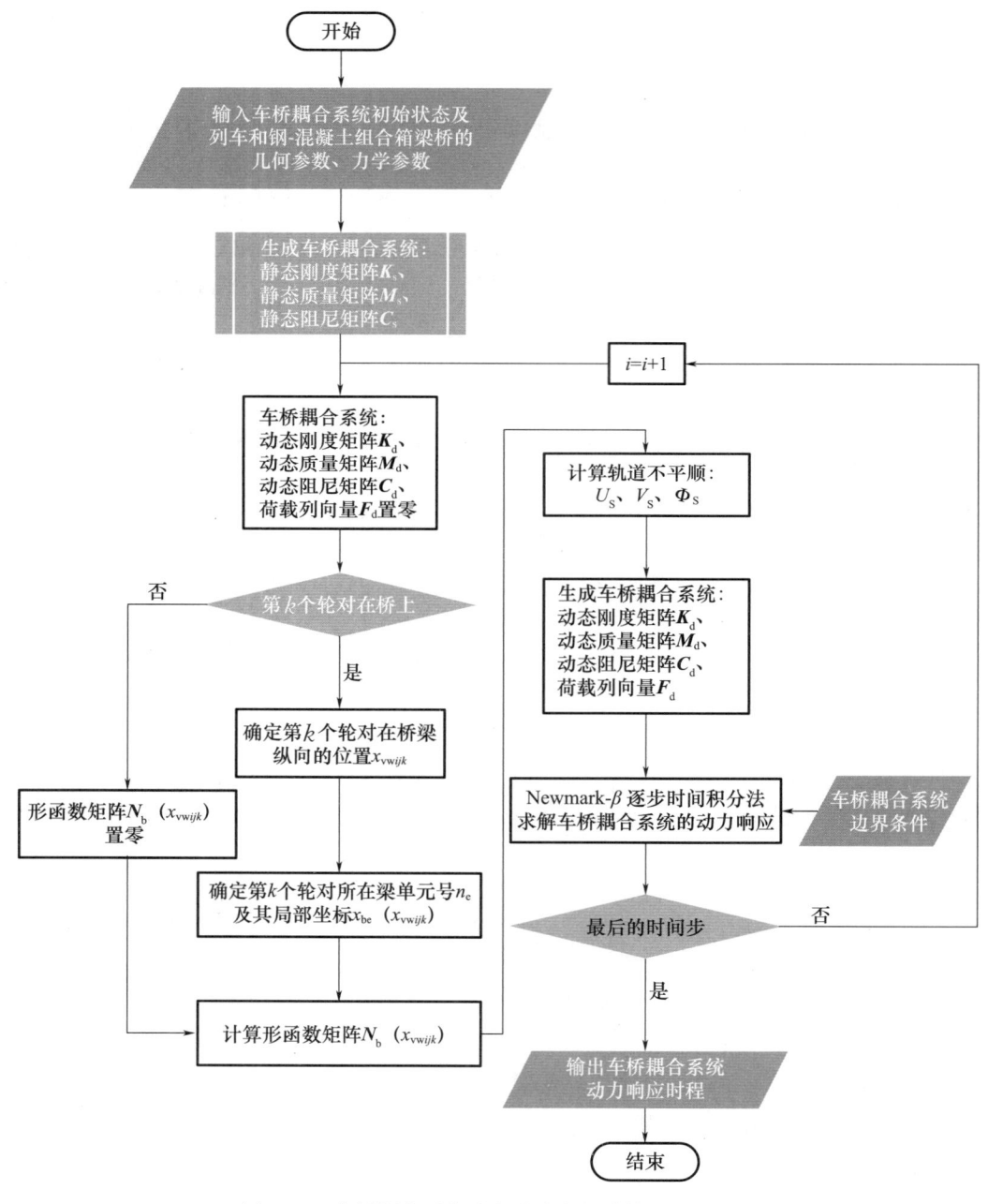

图 3-12 车桥耦合系统动力响应求解计算分析流程图

### 3.4.6 列车-组合箱梁系统动力分析模型验证

为了验证本章所提出的刚柔耦合列车-组合箱梁时变系统动力分析模型的正确性，引入 Liu 等研究中的工程实例：意大利 ETR 500Y 型列车（对应的参数见表 3-1），以 $V_v$=288km/h 的速度通过 $7×46=322$m 长的塞西亚双线铁路钢-混凝土组合箱梁高架桥，其截面几何参数标注如图 3-13 所示。

表 3-1 意大利 ETR 500Y 型列车参数表

| 参数 | 单位 | 值 |
| --- | --- | --- |
| $m_{vc}/m_{vt}/m_{vw}$ | ton | 34.231/2.760/1.583 |
| $J_{vc\theta}/J_{vt\theta}/J_{vw\theta}$ | ton·m² | 54.642/2.304/0.753 |
| $J_{vc\varphi}/J_{vt\varphi}$ | ton·m² | 1821.521/2.504 |
| $J_{vc\psi}/J_{vt\psi}$ | ton·m² | 1760.619/4.071 |
| $k_{v1h}/k_{v1v}$ | MN/m | 266.785/404.370 |
| $k_{v2h}/k_{v2v}$ | MN/m | 32.054/90.277 |
| $c_{v1h}/c_{v1v}$ | MN·s/m | 0/3.750 |
| $c_{v2h}/c_{v2v}$ | MN·s/m | 5/8.125 |
| $d_{v1}$ | m | 1.500 |
| $b_{v1}/b_{v2}$ | m | 0.965/1.0825 |
| $h_{v1}/h_{v2}/h_{v3}$ | mm | 700/120/130 |

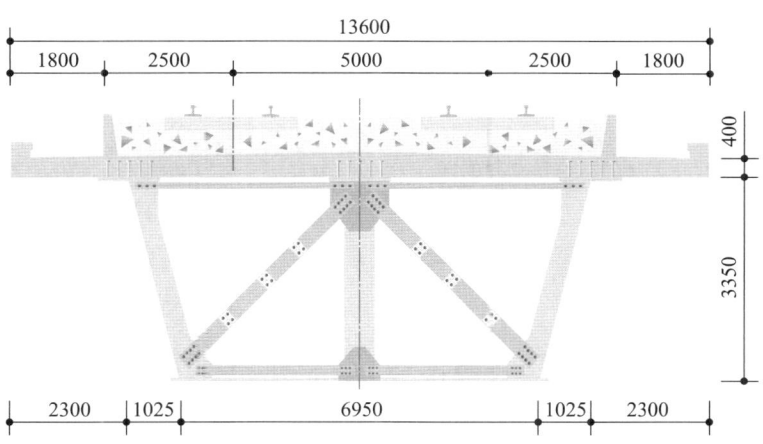

图 3-13 塞西亚双线铁路钢-混凝土组合箱梁高架桥截面（单位：mm）

以图 3-13 中的钢-混凝土组合箱梁高架桥为验证对象，将本研究所提出的理论模型计算所得的动力响应时程模拟数据与 Liu 等研究中的实测数据进行对比验证，结果如下。

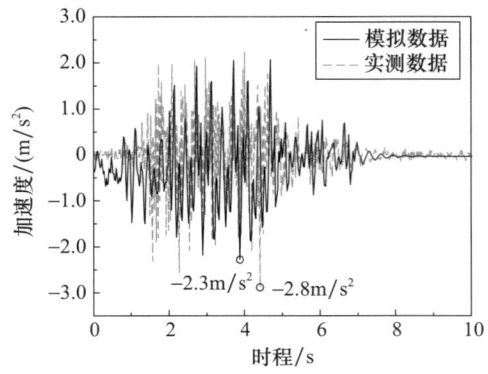
图 3-14 测点 2C12 的模拟加速度与实测数据

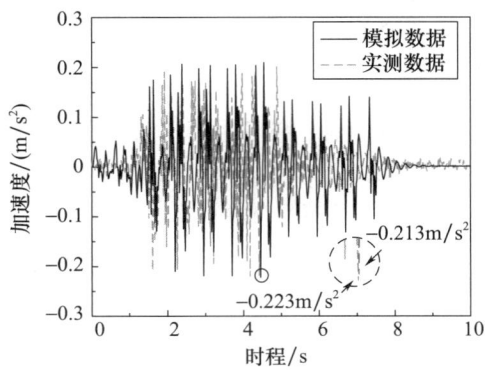
图 3-15 测点 2C06 的模拟加速度与实测数据

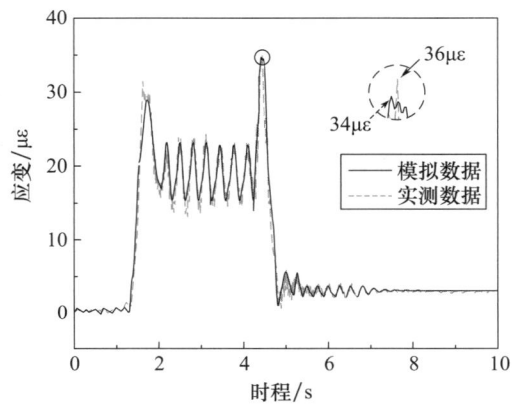
图 3-16 测点 S16 的模拟应变与实测数据

从图 3-14、图 3-15 和图 3-16 中可知，对于钢-混凝土组合箱梁高架桥：测点 2C12 处最大竖向加速度的模拟值（$-2.3\text{m/s}^2$）与实测值（$-2.8\text{m/m}^2$）相差 17.86%；测点 2C06 处最大竖向加速度的模拟值（$-0.213\text{m/s}^2$）与实测值（$-0.223\text{m/s}^2$）相差 4.48%；测点 S16 处最大应变值的模拟值（$34\mu\varepsilon$）与实测值（$36\mu\varepsilon$）相差 5.56%。

由此表明，刚柔耦合列车-组合箱梁时变系统动力分析模型与实际相符，可以将此模型有效地用于以后的研究中。

## 3.5 本章小结

本章基于 Euler-Bernoulli 梁理论、虚功原理和有限单元法，引入了混凝土板和钢梁翼缘板的剪力滞翘曲位移强度函数和剪力栓钉的抗剪连接刚度，建立了考虑钢-混凝土组合箱梁的界面滑移和剪力滞效应的 2 节点 18 个自由度的空间有限梁单元模型，并推导了单元刚度矩阵、一致质量矩阵，进而得到 Rayleigh 粘滞阻尼矩阵，从而建立了桥梁子系统的动力方程。

基于车桥耦合动力学，选用 27 个自由度经典列车模型，建立了列车系统的动力方程。考虑轮轨接触关系，施加轨道不平顺自激激励，针对列车-组合箱梁桥耦合系统，建立了精细化的多自由度动力分析模型，并推导了此耦合时变系统的动力平衡方程。

采用 Newmark-$\beta$ 逐步时间积分法求解此时变系统的动力响应，通过 MATLAB 2021® 软件编制了求解程序。结合以往的研究，以简支钢-混凝土组合箱梁高架桥的工程实测数据，对所提出的刚柔耦合列车-组合箱梁时变系统动力分析模型进行了对比验证，保证了准确性和有效性，为后续振动控制的研究奠定了基础。

# 4 考虑时变效应的车桥动力分析

## 4.1 概述

钢-混凝土组合箱梁车桥耦合系统会受到外部激励和内部激励的作用,并产生振动,外部激励是作用于桥梁的外力,如风荷载、地震作用等,内部激励的响应除了与轮轨蛇行运动、轨道不平顺和轮对偏心等因素有关外,基于钢-混凝土组合箱梁的结构特性,还需考虑界面滑移、剪力滞和时变效应等复杂空间力学效应对组合箱梁振动响应的影响。

钢-混凝土组合箱梁桥-列车耦合系统振动具有随机性,自激激励源是一个各态历经的平稳随机过程,所以从频域的角度考虑桥-列车耦合系统随机振动统计分析具有一定的研究价值。简支钢-混凝土组合箱梁由于受力简单、方便施工,被广泛应用于铁路桥梁中,而连续钢-混凝土组合箱梁由于整体性能好、跨度大,是当今社会热门的桥型之一。本章基于钢-混凝土组合箱梁时变模型与钢-混凝土组合箱梁-车辆耦合系统振动分析模型,将时变模型产生的桥梁长期下挠位移叠加到轨道不平顺上以研究时变效应对三跨简支钢-混凝土组合箱梁-车辆动力响应与三跨连续钢-混凝土组合箱梁-车辆动力响应的影响。本章所提出的分析模型为研究时变效应对钢-混凝土组合箱梁-车辆耦合系统动力响应的影响提供了有效的研究手段。

## 4.2 考虑时变效应的车桥动力模型

### 4.2.1 动力模型及轨道不平顺

钢-混凝土组合箱梁桥是通过抗剪连接件,将钢梁与混凝土板连接成整体共同受力的新型桥梁形式。在运营阶段,混凝土由于水化作用等因素的影响具有显著的收缩徐变效应,而钢材则不发生收缩徐变。钢梁对混凝土板自身的收缩徐变产生约束作用而使其产生自内力,导致组合梁的截面应力重分布,产生截面附加曲率,导致组合梁的附加变形。本小节基于第 2 章建立的考虑时变效应动力分析模型,以及 Kelvin 流变模型建立考虑时变、剪力滞和滑移效应的 2 节点 18 个自由度的空间有限梁单元模型,针对组合箱梁实际的受力特性,模型基于 8 条假定,具体假定见 2.3.1 节,其中前 5 个假定基于薄壁结构的经典理论,后 3 个假定基于结构处于正常使用阶段的受力状态,该模型基于 Kelvin 流变模型不存储应变应力历史的逐步增量法,利用虚功原理求解。

车桥耦合模型则是基于第 3 章建立的模型,在时变模型的基础上提出单元刚度矩阵，建立钢-混凝土组合箱梁的单元一致质量矩阵，在得到单元刚度矩阵和单元质量矩阵的基础上可根据整体坐标系与局部坐标系之间的坐标转换关系将单元刚度矩阵、单元质量矩阵和单元节点荷载向量转换成整体坐标系下的单元矩阵和向量，再进行集成可得到钢-混凝土组合箱梁桥的整体刚度矩阵、整体质量矩阵和整体节点荷载向量。车辆模型采用经典的 27 个自由度模型，包括 1 个车体、2 个转向架和 4 个轮对。每个车体包括浮沉 $v_{vc}$、横摆 $u_{vc}$、侧滚 $\phi_{vc}$、摇头 $\theta_{vc}$、点头 $\varphi_{vc}$ 共 5 个自由度，每个转向架包括浮沉 $v_{vt}$、横摆 $u_{vt}$、侧滚 $\phi_{vt}$、摇头 $\theta_{vt}$、点头 $\varphi_{vt}$ 共 5 个自由度，每个轮对包括浮沉 $v_{vw}$、横摆 $u_{vw}$、侧滚 $\phi_{vw}$ 共 3 个自由度。桥梁模型与车辆模型通过轮轨接触理论结合在一起，其中竖向轮轨作用采用密贴假定，即轮对竖向位移为桥梁竖向位移与轨道不平顺的叠加，横向轮轨作用采用 Kaller 线性蠕滑理论。

轨道不平顺是指沿轨道长度方向用来支撑和引导车轮的轨道接触面与理论平顺轨道面之间的偏差。从轨道断面的不同方向分类，轨道不平顺分为方向不平顺 $y_a$、高低不平顺 $z_v$、水平不平顺 $z_c$、轨距不平顺 $y_g$ 等，各种不平顺的定义如图 4-1 所示。

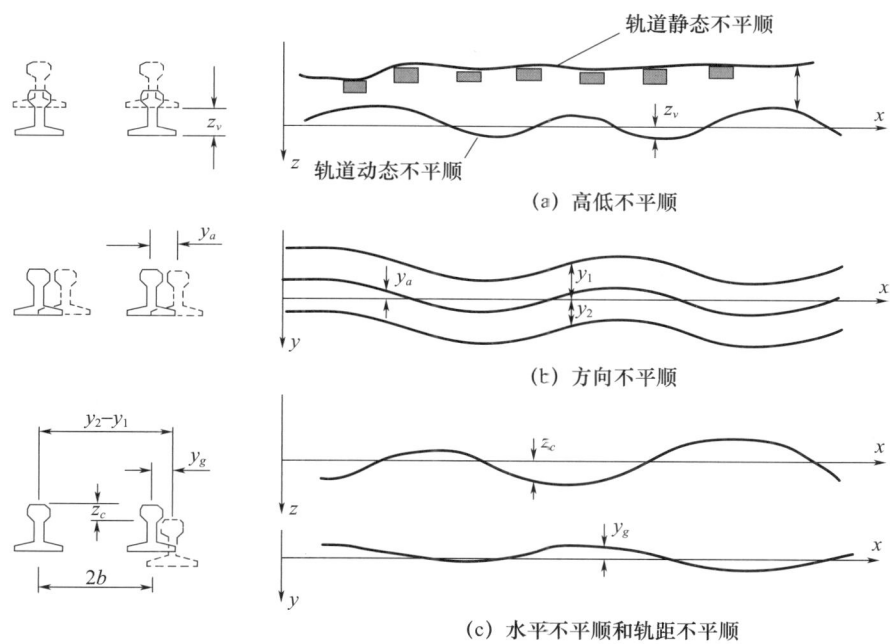

图 4-1 轨道不平顺示意图

轨道不平顺的存在改变了轮轨接触关系，影响了轮轨系统的动态特性。车辆在轨道不平顺等外部激励下振动，并通过轮轨接触点传递给轨道和桥梁结构，形成车-轨-桥系统的动态相互作用。因此，轨道不平顺在车桥耦合系统动力相互作用分析中起着非常重要的作用，被认为是车桥耦合系统振动的主要自激激励源之一。目前国内外常用功率谱对轨道不平顺进行统计，各国都已确定各自轨道不平顺的轨道谱，国外有英国谱、美国谱、德国谱等，国内有中国铁道科学研究院轨道谱等。国内外在高速线路的车桥动力分析中常用德国高速线路低干扰谱，因此采用德国高速线路低干扰谱作为本章轨道不平顺谱，谱密度函数见式（4-1）。

$$\begin{cases} 高低不平顺: S_v(\Omega) = \dfrac{A_v \cdot \Omega_c^2}{(\Omega^2+\Omega_r^2)(\Omega^2+\Omega_c^2)} \\ 方向不平顺: S_a(\Omega) = \dfrac{A_a \cdot \Omega_c^2}{(\Omega^2+\Omega_r^2)(\Omega^2+\Omega_c^2)} \\ 水平不平顺: S_c(\Omega) = \dfrac{A_v \cdot b^{-2} \cdot \Omega_c^2 \cdot \Omega^2}{(\Omega^2+\Omega_r^2)(\Omega^2+\Omega_c^2)(\Omega^2+\Omega_s^2)} \end{cases} \quad (4\text{-}1)$$

在式（4-1）中，轨道谱的 $S_v(\Omega)$、$S_a(\Omega)$ 的单位为 $m^2/(rad/m)$，$S_c(\Omega)$ 的单位为 $1/(rad/m)$；$\Omega$ 为轨道不平顺的空间角频率（rad/m）；$\Omega_c$、$\Omega_r$、$\Omega_s$ 为截断频率（rad/m）；$A_v$、$A_a$ 为粗糙度常数（$m^2 \cdot rad/m$）；$b$ 是车轮滚动圆距离之半，取 0.75m。截断频率及粗糙度常数的取值见表 4-1。

表 4-1 德国高速线路不平顺功率谱密度特征参数

| 参数 | $\Omega_c/(rad/m)$ | $\Omega_r/(rad/m)$ | $\Omega_s/(rad/m)$ | $A_a/(m^2 \cdot rad/m)$ | $A_v/(m^2 \cdot rad/m)$ |
|---|---|---|---|---|---|
| 低干扰谱 | 0.8246 | 0.0206 | 0.4380 | $2.119 \times 10^{-7}$ | $4.032 \times 10^{-7}$ |
| 高干扰谱 | 0.8246 | 0.0206 | 0.4380 | $6.125 \times 10^{-7}$ | $10.80 \times 10^{-7}$ |

国内外的研究中将给定的轨道不平顺功率谱转换为不平顺样本的方法通常有三角级数法、二次滤波法、ARMA 模型法或 AR 模型法。本章采用三角级数法，轨道不平顺的样本可按式（4-2）计算得到。

$$p(x) = \sqrt{2} \sum_{k=1}^{N} \sqrt{s(\omega_k)\Delta\omega} \cos(\omega_k x + \phi_k) \quad (4\text{-}2)$$

式中，$p(x)$ 为所产生的轨道不平顺序列；$s(\omega_k)$ 为给定的轨道不平顺的功率谱密度函数；$\omega_k$（$k=1, 2, \cdots, N$），其中 $\omega_1$、$\omega_N$ 分别为所考虑频率的上下限；$\Delta\omega$ 为频率间隔的带宽；$\phi_k$ 为相应第 $k$ 个频率的相位，可按 $0 \sim 2\pi$ 均匀分布取值。

采用以上方法和德国高速线路低干扰谱可得到高速列车以 300km/h 运行时方向不平顺 $y_a$、高低不平顺 $z_v$、水平不平顺 $z_c$，其中高低不平顺 $z_v$、水平不平顺 $z_c$ 如图 4-2 所示。

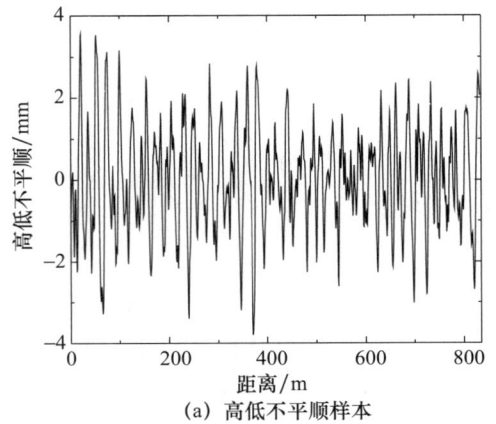
(a) 高低不平顺样本

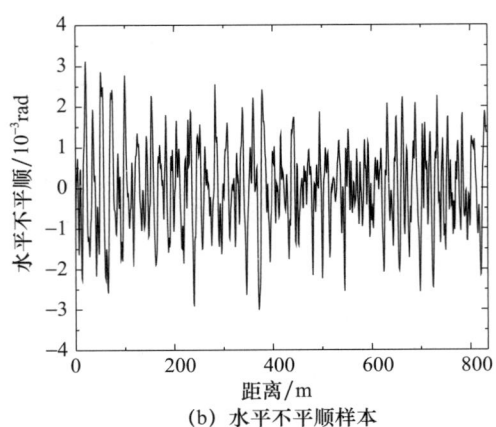
(b) 水平不平顺样本

图 4-2 轨道不平顺样本

如果想要考虑长期变形对于结构动力响应的影响，把采用长期性能模型计算出的长期变形叠加入轨道不平顺，作为新的轨道不平顺，引入车桥系统动力模型进行计算即可。

### 4.2.2 算例分析验证

#### 4.2.2.1 时变模型算例验证

为了验证本章时变模型的正确性与准确性,基于3.2.1节基本假定进行理论推导,并通过 MATLAB 编制计算程序,与文献中的算例结果进行对比。

文献中考虑多种力学行为和时变效应的钢-混凝土组合箱梁桥有限梁单元模型中组合箱梁计算模型,混凝土板宽 1600mm,厚 50mm;钢箱梁高 300mm,上翼缘板宽 160mm,厚 8mm,腹板厚 8mm,下翼缘板宽 1060mm,厚 8mm。组合箱梁为简支梁,跨度为 6000mm,承受均布荷载 $q=60kN/m$。图 4-3、图 4-4 列出了本章时变模型的计算结果与文献中的计算结果,并进行对比验证。

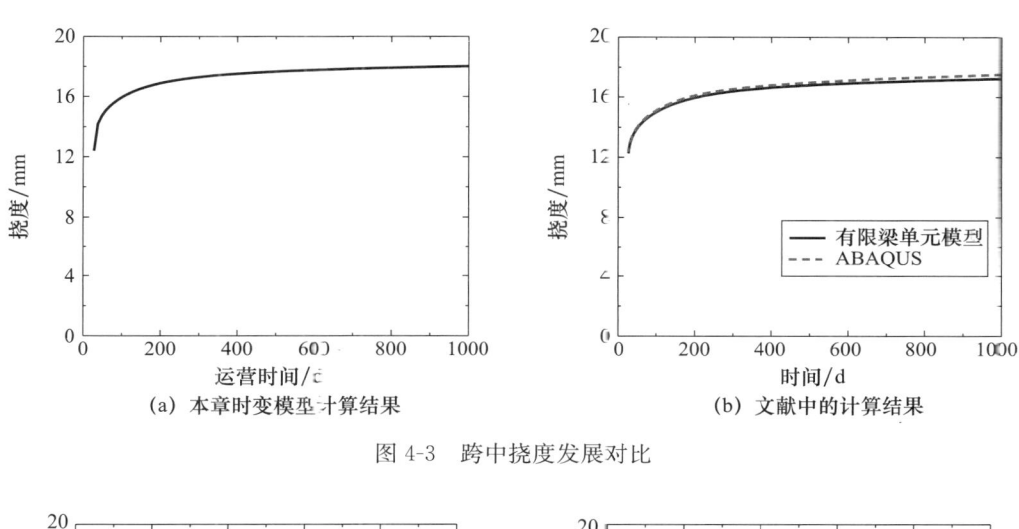

图 4-3　跨中挠度发展对比

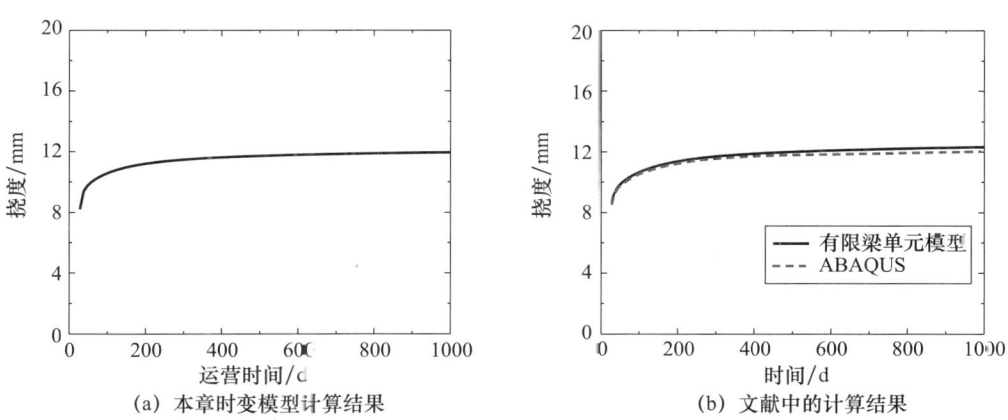

图 4-4　1/4 跨挠度发展对比

对简支钢-混凝土组合箱梁跨中及 1/4 跨挠度随运营时间的发展曲线进行了对比发现,基于3.2.1节基本假定编写的时变模型的计算结果与文献中的结果基本一致,吻合性较好,说明该模型可以较准确地预测组合箱梁长期下挠的发展变化,为后续时变效应对组合箱梁车桥动力响应影响的分析及疲劳可靠度的研究提供了工具和手段。

#### 4.2.2.2 车桥耦合模型算例验证

为了验证本章车桥耦合模型的正确性与准确性,基于 3.2.1 节基本假定进行理论推导,并通过 MATLAB 编制计算程序,与文献中的算例结果进行对比。

文献中考虑复杂空间力学效应的钢-混凝土组合箱梁桥-列车耦合系统动力分析中,桥梁为单线铁路简支钢-混凝土组合箱梁桥,桥梁材料与截面几何参数见表 4-2。车辆模型采用 27t 重载列车,车速为 180km/h。图 4-5～图 4-8 列出了本章时变模型的计算结果与文献中的计算结果,并进行对比验证。

表 4-2 组合箱梁桥的截面几何尺寸

| $b_c$ /mm | $b_{c1}$ /mm | $t_c$ /mm | $b_s$ /mm | $t_s$ /mm | $b_{su}$ /mm | $t_{su}$ /mm | $h_s$ /mm | $t_w$ /mm | $E_c$ /MPa | $v_c$ | $E_s$ /MPa | $v_s$ |
|---|---|---|---|---|---|---|---|---|---|---|---|---|
| 5000 | 3000 | 300 | 3000 | 40 | 500 | 30 | 3500 | 30 | 38600 | 0.2 | 206000 | 0.3 |

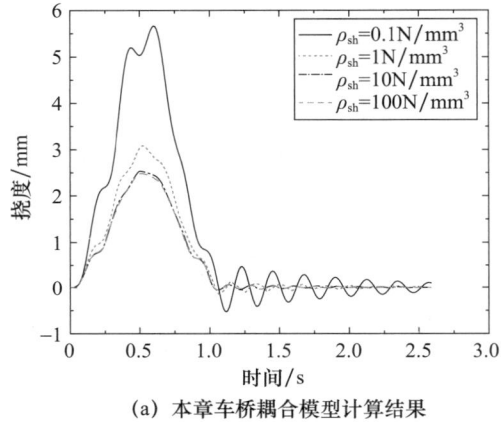

(a) 本章车桥耦合模型计算结果

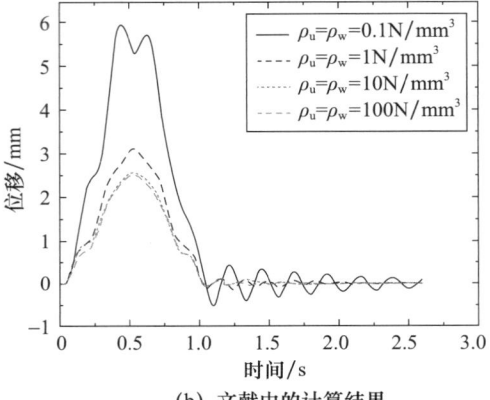

(b) 文献中的计算结果

图 4-5 跨中竖向位移时程结果对比

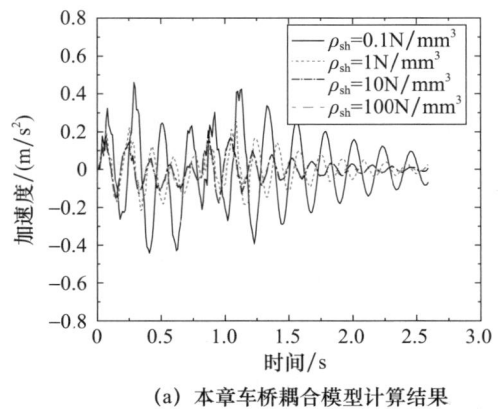

(a) 本章车桥耦合模型计算结果

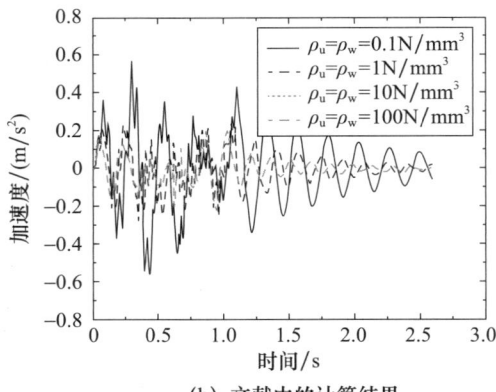

(b) 文献中的计算结果

图 4-6 跨中竖向加速度时程结果对比

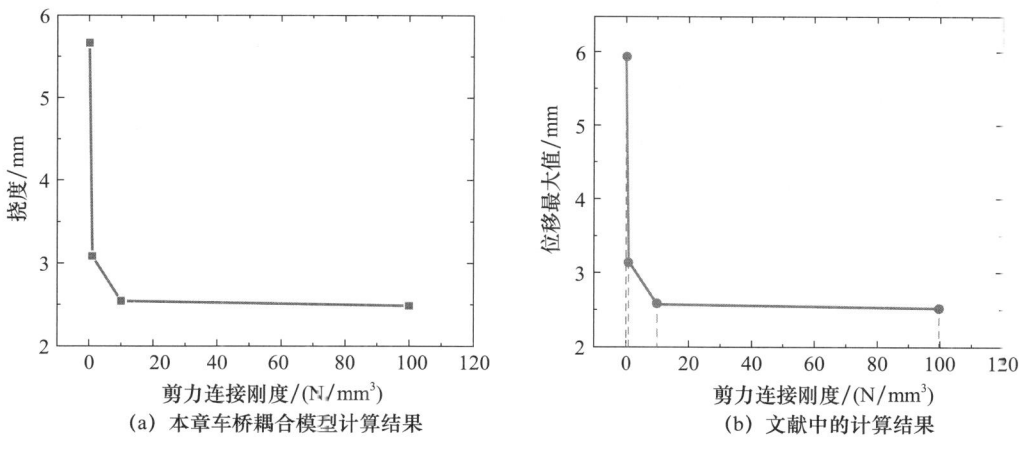

图 4-7 跨中竖向位移最大值结果对比

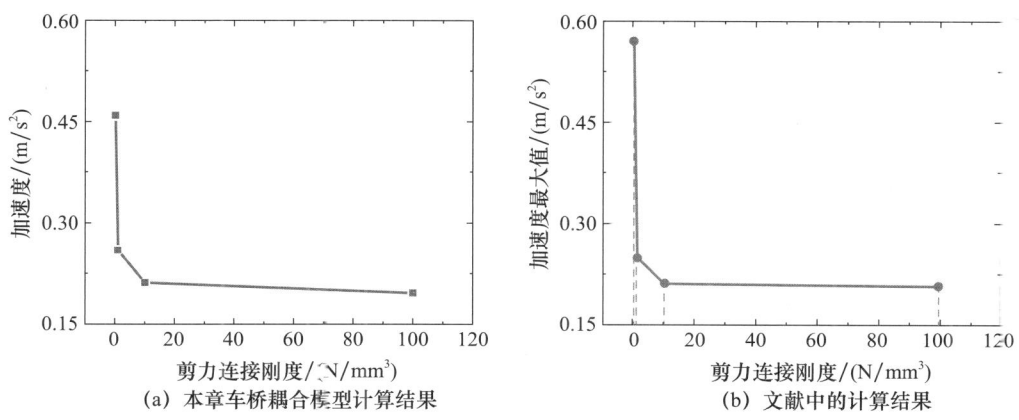

图 4-8 跨中竖向加速度最大值结果对比

对不同剪力连接刚度下简支钢-混凝土组合箱梁跨中竖向位移和竖向加速度的时程曲线，以及对应的峰值随剪力连接刚度的发展曲线进行了对比。从对比图中可以看出，3.4节编写的车桥耦合模型的计算结果与文献中的结果基本一致，吻合较好，说明该模型可以较准确地预测组合箱梁桥-列车耦合系统的动力响应，为后续的时变效应对组合箱梁车桥动力响应影响的分析及疲劳可靠度的研究提供了工具和手段。

### 4.2.3 模型参数

本章研究 CRH2 型高速动车组列车（以下简称 CRH2 列车，车辆参数见表 4-3）以 300km/h 通过桥梁跨径为 3×40m 简支钢-混凝土组合箱梁桥（表 4-4、表 4-5）与 32m+56m+32m 三跨连续钢-混凝土组合箱梁桥为例，将时变模型产生的位移值叠加到相应位置处的轨道不平顺，生成新的轨道不平顺，利用新生成的轨道不平顺作为激励作用到车桥耦合系统，研究时变效应对钢-混凝土组合箱梁桥车桥耦合系统动力响应的影响机理。由于本章重点研究时变效应对车桥耦合系统动力响应的影响，根据文献中考虑复杂空间力学效应的钢-混凝土组合箱梁桥-列车耦合系统动力分析可知，仅取一节列车进行分析即可达到研究目的，多节列车运行的规律与此类似，故仅取CRH2列车中一节动车进行分析。其中，表4-5中，$f_{ck}$为第28天的混凝土立方体抗压强度；RH为环境相对湿度；$t_{sh}$为混凝土养护龄期；$\rho_c$为钢筋混凝土密度；$\rho_s$为钢材密度；$p_y$为桥面二期恒载，包括轨道板、钢轨、混凝土底座板等线路设备以及人行道栏杆、防护墙、竖墙及电缆槽盖板等附属设施质量；$\upsilon_c$与$\upsilon_s$分别为混凝土板与钢梁的泊松比。

表4-3 CRH2列车动力参数

| 参数名称 | 单位 | 动车 | 拖车 |
| --- | --- | --- | --- |
| 车体质量 $m_{vc}$ | t | 39.6 | 34.4 |
| 车体转动惯量 $J_{vc\theta}$ | t·m² | 128.304 | 111.456 |
| 车体转动惯量 $J_{vc\varphi}$ | t·m² | 1940.4 | 1453.4 |
| 车体转动惯量 $J_{vc\psi}$ | t·m² | 1673.1 | 1685.6 |
| 转向架质量 $m_{vt}$ | t | 3.2 | 2.6 |
| 转向架转动惯量 $J_{vt\theta}$ | t·m² | 2.592 | 2.106 |
| 转向架转动惯量 $J_{vt\varphi}$ | t·m² | 3.2 | 2.6 |
| 转向架转动惯量 $J_{vt\psi}$ | t·m² | 1.752 | 1.423 |
| 轮对质量 $m_{vw}$ | t | 2.0 | 2.1 |
| 轮对转动惯量 $J_{vw\theta}$ | t·m² | 0.720 | 0.756 |
| 一系横向刚度 $k_{v1h}$ | kN/m | 7000 | 7000 |
| 一系竖向刚度 $k_{v1v}$ | kN/m | 1000 | 1000 |
| 二系横向刚度 $k_{v2h}$ | kN/m | 360 | 360 |
| 二系竖向刚度 $k_{v2v}$ | kN/m | 400 | 400 |
| 一系横向阻尼 $c_{v1h}$ | kN·s/m | 0 | 0 |
| 一系竖向阻尼 $c_{v1v}$ | kN·s/m | 40 | 40 |
| 二系横向阻尼 $c_{v2h}$ | kN·s/m | 100 | 100 |
| 二系竖向阻尼 $c_{v2v}$ | kN·s/m | 200 | 200 |
| 转向架轴距 $d_v$ | m | 2.5 | 2.5 |
| 一系悬挂点横向距离 $b_{v1}$ | m | 2 | 2 |
| 一系悬挂点横向距离 $b_{v2}$ | m | 2 | 2 |
| 车辆定距 $s_v$ | m | 17.5 | 17.5 |
| 车体中心到二系悬挂垂向距离 $h_{v1}$ | m | 1.7 | 1.7 |
| 二系悬挂到转向架中心垂向距离 $h_{v2}$ | m | 0.14 | 0.14 |
| 转向架中心到一系悬挂垂向距离 $h_{v3}$ | m | 0.28 | 0.28 |
| 一系悬挂到桥梁中心垂向距离 $h_{v4}$ | m | 1.645 | 1.645 |

表4-4 组合箱梁桥的截面几何尺寸

| $b_c$ /mm | $b_{c1}$ /mm | $t_c$ /mm | $b_s$ /mm | $b_{s1}$ /mm | $t_s$ /mm | $b_{su}$ /mm | $t_{su}$ /mm | $h_s$ /mm | $t_w$ /mm | $\rho$ /kN/mm² |
| --- | --- | --- | --- | --- | --- | --- | --- | --- | --- | --- |
| 5000 | 3000 | 300 | 3400 | 3000 | 40 | 500 | 30 | 3500 | 30 | 12 |

表 4-5  组合箱梁桥的荷载工况

| $f_{ck}$/MPa | $\upsilon_c$ | $E_s$/MPa | $\upsilon_s$ | RH | $\varepsilon_{sh}$/d | $\rho_c$/(kg/m³) | $\rho_s$/(kg/m³) | $t_y$/(kN/m) |
|---|---|---|---|---|---|---|---|---|
| 50 | 0.2 | 20600 | 0.3 | 0.75 | 7 | 2500 | 7850 | 140 |

### 4.2.4 桥梁长期下挠

以 28d 为加载龄期，通过 4.2.1 节的钢-混凝土组合箱梁时变模型，分别得到三跨简支钢-混凝土组合箱梁与三跨连续钢-混凝土组合箱梁运营阶段桥梁长期下挠沿跨度的变化曲线和中跨跨中长期变形随时间发展曲线，分别如图 4-9 和图 4-10 所示。由图 4-9 和图 4-10 可知，运营阶段的三跨简支钢-混凝土组合箱梁与三跨连续钢-混凝土组合箱梁由于受到混凝土收缩徐变的影响会产生下挠，下挠曲线随时间的发展都是前期（运营前 3 年）发展迅速，后期变化缓慢直至趋于稳定。

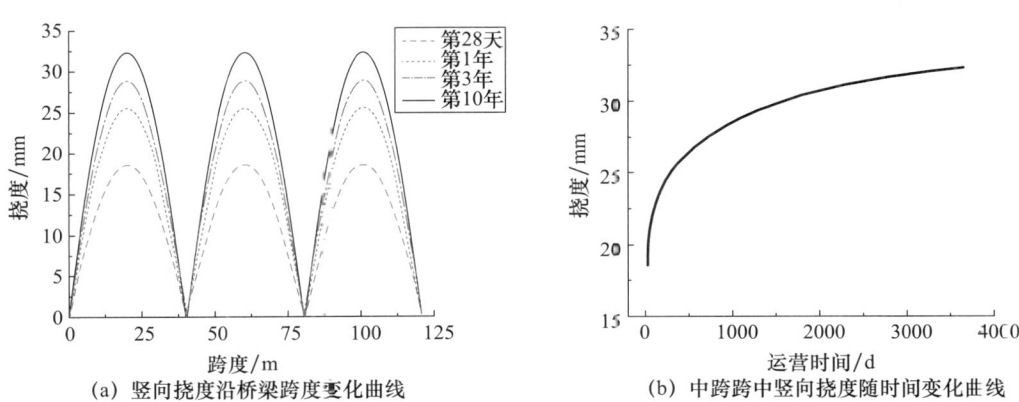

(a) 竖向挠度沿桥梁跨度变化曲线    (b) 中跨跨中竖向挠度随时间变化曲线

图 4-9  三跨简支钢-混凝土组合箱梁竖向挠度变化曲线

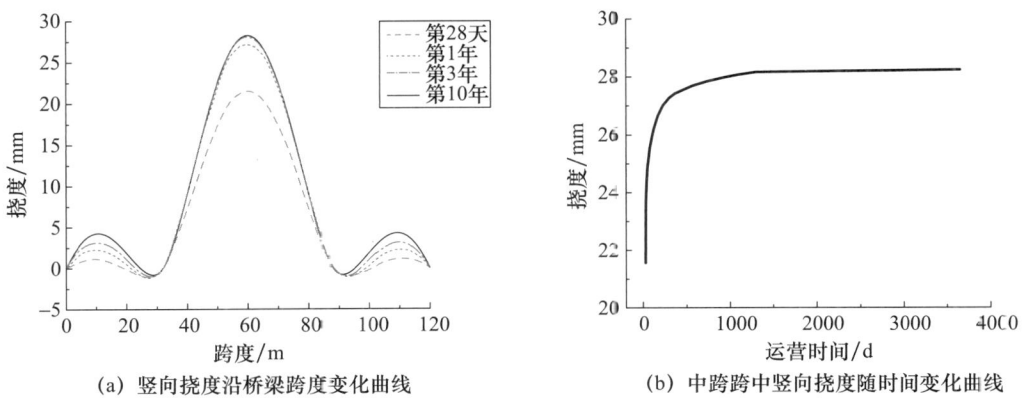

(a) 竖向挠度沿桥梁跨度变化曲线    (b) 中跨跨中竖向挠度随时间变化曲线

图 4-10  三跨连续钢-混凝土组合箱梁竖向挠度变化曲线

三跨简支钢-混凝土组合箱梁因混凝土收缩徐变产生的竖向变形在梁端-梁端区域不连续，而在实际情况下，由于轨道的存在，这种变形在桥面位置处的位移是连续的。为此，需要对三跨简支钢-混凝土组合箱梁在不同运营阶段产生的竖向挠度曲线进行拟合，使其在梁端-梁端位置处光滑过渡，本节基于多跨简支钢-混凝土组合箱梁竖向挠度变形曲线具有周期性的特点，采用三角函数的拟合方式，并通过 MATLAB 中 Curve Fitting 工具箱对简支钢-混凝土组合箱梁的下挠曲线进行拟合。以三跨简支钢-混凝土组合箱梁第 10 年变形曲线为例，基于 MATLAB 拟合得到的拟合多项式见式（4-3）。

$$y = \sum_{i=1}^{7} a_i \sin(b_i x + c_i) \quad (4-3)$$

式中，$x$ 为简支钢-混凝土组合箱梁沿跨度方向的坐标，$y$ 为 $x$ 位置处对应的竖向挠度。

式（4-3）中的各系数见表 4-6。

表 4-6 拟合公式（4-3）中各系数具体值

| $i$ | $a_i$ | $b_i$ | $c_i$ |
|---|---|---|---|
| 1 | 36.3800 | 0.02842 | −0.1458 |
| 2 | 13.0200 | 0.15730 | −1.6460 |
| 3 | 22.9200 | 0.05556 | 1.3560 |
| 4 | 7.9780 | 0.08141 | 2.9370 |
| 5 | 2.9320 | 0.31010 | −1.4540 |
| 6 | 1.2660 | 0.46310 | −1.2650 |
| 7 | 0.6798 | 0.61360 | −0.9305 |

通过拟合公式得到的第 10 年简支钢-混凝土组合箱梁竖向挠度沿桥梁跨度变化曲线与通过时变模型计算得到的第 10 年三跨简支钢-混凝土组合箱梁竖向挠度沿桥梁跨度变化曲线的对比如图 4-11 所示。

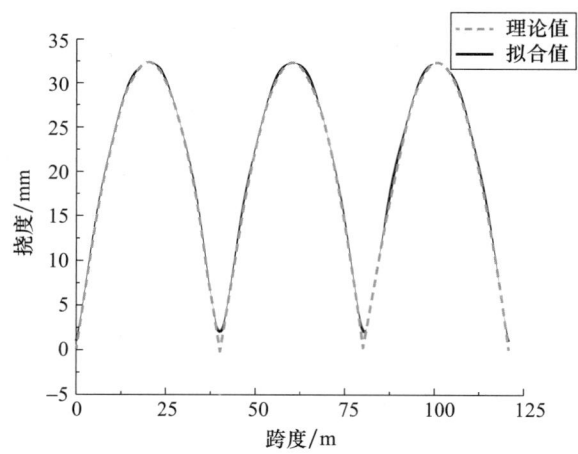

图 4-11 第 10 年三跨简支钢-混凝土组合箱梁竖向挠度沿桥梁跨度变化曲线的对比

式（4-3）的拟合曲线拟合优度 $R^2 = 0.998$，从图 4-11 可以看出拟合值与理论值几乎重合，并在梁端位置光滑过渡，说明可以通过拟合式（4-3）模拟由混凝土收缩徐变引起的轨道附加变形。

## 4.3 时变效应对三跨简支钢-混凝土组合箱梁桥动力响应的影响

由第 1 章绪论可知，桥梁长期下挠是影响轨道不平顺的重要因素，进而影响车桥的动力响应。相关研究多集中于研究轨道附加变形对钢-混凝土组合箱梁桥动力性能的影响，对钢-混凝土组合箱梁桥附加变形引起的车桥动力响应的研究有待深入。

### 4.3.1 时变效应对简支钢-混凝土组合箱梁动力响应的影响

本节以三跨简支钢-混凝土组合箱梁中跨跨中竖向位移与跨中竖向加速度为研究对象，探讨时变效应对高速列车作用下钢-混凝土组合箱梁桥动力响应的影响。利用本文建立的模型，计算 CRH2 列车一节动车以 300km/h 的速度通过钢-混凝土组合箱梁时，钢-混凝土组合箱梁瞬态、第 28 天、第 3 年、第 10 年的中跨跨中竖向位移时程数据及频域数据、中跨跨中竖向加速度时程数据及频域数据，分别如图 4-12 和图 4-13 所示。

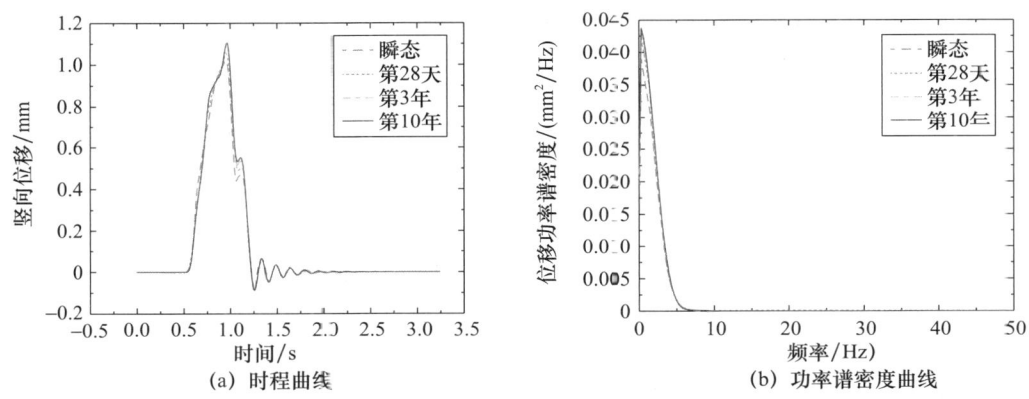

图 4-12 不同运营阶段三跨简支钢-混凝土组合箱梁中跨跨中竖向位移

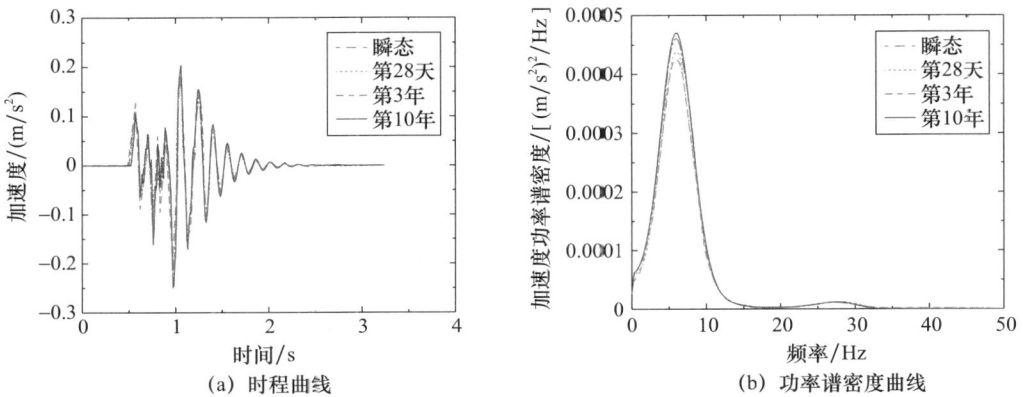

图 4-13 不同运营阶段三跨简支钢-混凝土组合箱梁中跨跨中竖向加速度

图 4-12（a）与图 4-13（a）表明，简支钢-混凝土组合箱梁跨中处竖向位移及竖向加速度均随时间的增大而增大，即随组合箱梁运营阶段挠度增大而增大；图 4-12（b）

表明不同运营时间条件下钢-混凝土组合箱梁跨中竖向位移的特征频率为0.31Hz，时变效应未改变钢-混凝土组合箱梁跨中挠度的特征频率分布，但是其特征频率所对应的动力响应随时间的增大而增大。不同运营时间条件下钢-混凝土组合箱梁中跨跨中竖向加速度的特征频率具有2个特征频率，见表4-7。

表 4-7　不同运营阶段对应的中跨跨中竖向加速度特征频率

| 运营时间 | 瞬态 | 第28天 | 第3年 | 第10年 |
| --- | --- | --- | --- | --- |
| 一阶特征频率/Hz | 6.15 | 6.15 | 5.85 | 5.85 |
| 二阶特征频率/Hz | 27.69 | 27.69 | 27.69 | 27.69 |

由表4-7可以得出结论，不同运营时间产生桥梁附加变形对钢-混组合箱梁中跨跨中竖向加速度的一阶特征频率会随运营时间的增大而减小，但是影响不大，二阶特征频率均为27.69Hz，不会随运营时间的改变而改变，因此，桥梁不同运营时间产生的附加变形会对钢-混凝土组合箱梁的特征频率分布略有影响，而且特征频率所对应的动力响应亦随时间的增大而增大。

图4-14和图4-15给出了高速列车通过三跨简支钢-混凝土组合箱梁桥的整个时程范围内，钢-混凝土组合箱梁桥中跨跨中处竖向位移及竖向加速度最大值随运营时间的变化情况。可以看出，钢-混凝土组合箱梁桥跨中处竖向位移最大值随运营时间的增大而增大，瞬态时最小，为1.02mm，第10年时最大，为1.11mm，且随时间的增加动挠度最大值增幅减小，即随着组合箱梁长期下挠增幅减小而减小；钢-混凝土组合箱梁桥跨中处竖向加速度最大值随运营时间的增大而增大，瞬态时最小，为0.22m/s²，第10年时最大，为0.25m/s²，且随运营时间的增大竖向加速度增幅减小。可见时变效应的存在会使钢-混凝土组合箱梁桥跨中处竖向位移和竖向加速度最大值分别增大8.82%和13.64%。相对于竖向位移，长期下挠对简支钢-混凝土组合箱梁桥竖向加速度的影响更大。

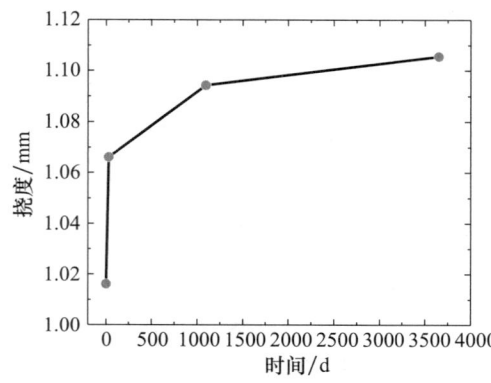

图 4-14　不同运营阶段三跨简支钢-混凝土组合箱梁中跨跨中竖向位移最大值

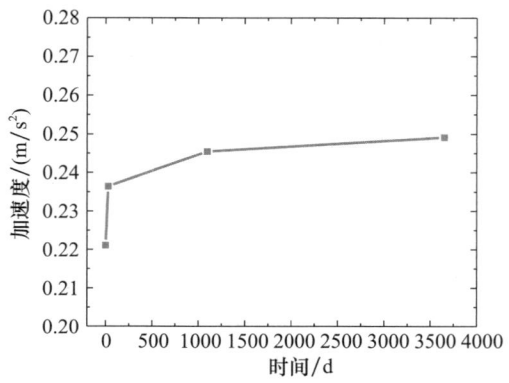

图 4-15　不同运营阶段三跨简支钢-混凝土组合箱梁中跨跨中竖向加速度最大值

### 4.3.2 时变效应对车辆动力响应的影响

钢-混凝土组合箱梁-车辆耦合系统是一个相互作用的耦合系统,4.3.1节的分析已经表明时变效应对三跨简支钢-混凝土组合箱梁桥的动力响应产生了影响,可见时变效应势必对车辆的动力响应产生影响,本节取车体的竖向加速度为研究对象。不同运营阶段车体的竖向加速度时程数据及频域数据、不同运营时间的车体竖向加速度最大值分别汇总于图4-16和图4-17中。

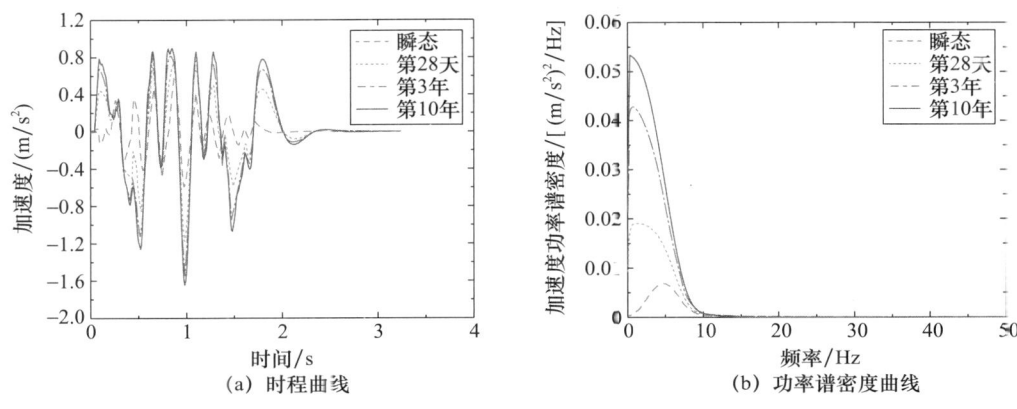

(a) 时程曲线  (b) 功率谱密度曲线

图 4-16 不同运营阶段车体竖向加速度

图4-16表明车体的竖向加速度随运营时间的增大而增大,不同运营时间条件下车体竖向加速度的特征频率略有不同,瞬态为4.62Hz,第28天为1.54Hz,第3年、第10年均为0.31Hz,时间的改变会对车体竖向加速度特征频率的分布略有影响,而车体竖向加速度特征频率所对应的动力响应随时间的增大而明显增大。

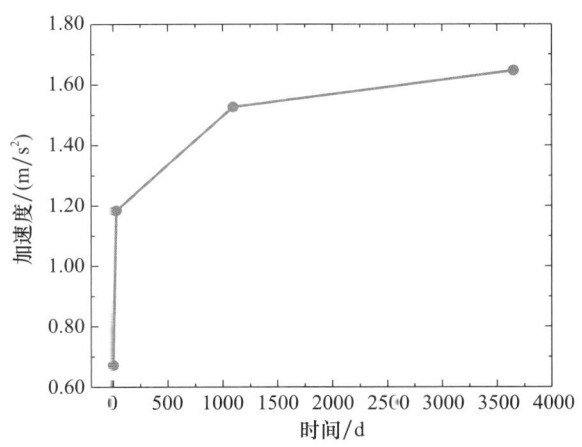

图 4-17 不同运营阶段车体竖向加速度最大值

从图4-17可以看出,车体竖向加速度最大值随运营时间的增大而增大,且增大的幅度随运营时间增大而变小,第10年时最大,为1.64m/s²,瞬态时最小,为0.67m/s²,可见时变效应的存在会使车辆竖向加速度最大值增大144.78%。

### 4.3.3 滑移效应对时变效应下简支钢-混凝土组合箱梁桥-车辆耦合系统动力响应的影响

相关的研究已经证明：钢-混凝土组合箱梁结构中混凝土板及钢梁间的滑移效应主要是由剪力连接件的剪切变形所造成的，并且滑移效应会对组合梁的长期性能与瞬态的车桥动力响应产生影响，但是对滑移效应对长期荷载作用下车桥动力响应影响的研究有待深入。因此，本文的研究通过设置不同的界面连接刚度来模拟剪力连接件的剪切变形特性，得到高速列车作用下滑移效应对时变效应下简支钢-混凝土组合箱梁桥-列车耦合系统动力响应的影响规律。

#### 4.3.3.1 滑移效应对简支钢-混凝土组合箱梁桥动力响应的影响

利用本文建立的模型，将高速列车以 300km/h 的速度通过界面连接刚度分别为 $\rho_{sh}=1kN/mm^2$、$\rho_{sh}=10kN/mm^2$、$\rho_{sh}=100kN/mm^2$ 的三跨简支钢-混凝土组合箱梁时，钢-混凝土组合箱梁瞬态、第 28 天、第 3 年、第 10 年的中跨跨中竖向位移时程曲线及频域曲线、竖向加速度时程曲线及频域曲线、钢-混凝土组合箱梁桥跨中处竖向位移及竖向加速度最大值随运营时间增大的变化情况分别汇总于图 4-18～图 4-20、图 4-21～图 4-23、图 4-24、图 4-25 中。

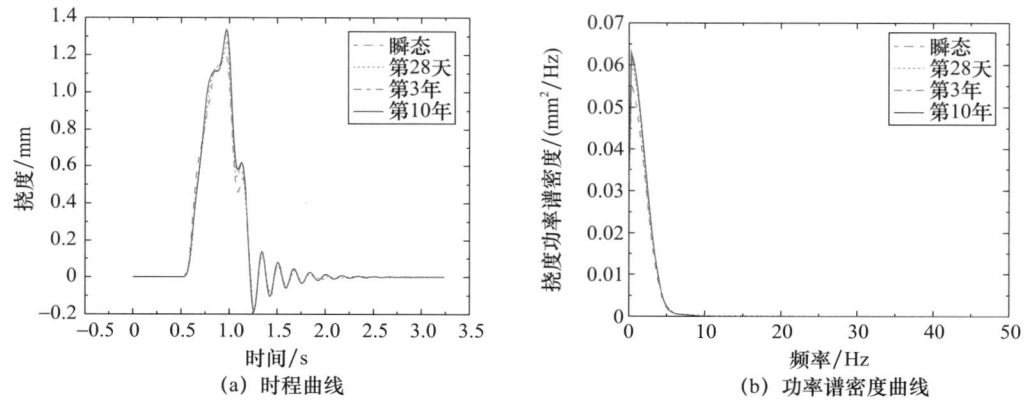

图 4-18　$\rho_{sh}=1kN/mm^2$ 时三跨简支钢-混凝土组合箱梁桥中跨跨中截面竖向位移

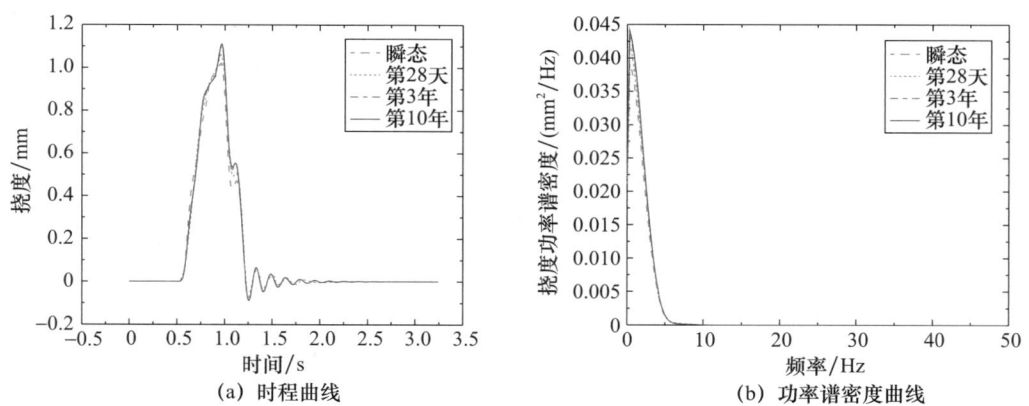

图 4-19　$\rho_{sh}=10kN/mm^2$ 时三跨简支钢-混凝土组合箱梁桥中跨跨中截面竖向位移

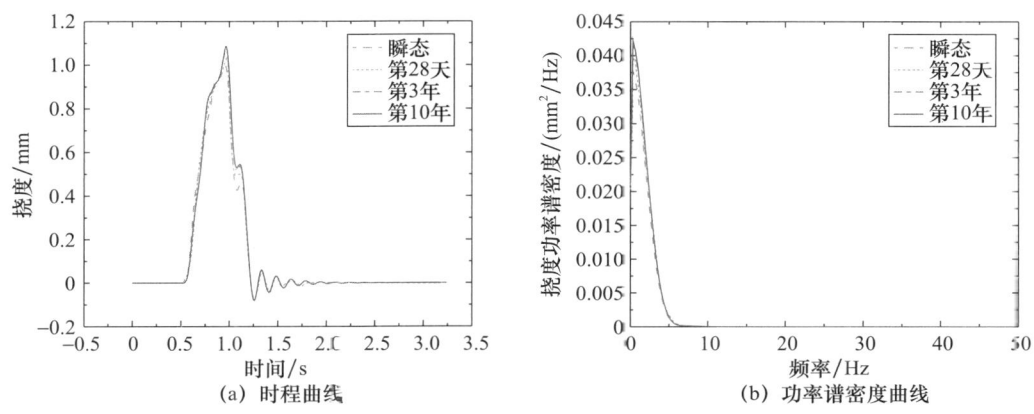

图 4-20 $\rho_{sh}=100\text{kN/mm}^2$ 时三跨简支钢-混凝土组合箱梁桥中跨跨中截面竖向位移

图 4-18～图 4-20 表明，对于钢-混凝土组合箱梁的竖向位移而言，界面连接刚度增大均会减小不同运营时间下的幅值，但不会影响其最大值随运营时间增大而增幅减小及时程曲线变化的趋势。频域数据说明滑移效应的存在并不影响钢-混凝土组合箱梁时变效应下竖向位移特征频率的分布，当界面连接刚度分别为 $\rho_{sh}=1\text{kN/mm}^2$、$\rho_{sh}=10\text{kN/mm}^2$、$\rho_{sh}=100\text{kN/mm}^2$ 时，其竖向位移的特征频率在不同运行时间下均为 0.31Hz，即滑移效应的存在并不改变钢-混凝土组合箱梁桥跨中竖向位移的特征频率，但是需要注意的是，滑移的存在会影响竖向位移特征频率所对应的动力响应值，并且这种影响随滑移的增大而减小。

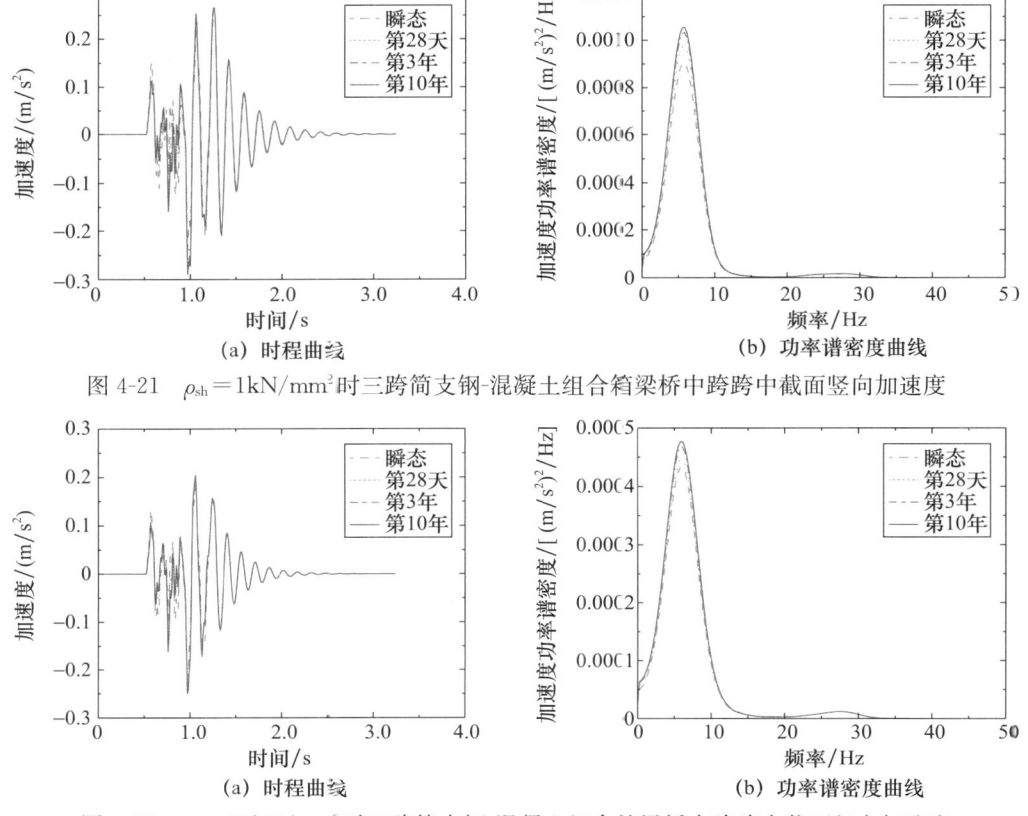

图 4-21 $\rho_{sh}=1\text{kN/mm}^2$ 时三跨简支钢-混凝土组合箱梁桥中跨跨中截面竖向加速度

图 4-22 $\rho_{sh}=10\text{kN/mm}^2$ 时三跨简支钢-混凝土组合箱梁桥中跨跨中截面竖向加速度

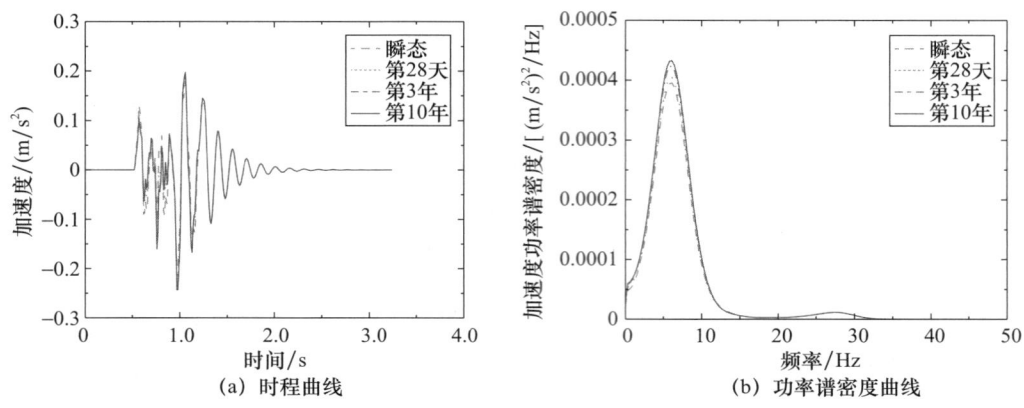

图 4-23 $\rho_{sh}=100\text{kN/mm}^2$ 时三跨简支钢-混凝土组合箱梁桥中跨跨中截面竖向加速度

图 4-21～图 4-23 表明，对于简支钢-混凝土组合箱梁的跨中截面竖向加速度而言，滑移效应的影响规律与竖向位移基本相同，即界面连接刚度越大，桥梁竖向加速度动力响应会越小，但不会影响其最大值随运营时间增大而增幅减小及时程曲线变化的趋势。不同界面连接刚度下对应的中跨跨中竖向加速度特征频率见表 4-8。频域数据说明当界面连接刚度分别为 $\rho_{sh}=1\text{kN/mm}^2$、$\rho_{sh}=10\text{kN/mm}^2$、$\rho_{sh}=100\text{kN/mm}^2$ 时，其竖向加速度的特征频率随刚度的增大略有增大，可见滑移效应的存在对钢-混凝土组合箱梁时变效应下的竖向加速度特征频率的分布影响很小，但是需要注意的是，滑移效应的存在会影响竖向加速度特征频率所对应的动力响应值，并且这种影响随界面连接刚度的增大而减小。

表 4-8 不同界面连接刚度对应的中跨跨中竖向加速度特征频率

| 运营时间 | | 瞬态 | 第 28 天 | 第 3 年 | 第 10 年 |
| --- | --- | --- | --- | --- | --- |
| $\rho_{sh}=1\text{kN/mm}^2$ | 一阶特征频率/Hz | 5.85 | 5.85 | 5.85 | 5.85 |
| | 二阶特征频率/Hz | 27.38 | 27.38 | 27.38 | 27.38 |
| $\rho_{sh}=10\text{kN/mm}^2$ | 一阶特征频率/Hz | 6.15 | 5.85 | 5.85 | 5.85 |
| | 二阶特征频率/Hz | 27.69 | 27.69 | 27.69 | 27.69 |
| $\rho_{sh}=100\text{kN/mm}^2$ | 一阶特征频率/Hz | 6.15 | 6.15 | 6.15 | 6.15 |
| | 二阶特征频率/Hz | 27.69 | 27.69 | 27.69 | 27.69 |

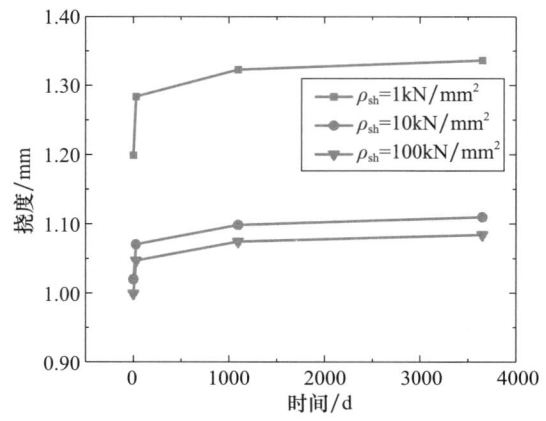

图 4-24 不同界面连接刚度下三跨简支钢-混凝土组合箱梁桥中跨跨中截面竖向位移最大值

图 4-24 表明当钢-混凝土组合箱梁界面连接刚度分别为 $\rho_{sh}=1kN/mm^2$、$\rho_{sh}=10kN/mm^2$、$\rho_{sh}=100kN/mm^2$ 时,第 10 年的跨中竖向位移最大值分别为 1.34mm、1.11mm、1.08mm;瞬态的跨中竖向位移最大值分别为 1.20mm、1.02mm、1.00mm,第 10 年的竖向位移最大值分别是瞬态竖向位移最大值的 111.67%、108.82%、108.00%,可见界面连接刚度越大,跨中竖向位移最大值变化越大,因此在工程中需要增大界面连接刚度来减小跨中竖向位移最大值。

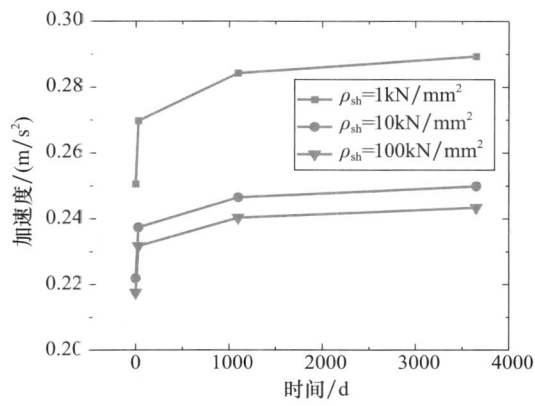

图 4-25 不同界面连接刚度下三跨简支钢-混凝土组合箱梁桥中跨跨中截面竖向加速度最大值

图 4-25 表明当钢-混凝土组合箱梁界面连接刚度分别为 $\rho_{sh}=1kN/mm^2$、$\rho_{sh}=10kN/mm^2$、$\rho_{sh}=100kN/mm^2$ 时,第 10 年的跨中竖向加速度分别为 $0.29m/s^2$、$0.25m/s^2$、$0.24m/s^2$,瞬态的跨中竖向加速度分别为 $0.25m/s^2$、$0.22m/s^2$、$0.217m/s^2$。第 10 年的跨中竖向加速度分别是瞬态跨中竖向加速度的 116.00%、113.64%、110.60%,可见界面连接刚度越小,跨中竖向加速度变化越大,因此在工程中需要增大界面连接刚度来减小跨中竖向加速度。

#### 4.3.3.2 滑移效应对时变效应下车辆动力响应的影响

图 4-26~图 4-28 分别给出了高速列车通过界面连接刚度分别为 $\rho_{sh}=1kN/mm^2$、$\rho_{sh}=10kN/mm^2$、$\rho_{sh}=100kN/mm^2$ 的钢-混凝土组合箱梁,当运营时间分别为瞬态、第 28 天、第 3 年、第 10 年时,车体的竖向加速度时程曲线及频域曲线,不同界面连接刚度下车体竖向加速度最大值随运营时间的变化曲线,得到滑移效应对时变效应下车辆动力响应的影响。

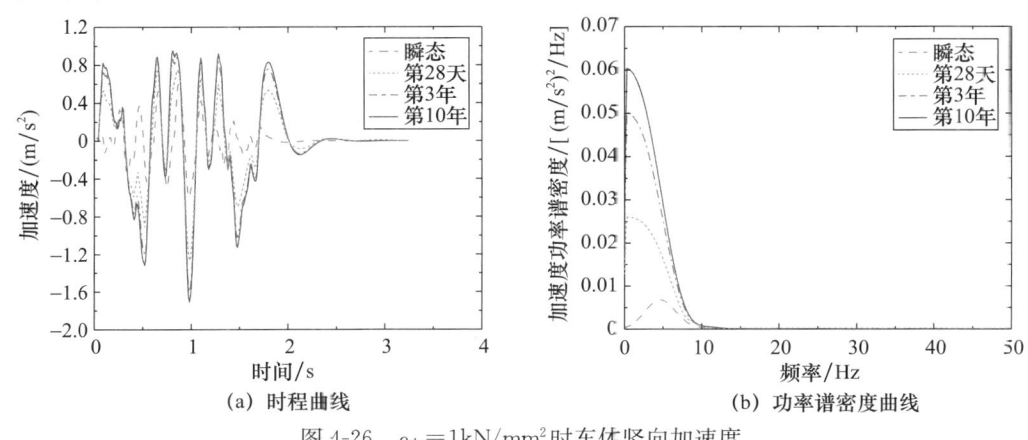

图 4-26 $\rho_{sh}=1kN/mm^2$ 时车体竖向加速度

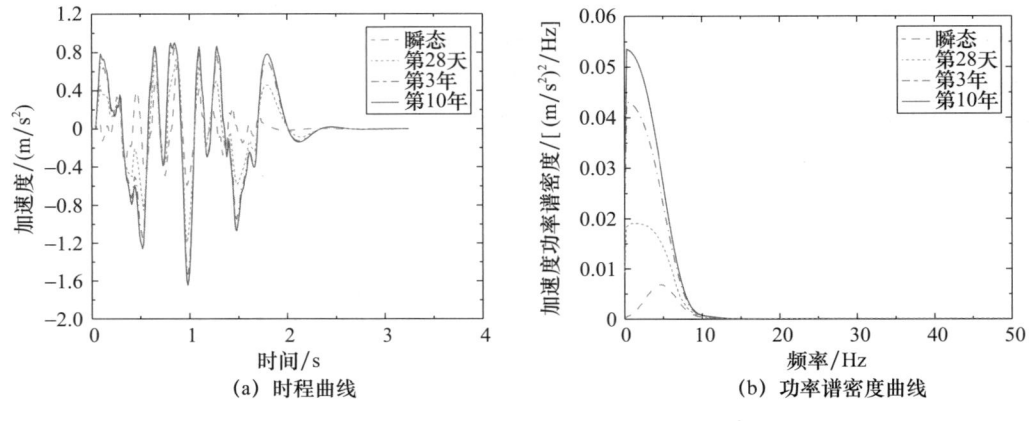

图 4-27　$\rho_{sh}=10kN/mm^2$ 时车体竖向加速度

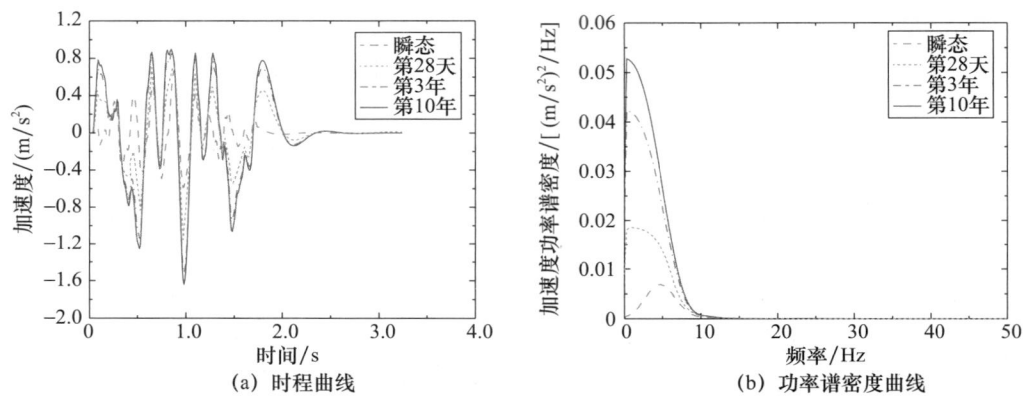

图 4-28　$\rho_{sh}=100kN/mm^2$ 时车体竖向加速度

图 4-26~图 4-28 表明，对于车体的竖向加速度而言，界面连接刚度的增大会减小其动力响应幅值，但不会影响其随运营时间增大而增幅减小及时程曲线变化的趋势。不同界面连接刚度对应的车体竖向加速度特征频率见表 4-9，频域数据说明当界面连接刚度分别为 $\rho_{sh}=1kN/mm^2$、$\rho_{sh}=10kN/mm^2$、$\rho_{sh}=100kN/mm^2$ 时，其竖向加速度的特征频率均随运营时间的增大而减小，滑移刚度的不同并未改变该趋势，可见滑移效应的存在并未改变时变效应下车辆的竖向加速度特征频率的变化趋势，但是需要注意的是，滑移效应的存在会影响竖向加速度特征频率所对应的动力响应值，并且这种影响随界面连接刚度的增大而减小。

表 4-9　不同界面连接刚度对应的车体竖向加速度特征频率

| 运营时间 | | 瞬态 | 第 28 天 | 第 3 年 | 第 10 年 |
| --- | --- | --- | --- | --- | --- |
| $\rho_{sh}=1kN/mm^2$ | 特征频率/Hz | 4.61 | 0.31 | 0.31 | 0.31 |
| $\rho_{sh}=10kN/mm^2$ | 特征频率/Hz | 4.61 | 1.54 | 0.31 | 0.31 |
| $\rho_{sh}=100kN/mm^2$ | 特征频率/Hz | 4.61 | 1.54 | 0.31 | 0.31 |

图 4-29 表明,当钢-混凝土组合箱梁界面连接刚度分别为 $\rho_{sh}=1\text{kN/mm}^2$、$\rho_{sh}=10\text{kN/mm}^2$、$\rho_{sh}=100\text{kN/mm}^2$ 时,第 10 年的车体竖向加速度最大值分别为 $1.71\text{m/s}^2$、$1.65\text{m/s}^2$、$1.64\text{m/s}^2$;瞬态的车体竖向加速度最大值分别为 $0.68\text{m/s}^2$、$0.67\text{m/s}^2$、$0.67\text{m/s}^2$,第 10 年的车体竖向加速度最大值比瞬态分别增大 151.47%、146.27%、144.78%,可见界面连接刚度越小,车体竖向加速度变化越大,因此在工程中需要增大组合箱梁界面连接刚度与减小组合箱梁的时变效应来减小车体竖向加速度最大值。

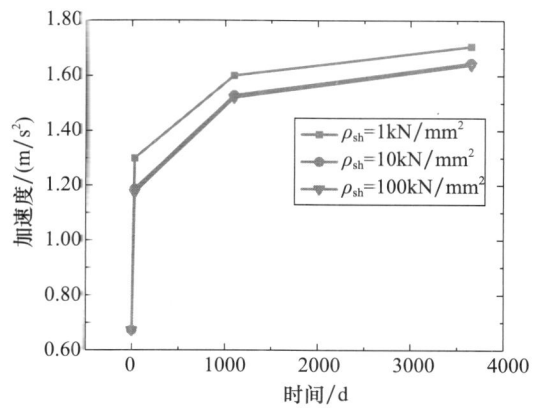

图 4-29 不同界面连接刚度下车体竖向加速度最大值

### 4.3.4 剪力滞效应对时变效应下简支钢-混凝土组合箱梁桥-车辆耦合系统动力响应的影响

相关研究表明,剪力滞效应是钢-混凝土组合箱梁桥区别于其他桥型的特殊受力特性。本文的研究将以不考虑剪力滞效应的钢-混凝土组合箱梁为对象,与考虑剪力滞效应的钢-混凝土组合箱梁进行对比,得到高速列车作用下剪力滞效应对时变效应下钢-混凝土组合桥梁-车辆耦合系统动力响应的影响规律。

#### 4.3.4.1 剪力滞效应对简支钢-混凝土组合箱梁桥动力响应的影响

以 4.3.1 节模型为例,将列车通过不考虑剪力滞效应的钢-混凝土组合箱梁(Euler-Bernoulli 梁模型)时,Euler-Bernoulli 梁模型瞬态、第 28 天、第 3 年、第 10 年的竖向位移时程数据及频域数据、竖向加速度时程数据及频域数据分别汇总于图 4-30 和图 4-31 中。图 4-30 和图 4-31 与图 4-12 和图 4-13 相比,可以看出,由本文计算模型(考虑了剪力滞效应)所得的计算结果与 Euler-Bernoulli 梁模型(不考虑剪力滞效应)存在差别。

图 4-30 和图 4-31 表明,与时变效应对本文计算模型影响规律相似,Euler-Bernoulli 梁模型跨中竖向位移及竖向加速度均随时间的增大而增大;不同运营时间条件下 Euler-Bernoulli 梁模型与钢-混凝土组合箱梁(4.3.1 节模型)跨中竖向动位移的特征频率均为 0.31Hz,剪力滞效应的存在并未改变 Euler-Bernoulli 梁模型的竖向位移特征频率分布,特征频率所对应的动力响应随时间的增大而增大。

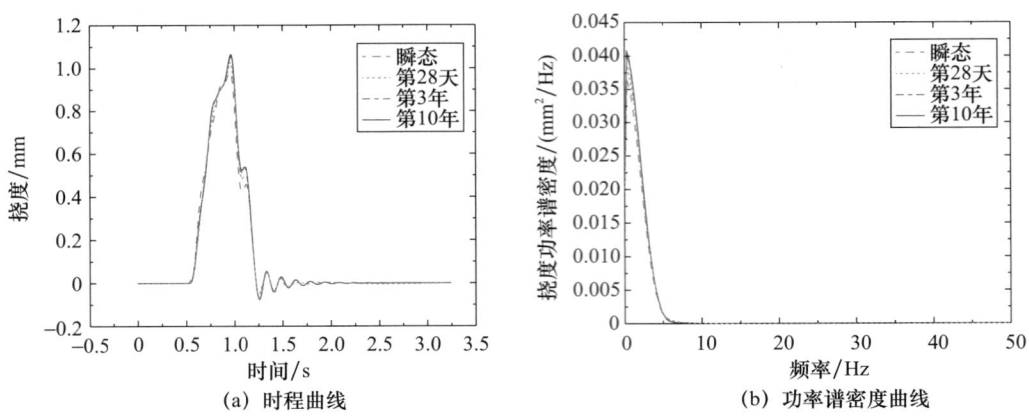

图 4-30 不考虑剪力滞效应三跨简支钢-混凝土组合箱梁中跨跨中截面竖向位移

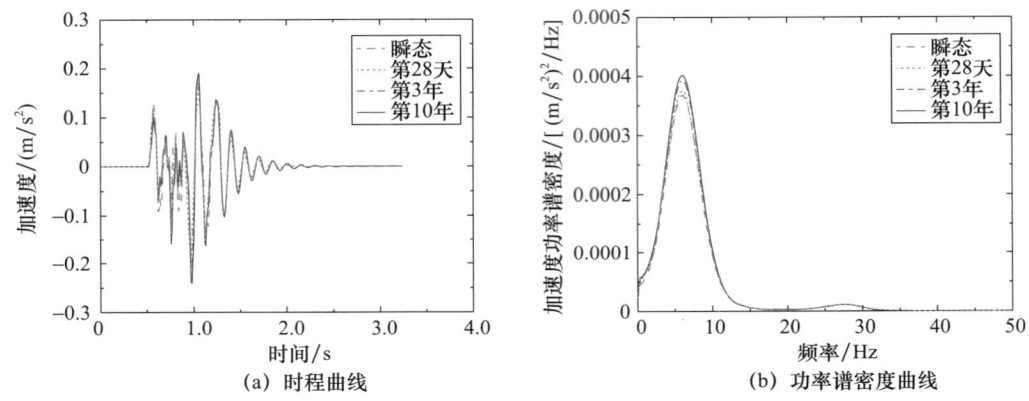

图 4-31 不考虑剪力滞效应三跨简支钢-混凝土组合箱梁中跨跨中截面竖向加速度

Euler-Bernoulli 梁模型与钢-混凝土组合箱梁跨中竖向加速度的特征频率见表 4-10，由频域数据可知，不考虑剪力滞效应会增大第 3 年与第 10 年的一阶特征频率，对二阶特征频率没有影响。与图 4-12 和图 4-13 相比可知，剪力滞效应会对钢-混凝土组合箱梁的竖向加速度特征频率分布产生影响，而且剪力滞效应的存在会增大钢-混凝土组合箱梁模型竖向位移与竖向加速度的特征频率所对应的动力响应，但不会影响其时程曲线的变化趋势。

表 4-10 考虑和不考虑剪力滞效应中跨跨中竖向加速度特征频率

| 运营时间 | | 瞬态 | 第 28 天 | 第 3 年 | 第 10 年 |
|---|---|---|---|---|---|
| 考虑剪力滞 | 一阶特征频率/Hz | 6.15 | 6.15 | 5.85 | 5.85 |
| | 二阶特征频率/Hz | 27.69 | 27.69 | 27.69 | 27.69 |
| 不考虑剪力滞 | 一阶特征频率/Hz | 6.15 | 6.15 | 6.15 | 6.15 |
| | 二阶特征频率/Hz | 27.69 | 27.69 | 27.69 | 27.69 |

图 4-32 和图 4-33 给出了列车通过组合箱梁的整个时程范围内，不同运营时间的 Euler-Bernoulli 梁模型与考虑剪力滞效应的组合箱梁跨中竖向位移及竖向加速度最大值变化曲线。由图 4-32 和图 4-33 可以看出，不考虑剪力滞效应的组合箱梁跨中处竖向位移最大值和竖向加速度均随运营时间的增大而增大，瞬态情况下最小，当第 10 年时最大且随运营时间的增加竖向位移最大值和竖向加速度增幅减缓。

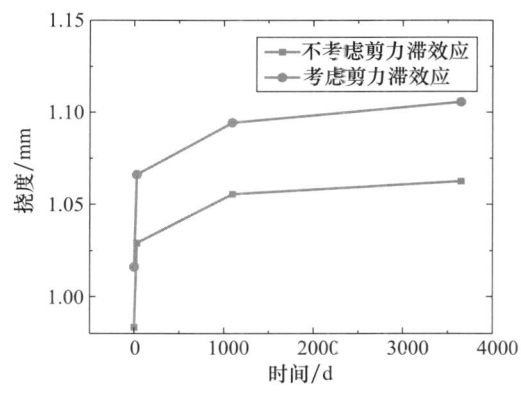

图 4-32 考虑和不考虑剪力滞效应组合箱梁中跨跨中截面竖向位移最大值　　图 4-33 考虑和不考虑剪力滞效应组合箱梁中跨跨中截面竖向加速度最大值

#### 4.3.4.2 剪力滞效应对车辆动力响应的影响

将列车通过不考虑剪力滞效应的简支钢-混凝土组合箱梁模型时，运营时间分别为瞬态、第 28 天、第 3 年、第 10 年的车体的竖向加速度时程数据及频域数据、整个时程范围内不同运营时间的车体竖向加速度最大值分别汇总于图 4-34 和图 4-35 中。

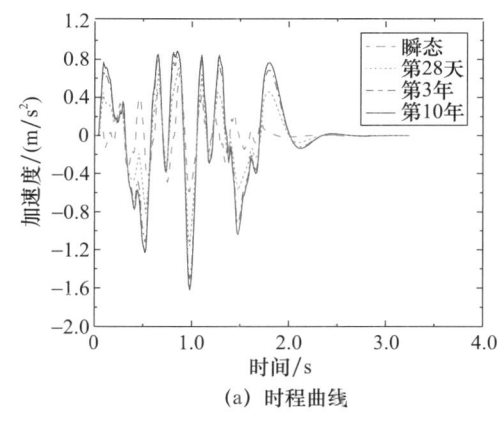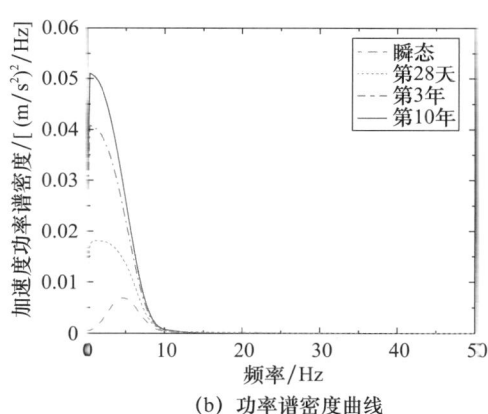

(a) 时程曲线　　(b) 功率谱密度曲线

图 4-34 不考虑剪力滞效应车体竖向加速度

图 4-34 表明车体的竖向加速度随运营时间的增大而增大，不同运营时间条件下车体竖向加速度的特征频率略有不同，瞬态时为 4.62Hz，第 28 天为 1.54Hz，第 3 年、第 10 年均为 0.31Hz，剪力滞效应的存在并未改变车体竖向加速度特征频率随运营时间的分布，而竖向加速度特征频率所对应的动力响应亦随时间的增大而增大。

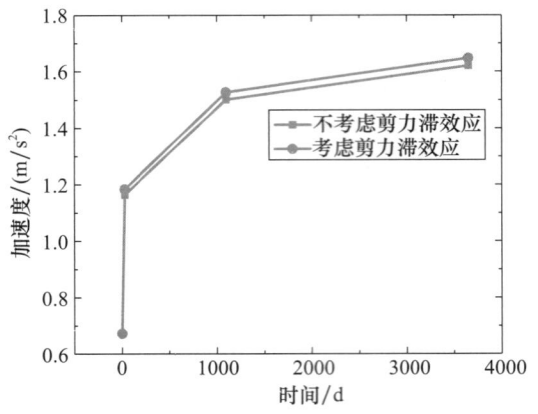

图 4-35 考虑和不考虑剪力滞效应车体竖向加速度最大值

由图 4-35 可以看出,车体竖向加速度最大值随运营时间的增大而增大,且增大的幅度随时间变小,第 10 年时最大,为 1.62m/s²,瞬态时最小,为 0.67m/s²,可见时变效应的存在会使车体竖向加速度最大值增大 141.79%。与图 4-17 相比可知,剪力滞效应的存在不会影响车体竖向加速度最大值随运营时间增大增幅减小及时程曲线变化的趋势,也不影响时变效应下车体竖向加速度特征频率的分布,但会增大车体竖向加速度最大值。

## 4.4 时变效应对三跨连续钢-混凝土组合箱梁桥动力响应的影响

### 4.4.1 时变效应对连续钢-混凝土组合箱梁动力响应的影响

由 4.3 节可知,时变效应会对三跨简支钢-混凝土组合箱梁桥与运行其上的列车的动力响应产生影响,因此,时变效应势必会对连续钢-混凝土组合箱梁桥及其上的列车的动力响应产生影响。故本节选取三跨连续钢-混凝土组合箱梁桥中跨跨中竖向位移与中跨跨中竖向加速度为研究对象,探索时变效应对高速列车作用下连续钢-混凝土组合箱梁桥动力响应的影响。将高速列车通过连续钢-混凝土组合箱梁时,连续钢-混凝土组合箱梁瞬态、第 28 天、第 3 年、第 10 年的竖向位移时程数据及频域数据、竖向加速度时程数据及频域数据汇总,分别如图 4-36 和图 4-37 所示。

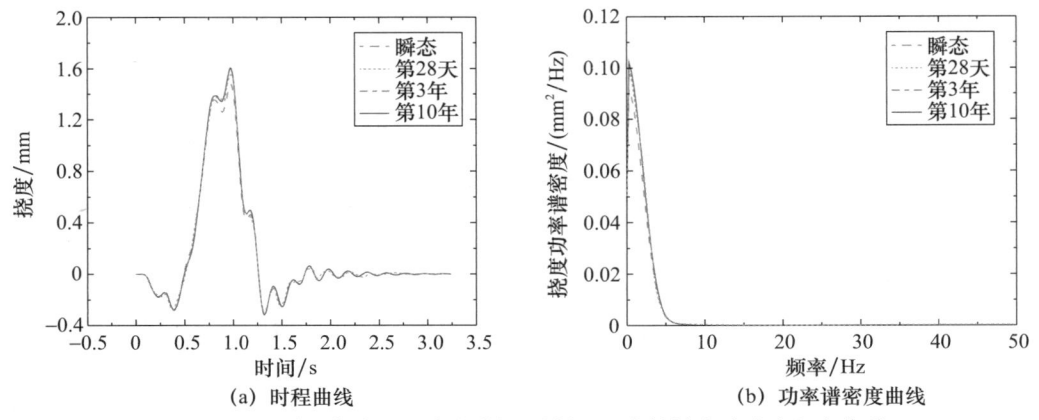

(a) 时程曲线  (b) 功率谱密度曲线

图 4-36 不同运营阶段三跨连续钢-混凝土组合箱梁中跨跨中竖向位移

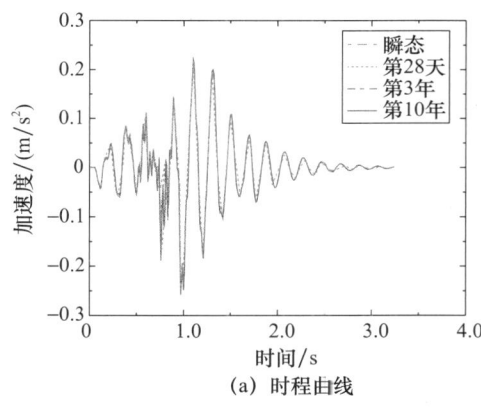
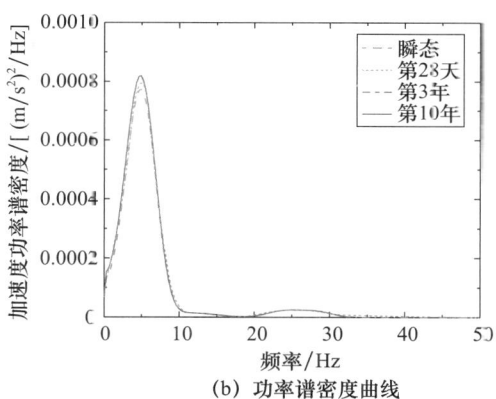

(a) 时程曲线　　　　　　　　　　　　(b) 功率谱密度曲线

图 4-37　不同运营阶段三跨连续钢-混凝土组合箱梁中跨跨中竖向加速度

图 4-36 和图 4-37 表明，连接钢-混凝土组合箱梁跨中处竖向位移及竖向加速度均随时间的增大而增大；不同运营时间条件下连接钢-混凝土组合箱梁跨中竖向动位移的特征频率均为 0.31Hz，时间的改变并未改变连续钢-混凝土组合箱梁的竖向动挠度特征频率分布，其特征频率所对应的动力响应随时间的增大略有增大。

不同运营时间条件下连续钢-混凝土组合箱梁跨中竖向加速度的特征频率见表 4-11，由表 4-11 可知，时变效应并未改变连续钢-混凝土组合箱梁中跨跨中竖向加速度的一阶与二阶特征频率。因此，时变效应未对连续钢-混凝土组合箱梁中跨跨中竖向加速度特征频率分布产生影响，但是其特征频率所对应的动力响应亦随时间的增大而增大。

表 4-11　不同运营时间中跨跨中竖向加速度特征频率

| 运营时间 | 瞬态 | 第 28 天 | 第 3 年 | 第 10 年 |
| --- | --- | --- | --- | --- |
| 一阶特征频率/Hz | 4.92 | 4.92 | 4.92 | 4.92 |
| 二阶特征频率/Hz | 24.92 | 24.92 | 24.92 | 24.92 |

图 4-38 和图 4-39 给出了高速列车通过连续钢-混凝土组合箱梁桥的整个时程范围内，不同运营时间的连续钢-混凝土组合箱梁桥中跨跨中处竖向位移及竖向加速度最大值。可以看出，钢-混凝土组合箱桥梁中跨跨中竖向位移最大值均随时间的增大而增大，瞬态时最小，为 1.48mm，第 10 年时最大，为 1.61mm，且随时间的增大竖向位移最大值增幅减小；钢-混凝土组合桥箱梁中跨跨中竖向加速度最大值均随运营时间的增大而增大，瞬态时最小，为 $0.24m/s^2$，第 10 年时最大，为 $0.26m/s^2$，且随时间的增大竖向加速度最大值增幅减小。可见时变效应的存在会使连续钢-混凝土组合箱梁桥中跨跨中竖向位移及竖向加速度最大值分别增大 8.78% 及 8.33%。相对于竖向加速度，时变效应对连续钢-混凝土组合箱梁桥中跨跨中竖向位移的影响更大。

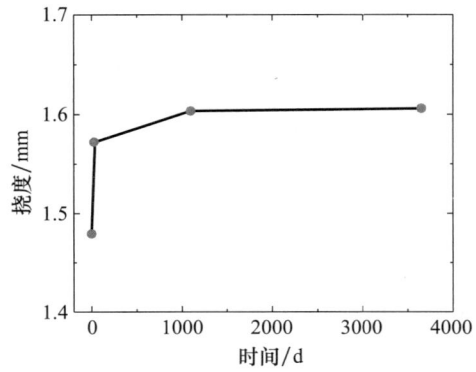

图 4-38 不同运营阶段三跨连续钢-混凝土组合箱梁中跨跨中竖向位移最大值

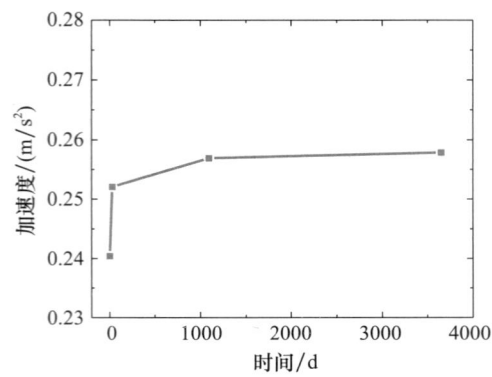

图 4-39 不同运营阶段三跨连续钢-混凝土组合箱梁中跨跨中竖向加速度最大值

### 4.4.2 时变效应对车辆动力响应的影响

将高速列车通过运营时间分别为瞬态、第 28 天、第 3 年、第 10 年的钢-混凝土组合箱梁时，车体的竖向加速度时程数据及频域数据、不同运营时间的车体竖向加速度最大值分别汇总于图 4-40 和图 4-41 中。

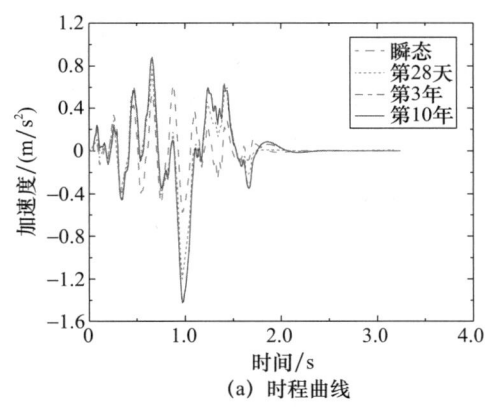
(a) 时程曲线

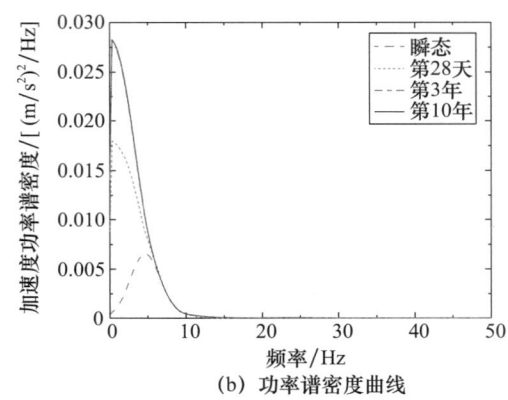
(b) 功率谱密度曲线

图 4-40 不同运营阶段车体竖向加速度

图 4-40 表明车体的竖向加速度随运营时间的增大而增大，不同运营时间条件下车体竖向加速度的特征频率略有不同，瞬态时为 4.62Hz，第 28 天、第 3 年、第 10 年时均为 0.31Hz，时变效应会减小车辆特征频率的分布，而竖向加速度特征频率所对应的动力响应随时间的增大而明显增大。

由图 4-41 可以看出，车体竖向加速度最大值随运营时间的增大而增大，且增大的幅度随运营时间增大而变小，第

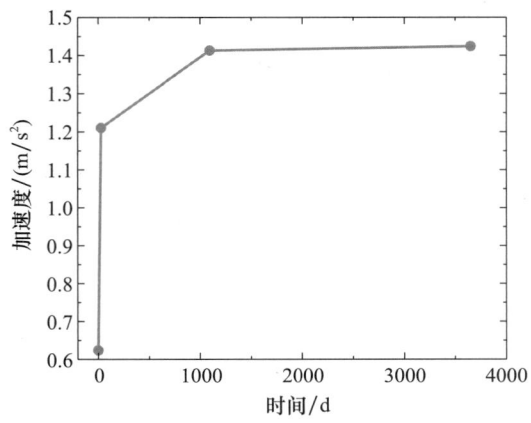

图 4-41 不同运营阶段车体竖向加速度最大值

10年时最大，为1.42m/s²，瞬态时最小，为0.62m/s²，可见时变效应的存在会使车体竖向加速度最大值增大129.03%。

### 4.4.3 滑移效应对时变效应下连续钢-混凝土组合箱梁桥-车辆耦合系统动力响应的影响

4.3节表明，滑移效应对时变效应作用下的三跨简支钢-混凝土组合箱梁桥-车辆耦合系统的动力响应产生影响。因此，本节的研究思路与4.3节相似，通过设置不同的界面连接刚度来模拟剪力连接件的剪切变形特性，得到高速列车作用下滑移效应对时变效应下连续钢-混凝土组合箱梁桥-车辆耦合系统动力响应的影响规律。

#### 4.4.3.1 滑移效应对连续钢-混凝土组合箱梁桥动力响应的影响

利用本节建立的模型，将CRH2列车以300km/h的速度通过界面连接刚度分别为$\rho_{sh}=1\text{kN/mm}^2$、$\rho_{sh}=10\text{kN/mm}^2$、$\rho_{sh}=100\text{kN/mm}^2$的三跨连续钢-混凝土组合箱梁时，三跨连接钢-混凝土组合箱梁瞬态、第28天、第3年、第10年的中跨跨中竖向位移时程数据及频域数据、竖向加速度时程数据及频域数据、钢-混凝土组合箱梁桥跨中处竖向位移及竖向加速度最大值随运营时间增加的变化情况分别汇总于图4-42~图4-44、图4-45~图4-47、图4-48、图4-49中。

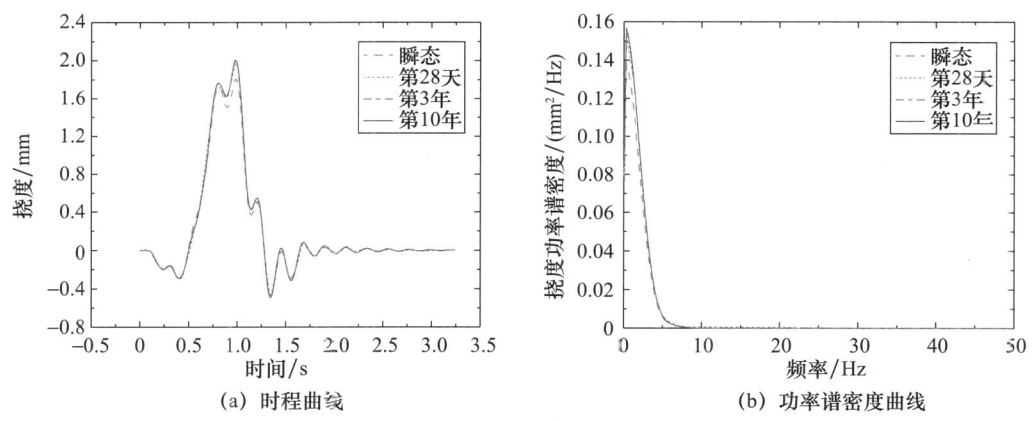

图4-42　$\rho_{sh}=1\text{kN/mm}^2$时三跨连续钢-混凝土组合箱梁桥中跨跨中截面竖向位移

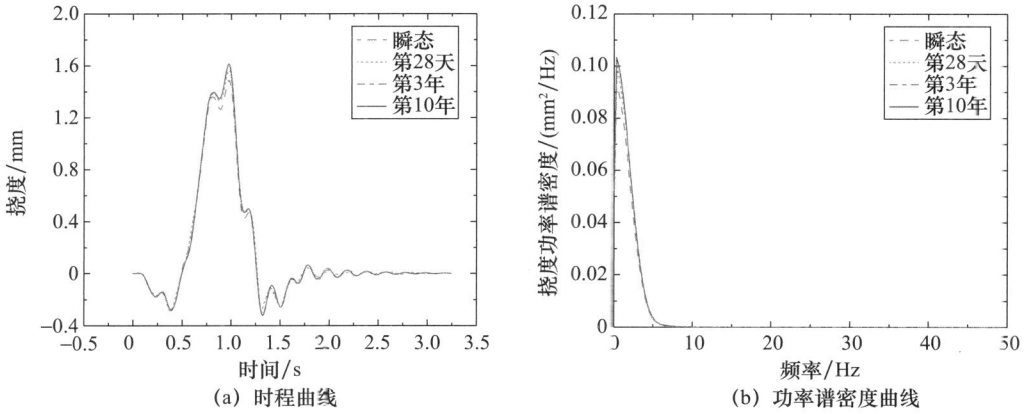

图4-43　$\rho_{sh}=10\text{kN/mm}^2$时三跨连续钢-混凝土组合箱梁桥中跨跨中截面竖向位移

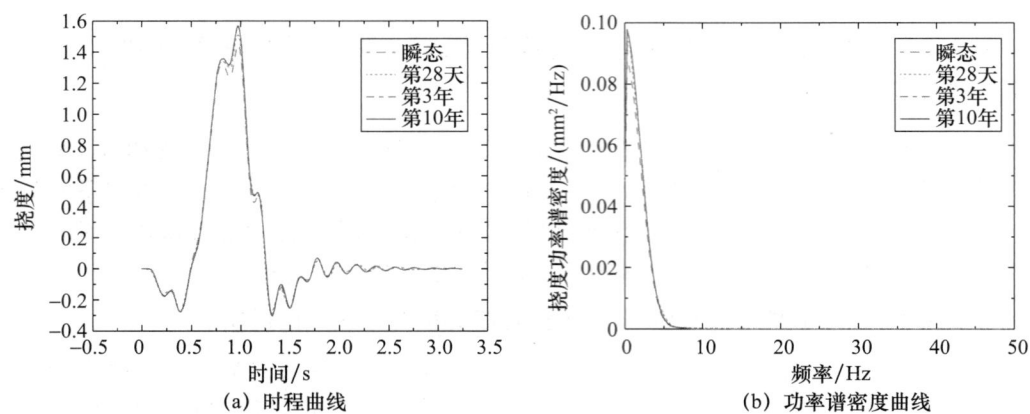

图 4-44　$\rho_{sh}=100\text{kN/mm}^2$ 时三跨连续钢-混凝土组合箱梁桥中跨跨中截面竖向位移

图 4-42~图 4-44 表明，三跨连续钢-混凝土组合箱梁的竖向位移与简支钢-混凝土组合箱梁竖向位移的变化规律相似，即界面连接刚度增大均会减小不同运营时间下的幅值，但不会影响其最大值随运营时间增大增幅减小及时程曲线变化的趋势。频域数据说明滑移效应的存在并不影响钢-混凝土组合箱梁时变效应下竖向位移特征频率的分布，当界面连接刚度分别为 $\rho_{sh}=1\text{kN/mm}^2$、$\rho_{sh}=10\text{kN/mm}^2$、$\rho_{sh}=100\text{kN/mm}^2$ 时，其竖向位移的特征频率在不同运行时间下均为 0.31Hz，即滑移效应的存在并不改变钢-混凝土组合箱梁桥跨中竖向位移的特征频率，但需要注意的是，滑移效应的存在会影响竖向位移特征频率所对应的动力响应值，并且这种影响随滑移的增大而减小。

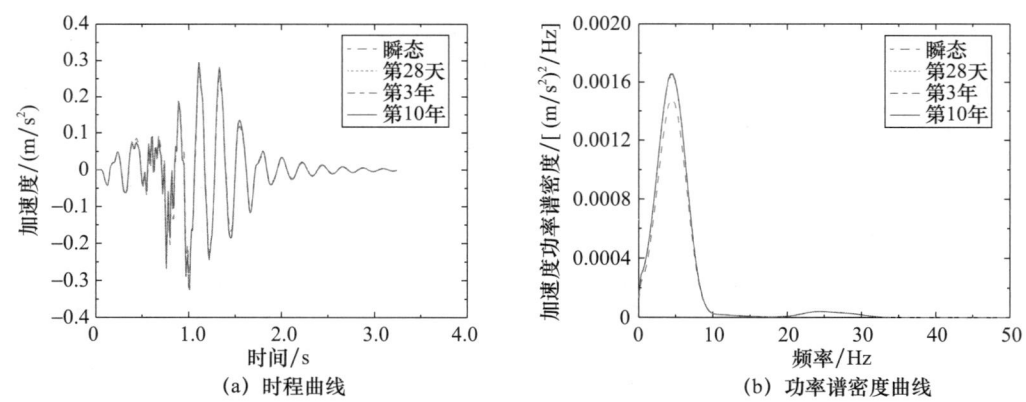

图 4-45　$\rho_{sh}=1\text{kN/mm}^2$ 时三跨连续钢-混凝土组合箱梁桥中跨跨中截面竖向加速度

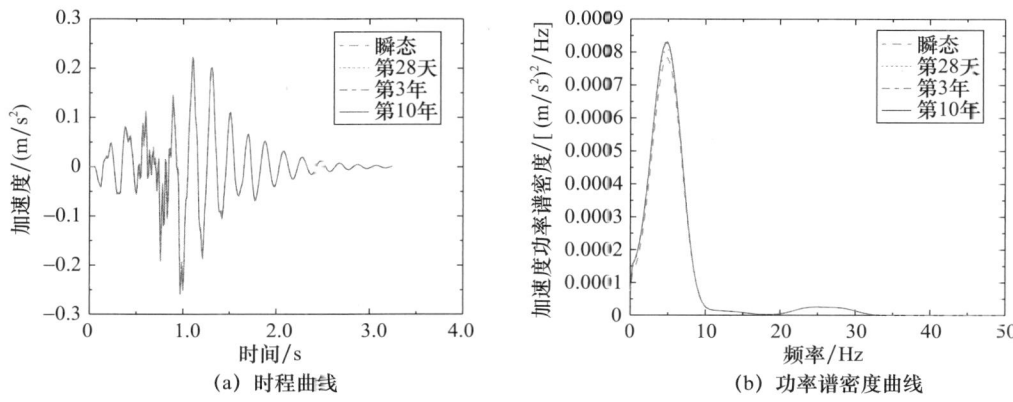

图 4-46  $\rho_{sh}=10kN/mm^2$ 时三跨连续钢-混凝土组合箱梁桥中跨跨中截面竖向加速度

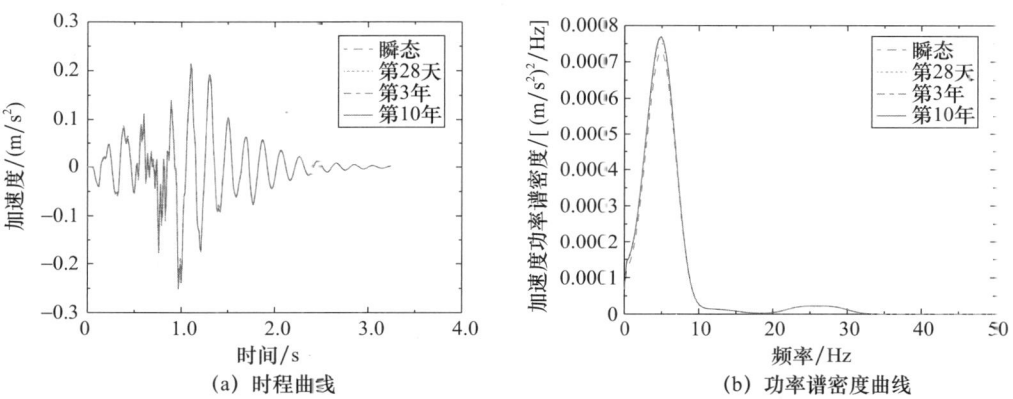

图 4-47  $\rho_{sh}=100kN/mm^2$ 时三跨连续钢-混凝土组合箱梁桥中跨跨中截面竖向加速度

图 4-45～图 4-47 表明，对于三跨连续钢-混凝土组合箱梁跨中截面竖向加速度而言，滑移效应的影响规律与竖向位移基本相同，即界面连接刚度越大，动力响应会越小，但不会影响其最大值随运营时间增大而增幅减小及时程曲线变化的趋势。不同界面连接刚度下对应的中跨跨中竖向加速度特征频率见表 4-12。频域数据说明当界面连接刚度分别为 $\rho_{sh}=1kN/mm^2$、$\rho_{sh}=10kN/mm^2$、$\rho_{sh}=100kN/mm^2$ 时，其竖向加速度的二阶特征频率随界面连接刚度的增加而增加，未对一阶特征频率产生影响。可见滑移效应的存在对连续钢-混凝土组合箱梁时变效应下的竖向加速度特征频率的分布产生影响，特征频率会随抗剪刚度的增大而增大，但需要注意的是，滑移效应的存在会影响特征频率所对应的动力响应值，并且这种影响随界面连接刚度的增大而减小。

表 4-12  不同界面连接刚度对应的中跨跨中竖向加速度特征频率

| 运营时间 | | 瞬态 | 第 28 天 | 第 3 年 | 第 10 年 |
| --- | --- | --- | --- | --- | --- |
| $\rho_{sh}=1kN/mm^2$ | 一阶特征频率/Hz | 4.62 | 4.62 | 4.62 | 4.62 |
| | 二阶特征频率/Hz | 24.31 | 24.31 | 24.31 | 24.31 |

续表

| 运营时间 | | 瞬态 | 第28天 | 第3年 | 第10年 |
|---|---|---|---|---|---|
| $\rho_{sh}=10\text{kN/mm}^2$ | 一阶特征频率/Hz | 4.92 | 4.92 | 4.92 | 4.92 |
| | 二阶特征频率/Hz | 24.92 | 24.92 | 24.92 | 24.92 |
| $\rho_{sh}=100\text{kN/mm}^2$ | 一阶特征频率/Hz | 4.92 | 4.92 | 4.92 | 4.92 |
| | 二阶特征频率/Hz | 26.15 | 26.15 | 26.15 | 26.15 |

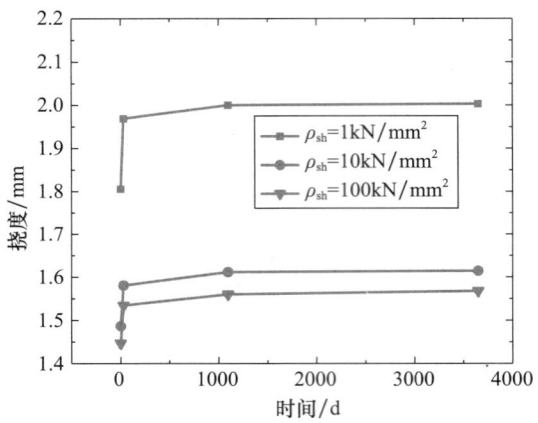

图4-48 不同界面连接刚度三跨连续钢-混凝土组合箱梁桥中跨跨中截面竖向位移最大值

图4-48表明当钢-混凝土组合箱梁界面连接刚度分别为 $\rho_{sh}=1\text{kN/mm}^2$、$\rho_{sh}=10\text{kN/mm}^2$、$\rho_{sh}=100\text{kN/mm}^2$ 时，第10年的跨中竖向位移最大值分别为2.00mm、1.61mm、1.56mm；瞬态的跨中竖向位移最大值分别为1.81mm、1.49mm、1.45mm，第10年的竖向位移最大值分别是瞬态位移最大值的110.50%、108.05%、107.59%，可见界面连接刚度越大，跨中竖向位移最大值变化越大，因此在工程中需要增大界面连接刚度来减小跨中竖向位移最大值。

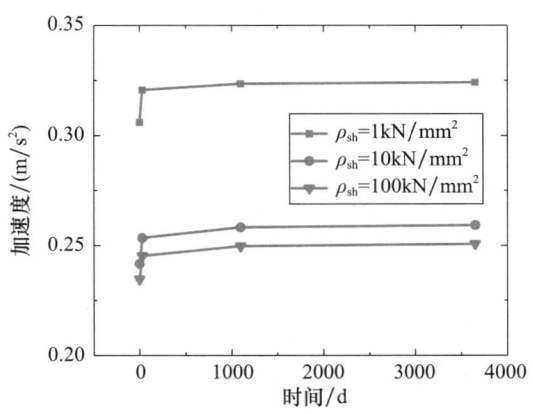

图4-49 不同界面连接刚度三跨连续钢-混凝土组合箱梁桥中跨跨中截面竖向加速度最大值

图4-49表明当钢-混凝土组合箱梁界面连接刚度分别为 $\rho_{sh}=1\text{kN/mm}^2$、$\rho_{sh}=10\text{kN/mm}^2$、$\rho_{sh}=100\text{kN/mm}^2$ 时，第10年的跨中竖向加速度最大值分别为0.32m/s²、0.26m/s²、

0.25m/s²；瞬态的跨中竖向加速度最大值分别为 0.31m/s²、0.24m/s²、0.23m/s²。第 10 年的跨中竖向加速度最大值分别是瞬态的跨中竖向加速度最大值的 103.23%、108.33%、108.70%，而且界面连接刚度越小，跨中竖向加速度最大值越大，因此在工程中需要增大界面连接刚度来减小跨中竖向加速度最大值。

#### 4.4.3.2 滑移效应对车辆动力响应的影响

图 4-50～图 4-52 分别给出了高速列车通过界面连接刚度分别为 $\rho_{sh}=1\text{kN/mm}^2$、$\rho_{sh}=10\text{kN/mm}^2$、$\rho_{sh}=100\text{kN/mm}^2$ 的钢-混凝土组合箱梁，当运营时间分别为瞬态、第 28 天、第 3 年、第 10 年时，车体的竖向加速度时程曲线及频域曲线，不同界面连接刚度下车体竖向加速度最大值随运营时间的变化曲线，得到滑移效应对时变效应下车辆动力响应的影响。

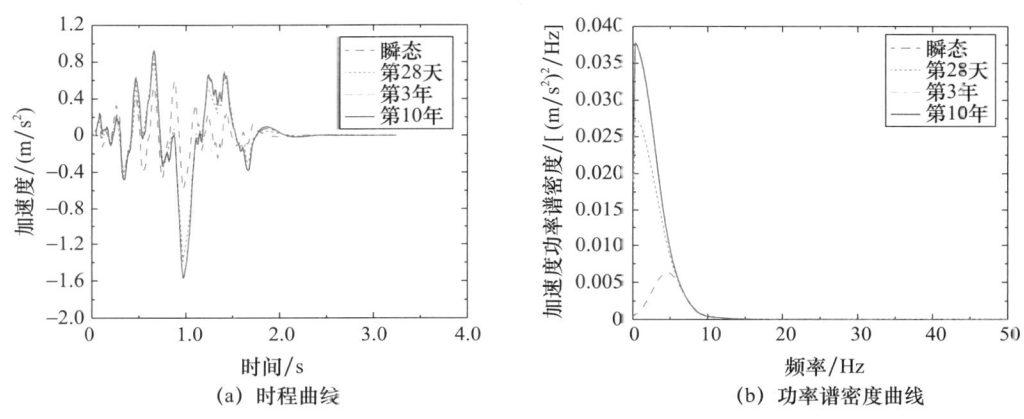

图 4-50　$\rho_{sh}=1\text{kN/mm}^2$ 时车体竖向加速度

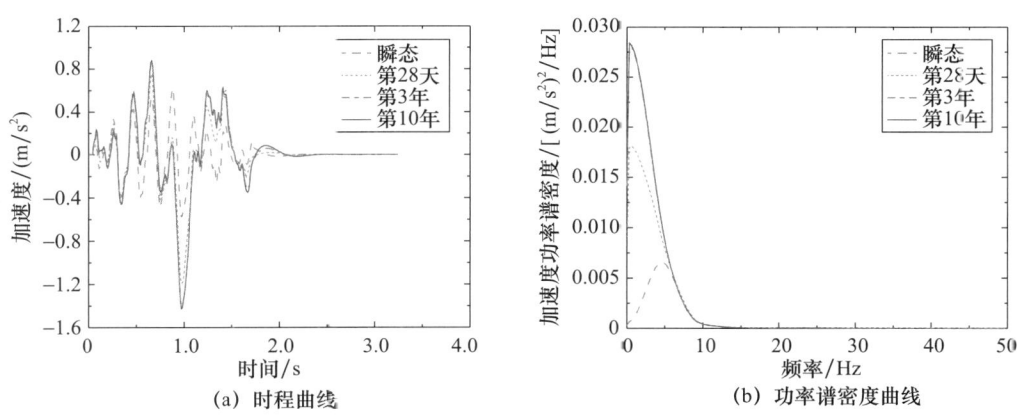

图 4-51　$\rho_{sh}=10\text{kN/mm}^2$ 时车体竖向加速度

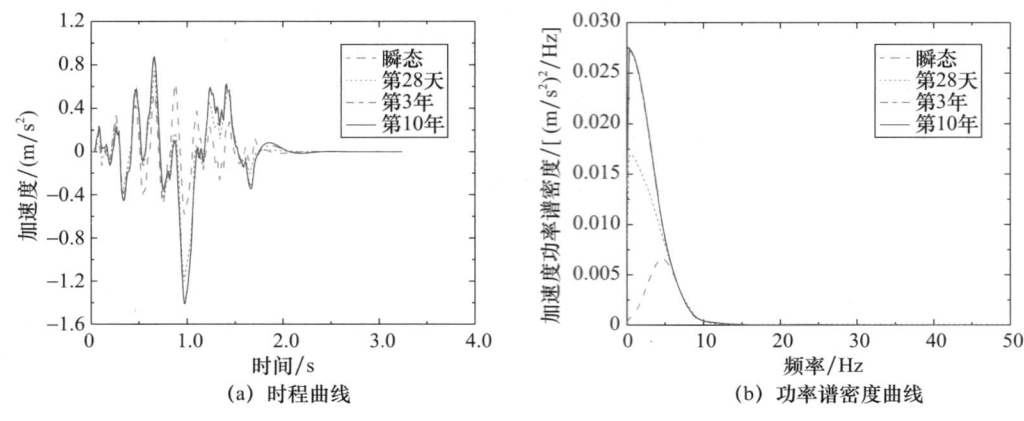

图 4-52 $\rho_{sh}=100\text{kN}/\text{mm}^2$ 时车体竖向加速度

图 4-50~图 4-52 表明，对于车体的竖向加速度而言，界面连接刚度的增大会减小其动力响应幅值，但不会影响其随运营时间增大而增幅减小及时程曲线变化的趋势。

不同界面连接刚度对应的车体竖向加速度特征频率见表 4-13，频域数据说明当界面连接刚度分别为 $\rho_{sh}=1\text{kN}/\text{mm}^2$、$\rho_{sh}=10\text{kN}/\text{mm}^2$、$\rho_{sh}=100\text{kN}/\text{mm}^2$ 时，也就是在考虑时变效应其竖向加速度的特征频率小于瞬态未考虑时变效应特征频率，界面连接刚度的不同并未改变该趋势，可见滑移效应的存在并未改变时变效应下车体的竖向加速度特征频率的变化趋势，但需要注意的是，滑移效应的存在会影响竖向加速度特征频率所对应的动力响应值，并且这种影响随界面连接刚度的增大而减小。

表 4-13 不同界面连接刚度对应的车体竖向加速度特征频率

| 运营时间 | | 瞬态 | 第 28 天 | 第 3 年 | 第 10 年 |
|---|---|---|---|---|---|
| $\rho_{sh}=1\text{kN}/\text{mm}^2$ | 特征频率/Hz | 4.62 | 0.31 | 0.31 | 0.31 |
| $\rho_{sh}=10\text{kN}/\text{mm}^2$ | 特征频率/Hz | 4.62 | 0.31 | 0.31 | 0.31 |
| $\rho_{sh}=100\text{kN}/\text{mm}^2$ | 特征频率/Hz | 4.62 | 0.31 | 0.31 | 0.31 |

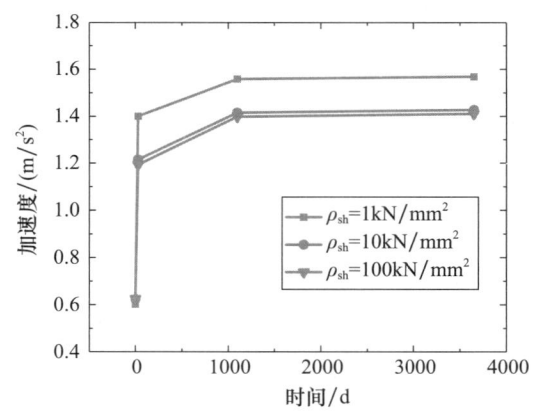

图 4-53 不同界面连接刚度下车体竖向加速度最大值

图 4-53 表明，当钢-混凝土组合箱梁界面连接刚度分别为 $\rho_{sh}=1\text{kN/mm}^2$、$\rho_{sh}=10\text{kN/mm}^2$、$\rho_{sh}=100\text{kN/mm}^2$ 时，第 10 年的车体竖向加速度最大值分别为 $1.57\text{m/s}^2$、$1.43\text{m/s}^2$、$1.41\text{m/s}^2$；瞬态的车体竖向加速度最大值分别为 $0.60\text{m/s}^2$、$0.62\text{m/s}^2$、$0.63\text{m/s}^2$，第 10 年的车体竖向加速度最大值分别增大 161.67%、130.65%、123.81%，可见界面连接刚度越小，车体竖向加速度变化越大，因此在工程中需要增大组合箱梁界面连接刚度与减小组合箱梁的时变效应来减小车体竖向加速度。

### 4.4.4 剪力滞效应对时变效应下连续钢-混凝土组合箱梁桥-车辆耦合系统动力响应的影响

4.3.4 节表明，剪力滞效应会对时变效应作用下的简支钢-混凝土组合箱梁桥及其上运行的列车的动力响应产生影响。本节与 4.3.4 节的研究思路类似，将以不考虑剪力滞效应的连续钢-混凝土组合箱梁为对象，与考虑剪力滞效应的连续钢-混凝土组合箱梁进行对比，得到高速列车作用下剪力滞效应对时变效应下连续钢-混凝土组合箱梁桥-车辆耦合系统动力响应的影响规律。

#### 4.4.4.1 剪力滞效应对连续钢-混凝土组合箱梁桥动力响应的影响

以 4.4.1 节模型为例，将列车通过不考虑剪力滞效应的连续钢-混凝土组合箱梁（Euler-Bernoulli 梁模型）时，Euler-Bernoulli 梁模型瞬态、第 28 天、第 3 年、第 10 年的竖向位移时程数据及频域数据、竖向加速度时程数据及频域数据分别汇总于图 4-54 和图 4-55 中。图 4-54 和图 4-55 与图 4-26 和图 4-27 相比，可以看出，由本文计算模型（考虑了剪力滞效应）所得的计算结果与 Euler-Bernoulli 梁模型（不考虑剪力滞效应）存在差别。

图 4-54 和图 4-55 表明，与时变效应对本文计算模型影响规律相似，不考虑剪力滞效应的组合箱梁模型跨中竖向位移及竖向加速度均随时间的增大而增大；不同运营时间条件下 Euler-Bernoulli 梁模型与钢-混凝土组合箱梁跨中竖向动位移的特征频率均为 0.31Hz，运营时间的改变并未改变 Euler-Bernoulli 梁模型竖向位移特征频率的分布，竖向位移特征频率所对应的动力响应随时间的增大而增大。

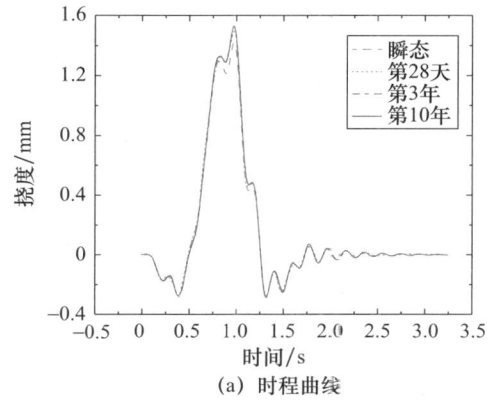
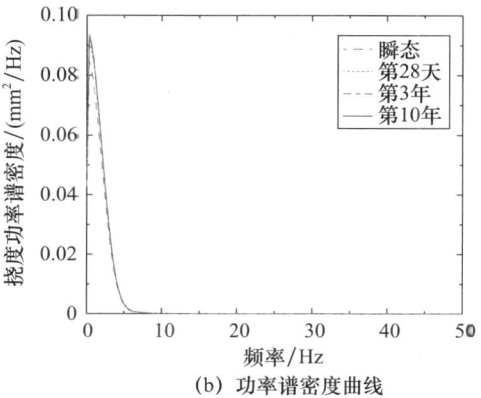

(a) 时程曲线　　　　　　　　　　(b) 功率谱密度曲线

图 4-54　不考虑剪力滞效应三跨连续钢-混凝土组合箱梁中跨跨中截面竖向位移

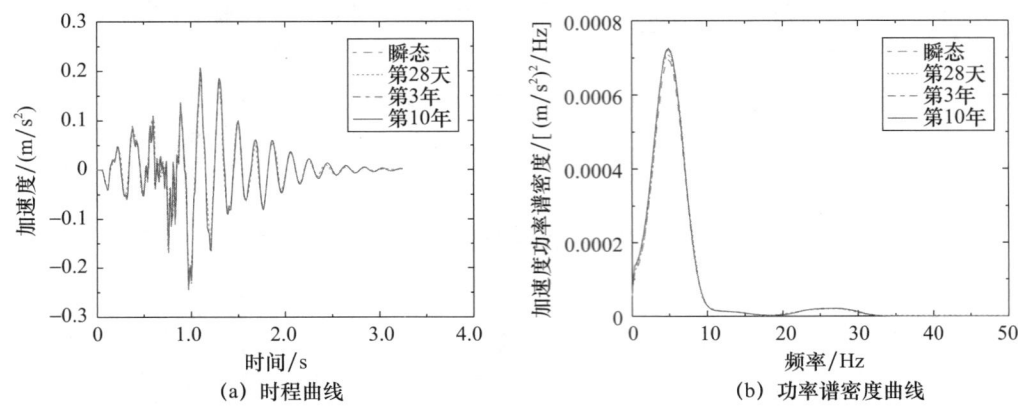

图 4-55  不考虑剪力滞效应三跨连续钢-混凝土组合箱梁中跨跨中截面竖向加速度

Euler-Bernoulli 梁模型与钢-混凝土组合箱梁模型跨中竖向加速度的特征频率见表 4-14，由频域数据可知，不考虑剪力滞效应会增大连续钢-混凝土组合箱梁竖向加速度的二阶特征频率，对一阶特征频率没有影响。因此，剪力滞效应会对钢-混凝土组合箱梁的竖向加速度特征频率分布产生影响，图 4-26（b）和图 4-27（b）对比可知，剪力滞效应的存在会增大钢-混凝土组合箱梁模型跨中竖向位移与竖向加速度的特征频率所对应的动力响应，但不会影响其时程曲线的变化趋势。

表 4-14  考虑和不考虑剪力滞效应中跨跨中竖向加速度特征频率

| 运营时间 | | 瞬态 | 第 28 天 | 第 3 年 | 第 10 年 |
| --- | --- | --- | --- | --- | --- |
| 考虑剪力滞效应 | 一阶特征频率/Hz | 4.92 | 4.92 | 4.92 | 4.92 |
| | 二阶特征频率/Hz | 24.92 | 24.92 | 24.92 | 24.92 |
| 不考虑剪力滞效应 | 一阶特征频率/Hz | 4.92 | 4.92 | 4.92 | 4.92 |
| | 二阶特征频率/Hz | 27.68 | 27.68 | 27.68 | 27.68 |

图 4-56 和图 4-57 给出了列车通过组合箱梁的整个时程范围内，不同运营时间的 Euler-Bernoulli 梁模型与考虑剪力滞效应的组合箱梁跨中处竖向位移及竖向加速度最大值变化曲线。由图 4-56 和图 4-57 可以看出，不考虑剪力滞效应的组合箱梁跨中处竖向位移最大值均随运营时间的增大而增大，瞬态时最小，为 1.42mm，第 10 年时最大，为 1.53mm，且随运营时间的增大竖向位移最大值增幅减小；Euler-Bernoulli 梁模型跨中处竖向加速度最大值均随运营时间的增大而增大，瞬态时最小，为 0.23m/s²，第 10 年时最大，为 0.24m/s²，且随运营时间的增大竖向加速度增幅减小。可见剪力滞效应的存在会使 Euler-Bernoulli 梁模型跨中处竖向位移和竖向加速度最大值分别增大 7.75% 和 4.35%。与图 4-26 和图 4-27 相比可知，剪力滞效应的存在均会增大钢-混凝土组合箱梁跨中竖向位移与跨中竖向加速度的最大值。

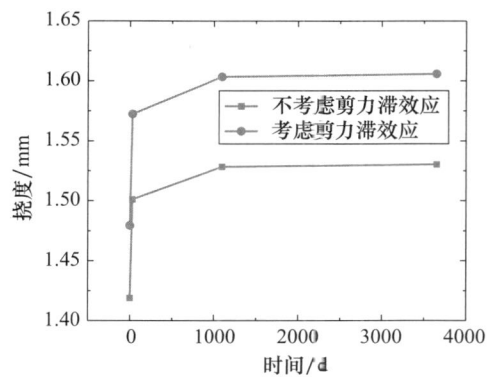
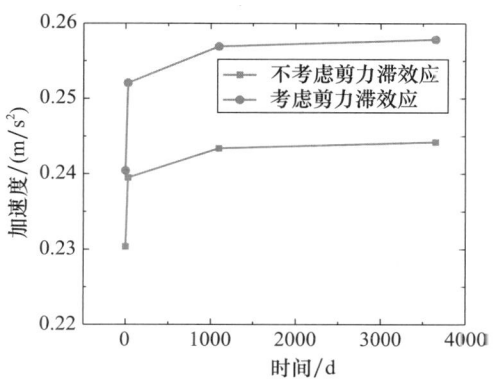

图 4-56 考虑和不考虑剪力滞效应中跨跨中截面竖向位移最大值

图 4-57 考虑和不考虑剪力滞效应中跨跨中截面竖向加速度最大值

#### 4.4.4.2 剪力滞效应对车辆动力响应的影响

将列车通过不考虑剪力滞效应的组合箱梁模型时，运营时间分别为瞬态、第 28 天、第 3 年、第 10 年的车体的竖向加速度时程数据及频域数据、整个时程范围内不同运营时间的车体竖向加速度最大值分别汇总于图 4-58 和图 4-59 中。

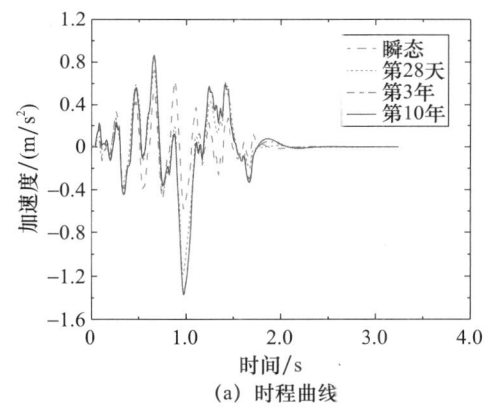
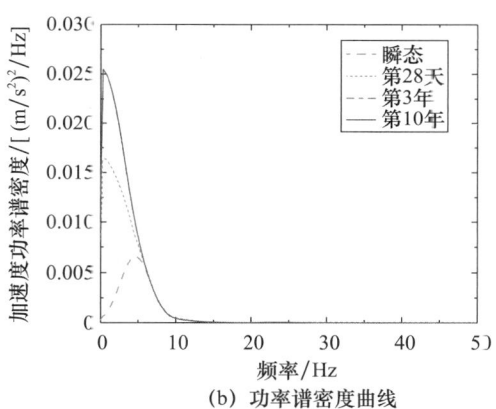

(a) 时程曲线　　　　　　　　　　　　(b) 功率谱密度曲线

图 4-58 不考虑剪力滞效应车体竖向加速度

图 4-58 表明车体的竖向加速度随运营时间的增大而增大，不同运营时间条件下车体竖向加速度的特征频率略有不同，瞬态时为 4.62Hz，第 28 天、第 3 年、第 10 年时均为 0.31Hz，与考虑剪力滞效应的特征频率相同，因此剪力滞效应的存在不会对时变效应作用下的车体竖向加速度特征频率的分布产生影响，而竖向加速度特征频率所对应的动力响应亦随时间的增大而增大。

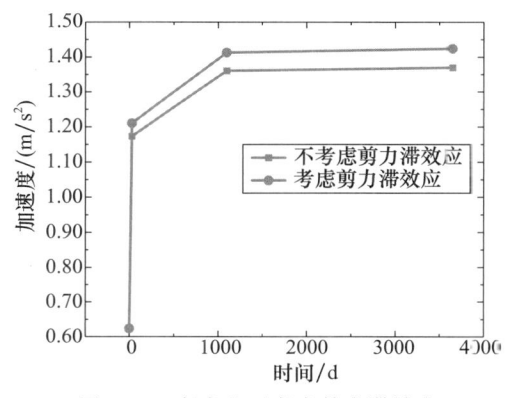

图 4-59 考虑和不考虑剪力滞效应车体竖向加速度最大值

由图 4-59 可以看出，车体竖向加速度最大值随运营时间的增大而增大，且增加的幅度随时间变小，第 10 年时最大，为 1.37m/s²，瞬态时最小，为 0.63m/s²，可见时变效应的存在会使车体竖向加速度最大值增大 117.46%。图 4-40 与图 4-59 相比可知，剪力滞效应的存在不会影响车体竖向加速度最大值随运营时间增大增幅减缓及时程曲线变化的趋势，也不影响时变效应下车体竖向加速度特征频率的分布，但会增大竖向加速度最大值。

## 4.5 本章小结

本章基于考虑时变效应的钢-混凝土组合箱梁有限梁单元理论与钢-混凝土组合箱梁车桥耦合系统理论，分别建立相应的模型，将时变模型产生的组合箱梁不同运营阶段的长期下挠与轨道不平顺叠加，作用到钢-混凝土组合箱梁桥-车辆耦合系统振动分析模型，以三跨简支钢-混凝土组合箱梁与三跨连续钢-混凝土组合箱梁为研究对象，研究了时变效应对钢-混凝土组合箱梁桥-列车耦合系统动力响应的影响机理，得到以下结论。

（1）钢-混凝土组合箱梁及其上运行列车的动力响应均随运营时间的增大而增大，即随组合箱梁运营阶段挠度增大而增大，增幅随运营时间增大而减小直至趋于稳定；时变效应未改变钢-混凝土组合箱梁跨中动挠度的特征频率以及连续梁跨中竖向加速度特征频率分布，对简支桥梁竖向加速度与列车车体加速度的特征频率产生影响，但是特征频率所对应的动力响应均随运营时间的增大而增大；桥梁动力响应方面，时变效应对简支梁桥的竖向加速度影响更大，但是时变效应对列车动力响应的影响要大于对桥梁动力响应的影响。

（2）界面连接刚度的增大会减小不同运营阶段下钢-混凝土组合箱梁桥与列车动力响应，忽略剪力滞效应的存在会减小钢-混凝土组合箱梁桥与列车动力响应，但不会影响其最大值随运营时间增大增幅减小及时程曲线变化的趋势。滑移效应与剪力滞效应的存在均对钢-混凝土组合箱梁时变效应下的竖向加速度特征频率的分布产生影响。

（3）本章的研究表明，时变效应对钢-混凝土组合箱梁桥-车辆耦合系统的动力响应产生影响，而且滑移效应与剪力滞效应的存在也会对其动力响应产生影响，在工程的设计、施工及运营过程中要给予足够的重视，将其对耦合系统的影响减小到最小，确保列车通过钢-混凝土组合箱梁桥时的绝对安全。

# 5 考虑时变效应的组合箱梁桥动力疲劳性能分析与可靠性评估

## 5.1 概 述

高速铁路钢-混凝土组合箱梁桥在运营阶段除承受自身恒载及环境等外荷载作用外，还会承受高频次的高速列车作用。组合箱梁桥在长期的运营阶段由于混凝土的收缩徐变作用会产生下挠，该作用与高频次的列车荷载耦合作用势必会对组合箱梁桥关键部位的疲劳性能产生影响。本章对高速列车荷载作用下跨中钢梁下翼缘与梁端栓钉的疲劳损伤进行研究，以三跨简支钢-混凝土组合箱梁桥为例，基于 Miner 线性累积损伤理论对跨中钢梁下翼缘与梁端栓钉的疲劳损伤进行计算，进而对列车荷载作用下的钢-混凝土组合箱梁桥的疲劳性能进行评估。

在组合箱梁桥疲劳损伤中，确定了关键节点的疲劳抗力与疲劳荷载形式。由于表示疲劳抗力的 S-N 曲线是基于试验数据拟合而来的，因此该曲线是一条确定的曲线，但是实际的工程应用中，由于受制作工艺、材料性能的差异、施工技术等各种随机因素影响，在疲劳损伤累积的过程中，结构疲劳抗力呈现出随机性特点，并不是一个定值。除此之外，结构所承受的疲劳荷载形式在运营阶段同样具有随机性，轨道不平顺、列车超载超速、桥梁受时变效应影响产生的上拱下挠等都会对桥梁产生不确定的荷载效应，且对桥梁结构疲劳损伤和疲劳使用寿命有显著影响。因此需要基于概率统计理论建立一种针对桥梁的疲劳性能的分析方法，并将各种不确定性因素纳入研究体系中，即桥梁结构的可靠性分析。

一般来说，与通过 S-N 曲线来研究结构疲劳损伤和寿命相比，结构疲劳可靠性分析更贴近于实际工程，它将结构的抗力和荷载的不确定性纳入了研究和考虑的范畴，从而计算获得一个动态指标，即可靠度指标。可靠度指标是评价桥梁结构可靠性的常用和有效的指标，被广泛应用于各类桥梁工程的可靠性评价当中。可靠度的值量化了桥梁在某段时间内不发生破坏的可能性，为相关部门和单位出台合理的运营维护政策提供了有力的理论支持，使桥梁结构既能满足运营年限的要求，又能兼顾到经济性。

在考虑时变效应的车桥耦合模型的基础上，通过疲劳可靠性分析，对高速铁路组合箱梁桥的疲劳性能进行研究。研究表明，时变效应会对组合箱梁的疲劳性能产生影响，基于疲劳可靠性分析原理，建立组合箱梁关键节点疲劳极限状态函数。在研究中，以瞬态的轨道不平顺与叠加了不同运营阶段桥梁变形的轨道不平顺为随机激励源，以京津城际铁路为背景，研究考虑时变效应的高速铁路组合箱梁桥的疲劳可靠性。

## 5.2 关键部位应力时程

对于组合箱梁弯曲疲劳问题,国内外大量研究表明,组合箱梁桥在疲劳破坏时主要由跨中截面处钢梁下翼缘的疲劳强度控制。钢-混凝土组合箱梁破坏时,通常始于跨中截面钢梁下翼缘的疲劳破坏。因此,在列车荷载作用下,组合箱梁桥的疲劳破坏需以跨中钢梁下翼缘的破坏为准。对于抗剪疲劳问题,由于高速铁路列车运行频次高,靠近梁端处的滑移较大,栓钉疲劳劣化严重。由第 2 章的假定可知,忽略钢梁与混凝土板的摩擦,二者间纵向滑移对栓钉产生的剪力全部由栓钉承担,故同时需要对梁端栓钉的疲劳损伤进行评估。

本章基于高速铁路列车的编组与运行频次,进行疲劳应力计算。采用国内常用的 CRH2 列车、CRH3 型高速动车组列车(以下简称 CRH3 列车),分步建立车辆模型,并模拟单列 8 节编组形式的列车通过组合箱梁桥,得到不同运营阶段下跨中截面钢梁下翼缘应力时程和梁端栓钉应力时程。采用德国高速线路低干扰谱,车速取平均车速 300km/h。本文建立的 2 节点 18 个自由度钢-混凝土组合箱梁有限梁单元模型如图 5-1 所示,其中有限梁单元每个节点包含 9 个自由度。

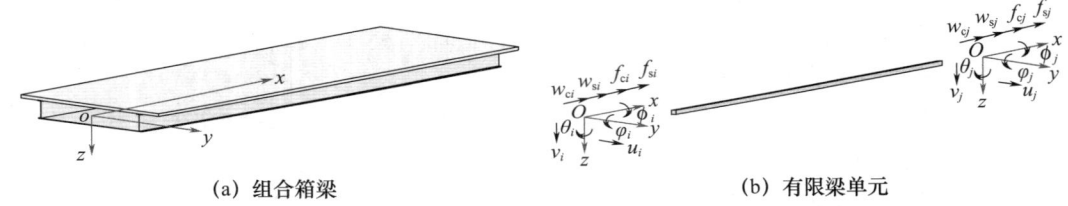

(a) 组合箱梁      (b) 有限梁单元

图 5-1 组合箱梁 2 节点 18 个自由度有限梁单元模型

### 5.2.1 跨中钢梁下翼缘应力计算

依据组合箱梁桥位移场函数可知,钢梁任一点的纵向位移 $w_s$ 可由式(5-1)表示。

$$w_s(x,y,z) = w_{s0}(x) - u'_0(x)(y-y_s) - v'_0(x)(z-z_s) + f_s(x)\psi_s(y) \tag{5-1}$$

对组合箱梁中钢梁的纵向位移求导,即可得到钢梁的正应变 $\varepsilon_s$,见式(5-2)。

$$\varepsilon_s(x,y,z) = w'_{s0}(x) - u''_0(x)y - v''_0(x)z + f'_s(x)\psi_s(y) \tag{5-2}$$

由于本文研究基于正常使用阶段,结构处于弹性受力阶段,因此,本研究模型可将钢梁的应力-应变关系描述为:

$$\sigma_s = E_s \varepsilon_s \tag{5-3}$$

根据有限元理论,模型任一点的位移可以通过节点位移与相应的形函数矩阵得到。通过车桥耦合动力分析程序,可以得到列车过桥时桥梁单元的节点位移,进而得到跨中钢梁下翼缘位置的纵向位移时程,本文采用考虑滑移效应与剪力滞效应的 2 节点 18 个自由度有限梁单元模型,故钢梁下翼缘纵向位移可以表示为:

$$w_s = N_{se} q_{se} \tag{5-4}$$

式中,$q_{se}$ 为钢梁单元局部节点位移向量;$N_{se}$ 为该梁单元中与纵向位移场函数 $w_s$ 相对应的形函数矩阵。

钢梁单元局部节点位移可以表示为：

$$\boldsymbol{q}_{se}^{T} = [w_{si} \quad v_i \quad \varphi_i \quad u_i \quad \theta_i \quad f_{si} \quad w_{sj} \quad v_j \quad \varphi_j \quad u_j \quad \theta_j \quad f_{sj}] \quad (5\text{-}5)$$

式中，$i$、$j$ 分别为梁单元的两端节点编号。

相应的形函数矩阵 $\boldsymbol{N}_{se}$ 见附录 E。

将式（5-5）、式（5-4）、式（5-1）、式（5-2）代入式（5-3）可得钢梁相应位置的正应力时程。

通过计算，各编组单列列车通过运营时间为瞬态与第 10 年的组合箱梁桥时，跨中钢梁下翼缘正应力时程如图 5-2 和图 5-3 所示。

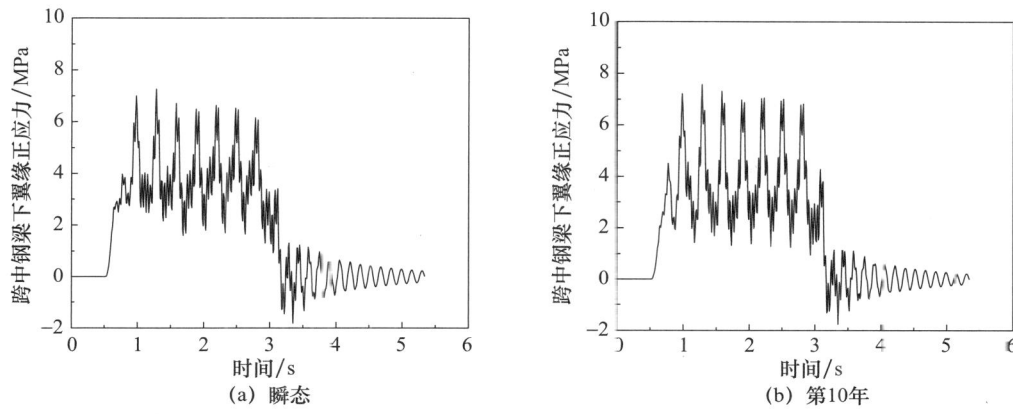

图 5-2 单列 CRH2 列车过桥时中跨跨中钢梁下翼缘正应力时程

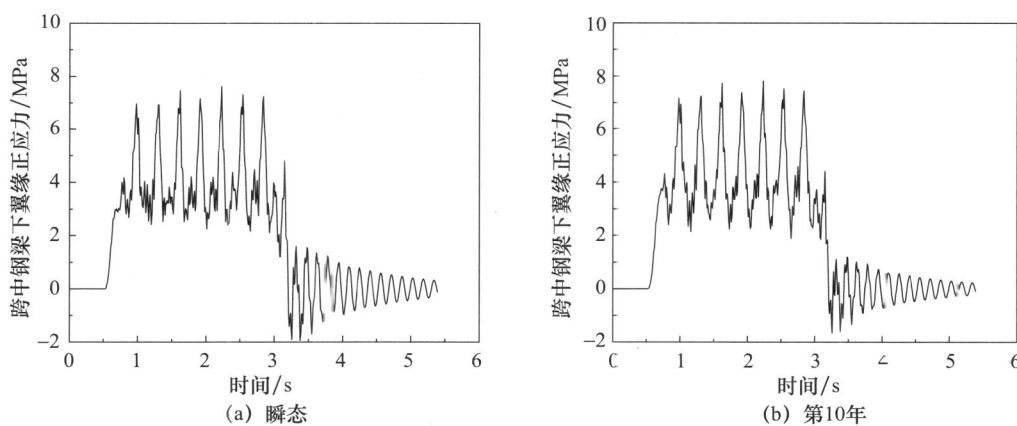

图 5-3 单列 CRH3 列车过桥时中跨跨中钢梁下翼缘正应力时程

### 5.2.2 梁端栓钉应力计算

本节模型栓钉采用 $\phi 22 \sim 300\text{mm}$，沿桥梁横向每排布置 6 个，由文献可知钢梁与混凝土板的界面剪力连接刚度 $\rho_{sh}$ 沿桥梁纵向为定值，则界面的黏结滑移力 $q(x)$ 与滑移 $\Delta(x)$ 的关系如式（5-6）所示。

$$q(x) = \rho_{sh} \Delta(x) = \rho_{sh} (w_{s0} - w_{c0} + v_0' h) \quad (5\text{-}6)$$

其中，$\rho_{sh} = \dfrac{R}{s}$，$R$ 为栓钉的抗剪刚度，$s$ 为栓钉的纵向间距。

Oehlers 等进行了大量的推出试验，并在试验结果的基础上提出栓钉连接件抗剪刚度的近似计算式：

$$R = \dfrac{N_u}{d_s(\alpha - 0.0017 f_c)} \tag{5-7}$$

式中，$R$ 为栓钉的抗剪刚度；$d_s$ 为栓钉截面直径；$N_u$ 为栓钉抗剪承载力；$f_c$ 为混凝土抗压强度；对于普通混凝土，系数 $\alpha = 0.08$。

滑移 $\Delta(x)$ 可以通过节点位移得到，如式（5-8）所示。

$$\Delta(x) = \mathbf{N}_{he} \mathbf{q}_{he} \tag{5-8}$$

式中，$\mathbf{q}_{he}$ 为与滑移位移场函数相关的单元局部节点位移向量；$\mathbf{N}_{he}$ 为该梁单元中与滑移位移场函数 $\Delta(x)$ 相对应的形函数矩阵。

钢梁单元局部节点位移可以表示为：

$$\mathbf{q}_{he}^{T} = [w_{ci} \quad w_{si} \quad v_i \quad \varphi_i \quad w_{cj} \quad w_{si} \quad v_j \quad \varphi_j] \tag{5-9}$$

式中，$i$、$j$ 分别为梁单元的两端节点编号。

相应的形函数矩阵见附录 E。

由文献可知，单排栓钉剪力可以表示为：

$$Q = s \cdot q(x) \tag{5-10}$$

根据前文假定，认为钢-混凝土组合箱梁桥中钢梁与混凝土板交界面的纵向剪力全部由栓钉承担，采用式（5-11）可求出钢-混凝土组合箱梁桥梁端单个栓钉的剪应力 $\tau_x$。

$$\tau_x = \dfrac{4}{n\pi d_s^2} \cdot Q \tag{5-11}$$

式中，$n$ 为组合箱梁桥同一横截面栓钉个数；$d_s$ 为栓钉截面直径。

本章模型混凝土取 C50，由于受试验条件的限制，参考汪劲丰的研究成果，取抗剪刚度 $R = 411 \text{kN/mm}$，可得界面连接刚度 $\rho_{sh} = 8 \text{kN/mm}^2$。

在有限元中，任一点位移可以通过节点位移与相应的形函数矩阵得到，通过车桥耦合动力分析程序，可以得到列车过桥时桥梁单元的节点位移，进而得到组合箱梁桥梁端滑移时程，最后通过式（5-11）求得梁端栓钉在列车荷载下所产生的应力时程。各编组单列列车通过桥梁时，剪应力时程结果如图 5-4 和图 5-5 所示。

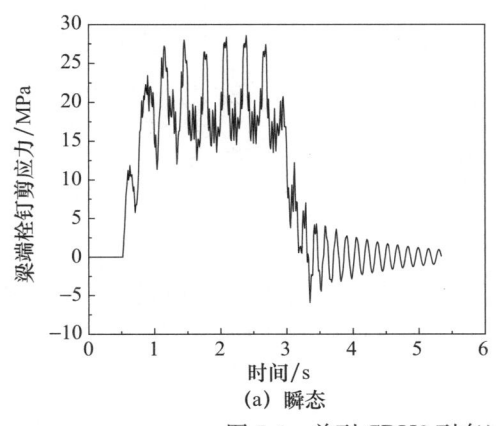
(a) 瞬态

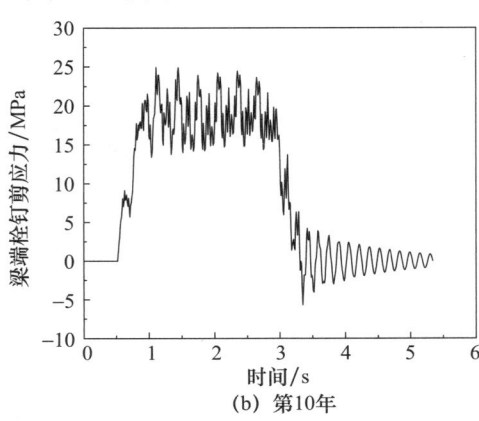
(b) 第10年

图 5-4　单列 CRH2 列车过桥时中跨梁端栓钉剪应力时程

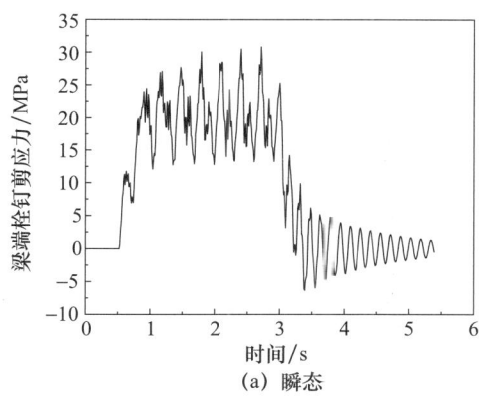 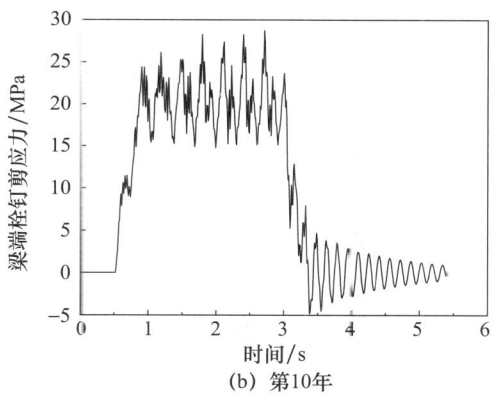

图 5-5 单列 CRH3 列车过桥时中跨梁端栓钉剪应力时程

### 5.2.3 获取疲劳应力谱

前两节已获取高速列车通过桥梁整个时程范围内关键部位的应力变化曲线,为了获得疲劳损伤,需要将其转化为应力谱,并对其循环次数进行统计,常用的方法有泄水法、雨流计数法等。本节采用工程中广泛应用的雨流计数法,对应力时程进行统计分析,从而获得疲劳应力谱,对关键节点的疲劳性能进行分析。雨流计数法原理和计数流程如下。

雨流计数法基于材料疲劳损伤时呈现应力-应变的滞回曲线的特性。将应变-时间曲线绕坐标轴顺时针转过 90°,使时间轴朝下,应变就如雨水一样顺着屋面往下流,故此得名,如图 5-6 所示。

在工程应用中,雨流计数法需要遵循以下几项规则:

(1) 雨水从负荷时间过程的峰值位置内侧依次顺着斜坡流下;

(2) 雨流从某一峰值点开始,在大于其初始峰值的峰值处停止,在遇到上面流下的雨流处停止;

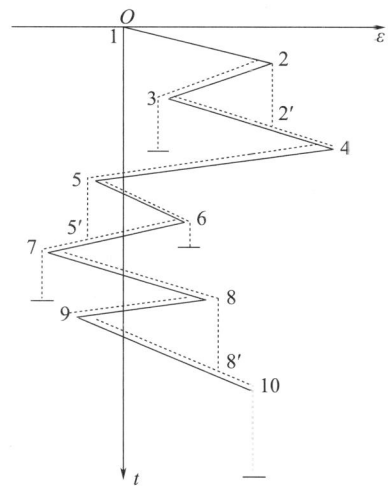

图 5-6 雨流计数法示意图

(3) 取出所有全周期,记录每个周期的振幅;

(4) 需要进行第二阶段的雨流计数时,将第一阶段计数后剩下的发散收敛荷载时间历程等效为一个发散收敛荷载时间历程。计数循环的总数为两个计数阶段的计数循环之和。

基于以上原则,雨流计数法程序通过 Matlab 数学计算软件实现,对单列列车过桥时产生的关键部位应力时程进行统计,由于小于 1MPa 的应力幅对疲劳损伤的贡献较小,故在统计过程中小于 1MPa 的应力幅未计入统计。各编组单列列车通过运营时间为瞬态与第 10 年的简支钢-混凝土组合箱梁桥时,跨中钢梁下翼缘与梁端栓钉的疲劳应力谱以直方图形式展现,如图 5-7~图 5-10 所示。

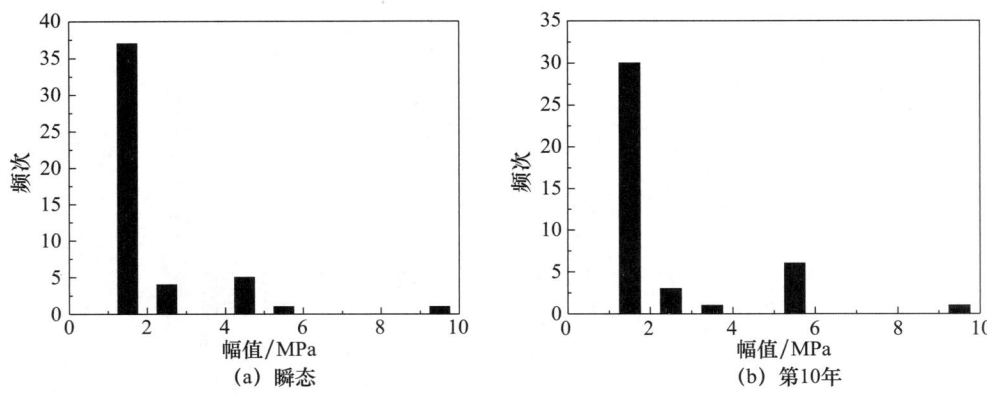

图 5-7　单列 CRH2 列车过桥时中跨跨中钢梁下翼缘应力直方图

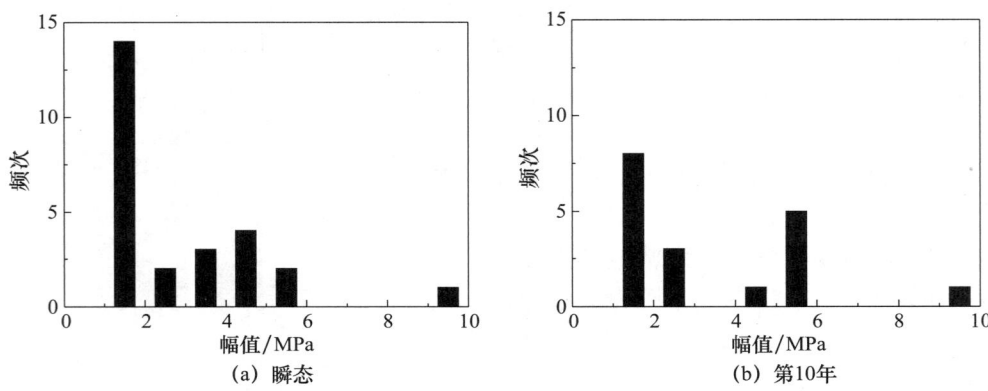

图 5-8　单列 CRH3 列车过桥时中跨跨中钢梁下翼缘应力直方图

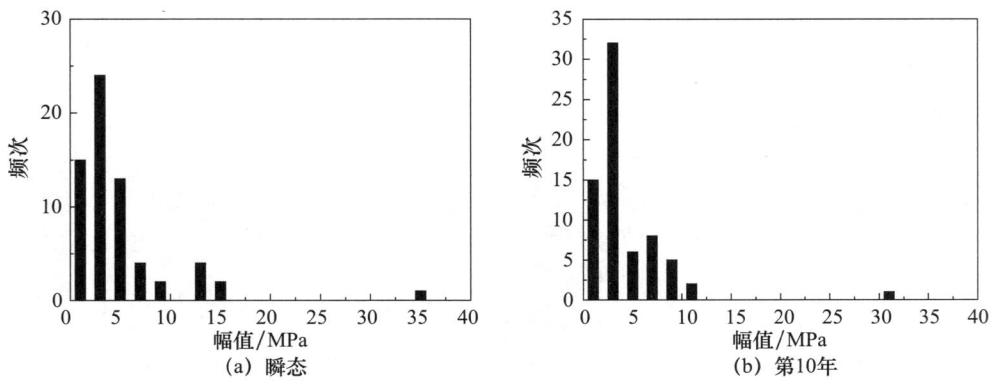

图 5-9　单列 CRH2 列车过桥时中跨梁端栓钉应力直方图

# 5 考虑时变效应的组合箱梁桥动力疲劳性能分析与可靠性评估

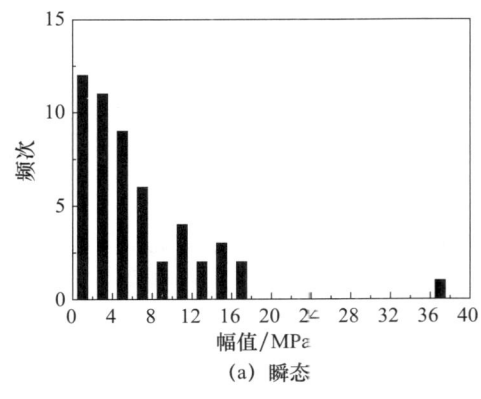
(a) 瞬态

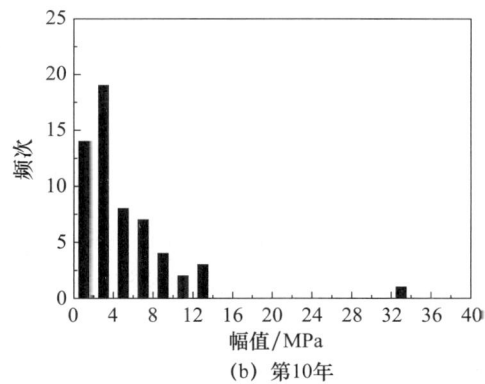
(b) 第10年

图 5-10　单列 CRH3 列车过桥时中跨梁端栓钉应力直方图

在获取应力谱之后，即可计算运营期间时变效应对高速列车荷载作用下桥梁的疲劳损伤性能的影响。

## 5.3　钢-混凝土组合箱梁桥长期疲劳损伤评估

### 5.3.1　S-N 曲线的选取

得到关键部位应力谱后，需要根据相应的 S-N 曲线对其进行疲劳损伤的计算。S-N 曲线一般可用式（5-12）表示：

$$\lg N + m\lg\Delta\sigma = \lg C \tag{5-12}$$

式中，$\Delta\sigma$ 为实际应力幅大小；$N$ 为结构疲劳失效时的总循环次数；$m$ 和 $C$ 为与材料、构造相关的系数。

#### 5.3.1.1　钢梁 S-N 曲线的选取

根据我国《铁路桥梁钢结构设计规范》（TB 10091—2017），本章钢-混凝土组合箱梁跨中钢梁下翼缘的疲劳容许应力幅类别为V类，得到 S-N 疲劳曲线公式，见式（5-13）。

$$\lg N + 3.5\lg\Delta\sigma = 13.45 \tag{5-13}$$

#### 5.3.1.2　栓钉 S-N 曲线的选取

针对栓钉的疲劳计算，国外相关规范均有自己的疲劳计算公式，其中，较为典型有美国 AASHTO 规范、欧洲规范《欧洲规范 4：钢与混凝土组合结构设计》和日本规范《钢-混凝土组合箱梁桥规范》。此外，国内一些学者通过大量的试验研究与理论推导得到栓钉疲劳 S-N 曲线，其中聂建国在总结前人与自己的试验结果的基础上得到了保证率为95%的栓钉疲劳寿命计算公式，见式（5-14）。

$$\lg N + 5.13\lg\Delta\tau = 16.205 \tag{5-14}$$

### 5.3.2　时变效应对疲劳性能的影响

桥梁在运营阶段会受到高速列车的循环往复作用，对节点部位造成疲劳损伤，当损伤累积到一定程度时，节点部位会发生破坏，所以需要对荷载作用下结构的损伤进行计算，国内外计算结构疲劳损伤累积的理论主要有线性、双线性以及非线性三类。其中，线性累积理论应用最广，Palmgren-Miner 理论最为经典，简称 P-M 理论或者 Miner 理论。P-M 理论是将每次应力幅对结构节点部位造成的损伤计为 $1/N_i$，总损伤由每次损伤线性累加得到，见（5-15）：

$$D = \sum_{i=1}^{k} \frac{n_i}{N_i} \tag{5-15}$$

式中，$D$ 为运营阶段关键节点所承受的总疲劳损伤程度；$n_i$ 表示应力幅 $\Delta\sigma_i$ 的循环次数；$N_i$ 为应力幅 $\Delta\sigma_i$ 所对应的最大循环数；$k$ 为应力幅种类总数。

通过式（5-15）可以得到不同运营阶段下单列 8 节编组 CRH2 列车、CRH3 列车过桥时对跨中钢梁下翼缘和梁端抗剪箍筋造成的损伤程度计算结果，如表 5-1 所示。

表 5-1 组合箱梁疲劳损伤计算结果

|  | 跨中钢梁下翼缘 | | 梁端栓钉 | |
| --- | --- | --- | --- | --- |
|  | CRH2 列车 | CRH3 列车 | CRH2 列车 | CRH3 列车 |
| 瞬态 | $1.35\times10^{-10}$ | $1.60\times10^{-10}$ | $5.12\times10^{-10}$ | $7.67\times10^{-9}$ |
| 第 1 年 | $1.69\times10^{-10}$ | $1.61\times10^{-10}$ | $3.10\times10^{-9}$ | $5.03\times10^{-9}$ |
| 第 2 年 | $1.75\times10^{-10}$ | $1.63\times10^{-10}$ | $2.97\times10^{-9}$ | $4.82\times10^{-9}$ |
| 第 3 年 | $1.78\times10^{-10}$ | $1.64\times10^{-10}$ | $2.89\times10^{-9}$ | $4.69\times10^{-9}$ |
| 第 4 年 | $1.81\times10^{-10}$ | $1.65\times10^{-10}$ | $2.83\times10^{-9}$ | $4.60\times10^{-9}$ |
| 第 5 年 | $1.83\times10^{-10}$ | $1.65\times10^{-10}$ | $2.79\times10^{-9}$ | $4.54\times10^{-9}$ |
| 第 6 年 | $1.84\times10^{-10}$ | $1.66\times10^{-10}$ | $2.76\times10^{-9}$ | $4.48\times10^{-9}$ |
| 第 7 年 | $1.86\times10^{-10}$ | $1.66\times10^{-10}$ | $2.73\times10^{-9}$ | $4.44\times10^{-9}$ |
| 第 8 年 | $1.87\times10^{-10}$ | $1.66\times10^{-10}$ | $2.70\times10^{-9}$ | $4.40\times10^{-9}$ |
| 第 9 年 | $1.88\times10^{-10}$ | $1.67\times10^{-10}$ | $2.70\times10^{-9}$ | $4.37\times10^{-9}$ |
| 第 10 年 | $1.88\times10^{-10}$ | $1.67\times10^{-10}$ | $2.69\times10^{-9}$ | $4.33\times10^{-9}$ |

由表 5-1 数据可以看出，时变效应会提高跨中钢梁下翼缘的损伤程度，但会降低梁端栓钉的损伤程度，损伤程度前期发展迅速，到后期趋于稳定。梁端栓钉的损伤程度高于跨中钢梁的损伤程度，因此梁端栓钉的损伤为组合梁疲劳损伤的控制因素。

## 5.4 结构可靠度基本原理及方法

### 5.4.1 结构可靠度基本原理

安全性、适用性和耐久性是结构在服役阶段需要满足的三种要求，结构在规定条件下满足上述要求的能力称为结构的可靠性。为了考虑各种不确定性因素的影响，根据所研究对象的功能和需求，把与研究对象相关的不确定性因素看成随机变量 $X_1$，$X_2$，$\cdots$，$X_n$ 来处理，并建立包含所有相关随机变量的极限状态函数 $Z = g(X_1, X_2, \cdots, X_n)$，也称为功能函数。不同结构在不同工况下建立的极限状态函数，均有不同的形式和含义，只要为结构抗力和荷载形式赋予不同的意义，各类结构的疲劳极限状态方程仍可用

功能函数 $Z$ 表示。功能函数 $Z$ 见式（5-16）。

$$Z = R - S \tag{5-16}$$

式中，$Z$ 为功能函数，以不确定性因素 $X_1$，$X_2$，$\cdots$，$X_n$ 等作为自变量（在实际研究中，一般考虑所研究的问题相关的主要因素，对于桥梁工程，如荷载形式、材料特性变化等）；$R$ 为与结构本身的抗力相关的多个变量（如钢材与栓钉的强度等）；$S$ 为与作用在结构上的荷载相关的多个变量。

当结构的抗力大于结构所受荷载作用，即 $Z=R-S>0$ 时，表明结构未失效；当结构的抗力等于结构所受荷载作用，即 $Z=R-S=0$ 时，表明结构处于即将失效的临界状态；当结构的抗力小于结构所受荷载作用，即 $Z=R-S<0$ 时，表明结构处于已失效或破坏状态。

在实际工程中是不希望结构处于失效状态的，即需要保证结构的极限状态函数 $Z>0$。为了得到结构在运营阶段的可靠度，需要计算结构失效概率 $P_f$ [式（5-17）] 来得到结构的可靠度。

$$P_f = \int_{Z<0} \mathrm{d}F_x(x) = \int_{Z<0} f_x(x)\mathrm{d}x = \int \cdots \int_{Z<0} f_{x_1}(x_1, x_2, \cdots, x_n) \mathrm{d}x_1 \mathrm{d}x_2 \cdots \mathrm{d}x_n \tag{5-17}$$

式中，$F_x(x) = F_x(x_1, x_2, \cdots, x_n)$ 代表与结构相关的随机变量 $X_1$，$X_2$，$\cdots$，$X_n$ 的联合累积分布函数，$f_x(x) = f_x(x_1, x_2, \cdots, x_n)$ 代表联合密度函数。

结构的可靠概率则表示为 $1-P_f$，由式（5-18）表示。

$$P_r = 1 - P_f = 1 - \int_{Z<0} f_x(x)\mathrm{d}x = 1 - \int \cdots \int_{Z<0} f_{x_1}(x_1, x_2, \cdots, x_n) \mathrm{d}x_1 \mathrm{d}x_2 \cdots \mathrm{d}x_n \tag{5-18}$$

由式（5-18）求解结构可靠概率的过程烦琐，实际工程上通常用可靠度指标 $\beta$ 来反映结构在运营阶段的可靠性。设与结构抗力相关的综合变量 $R$ 和与结构所受荷载相关的综合变量 $S$ 服从正态分布，则失效概率为：

$$P_f = \int_{-\infty}^{0} \frac{1}{\sqrt{2\pi}\sigma_z} \exp\left[-\frac{1}{2}\left(\frac{z-\mu_z}{\sigma_z}\right)^2\right] \mathrm{d}z \tag{5-19}$$

将功能函数 $Z$ 转换为标准正态分布，令 $x = \frac{z-\mu_z}{\sigma_z}$，$\mathrm{d}z = \sigma_z \mathrm{d}x$，代入式（5-19），则失效概率表示为：

$$P_f = \int_{-\infty}^{-\frac{\mu_z}{\sigma_z}} \frac{1}{\sqrt{2\pi}} \exp\left(-\frac{x^2}{2}\right) \mathrm{d}x = 1 - \Phi\left(\frac{\mu_z}{\sigma_z}\right) = \Phi\left(-\frac{\mu_z}{\sigma_z}\right) \tag{5-20}$$

式中，$\Phi(\cdot)$ 为标准正态分布。

令 $\beta = \frac{\mu_z}{\sigma_z}$，则可靠概率见式（5-21）。

$$P_r = 1 - P_f = 1 - \Phi(-\beta) = \Phi(\beta) \tag{5-21}$$

由式（5-21）可以看出，可靠度指标 $\beta$ 越大，失效概率 $P_f$ 越小，故可以用 $\beta$ 来表示可靠概率的大小。表 5-2 给出了不同失效概率 $P_f$ 下可靠度指标 $\beta$ 值。结构的失效概率 $P_f$ 越小，结构在运营阶段越安全，结构的可靠度越高。

表 5-2 失效概率 $P_f$ 对应的可靠度指标 $\beta$ 值

| 可靠度指标 $\beta$ | 失效概率 $P_f$ | 可靠度指标 $\beta$ | 失效概率 $P_f$ |
| --- | --- | --- | --- |
| 0 | 1 | 2.5 | $6.21\times10^{-3}$ |
| 0.5 | $3.09\times10^{-1}$ | 3.0 | $1.35\times10^{-3}$ |
| 1.0 | $1.59\times10^{-1}$ | 3.5 | $2.33\times10^{-4}$ |
| 1.5 | $6.68\times10^{-2}$ | 4.0 | $3.17\times10^{-5}$ |
| 2.0 | $2.28\times10^{-2}$ | $+\infty$ | 0 |

### 5.4.2 可靠度计算方法

近年来，结构可靠性领域的研究取得了重要成果，结构可靠性分析越来越多地应用于实际工程中。在可靠性分析过程中，受结构材料性质、荷载等内外复杂因素的影响，采用单一方法难以获得结构可靠性。现阶段，根据我国法规要求，计算可靠性主要包括响应面法、一次二阶矩法和蒙特卡洛法等。下面对这些常用的可靠性计算方法进行介绍。

#### 5.4.2.1 响应面法

此方法适用于极限状态函数 $Z$ 为隐式函数时。响应面法的原理是选择一个显式函数来逼近 $Z$，从而简化了计算过程。采用有限元法进行数值计算，将结果拟合得到响应面，代替真实的极限状态面，得到的拟合响应面通常是二次多项式。在实际应用中，响应面函数通常用没有交叉项的二次多项式来表示，故在一定程度上被简化。

#### 5.4.2.2 一次二阶矩法

当结构的极限状态函数 $Z$ 具有弱线性特性时，无法通过积分得到更准确的结构可靠度。一次二阶矩法主要通过各变量的期望值和均方误差分析结构的可靠性，把极限状态函数 $Z$ 各个变量 $X_i$（$i=1,2,3,\cdots,n$）在相应的期望值 $\mu_{xi}$（$i=1,2,3,\cdots,n$）处泰勒展开，将极限状态函数转换为线性函数后，计算结构可靠性。

在结构可靠度的实际计算中，一次二阶矩法通常进行线性化，只近似取一阶展开式，得：

$$Z \approx g(\mu_{X_1},\mu_{X_2},\mu_{X_3},\cdots,\mu_{X_n}) + \sum_{i=1}^{n}(X_i - \mu x_i)\frac{\partial g}{\partial X_i}\mid \mu_{X_i} \quad (5\text{-}22)$$

其中，$\frac{\partial g}{\partial X_i}\mid \mu_{X_i}$ 表示 $Z$ 对 $X_i$ 求偏导后，将均值 $\mu_{X_i}$（$i=1,2,3,\cdots,n$）代入后的导数值。对式（5-22）分别取均值和标准差得：

$$\mu_z \approx g(\mu_{X_1},\mu_{X_2},\mu_{X_3},\cdots,\mu_{X_n})\ \mu_z \approx g(\mu_{X_1},\mu_{X_2},\mu_{X_3},\cdots,\mu_{X_n}) \quad (5\text{-}23)$$

$$\sigma_z \approx \sum_{i=1}^{n}\sigma_{zi}^2\left[\frac{\partial g}{\partial X_i}\mid \mu_{X_i}\right]^2 \quad (5\text{-}24)$$

求得 $\mu_z$ 和 $\sigma_z^2$ 后，可靠度指标 $\beta$ 可表达为：

$$\beta = \frac{\mu_z}{\sigma_z} = \frac{g(\mu_{X_1},\mu_{X_2},\mu_{X_3},\cdots,\mu_{X_n})}{\sum_{i=1}^{n}\sigma_{zi}^2\left[\frac{\partial g}{\partial X_i}\mid \mu_{X_i}\right]^2} \quad (5\text{-}25)$$

#### 5.4.2.3 蒙特卡洛法

蒙特卡洛法是结构可靠性分析中的常用方法,它基于抽样统计原理解决实际问题。使用蒙特卡洛法解决问题的基本思想是首先找到一个与目标问题相似的数学概率模型,并将问题与数学概率模型的特征值(期望值、标准差等)联系起来。通过这种相似性对概率模型进行采样和计数,最后将统计估计作为原始数学计算问题的近似解。

就结构可靠性分析而言,依据上述思路,统计得到各综合变量的概率密度函数,然后对每个随机量进行随机抽样,极限状态函数 $Z=g(X_1, X_2, \cdots, X_n)$ ($X_1, X_2, \cdots, X_n$ 是根据抽样得到的样本)的失效概率。如果随机抽样试验进行 $N$ 次,$N$ 次试验中有 $n_f$ 次结构失效发生($Z<0$),则该结构失效频率为 $n_f/N$。根据概率知识可以得出,当抽样试验达到一定数量时,检验得到的频率无限接近实际概率。因此,当 $N$ 足够大时,结构失效概率为 $P_f=n_f/N$。蒙特卡洛法的优点是避免了结构可靠性分析[如式(5-18)所述情况]中计算困难的问题,无须对极限状态函数 $Z$ 进行线性化,即可相对简单直接地求解可靠性问题,但缺点是计算量大且耗时。

响应面法适用于功能函数是隐式函数时,但计算量大;一次二阶矩法概念清晰,计算相对简单,可导出解析表达式,直接给出可靠度指标 $\beta$ 与随机变量统计参数之间的关系,分析问题方便灵活;蒙特卡洛法避免了复杂计算的过程,但耗时长,对计算机硬件要求高。

由于计算机硬件水平的提高,蒙特卡洛法计算量大的缺点基本得到解决,因此,本章采用蒙特卡洛法,并基于MATLAB编写相应程序,分析时变效应作用下组合箱梁的疲劳可靠性。

## 5.5 疲劳极限状态函数

本节通过建立疲劳极限状态函数得到结构的失效概率。基于Miner线性累积损伤理论,疲劳极限状态函数可表示为:

$$g(X) = R - S = \Delta - D \tag{5-26}$$

式中,$\Delta$ 为结构临界疲劳累积损伤指数;$D$ 为结构在服役阶段荷载作用承受的总疲劳损伤。

大多数学者研究结构疲劳可靠度,是将结构的变幅应力幅(第3章的方法)转换为等效应力幅来计算结构运营阶段承受的总疲劳损伤 $D$,见式(5-27)。

$$D = \frac{(S_{re})^m N}{C} \tag{5-27}$$

将式(5-27)代入式(5-26),可得极限状态函数最终形式,见式(5-28)。

$$g(X) = \Delta - \frac{(S_{re})^m N}{C} \tag{5-28}$$

式中,$S_{re}$ 为等效应力幅大小;$N$ 为结构承受的某等效应力幅总次数;$m$ 和 $C$ 为与结构本身相关的抗力变量。

将列车作用下关键节点产生的实际应力幅转换为等效应力幅的原则为:等效应力幅作用对关键节点造成的总损伤与实际应力幅作用下造成的总损伤相同。

由于本节钢梁与栓钉均采用单斜率 S-N 曲线，等效应力幅计算公式见式（5-29）。

$$S_{\mathrm{re}} = \left[\frac{\sum_i n_i (\Delta S_i)^m}{\sum_i n_i}\right]^{1/m} \tag{5-29}$$

式中，$\Delta S_i$ 为结构承受的实际应力幅。

## 5.6 随机变量概率分布特性研究

得到结构疲劳极限状态函数后，需要对函数中的各个随机变量进行概率研究，确定其概率分布或统计特征值，如均值和标准差等。疲劳极限状态函数式（5-28）中各个参数分成两类：一类是与结构构件本身抗力相关的参数，包括结构临界损伤累积指数 $\Delta$、材料 S-N 曲线的参数 $C$ 和 $m$；另一类是作用在结构构件上的与疲劳荷载效应相关的参数，包括等效应力幅 $S_{\mathrm{re}}$ 和等效应力幅应力循环次数 $n$。由于高速铁路运行规律性强，能够确定具体的列车通行频次，故将列车运行频次看作常量，不作为随机变量进行统计分析。

本章以京津城际铁路列车运行频次作为组合箱梁所承受的荷载效应。经查阅相关资料可知，京津城际铁路于 2008 年正式开通运营，初期开行动车组列车 60 对，其中本线 47 对，跨线 13 对；2017 年实施新的列车运行图，开行密度增加，周一至周四运行 98.5 对、周五至周日运行 108.5 对。铁路部门于 2018 年对列车运行图进行第二阶段调整，京津城际铁路运行列车数量由 108.5 对增加至 136 对。京津城际铁路初期使用 CRH2 与 CRH3 列车，2009 年均改用 CRH3 列车，2018 年全部更换为 CR400 列车，由于本节缺少 CR400 列车的动力参数，因此 2018 年之后仍采用 CRH3 列车。考虑到跨线列车的作用，由于缺乏相关资料，本节以京津城际本线列车的增长比例计算得到跨线列车运行频次，跨线列车由 CRH2 列车与 CRH3 列车平均承担。京津城际铁路高速动车组列车编组和运行频次见表 5-3。

表 5-3 京津城际铁路高速动车组列车编组和运行频次统计表

| 年份 | CRH2 列车 | CRH3 列车 |
| --- | --- | --- |
| 2008 | 21898 | 21902 |
| 2009—2016 | 4744 | 39056 |
| 2017 | 10376 | 85411 |
| 2018—2022 | 13730 | 113010 |

### 5.6.1 抗力相关参数统计分析

#### 5.6.1.1 临界疲劳累积损伤指数 $\Delta$ 的统计特征

在疲劳极限状态函数 $Z$ 中，临界疲劳累积损伤指数 $\Delta$ 表示结构的抗力大小，在第 3 章的定性研究中，认为结构总的损伤累积到 1 时发生疲劳破坏。然而，在实际工程应用中，结构发生疲劳破坏不一定发生在 $\Delta=1$ 时，由于材料性能的随机性、试验加载方式和速度的随机性、试验测量的随机性等与结构疲劳损伤有关的原因，$\Delta$ 表现出一定的不确定性。

国内外学者进行了大量试验，对结构 $\Delta$ 的概率分布特征进行了研究。大多学者得出临界疲劳累积损伤指数 $\Delta$ 服从正态分布，均值 $\mu_\Delta$ 取 1.0，变异系数 $\delta_\Delta$ 取 0.3 的结论，而且被广泛应用于工程实践与相关研究中。

#### 5.6.1.2 与结构本身抗力相关的 $C$ 和 $m$ 的统计特征

将 $S$-$N$ 曲线以对数形式表示，即有：
$$m\ln S+\ln N=\ln C \tag{5-30}$$

式（5-30）表征了结构的疲劳抗力，受到结构制作工艺等因素的不确定性影响，结构自身的抗疲劳能力同样具有不确定性，因此在式（5-30）中，$m$ 与 $C$ 具有随机性，需要对随机变量 $m$ 和 $C$ 的概率分布进行统计分析。许多学者研究表明，$m$ 的变异性很小，$C$ 的变异性较大，因此本章研究将 $m$ 看成常数，仅考虑 $C$ 的随机性。

对于 $C$ 的概率分布研究，通常采用下面的分析方法，即在规定的应力幅下，对 $n$ 个构件进行等幅疲劳加载，先得到 $\ln N$ 的期望值和均方差。

$$\mu_{\ln N} = \frac{1}{n}\sum \ln N_i \tag{5-31}$$

$$\sigma_{\ln N} = \sqrt{\frac{1}{(n-1)\sum(\ln N_i - \mu \ln N)^2}} \tag{5-32}$$

由式（5-31）和式（5-32）可以推得 $\ln C$ 的期望值和均方差。

$$\mu_{\ln C}=m\ln \Delta\sigma+\mu_{\ln N} \tag{5-33}$$

$$\sigma_{\ln C}=\sigma_{\ln N} \tag{5-34}$$

材料疲劳细节常数 $C$ 服从对数正态分布。参数 $C$ 的概率特征值通常由疲劳试验获得。Zhao 等建议变异系数取 0.45，钢梁、栓钉疲劳强度系数 $C$ 根据欧洲规范的疲劳损伤等级确定。钢梁与栓钉的疲劳强度系数见表 5-4。

表 5-4 疲劳细节常数 $C$ 统计参数

| 参数 | 均值 | 标准差 | 变异系数 |
| --- | --- | --- | --- |
| 钢梁 $C$ | $3.51\times 10^{11}$ | $1.58\times 10^{11}$ | 0.45 |
| 栓钉 $C$ | $3.47\times 10^{14}$ | $1.56\times 10^{14}$ | 0.45 |

### 5.6.2 疲劳荷载相关参数统计分析

疲劳荷载的随机变量包括等效应力幅 $S_{re}$ 和相应循环次数 $n$，等效应力幅的统计特征，需要通过车桥耦合系统与应力-应变关系得到，进而进行统计分析。

在其他条件认为确定的情况下，列车行驶速度、轨道不平顺是导致等效应力幅 $S_{re}$ 具有随机性的重要因素，由于缺乏实测车速样本，本章研究的列车速度取定值，仅考虑时变效应引起的轨道不平顺对结构等效应力幅的影响。

由于轨道不平顺具有一定的随机性，因此其对桥梁动力响应存在巨大的影响。为了研究随机轨道不平顺下，钢梁与栓钉等效应力幅 $S_{re}$ 及其循环次数 $N$ 的概率分布特征，需要生成多条轨道不平顺样本，进行概率分布研究。本章基于蒙特卡洛法原理，通过 MATLAB 生成多条轨道不平顺随机样本，然后将上述样本作为激励作用到车桥耦合动力分析系统中，计算每个轨道不平顺样本激励下列车过桥时对桥梁关键部位产生的应力时程。对每个随机样本下得到的关键部位的应力时程通过雨流计数法进行统计，做出疲劳应力直方图，通过式（5-29）计算相应的等效应力幅 $S_{re}$ 并统计总的循环次数 $N$，对这些随机产生的数据进行概率统计分析。由于时变效应引起的桥梁下挠在某个运营阶段可以认为是定值，本节研究取第 3 年桥梁长期变形叠加相应的轨道不平顺作为组合箱梁运营前 3 年所承受的疲劳荷载激励，第 6 年长期变形叠加相应的轨道不平顺作为组合箱梁第 4 年到第 6 年所承受的激励，第 10 年长期变形叠加相应的轨道不平顺作为组合箱梁第 6 年之后所承受的激励。

轨道不平顺采样数量过少，概率分布拟合精度差，拟合结果具有偶然性；如果采样数量过多，会降低计算效率。Au 建议选取 10 个以上轨道不平顺样本即可获得相对稳定的统计结果。因此，本章拟选取 30 个轨道不平顺样本作为激励进行统计分析。

本章研究采用对数正态分布、正态分布、威布尔（Weibull）分布、伽马（Gamma）分布对关键部位的应力幅以及相应循环次数进行概率统计。

#### 5.6.2.1 四种分布的原理

（1）对数正态分布。

若某变量的对数服从正态分布，那么这个变量可以用对数正态分布描述。其概率密度函数（PDF）可以表示为：

$$f(x) = \frac{1}{x \cdot \zeta \cdot \sqrt{2\pi}} \exp\left[-\frac{1}{2}\left(\frac{\ln x - \lambda^2}{\zeta}\right)\right] \quad (x > 0) \tag{5-35}$$

式中，$\lambda$、$\zeta$ 分别为变量的期望值及均方差。

服从该分布的变量的期望值 $u_x$ 和方差 $v_x$，可用下式得出：

$$\begin{cases} u_x = \exp(\lambda + 0.5\zeta^2) \\ v_x = u_x^2 (\exp\zeta^2 - 1) \end{cases} \tag{5-36}$$

（2）正态分布。

正态分布的概率密度函数（PDF）可以表示为：

$$f(x) = \frac{1}{\sqrt{2\pi}\sigma} \exp\left[-\frac{1}{2}\left(\frac{x - \mu_z}{\sigma_z}\right)^2\right] \tag{5-37}$$

式中，$\mu$、$\sigma$ 分别为随机变量的期望值和均方差。

（3）威布尔分布。

威布尔分布的概率密度函数（PDF）为：

$$f(x) = \begin{cases} \frac{\gamma}{\eta}\left(\frac{x}{\eta}\right)^{\gamma-1} \exp\left[-\left(\frac{x}{\eta}\right)^{\gamma}\right] & x \geq 0 \\ 0 & x < 0 \end{cases} \tag{5-38}$$

式中，$\gamma$ 为形状参数；$\eta$ 为尺度参数。

服从该分布的变量的期望值 $u_x$ 和方差 $v_x$，可用下式得出：

$$\begin{cases} u_x = \eta\Gamma\left(1+\dfrac{1}{\gamma}\right) \\ v_x = \eta^2\left\{\Gamma\left(1+\dfrac{2}{\gamma}\right)-\left[\Gamma\left(1+\dfrac{1}{\gamma}\right)\right]^2\right\} \end{cases} \quad (5\text{-}39)$$

(4) 伽马分布。

伽马分布的概率密度函数（PDF）可以写成：

$$f(x) = \dfrac{x^{\kappa-1}}{\Gamma(\kappa)\theta^\kappa}\exp\left[-\dfrac{x}{\theta}\right] \quad (x>0) \quad (5\text{-}40)$$

式中，$\kappa$ 为形状参数；$\theta$ 为尺度参数；$\Gamma(\cdot)$ 为伽马函数。

服从该分布的变量的期望值 $u_x$ 和方差 $v_x$，可用下式得出：

$$\begin{cases} u_x = \kappa\theta \\ v_x = \kappa\theta^2 \end{cases} \quad (5\text{-}41)$$

在 MATLAB 中利用分布拟合函数，对关键部位的等效应力幅和循环次数用上述四种分布分别进行拟合，确定四种分布的未知参数，进而给出概率密度函数。

#### 5.6.2.2 拟合优度计算方法

确定四种分布后，还要对每种拟合效果的决定系数（拟合优度）进行比较，选择拟合效果最好的概率分布作为等效应力幅和循环次数的最终统计结果。

决定系数大小表示拟合结果与实际数据符合程度的高低。决定系数 $R^2$ 越靠近 1，反映出拟合曲线与实际数据拟合得越好；相反，$R^2$ 越小，反映出拟合曲线与实际数据拟合得越差。决定系数的计算方法如下。

设 $p_i$ 为观测值，其均值为 $\bar{p}$，拟合值为 $\hat{p}_i$，引入下面的中间量。

总平方和（SST）：

$$\mathrm{SST} = \sum_{i=1}^{n}(p_i - \bar{p})^2 \quad (5\text{-}42)$$

回归平方和（SSR）：

$$\mathrm{SSR} = \sum_{i=1}^{n}(\hat{p}_i - \bar{p})^2 \quad (5\text{-}43)$$

残差平方和（SSE）：

$$\mathrm{SSE} = \sum_{i=1}^{n}(p_i - \hat{p}_i)^2 \quad (5\text{-}44)$$

则有：

$$\mathrm{SST} = \mathrm{SSR} + \mathrm{SSE} \quad (5\text{-}45)$$

决定系数计算公式如下：

$$R^2 = \dfrac{\mathrm{SSR}}{\mathrm{SST}} = \dfrac{\sum_{i=1}^{n}(\hat{p}_i - \bar{p})^2}{\sum_{i=1}^{n}(p_i - \bar{p})^2} = 1 - \dfrac{\mathrm{SSE}}{\mathrm{SST}} \quad (5\text{-}46)$$

#### 5.6.2.3 参数分布拟合结果

对表 5-3 中的高速列车，选取 30 个随机轨道不平顺样本在 MATLAB 中进行车桥动力响应分析，将得到 30 个等效应力幅和循环次数的随机样本进行概率分布统计，下文仅展示不考虑时变效应与叠加第 10 年长期变形的分析结果。

（1）等效应力幅 $S_{re}$ 分析结果。

列车过桥时，跨中钢梁下翼缘和梁端栓钉的等效应力幅 $S_{re}$ 直方图如图 5-11～图 5-14 所示，用上述四种概率分布对每一直方图进行分布拟合，并给出各自的决定系数。

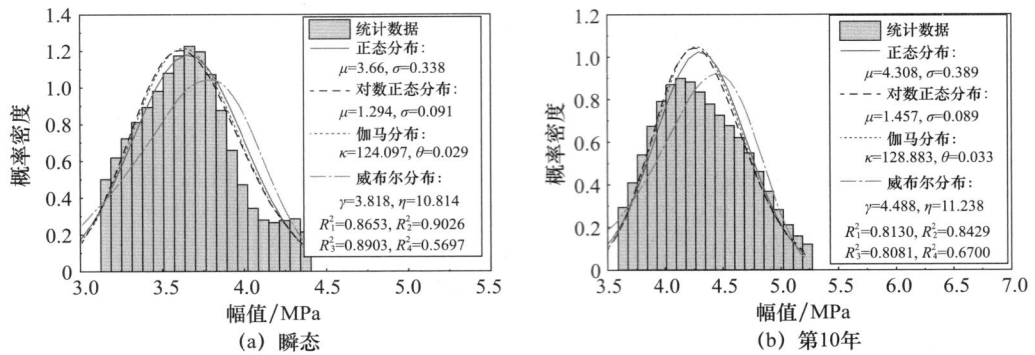

图 5-11 CRH2 列车过桥引起的跨中钢梁下翼缘等效应力幅 $S_{re}$ 概率分布

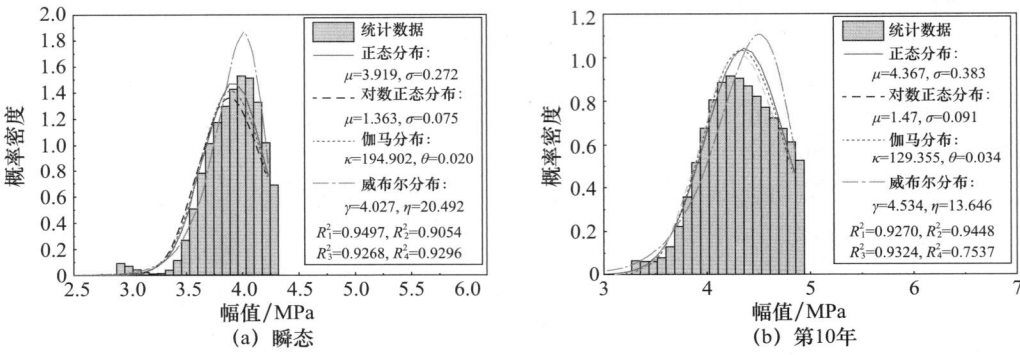

图 5-12 CRH3 列车过桥引起的跨中钢梁下翼缘等效应力幅 $S_{re}$ 概率分布

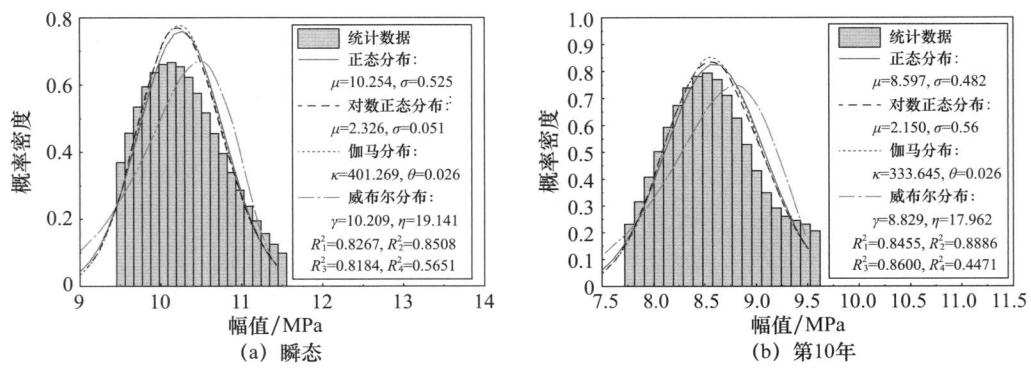

图 5-13 CRH2 列车过桥引起的梁端栓钉等效应力幅 $S_{re}$ 概率分布

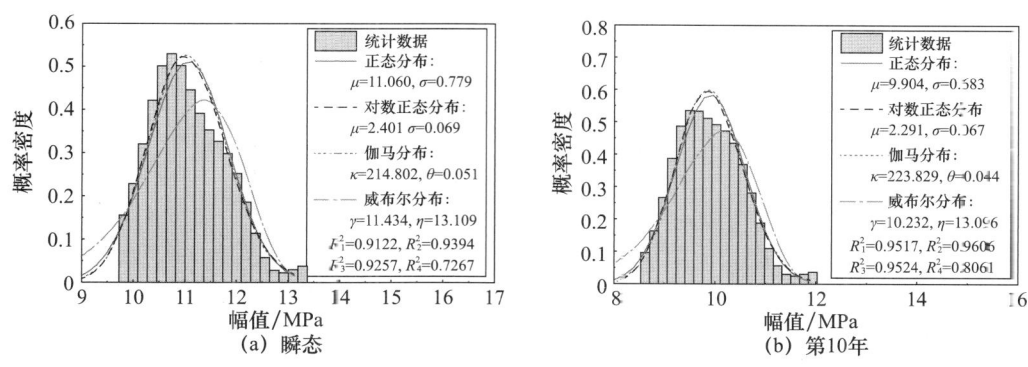

图 5-14 CRH3 列车过桥引起的梁端栓钉等效应力幅 $S_{re}$ 概率分布

(2) 应力循环次数 $N$ 分析结果。

列车过桥时，跨中钢梁下翼缘和梁端栓钉的等效应力幅循环次数 $N$ 直方图如图 5-15～图 5-18 所示，用上述四种概率分布对每一直方图分别进行分布拟合，并给出各自的决定系数。

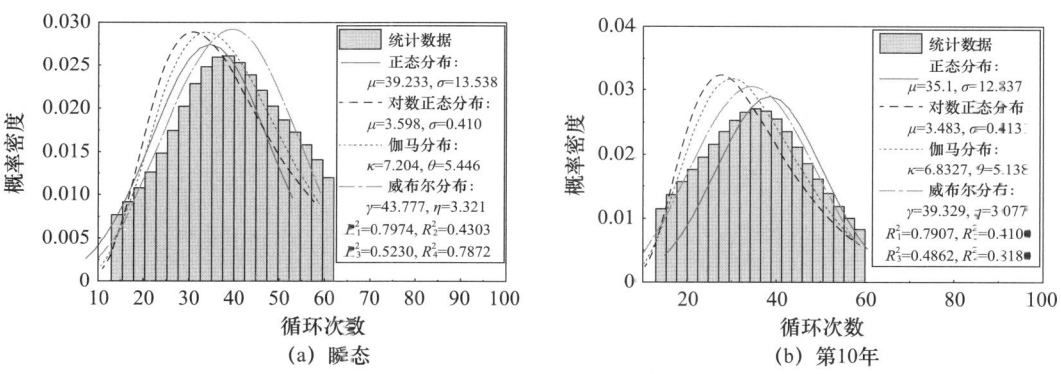

图 5-15 CRH2 列车过桥引起的跨中钢梁下翼缘应力循环次数 $N$ 概率分布

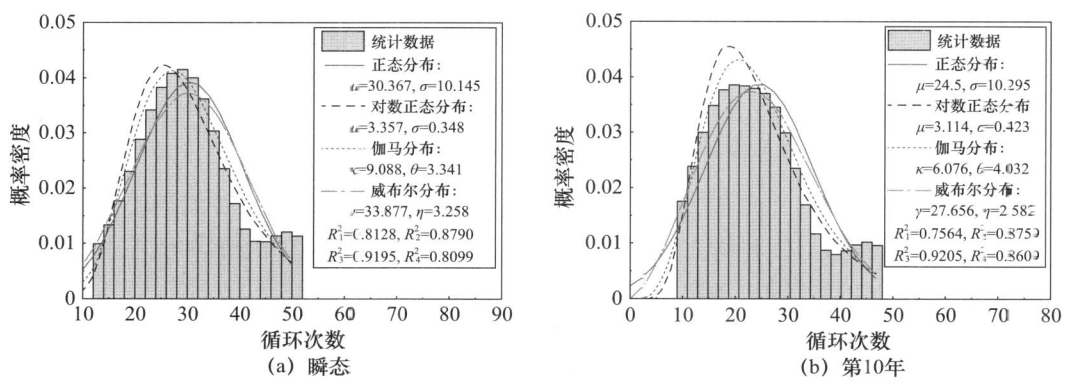

图 5-16 CRH3 列车过桥引起的跨中钢梁下翼缘应力循环次数 $N$ 概率分布

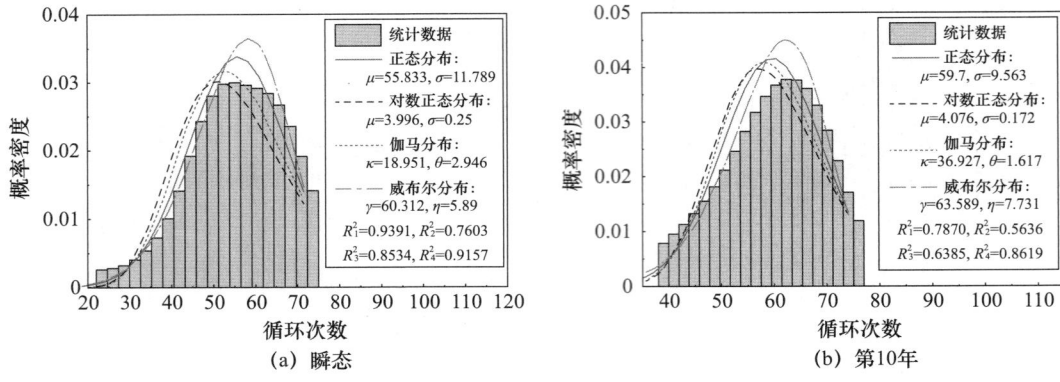

图 5-17 CRH2 列车过桥引起的梁端栓钉应力循环次数 $N$ 概率分布

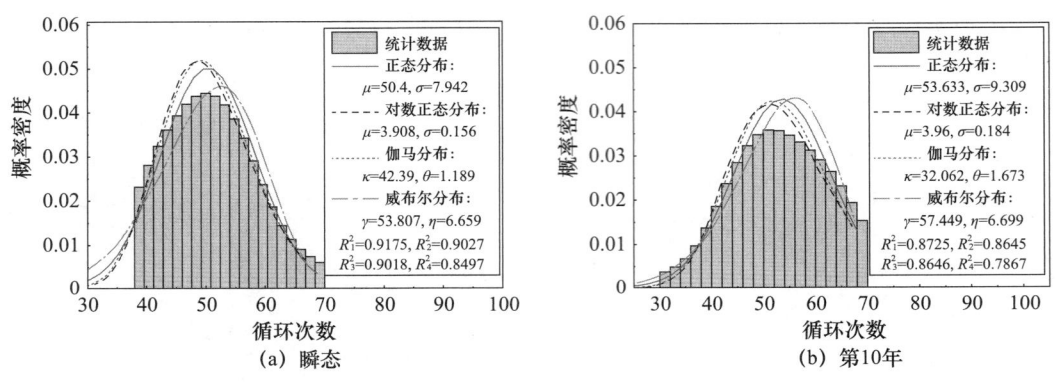

图 5-18 CRH3 列车过桥引起的梁端栓钉应力循环次数 $N$ 概率分布

图 5-11~图 5-18 分别给出了四种分布的参数值和相应拟合曲线的拟合优度，其中 $R_1^2$、$R_2^2$、$R_3^2$、$R_4^2$ 分别代表正态分布、对数正态分布、伽马分布和威布尔分布的决定系数值，取用决定系数接近 1 的概率分布作为随机变量的概率统计分布。该随机变量对应的均值和标准差在确定了最优概率分布函数之后，可以通过式（5-36）、式（5-37）、式（5-39）和式（5-41）进行计算得到。

### 5.6.3 疲劳极限状态函数随机参数汇总

通过 5.6.1 节和 5.6.2 节分别对与结构抗力效应和荷载效应相关的随机变量的研究，对得到的荷载效应随机样本进行概率分布拟合，确定各个随机参数的概率分布以便于可靠度指标的计算，随机参数的概率分布见表 5-5。

表 5-5 结构疲劳极限状态函数随机变量的概率统计

| 随机变量 | 均值 | 标准差 | 分布类型 |
| --- | --- | --- | --- |
| 临界疲劳损伤 $\Delta$ | 1.0 | 0.3 | 对数正态分布 |
| 钢梁疲劳细节常数 $C$ | $3.51\times10^{11}$ | $1.58\times10^{11}$ | 对数正态分布 |
| 栓钉疲劳细节常数 $C$ | $3.47\times10^{14}$ | $1.56\times10^{14}$ | 对数正态分布 |

续表

| 随机变量 | | 均值 | 标准差 | 分布类型 |
|---|---|---|---|---|
| CRH2 列车引起等效应力幅 $S_{re}$（瞬态） | 跨中钢梁下翼缘 | 3.662 | 0.334 | 对数正态分布 |
| | 梁端栓钉 | 10.250 | 0.523 | 对数正态分布 |
| CRH3 列车引起等效应力幅 $S_{re}$（瞬态） | 跨中钢梁下翼缘 | 3.919 | 0.272 | 正态分布 |
| | 梁端栓钉 | 11.062 | 0.764 | 对数正态分布 |
| CRH2 列车引起等效应力幅 $S_{re}$（第 3 年） | 跨中钢梁下翼缘 | 4.191 | 0.374 | 对数正态分布 |
| | 梁端栓钉 | 8.780 | 0.474 | 对数正态分布 |
| CRH3 列车引起等效应力幅 $S_{re}$（第 3 年） | 跨中钢梁下翼缘 | 4.290 | 0.395 | 对数正态分布 |
| | 梁端栓钉 | 10.019 | 0.702 | 对数正态分布 |
| CRH2 列车引起等效应力幅 $S_{re}$（第 6 年） | 跨中钢梁下翼缘 | 4.263 | 0.380 | 对数正态分布 |
| | 梁端栓钉 | 8.675 | 0.469 | 对数正态分布 |
| CRH3 列车引起等效应力幅 $S_{re}$（第 6 年） | 跨中钢梁下翼缘 | 4.341 | 0.391 | 对数正态分布 |
| | 梁端栓钉 | 9.957 | 0.678 | 对数正态分布 |
| CRH2 列车引起等效应力幅 $S_{re}$（第 10 年） | 跨中钢梁下翼缘 | 4.310 | 0.384 | 对数正态分布 |
| | 梁端栓钉 | 8.598 | 0.482 | 对数正态分布 |
| CRH3 列车引起等效应力幅 $S_{re}$（第 10 年） | 跨中钢梁下翼缘 | 4.367 | 0.398 | 对数正态分布 |
| | 梁端栓钉 | 9.907 | 0.665 | 对数正态分布 |
| CRH2 列车引起应力循环次数 $N$（瞬态） | 跨中钢梁下翼缘 | 39.233 | 13.538 | 正态分布 |
| | 梁端栓钉 | 55.833 | 11.789 | 正态分布 |
| CRH3 列车引起应力循环次数 $N$（瞬态） | 跨中钢梁下翼缘 | 30.363 | 10.072 | 伽马分布 |
| | 梁端栓钉 | 50.400 | 7.942 | 正态分布 |
| CRH2 列车引起应力循环次数 $N$（第 3 年） | 跨中钢梁下翼缘 | 35.818 | 12.496 | 威布尔分布 |
| | 梁端栓钉 | 60.014 | 9.241 | 威布尔分布 |
| CRH3 列车引起应力循环次数 $N$（第 3 年） | 跨中钢梁下翼缘 | 25.300 | 10.232 | 伽马分布 |
| | 梁端栓钉 | 53.467 | 9.358 | 正态分布 |
| CRH2 列车引起应力循环次数 $N$（第 6 年） | 跨中钢梁下翼缘 | 35.523 | 12.518 | 威布尔分布 |
| | 梁端栓钉 | 59.781 | 9.140 | 威布尔分布 |
| CRH3 列车引起应力循环次数 $N$（第 6 年） | 跨中钢梁下翼缘 | 24.765 | 9.979 | 伽马分布 |
| | 梁端栓钉 | 53.500 | 9.217 | 正态分布 |
| CRH2 列车引起应力循环次数 $N$（第 10 年） | 跨中钢梁下翼缘 | 35.160 | 12.492 | 威布尔分布 |
| | 梁端栓钉 | 59.784 | 9.158 | 威布尔分布 |
| CRH3 列车引起应力循环次数 $N$（第 10 年） | 跨中钢梁下翼缘 | 24.498 | 9.937 | 伽马分布 |
| | 梁端栓钉 | 53.633 | 9.309 | 正态分布 |

## 5.7 可靠度指标的计算

确定所需要的随机变量的概率分布后，基于式（5-28）可写出组合箱梁瞬态与考虑时变效应的疲劳极限状态函数。组合箱梁瞬态的疲劳极限状态函数见式（5-47）。

$$g(T) = \Delta - \sum_{k=1}^{2}\sum_{i=1}^{T} F_{i,k} \frac{(S_{\text{re},k})^m N_k}{C} \tag{5-47}$$

式中，$T$ 为运营年限；$k=1, 2$ 分别为 CRH2 列车、CRH3 列车；$F_{i,k}$ 为第 $k$ 种类型的列车第 $i$ 年的运行频次，见表 5-3；$S_{\text{re},k}$ 为第 $k$ 种类型的列车引起的等效应力幅；$N_k$ 为第 $k$ 种类型列车引起的应力循环次数，见表 5-5。

组合箱梁考虑时变效应的疲劳极限状态函数见式（5-48）～式（5-50）。为了更合理地预测时变效应对组合箱梁疲劳性能的影响，同时减少计算量，结合组合箱梁时变效应规律，本章在建立考虑时变效应的组合箱梁疲劳极限状态函数时，将运营阶段分为三个阶段，第一阶段为 2008—2010 年（运营前 3 年），此阶段的轨道不平顺叠加第 3 年的组合箱梁变形；第二阶段为 2011—2013 年（运营第 4 年至第 6 年），此阶段的轨道不平顺叠加第 6 年的组合箱梁变形；第三阶段为 2014 年及以后运营时间（运营 6 年之后），此阶段的轨道不平顺叠加第 10 年的组合箱梁变形。每个运营阶段的组合箱梁疲劳极限状态函数分别表示如下。

第一阶段：

$$h(T) = \Delta - \sum_{k=1}^{2}\sum_{i=1}^{T} F_{i,k} \frac{(S_{\text{re},k})^m N_k}{C} \quad (T \leqslant T_1) \tag{5-48}$$

第二阶段：

$$h(T) = \Delta - \sum_{k=1}^{2}\sum_{i=1}^{T_1} F_{i,k} \frac{(S_{\text{re},k})^m N_k}{C} - \sum_{k=1}^{2}\sum_{i=1}^{T} F_{i,k} \frac{(S_{\text{re},k})^m N_k}{C} \quad (T_1 < T \leqslant T_2) \tag{5-49}$$

第三阶段：

$$h(T) = \Delta - \sum_{k=1}^{2}\sum_{i=1}^{T_1} F_{i,k} \frac{(S_{\text{re},k})^m N_k}{C} - \sum_{k=1}^{2}\sum_{i=1}^{T_2} F_{i,k} \frac{(S_{\text{re},k})^m N_k}{C} - \sum_{k=1}^{2}\sum_{i=1}^{T} F_{i,k} \frac{(S_{\text{re},k})^m N_k}{C} \quad (T > T_2) \tag{5-50}$$

式中，$T_1 = 3$ 年，$T_2 = 6$ 年；其他变量含义与式（5-47）相同。

根据本文所建立的组合箱梁疲劳极限状态函数，通过蒙特卡洛法即可得到结构失效概率，进一步确定结构的可靠度指标，跨中钢梁下翼缘与梁端栓钉的可靠度指标计算如图 5-19 和图 5-20 所示。

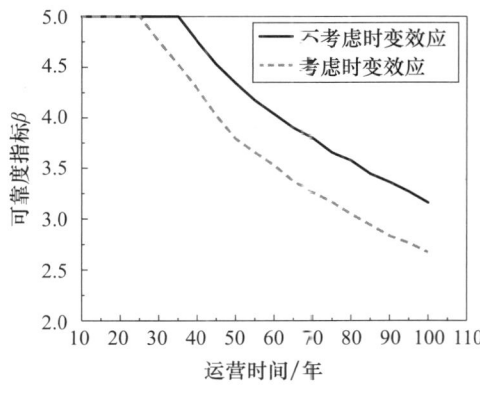

图 5-19　跨中钢梁下翼缘疲劳可靠度指标

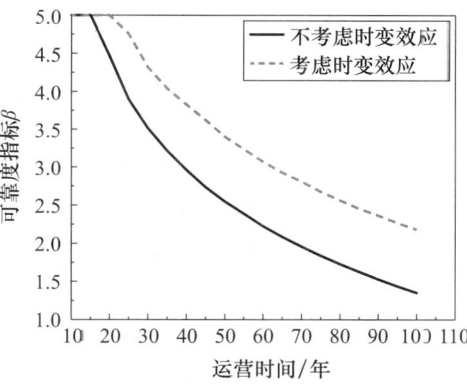

图 5-20　梁端栓钉可靠度指标

由图 5-19 和图 5-20 可知，跨中钢梁下翼缘与梁端栓钉的可靠度指标在运营前期均处于较高水平，说明结构的可靠性高，随着运营时间的增加，相应的可靠度指标逐渐降低，不考虑时变效应的梁端栓钉的可靠度指标下降明显。考虑时变效应会明显降低跨中钢梁下翼缘运营的可靠度指标，相反会增加梁端栓钉的可靠度指标，产生这种现象的原因主要是时变效应会加重桥梁跨中部位的轨道不平顺，减小桥梁梁端的轨道不平顺。即便时变效应使运营阶段梁端栓钉的可靠度指标有所增加，但其可靠度指标仍低于跨中钢梁下翼缘的可靠度指标，这表明梁端栓钉的疲劳损伤依然大于跨中钢梁下翼缘的疲劳损伤，与第 3 章的时变效应对组合箱梁疲劳性能的影响规律相同。

## 5.8　本章小结

基于第 2 章所建立的考虑时变效应的钢-混凝土组合箱梁桥-列车耦合模型，对高速列车作用下的组合箱梁桥跨中钢梁下翼缘与梁端栓钉损伤进行分析，研究时变效应对组合箱梁桥损伤的影响规律。采用国内常用的 CRH2 列车、CRH3 列车，以 8 节编组作为荷载作用到三跨简支钢-混凝土组合箱梁，获得相应部位不同运营阶段的应力时程，通过雨流计数法对应力时程进行统计，得到相应的应力谱，分别选取钢梁、栓钉 S-N 曲线，借助 Miner 线性累积损伤理论计算钢梁与栓钉的疲劳损伤程度。结果表明，时变效应会加重跨中钢梁的损伤，减轻梁端栓钉的损伤，且损伤程度在运营前期变化较快，随着运营时间的增加逐渐趋于稳定，梁端栓钉损伤虽随运营时间会减小，但在桥梁服役阶段梁端栓钉的损伤仍大于跨中钢梁的损伤。

基于结构可靠度原理，以高速列车作用下组合箱梁跨中钢梁下翼缘与梁端栓钉作为疲劳损伤的关键部位，研究时变效应对组合箱梁疲劳可靠度的影响规律。以京津城际铁路运行频次及运行列车类型作为工程背景，基于第 2 章考虑时变效应的组合箱梁-列车耦合系统，以轨道不平顺作为随机激励，对不同类型列车作用下的关键部位的等效应力幅和相应循环次数进行概率统计，并通过工程中常用的四种概率分布对其进行拟合，选取拟合效果好的概率分布作为随机变量的概率分布，分别建立考虑时变效应与不考虑时变效应的组合箱梁疲劳极限状态函数，最后通过蒙特卡洛法计算关键部位的可靠度指标。

  由可靠度指标计算结果可知，随着运营时间的增加，跨中钢梁下翼缘与梁端栓钉的可靠度逐渐降低，不考虑时变效应的梁端栓钉的可靠度指标下降明显。时变效应的存在会明显降低跨中钢梁下翼缘运营的可靠度指标，相反会增加梁端栓钉的可靠度指标，但是梁端栓钉的可靠度指标仍小于跨中钢梁下翼缘的可靠度指标，梁端栓钉的疲劳损伤仍大于跨中钢梁下翼缘的疲劳损伤。这是因为梁端栓钉在运营阶段承受的等效应力幅较高，致使损伤加剧，进而可靠度指标相对较低。

# 6 车桥耦合作用下钢-混凝土组合箱梁桥被动控制

## 6.1 概 述

本研究以工程结构振动控制原理为理论基础,从钢-混凝土组合箱梁结构与 MTMDs 装置相互耦合运动着手,根据 D'Alembert 原理,得出 MTMDs 系统的动力平衡方程;建立考虑滑移及剪力滞效应的精细的刚柔耦合列车-组合箱梁-MTMDs 时变系统多自由度动力分析模型,进而推导出此耦合时变系统的动力平衡方程;结合 Newmark-$\beta$ 逐步时间积分法编制了对 TMD 装置动力参数的优化程序,结合德国 ICE 3 列车通过钢-混凝土组合箱梁桥工程算例进行数值仿真,对各种优化算法做分析比选;通过对钢-混凝土组合箱梁桥动力响应的时域和频域分析,实现涉及复杂的耦合时变系统的优化设计问题的求解,探究 MTMDs 装置中单个 TMD 的质量比、列车的编组数以及钢-混凝土组合箱梁桥的界面滑移和剪力滞效应,对多重调谐控制减振效果的影响规律,为所提出的理论在铁路工程上的实际应用提供了一定的技术方法支持。

## 6.2 MTMDs 系统动力分析模型

图 6-1 给出了安装在结构上的 MTMDs 装置所受到的竖向力;其中,根据 D'Alembert 原理,单个 TMD 系统(子结构)竖向的动力平衡方程为:

$$m_{ti}\ddot{v}_t + c_{ti}(\dot{v}_{ti} - \dot{v}_{bi}) + k_{ti}(v_{ti} - v_{bi}) = 0 \tag{6-1}$$

式中,$m_{ti}$、$c_{ti}$、$k_{ti}$ 分别为单个 TMD 的质量、阻尼系数、刚度;$v_{ti}$、$v_{bi}$ 分别为单个 TMD 及其安装位置处桥梁单元在 $z$ 方向上的绝对竖向位移;$\dot{v}_{ti}$ 和 $\ddot{v}_{ti}$ 分别为 $v_{ti}$ 对时间 $t$ 的一阶和二阶偏导数。

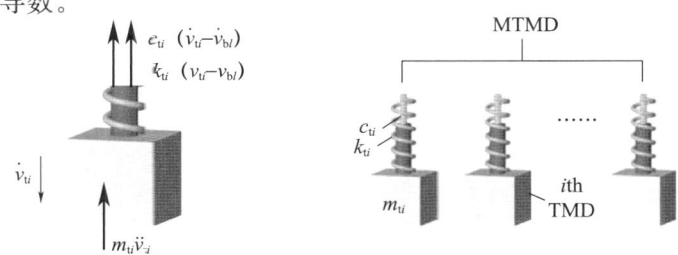

(a) 作用在TMD系统上的力　　(b) MTMDs系统

图 6-1 MTMDs 系统的组成与单个 TMD 的受力分析

在需要控制响应的位置处（$x=x_{bl}$）安装 MTMDs 装置后，钢-混凝土组合箱梁竖向的动力方程为：

$$m_{bl}\ddot{v}_{bl}+c_{bl}\dot{v}_{bl}+k_{bl}v_{bl}=F_{bl}+F_{T} \tag{6-2}$$

式中，$m_{bl}$、$c_{bl}$ 和 $k_{bl}$ 分别为 MTMDs 装置处所对应的钢-混凝土组合箱梁第 $l$ 个单元的质量、阻尼系数和刚度；$\dot{v}_{bl}$ 和 $\ddot{v}_{bl}$ 分别为 $v_{bl}$ 对时间 $t$ 的一阶和二阶导数；$F_{bl}$ 为车桥系统中轮对施加在第 $l$ 个桥梁单元上的整体节点荷载；$F_T$ 为 MTMDs 施加在组合箱梁上的惯性力，可以表示为：

$$F_T=-\delta(x-x_{bl})\sum_{i=1}^{n}m_{ti}\ddot{v}_{ti}=\delta(x-x_{bl})\sum_{i=1}^{n}\left[c_{ti}(\dot{v}_{ti}-\dot{v}_{bl})+k_{ti}(v_{ti}-v_{bl})\right] \tag{6-3}$$

上式中，$\delta(-)$ 记为 Dirac 函数，其具体值可以表示为：

$$\delta(x-x_{bl})=\begin{cases}1 & (x=x_{bl}) \\ 0 & (x\neq x_{bl})\end{cases} \tag{6-4}$$

式（6-3）和式（6-4）可以简化为式（6-5）：

$$m_{bl}\ddot{v}_{bl}+\left(c_{bl}+\sum_{i=1}^{n}c_{ti}\right)\dot{v}_{bl}+\left(k_{bl}+\sum_{i=1}^{n}k_{ti}\right)v_{bl}=F_{bl}+\sum_{i=1}^{n}\left(c_{ti}\dot{v}_{ti}+k_{ti}v_{ti}\right) \tag{6-5}$$

## 6.3 列车-组合箱梁-MTMDs 耦合系统动力分析模型

假定列车在钢-混凝土组合箱梁桥上以速度 $V_v$ 匀速行驶，轮对所接触的轨道位移为桥梁结构对应轨道位置处的位移和相应轨道不平顺叠加而成，MTMDs 装置悬挂在钢-混凝土组合箱梁内部进行调谐减振，如图 6-2 所示。

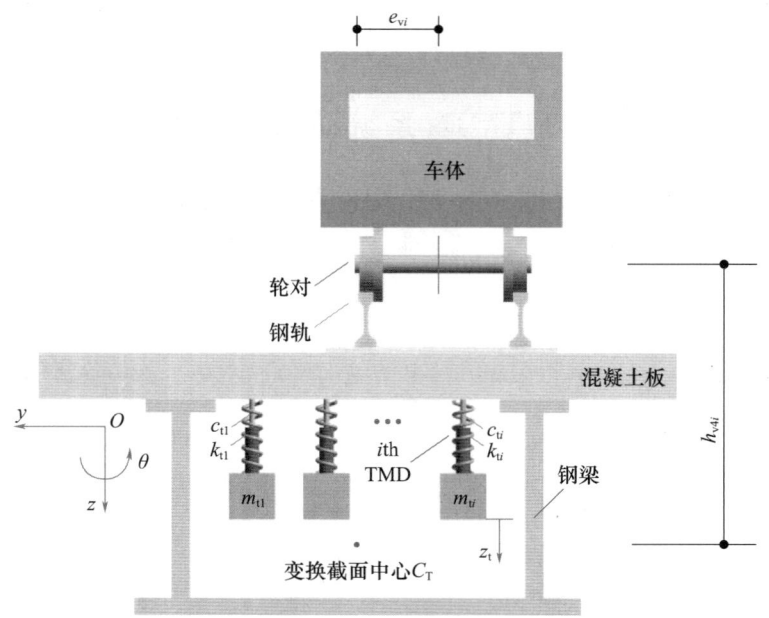

图 6-2　列车-组合箱梁-MTMDs 耦合系统（$x=x_{bl}$）

列车-组合箱梁-MTMDs 耦合系统的动力平衡方程为：

$$\begin{bmatrix} M_{vv} & 0 & 0 \\ 0 & M_{bb} & 0 \\ 0 & 0 & M_{tt} \end{bmatrix} \begin{bmatrix} \ddot{q}_v \\ \ddot{q}_b \\ \ddot{q}_t \end{bmatrix} + \begin{bmatrix} C_{vv} & 0 & 0 \\ 0 & C_{bb} & C_{bt} \\ 0 & C_{tb} & C_{tt} \end{bmatrix} \begin{bmatrix} \dot{q}_v \\ \dot{q}_b \\ \dot{q}_t \end{bmatrix} + \begin{bmatrix} K_{vv} & 0 & 0 \\ 0 & K_{bb} & K_{bt} \\ 0 & K_{tb} & K_{tt} \end{bmatrix} \begin{bmatrix} q_v \\ q_b \\ q_t \end{bmatrix} = \begin{bmatrix} F_v \\ F_b + F_t \\ 0 \end{bmatrix}$$

(6-6)

式中，$F_t$ 为 MTMDs 质量块施加在钢-混凝土组合箱梁相应单元上的惯性力向量；$M_{tt}$、$C_{tt}$、$K_{tt}$ 为 MTMDs 系统的质量子矩阵、阻尼子矩阵、刚度子矩阵。

具体元素分别如下：

$$M_{tt} = \begin{bmatrix} m_{t1} & & & \\ & m_{t2} & & \\ & & \ddots & \\ & & & m_{tn} \end{bmatrix}_{n \times n} \quad (6-7)$$

$$C_{tt} = \begin{bmatrix} c_{t1} & & & \\ & c_{t2} & & \\ & & \ddots & \\ & & & c_{tn} \end{bmatrix}_{n \times n}, \quad K_{tt} = \begin{bmatrix} k_{t1} & & & \\ & k_{t2} & & \\ & & \ddots & \\ & & & k_{tn} \end{bmatrix}_{n \times n} \quad (6-8)$$

式中，$n$ 为 MTMDs 系统中所组成的 TMD 总的个数。

对式 (6-6) 的右边进行移项，使未知自由度的全部系数都在方程的左边，而方程右边荷载项中只保留已知的轨道不平顺，最终的动力学方程则有如下形式：

$$\begin{bmatrix} M_{vv}^t & M_{vb}^t & 0 \\ M_{bv}^t & M_{bb}^t & 0 \\ 0 & 0 & M_{tt} \end{bmatrix} \begin{bmatrix} \ddot{q}_v^t \\ \ddot{q}_b^t \\ \ddot{q}_t \end{bmatrix} + \begin{bmatrix} C_{vv}^t & C_{vb}^t & 0 \\ C_{bv}^t & C_{bb}^t & C_{bt} \\ 0 & C_{tb} & C_{tt} \end{bmatrix} \begin{bmatrix} \dot{q}_v^t \\ \dot{q}_b^t \\ \dot{q}_t \end{bmatrix} + \begin{bmatrix} K_{vv}^t & K_{vb}^t & 0 \\ K_{bv}^t & K_{bb}^t & K_{bt} \\ 0 & K_{tb} & K_{tt} \end{bmatrix} \begin{bmatrix} q_v^t \\ q_b^t \\ q_t \end{bmatrix} = \begin{bmatrix} F_v^t \\ F_b^t \\ 0 \end{bmatrix}$$

(6-9)

式中，$q_t$ 为整体坐标系下 MTMDs 系统的位移向量；$\dot{q}_t$ 和 $\ddot{q}_t$ 分别为 $q_t$ 对时间 $t$ 的一阶和二阶导数。

由式 (6-9) 可知，方程左边矩阵的元素不仅出现了列车系统与钢-混凝土组合箱梁系统的耦合项，还出现了 MTMDs 系统与钢-混凝土组合箱梁桥系统的耦合项；而已有的列车自身项、桥梁自身项和轨道不平顺也随时间进行了更新，所以也是一个二阶时变线性微分方程组。

本节所提出的列车组合箱梁桥-MTMDs 耦合系统的响应可沿用 3.4.5 节中的 Newmark-$\beta$ 逐步时间积分法，进而实现对上述时变微分方程组的迭代求解。MTMDs 系统与钢-混凝土组合箱梁桥系统耦合的非零元素见附录 F。

## 6.4 车桥耦合作用下 MTMDs 系统的优化设计

### 6.4.1 数值算例与车桥耦合系统参数

为了研究 MTMDs 系统的质量比、列车的编组数、钢-混凝土组合箱梁的界面滑移和剪力滞效应对 MTMDs 装置减振效果的影响机理，以德国 ICE 3 列车（图 6-3）通过

40m 长（计算跨径为 40m）的单线铁路简支钢-混凝土组合箱梁桥为例。每节列车的参数见表 6-1。

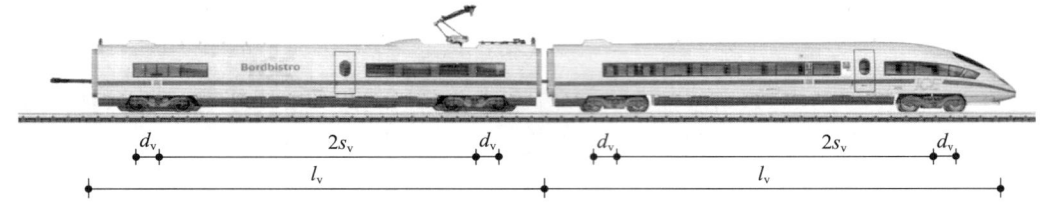

图 6-3 德国 ICE 3 列车示意图

表 6-1 德国 ICE 3 列车的参数表

| 参数 | 单位 | 值 |
| --- | --- | --- |
| $m_{vc}/m_{vt}/m_{vw}$ | ton | 48.0/3.2/2.4 |
| $J_{vc\theta}/J_{vc\varphi}/J_{vc\psi}$ | ton·m² | 115/2700/2700 |
| $J_{vt\theta}/J_{vt\varphi}/J_{vt\psi}$ | ton·m² | 3.2/7.2/6.8 |
| $J_{vw\theta}$ | ton·m² | 1.2 |
| $k_{v1a}/k_{v1h}/k_{v1v}$ | MN/m | 18.00/6.00/2.08 |
| $k_{v2a}/k_{v2h}/k_{v2v}$ | MN/m | 0.48/0.48/0.80 |
| $c_{v1a}/c_{v1h}/c_{v1v}$ | kN·s/m | 0/0/10 |
| $c_{v2a}/c_{v2h}/c_{v2v}$ | kN·s/m | 20/60/12 |
| $d_v$ | m | 1.25 |
| $s_v$ | m | 8.6875 |
| $l_v$ | m | 25 |
| $b_{v1}/b_{v2}$ | m | 1.00/0.95 |
| $a_{v1}/a_{v2}$ | mm | 748/748 |
| $r$ | mm | 460 |
| $h_{v1}/h_{v2}/h_{v3}/h_{v4}$ | m | 0.800/0.300/0.140/2.466 |

简支钢-混凝土组合箱梁桥的截面几何参数及标注如图 6-4 所示，其材料参数见表 6-2。在国内铁路桥梁的运营阶段，必须保证结构弹性受力和变形，所以剪力栓钉沿梁长均匀密布，在分析过程中始终保持线弹性，其界面剪力连接刚度 $\rho_{sh}$（单位滑移位移下，剪力栓钉所承受的剪力）沿梁长不变；考虑 Ollgaard 非线性的外荷载-滑移关系，每个剪力栓钉的 $\rho_{sh}$ 通常被认为是其 40% 极限承载力所对应的割线刚度，因此在本研究中，界面剪力连接刚度取 $\rho_{sh}=10$ N/mm² 作为参照基准。依据刚周边假定，简支钢-混凝土组合箱梁桥端部布设足够多的横隔板和加劲肋，保证结构只受纯扭转变形，不会发生约束扭转和畸变（Distortion）。

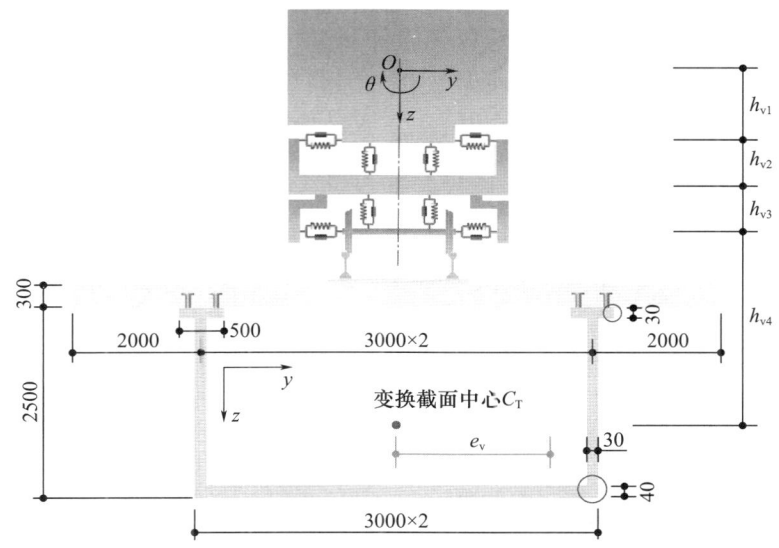

图 6-4 简支钢-混凝土组合箱梁桥的截面几何参数及标注（单位：mm）

表 6-2 简支钢-混凝土组合箱梁桥材料参数表

| 材料 | 参数 | 值 |
| --- | --- | --- |
| 钢材 | 弹性模量 $E_s$/MPa | $2.06×10^5$ |
|  | 泊松比 $\upsilon_s$ | 0.3 |
| 混凝土 | 弹性模量 $E_c$/MPa | $3.86×10^4$ |
|  | 泊松比 $\upsilon_c$ | 0.2 |

由于简支钢-混凝土组合箱梁桥的动力响应基本由第一阶模态控制，因此选择竖弯（第一阶振型）作为需要控制的振型。因此，通过特征值分析得到的相应固有频率为 3.91Hz，第一阶模态的等效复合阻尼比为 $\xi_b=2.98\%$。将 MTMDs 装置安装在简支钢-混凝土组合箱梁桥跨中（第一阶振型最大响应位置处）的内部；其中，TMD 子系统的每个 TMD 质量块沿横向均匀布置，并保持质量比为 0.7%。

轨道不平顺参照美国联邦铁路局根据大量实测拟合得到的六级空间域轨道谱，分别为轨道的高低、水平不平顺和方向不平顺，均为截断频率的偶函数，具体表达式如下：

$$S_v(\Omega) = \frac{kA_v\Omega_c^2}{\Omega^2(\Omega^2+\Omega_c^2)} \tag{6-10}$$

$$S_\phi(\Omega) = \frac{kA_h\Omega_c^2}{\Omega^2(\Omega^2+\Omega_c^2)} \tag{6-11}$$

$$S_u(\Omega) = \frac{4kA_v\Omega_c^2}{(\Omega^2+\Omega_c^2)(\Omega^2+\Omega_s^2)} \tag{6-12}$$

式中，$S_v(\Omega)$、$S_\phi(\Omega)$ 和 $S_u(\Omega)$ 为高低不平顺、方向不平顺和水平不平顺在空间域内的功率谱密度函数，$cm^2/(rad/m)$；$k$ 为安全系数，本研究取 $k=0.25$；$A_v$ 和 $A_h$ 分别为垂直向、水平向的粗糙度常数（Roughness coefficient），$cm^2 \cdot rad/m$；$\Omega$ 为空间域圆频率；$\Omega_c$ 和 $\Omega_s$ 分别为截断空间域圆频率，rad/m。所有的参数取值见表 6-3。

表 6-3　美国六级空间域轨道参数

| 参数 | 单位 | 值 |
|---|---|---|
| $A_v$ | $cm^2 \cdot rad/m$ | 0.0339 |
| $A_h$ | $cm^2 \cdot rad/m$ | 0.0339 |
| $\Omega_c$ | $rad/m$ | 0.4380 |
| $\Omega_s$ | $rad/m$ | 0.8245 |

由于式（6-10）、式（6-11）和式（6-12）中的轨道不平顺功率谱密度函数只针对空间域圆频率 $\Omega$（rad/m），需转换为时间域圆频率 $\omega$（rad/s），其转换式如下：

$$\omega = V_v \Omega \tag{6-13}$$

根据功率谱密度对应带宽能量守恒的性质，则有：

$$S_x(\Omega) d\Omega = S_x(\omega) d\omega \tag{6-14}$$

式中，$d\Omega$、$d\omega$ 分别为 $\Omega$ 和 $\omega$ 的微分。

联立式（6-13）和式（6-14），得：

$$S_x(\omega) = S_x(\Omega) \frac{d\Omega}{d\omega} = S_x\left(\frac{\omega}{V_v}\right) \frac{d\left(\frac{\omega}{V_v}\right)}{d\omega} = \frac{1}{V_v} S_x\left(\frac{\omega}{V_v}\right) \tag{6-15}$$

式中，$x = v, \phi, u$。

将式（6-15）分别代入式（6-10）、式（6-11）和式（6-12）中，得：

$$S_v(\omega) = \frac{kA_v V_v \omega_c^2}{\omega^2 (\omega^2 + \omega_c^2)} \tag{6-16}$$

$$S_\phi(\omega) = \frac{kA_h V_v \omega_c^2}{\omega^2 (\omega^2 + \omega_c^2)} \tag{6-17}$$

$$S_u(\omega) = \frac{4kA_v V_v \omega_c^2}{(\omega^2 + \omega_c^2)(\omega^2 + \omega_s^2)} \tag{6-18}$$

当列车行驶速度 $V_v = 180$ km/h 时，基于美国标准六级谱，采用三角级数法模拟出的高低不平顺 $V_s$ 时间序列如图 6-5 所示。

当列车以某一速度 $V_v$ 匀速通过简支钢-混凝土组合箱梁桥时，由于轮对的规则性排列，其轴重所形成的竖向荷载会对组合箱梁桥产生周期性的激励。假设移动荷载列（图 6-6）的间距为 $\Delta d_v$，激励的周期则为 $\Delta d_v/V_v$，当此周期等于简支钢-混凝土组合箱梁某阶模态的 $i$ 倍自振周期时，会引起谐波共振。根据 Frýba 的研究，临界车速 $V_{re}$（km/h）的表达式为：

$$V_{re} = \frac{3.6 f_b}{i} \cdot \Delta d_v \quad (i = 1, 2, 3 \cdots) \tag{6-19}$$

式中，$f_b$（Hz）为桥梁的自振频率，本文取为简支钢-混凝土组合箱梁桥的基频，所对应的振型为一阶竖弯；$\Delta d_v$ 可取为列车的全长 $l_v$（m）。

令 $i = 2$，车速不妨近似取为 $V_v = 180$ km/h，使之接近引起简支钢-混凝土组合箱梁共振的临界车速 $V_{re}$。

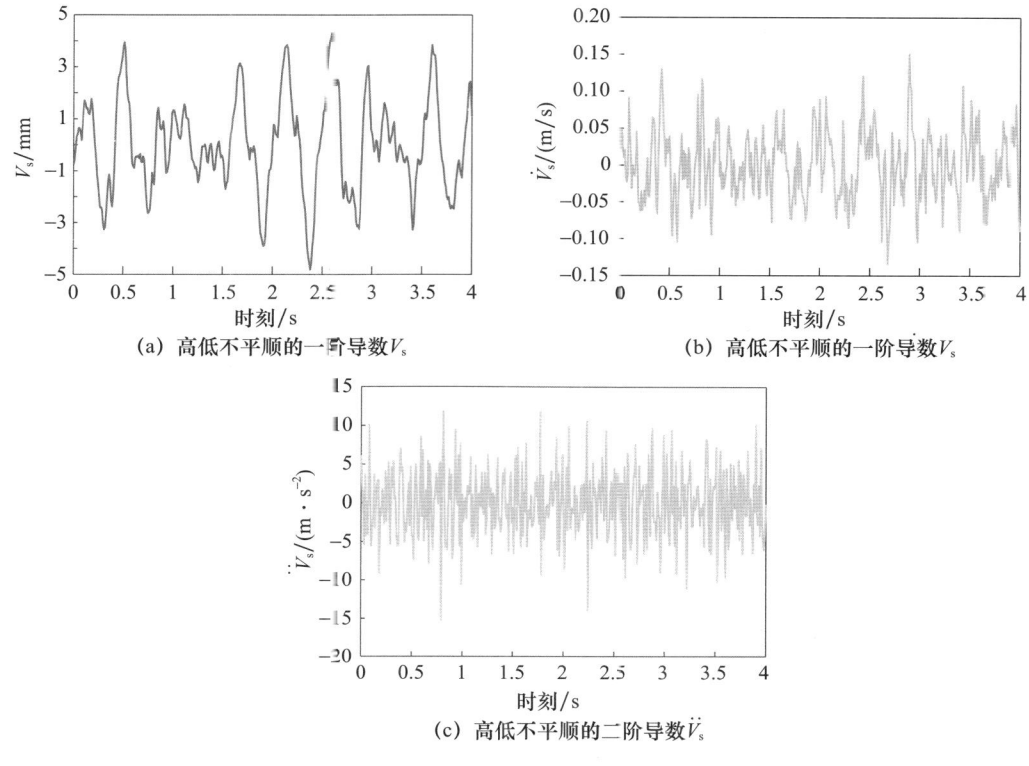

图 6-5 美国六级谱轨道高低不平顺时程曲线

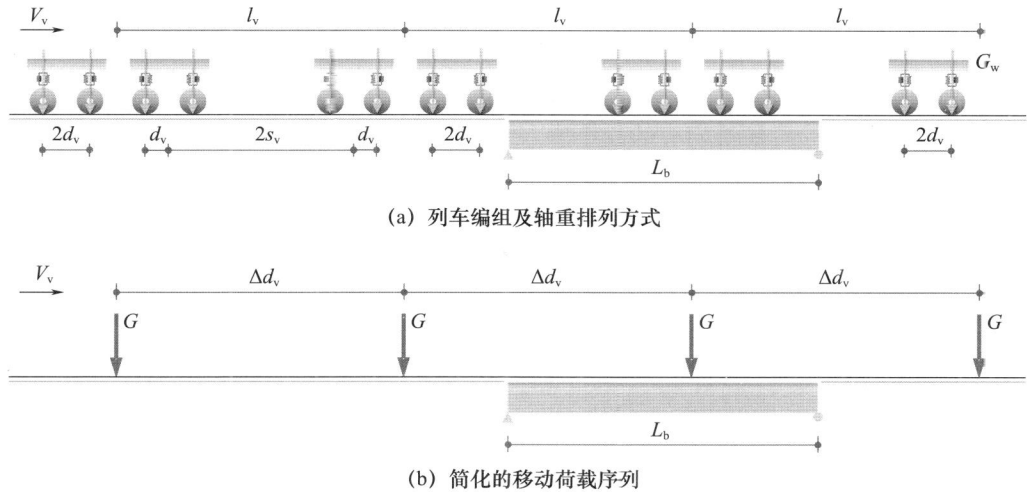

图 6-6 通过简支钢-混凝土组合箱梁桥的列车荷载列

### 6.4.2 MTMDs 系统的优化算法的比较与选取

绝大多数 TMD 系统的优化设计采用了经典的 Den Hartog 闭合解表达式，这些表达式适用于有阻尼 TMD 系统对受简谐激励的无阻尼单自由度主体结构系统的调谐减振优化设计问题。因此与需要精细建模的数值解相比，大大简化了优化过程。根据 Den Hartog 闭合解公式，单个 TMD 质量块的最优调谐频率比 $\beta_{ti,\text{opt}}$ 与最优阻尼比 $\xi_{ti,\text{opt}}$ 为：

$$\beta_{ti,\text{opt}} = \frac{1}{1+\mu_{ti}} \tag{6-20}$$

$$\xi_{ti,\text{opt}} = \sqrt{\frac{3\mu_{ti}}{8(1+\mu_{ti})^3}} \tag{6-21}$$

式中，$\mu_{ti}$ 为 TMD 系统的质量比，$\mu_{ti} = m_{ti}/m_b$ ($i = 1, 2, 3, \cdots, n$)；$m_{ti}$、$m_b$ 分别为单个 TMD 的质量和钢-混凝土组合箱梁的总质量。

本研究可采用 Den Hartog 或 Warburton 的表达式作为优化的初始点。然而，Warburton 表达式仅适用于承受白噪声激励的单自由度结构的调谐减振优化设计问题，不适用于本研究，故没有采用。所以，单个 TMD 系统的最优调谐频率 $\omega_{ti,\text{opt}}$、最优刚度 $k_{ti,\text{opt}}$、最优阻尼系数 $c_{ti,\text{opt}}$ 为：

$$\omega_{ti,\text{opt}} = \beta_{ti,\text{opt}} \omega_{b1} \tag{6-22}$$

$$k_{ti,\text{opt}} = m_{ti} \omega_{ti,\text{opt}}^2 \tag{6-23}$$

$$c_{ti,\text{opt}} = 2\xi_{ti,\text{opt}} m_{ti} \omega_{ti,\text{opt}} \tag{6-24}$$

式中，$\omega_{b1}$ 为简支钢-混凝土组合箱梁桥的第一阶圆频率，$\omega_{b1} = 2\pi f_{b1}$。

对于多自由度结构，在求解响应时采用了振型叠加法，自然在调谐减振优化设计时可采用动力放大系数作为优化目标函数。这样做的好处是，只考虑需要进行调谐减振控制的几阶关键的振型，并以该阶振型对应的固有频率作为优化的自变量，通过一般的优化算法，便可以解决。而本研究针对车桥耦合时变系统，考虑了组合箱梁界面滑移、剪力滞效应的影响，并结合有限单元法的思想，建立了精细的多自由度模型，求解的精度更高。但是，这对于控制装置的优化设计来讲，难度较大。显然，在车桥耦合动力作用下对简支钢-混凝土组合箱梁进行调谐减振优化设计不能用简单的优化算法。一方面，由于此系统是一个时变的耦合系统，优化问题比较复杂；另一方面，优化的目标函数只能取全部时间步迭代后最大响应的最小值，没有明确的函数表达式，且不能求导，是一个隐函数优化问题。

为了便于优化和比选，仅由 3 节列车（$n_v = 3$）通过上述简支钢-混凝土组合箱梁桥，并在跨中处安装一个 TMD 质量块（$n = 1$）。所以，TMD 系统简化为一个弹簧、质量和阻尼系统。

因此，以简支钢-混凝土组合箱梁桥跨中截面的最大加速度作为优化目标函数，最后的优化问题简化为式 (6-25)：

$$\begin{cases} \min \ddot{v}_{b l\,\max} (\mu_t, \beta_{ti}, \xi_{ti}) \\ \text{s.t.} \ \mu_t = 0.02; \\ \quad\quad \beta_{ti} \in [0.8, 2.2]; \\ \quad\quad \xi_{ti} \in (0, 0.5] \end{cases} \tag{6-25}$$

目前，由于解析表达式对实际工程中 MTMDs 系统的参数优化效果有限，所以通常采用类似于遍历搜索法的数值解方法进行计算。具体如图 6-7 所示。

在 TMD 系统或 MTMDs 系统中，分别选择模式搜索法（PSM）、粒子群优化（PSO）算法、遗传（GA）算法作为优化的方法，并嵌入优化工具箱在 MATLAB 2021®

中进行编程。具体流程为：根据式（6-20）和式（6-21）设置初始 TMD 系统/MTMDs 系统的初值和特定的参数；然后，可选择一种特定的优化算法来计算 TMD 系统/MTMDs 系统的最佳参数，具体的优化流程如图 6-7 所示。

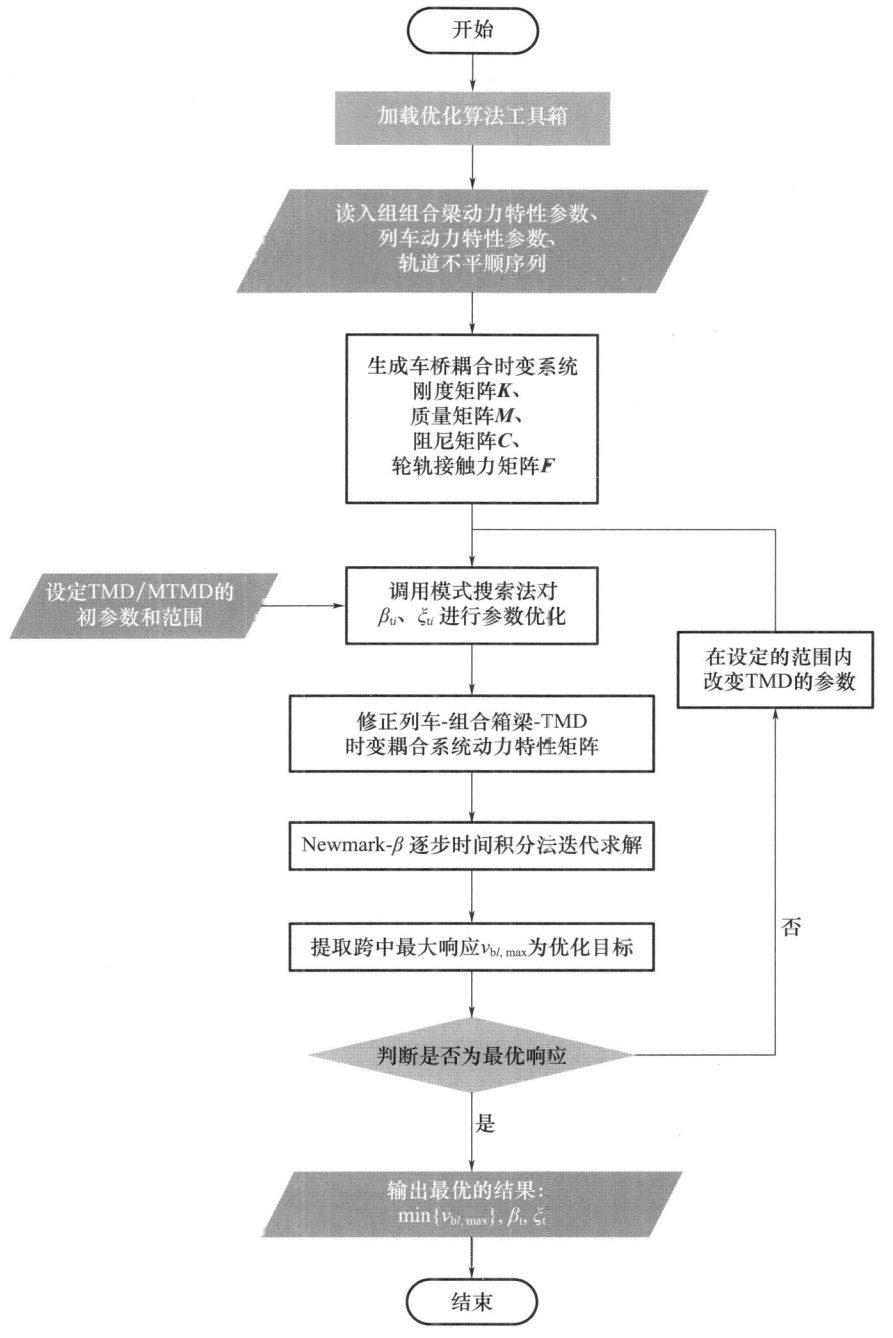

图 6-7　MTMDs 系统的参数优化流程图

在相同的初始条件下，分别使用上述三种不同的算法，对 TMD 系统的质量比 $\mu_t$、频率比 $\beta_t$、阻尼比 $\xi_t$ 进行参数优化，各种算法的优化结果见表 6-4，优化过程如图 6-8 所示。

表 6-4　三种算法的优化结果

| 算法名称 | 迭代步数（进化代数） | $\beta_{t,opt}$ | $\xi_{t,opt}$ | 最优值 $\ddot{v}_{bl,max}$ / (m/s$^2$) | 时间/s |
|---|---|---|---|---|---|
| PSM | 44 | 1.183297 | 0.01000 | 0.7050 | 48.481 |
| PSO | 33 | 1.183296 | 0.01000 | 0.7050 | 270.955 |
| GA | 60 | 1.183303 | 0.01003 | 0.7051 | 952.053 |

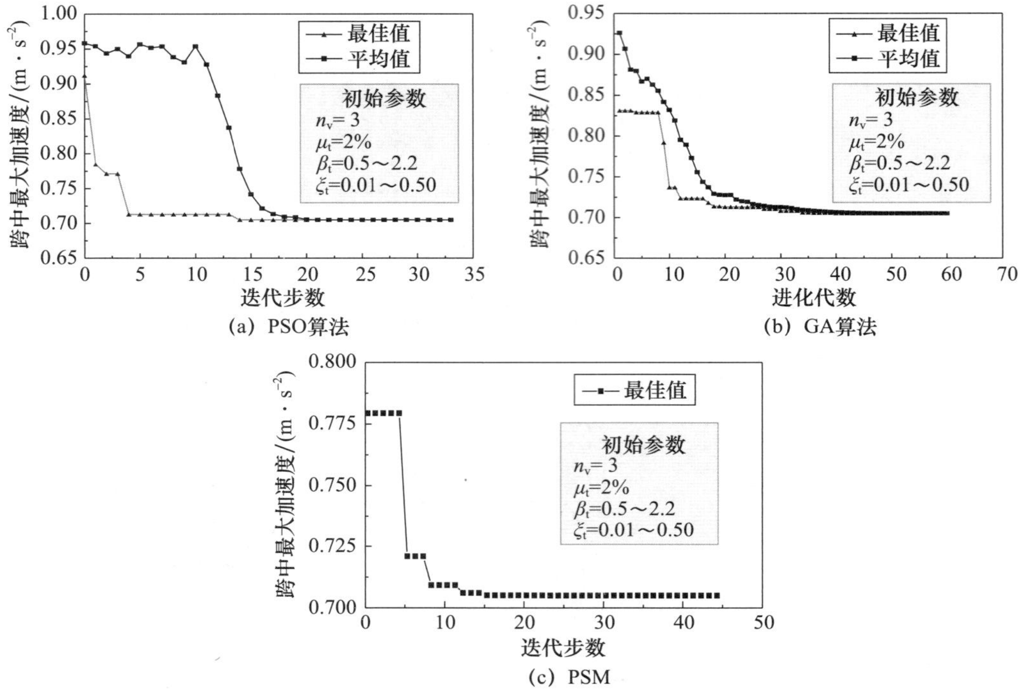

图 6-8　三种算法的优化过程图

根据以上优化结果可以看出，PSM 和 PSO 算法在搜寻最优值方面要好于 GA 算法，但是 PSM 所用的优化时间明显减少，原因是在优化过程中用了 Den Hartog 闭合解表达式，并以算出的结果作为初始点，所以在搜索过程中收敛于最优值点的速度加快。然而，对于列车-组合箱梁-TMD 时变耦合系统的优化，GA 算法的计算效率仍然最低。因此，GA 算法不适用于车桥耦合系统振动控制的优化问题。

因为在优化算法的比选中，最终的目的都是用较少的计算量和计算时间获得接近最优值的结果，所以，本章之后的研究都采用 PSM，并以 Den Hartog 闭合解表达式算出的结果作为初始点进行优化设计，这样节省了优化的时间，便于参数分析。

## 6.5　车桥耦合作用下 MTMDs 系统减振影响因素分析

### 6.5.1　MTMDs 质量比的影响

为了降低优化的难度，更好地突出质量比 $\mu_t$ 的影响，列车和钢-混凝土组合箱梁的参数与第 3 章保持一致,而 MTMDs 系统简化为 TMD 系统,即 $n=1$,并布置在简支钢-混凝土组合箱梁的跨中处。质量比 $\mu_t$ 的范围从 0.005 变到 0.050,间隔为 0.005,并用 PSM 得到与之对应的最优调谐频率比 $\beta_{t,opt}$ 和最优阻尼比 $\xi_{t,opt}$。当 3 节列车以 180km/h 的速度通过简支钢-混凝土组合箱梁桥时,分别以跨中截面最大加速度或位移作为优化目标函数。最后的优化问题简化为式(6-26):

$$\begin{cases} \min\limits_{\max} v_{bl}(\mu_t, \beta_{ti}, \xi_{ti}) \text{ or } \ddot{v}_{bl}\limits_{\max}(\mu_t, \beta_{ti}, \xi_{ti}) \\ \text{s.t. } \mu_t = [0.005: \Delta\mu_t = 0.005: 0.050]; \\ \beta_{ti} \in [0.8, 2.2]; \\ \xi_{ti} \in (0, 0.5] \end{cases} \quad (6\text{-}26)$$

采用 PSM 进行参数优化后,得到了不同质量比 $\mu_t$ 下简支钢-混凝土组合箱梁桥跨中的最大动力响应(图 6-9)。

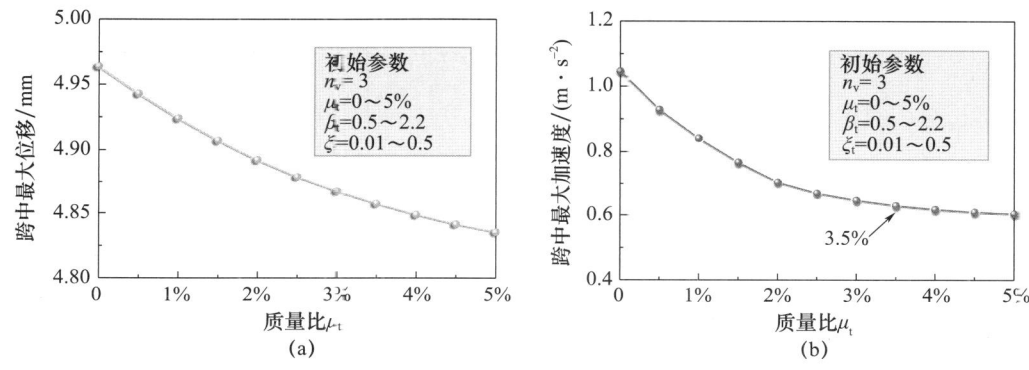

图 6-9 MTMDs 不同质量比下减振效果的变化

从计算结果可以看出,因为 MTMDs 质量块所提供的惯性力增大,钢-混凝土组合箱梁桥跨中的竖向响应随质量比 $\mu_t$ 增大而逐渐减小,TMD 系统的减振效果逐渐增强。但是,当 TMD 质量比在 3.5% 以上时,钢-混凝土组合箱梁的竖向加速度和竖向位移的变化趋势有所不同:对于竖向加速度,减振效果的变化趋势并不明显;对于竖向位移,减振效果依然在增大,幅度略有减小。

在以往诸多研究中,MTMDs 系统与受控结构的质量比 $\mu_t$ 存在适用的区间,对于土木工程结构通常在 1%~5%。如果 MTMDs 装置的质量太小,难以起到减振作用;质量太大,则会影响桥梁因自重等荷载产生的静位移,甚至改变桥梁结构体系。此外,铁路桥梁属于大型的工程结构,想要达到 3% 以上的质量比 $\mu_t$ 是很困难的事情,因为铁路桥梁自身的质量较大;而且,MTMDs 装置悬挂在桥梁结构上,较大的质量比会改变桥梁结构本身的动力特性。表 6-5 列出了质量比 $\mu_t$ 变化时,MTMDs 系统($n=1$)经参数优化后,安装在钢-混凝土组合箱梁跨中处,对原结构动力特性的影响趋势。从表 6-5 中可以看出,质量比 $\mu_t$ 越大,组合箱梁-MTMDs 耦合系统的基频越小,相当于原结构变得更柔了。因此,MTMDs 装置的设计要根据经济性、减振效果、钢-混凝土组合箱梁的承载能力和动力特性综合考虑。所以在本节后续研究中,MTMDs 系统的总质量比 $\mu_t$ 将保持在 2% 左右。

表 6-5  MTMDs 质量比对组合箱梁桥动力性能的影响

| $\mu_t$ | 结构基频/Hz | | 相对误差 |
|---|---|---|---|
| | 组合箱梁系统 | 组合箱梁-MTMDs 系统 | |
| 0.005 | 3.91 | 3.874 | 0.91% |
| 0.010 | | 3.841 | 1.77% |
| 0.015 | | 3.809 | 2.59% |
| 0.020 | | 3.778 | 3.37% |
| 0.025 | | 3.749 | 4.11% |
| 0.030 | | 3.721 | 4.83% |
| 0.035 | | 3.694 | 5.52% |
| 0.040 | | 3.669 | 6.18% |
| 0.045 | | 3.644 | 6.81% |
| 0.050 | | 3.620 | 7.43% |

### 6.5.2 列车编组数的影响

因为简支钢-混凝土组合箱梁内部的空间有限,并且考虑到安装、维修单个 TMD 装置不便,所以 MTMDs 系统中仅由 3 个 TMD 质量块组成,且沿着横向均匀布置。在优化过程中,每个 TMD 子系统的质量比 $\mu_t=0.7\%$,并保持不变,而改变其调谐频率比 $\beta_{ti}$ 和阻尼比 $\xi_{ti}$。列车和简支钢-混凝土组合箱梁的参数与第 5 章保持一致,只是列车的编组数变为 $n_v=1$、$n_v=3$、$n_v=5$、$n_v=8$、$n_v=10$。当列车以 $V_v=180$km/h 的速度通过简支钢-混凝土组合箱梁桥时,分别以跨中截面最大加速度或位移作为优化目标函数。于是,参数优化问题简化为式(6-27):

$$\begin{cases} \min\limits_{\max} v_{bl}(\mu_t, \beta_{ti}, \xi_{ti}) \text{ or } \max \ddot{v}_{bl}(\mu_t, \beta_{ti}, \xi_{ti}) \\ \text{s.t. } \mu_t = 3 \times 0.007 = 0.021; \\ \quad \beta_{ti} \in [0.8, 2.2]; \\ \quad \xi_{ti} \in (0, 0.5] \end{cases} \quad (6-27)$$

式中,$\mu_t$ 为 MTMDs 系统总的质量比,$\mu_t = \sum_{i=1}^{n} \mu_{ti}$。

在此情况下,最优的调谐频率比 $\beta_{ti,opt}$ 和最优的阻尼比 $\xi_{ti,opt}$、简支钢-混凝土组合箱梁桥跨中的竖向动力响应及其减振率由 PSM 优化算法结合 Den Hartog 闭合解表达式,最后结果见表 6-6 和表 6-7。简支钢-混凝土组合箱梁桥跨中的竖向位移 $v_{bl}$ 时程曲线与频域曲线、竖向加速度 $\ddot{v}_{bl}$ 时程曲线及频域曲线分别如图 6-10~图 6-19 所示,对应的最大值随编组数 $n_v$ 的变化趋势如图 6-20 所示。

表 6-6 列车编组对竖向位移、减振率的影响

| 列车编组数 | $v_{bl,max}$/mm | | $v_{bl}$减振率 | $\beta_{ti,opt}$ | $\xi_{ti,opt}$ |
|---|---|---|---|---|---|
| | 无 MTMDs | 有 MTMDs | | | |
| 1 | 2.88 | 2.82 | 1.62% | 0.7440<br>0.7440<br>0.7440 | 0.01<br>0.01<br>0.01 |
| 3 | 4.96 | 4.89 | 1.51% | 1.2514<br>1.2514<br>1.2514 | 0.01<br>0.01<br>0.01 |
| 5 | 5.72 | 4.90 | 14.36% | 1.1860<br>1.1480<br>1.1480 | 0.01<br>0.01<br>0.01 |
| 8 | 5.87 | 4.90 | 16.53% | 1.1860<br>1.1480<br>1.1480 | 0.01<br>0.01<br>0.01 |
| 10 | 5.87 | 4.80 | 18.01% | 1.2438<br>1.2438<br>1.2438 | 0.01<br>0.01<br>0.01 |

表 6-7 列车编组对竖向位移、减振率的影响

| 列车编组数 | $\ddot{v}_{bl,max}$/(m/s$^2$) | | $\ddot{v}_{bl}$减振率 | $\beta_{ti,opt}$ | $\xi_{ti,opt}$ |
|---|---|---|---|---|---|
| | 无 MTMDs | 有 MTMDs | | | |
| 1 | 0.66 | 0.45 | 34.39% | 1.0696<br>1.0696<br>1.0696 | 0.01<br>0.01<br>0.01 |
| 3 | 1.05 | 0.70 | 33.52% | 1.1854<br>1.1898<br>1.1918 | 0.01<br>0.01<br>0.01 |
| 5 | 1.65 | 0.97 | 40.98% | 1.1734<br>1.1734<br>1.1734 | 0.01<br>0.01<br>0.01 |
| 8 | 1.71 | 0.97 | 43.02% | 1.1734<br>1.1734<br>1.1734 | 0.01<br>0.01<br>0.01 |
| 10 | 1.71 | 0.97 | 43.02% | 1.1734<br>1.1734<br>1.1734 | 0.01<br>0.01<br>0.01 |

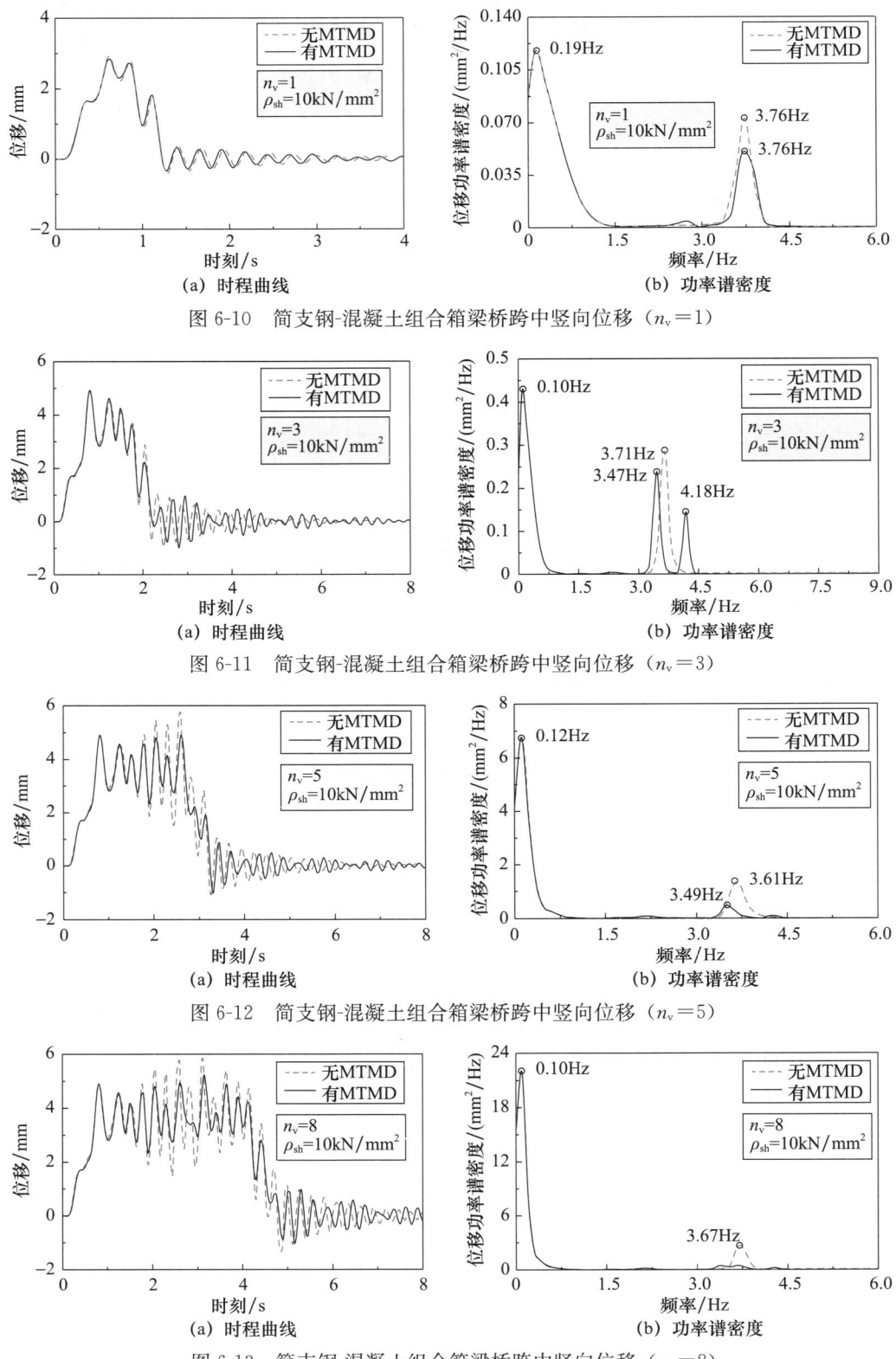

图 6-10 简支钢-混凝土组合箱梁桥跨中竖向位移（$n_v=1$）

图 6-11 简支钢-混凝土组合箱梁桥跨中竖向位移（$n_v=3$）

图 6-12 简支钢-混凝土组合箱梁桥跨中竖向位移（$n_v=5$）

图 6-13 简支钢-混凝土组合箱梁桥跨中竖向位移（$n_v=8$）

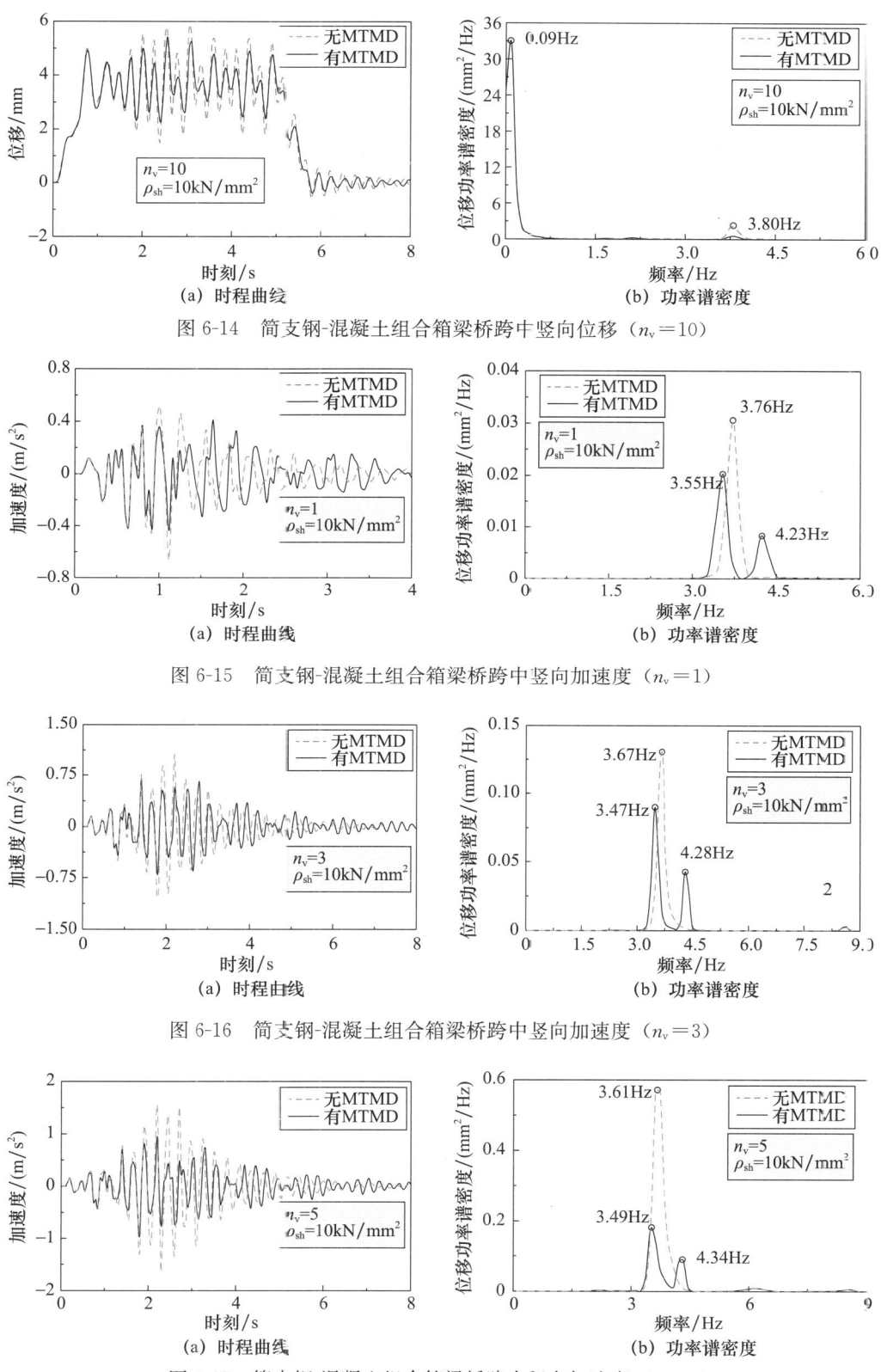

图 6-14 简支钢-混凝土组合箱梁桥跨中竖向位移（$n_v=10$）

图 6-15 简支钢-混凝土组合箱梁桥跨中竖向加速度（$n_v=1$）

图 6-16 简支钢-混凝土组合箱梁桥跨中竖向加速度（$n_v=3$）

图 6-17 简支钢-混凝土组合箱梁桥跨中竖向加速度（$n_v=5$）

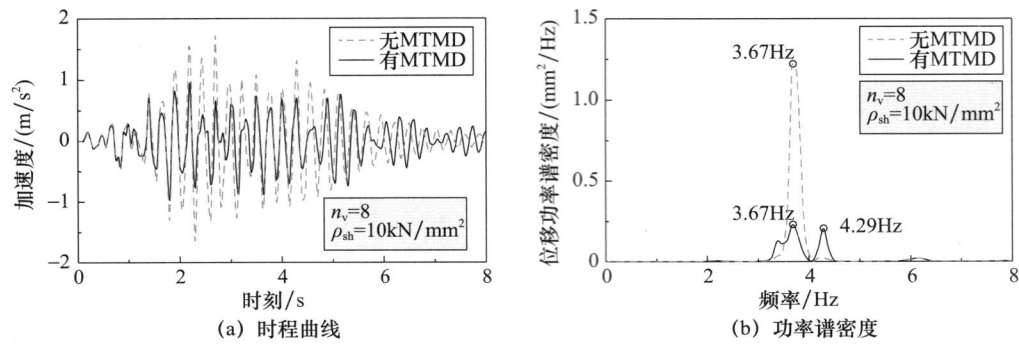

图 6-18 简支钢-混凝土组合箱梁桥跨中竖向加速度（$n_v=8$）

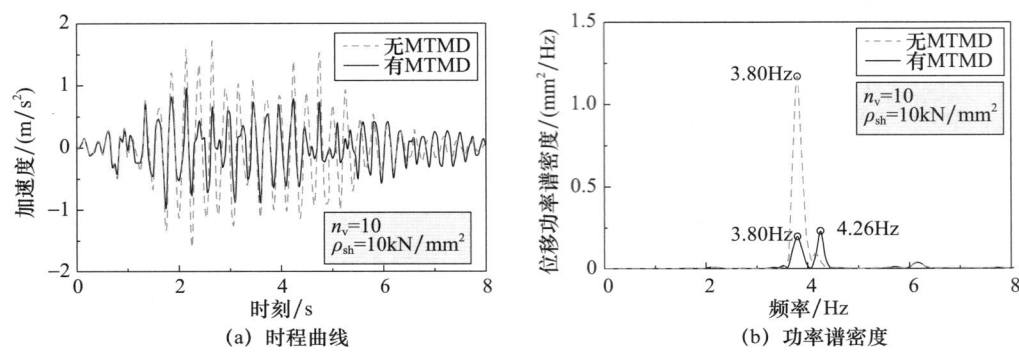

图 6-19 简支钢-混凝土组合箱梁桥跨中竖向加速度（$n_v=10$）

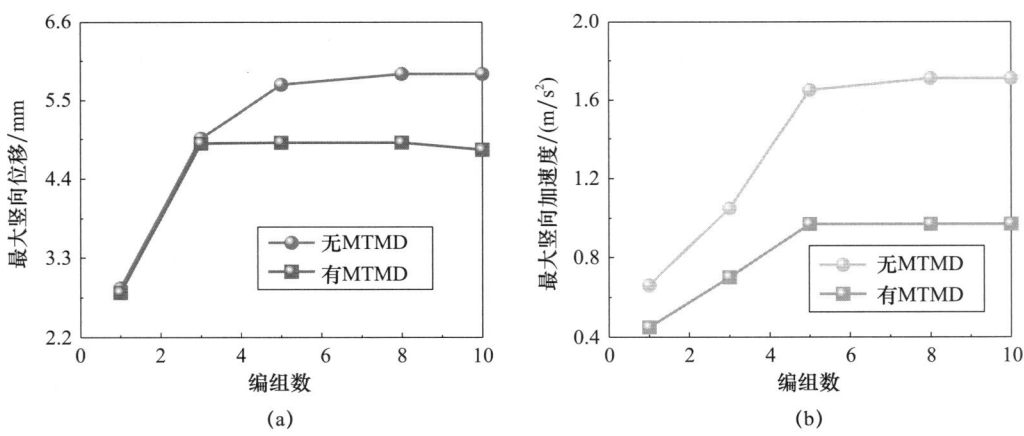

图 6-20 列车编组数对最大竖向响应影响的变化趋势

从表 6-6、表 6-7 和图 6-10～图 6-20 中可以看出，由于编组数的增加，车桥的动力相互作用会更加明显，并且由于这种连续周期性的激励叠加，简支钢-混凝土组合箱梁的动力效应也被放大了；所以，跨中的竖向位移和竖向加速度均有所增大，最大值分别为 5.87 mm、1.71m/s²；然而，正是这种动力放大作用才使得 MTMDs 装置的减振作用能够尽可能地发挥出来，减振效果也大幅提高。

除此之外,由于轮轨接触关系密贴假定和车桥自身耦合效应的影响,在模拟列车在钢-混凝土组合箱梁桥上通过时,轮对的质量会附加在钢-混凝土组合箱梁上。因此,车桥系统的固有频率随时间会稍微发生变化,造成系统动力响应的峰值并不在钢-混凝土组合箱梁的基频处,而是略小于钢-混凝土组合箱梁的基频。尽管如此,MTMDs装置的减振效果并不会受太大影响,主要原因是当列车在钢-混凝土组合箱梁桥上行驶时,MTMDs装置经过调谐后首先受列车激励发生共振,从而抑制了钢-混凝土组合箱梁相应模态上的振动,避免了钢-混凝土组合箱梁的共振。

图 6-21 给出了列车从上桥通过简支钢-混凝土组合箱梁桥至下桥后的整个过程内,不同编组数对应的跨中竖向位移及竖向加速度减振率。由图 6-21 可知,当编组数由 1 增至 3 时,简支钢-混凝土组合箱梁桥跨中处竖向加速度的减振率从 34.39% 减至 33.52%,竖向位移的减振率从 1.62% 减至 1.51%,虽然都略微减小,但幅度并不大,变化趋于稳定;当编组数为 3 时,竖向加速度和竖向位移的减振率接近最小,分别为 33.52% 和 1.51%;当编组数由 3 增至 5 时,简支钢-混凝土组合箱梁桥跨中竖向加速度的减振率又上升到了 40.98%,竖向位移的减振率上升到了 14.36%,提升较为明显;当编组数为 8 时,竖向加速度和竖向位移的减振率最大,分别为 43.02% 和 16.53%。

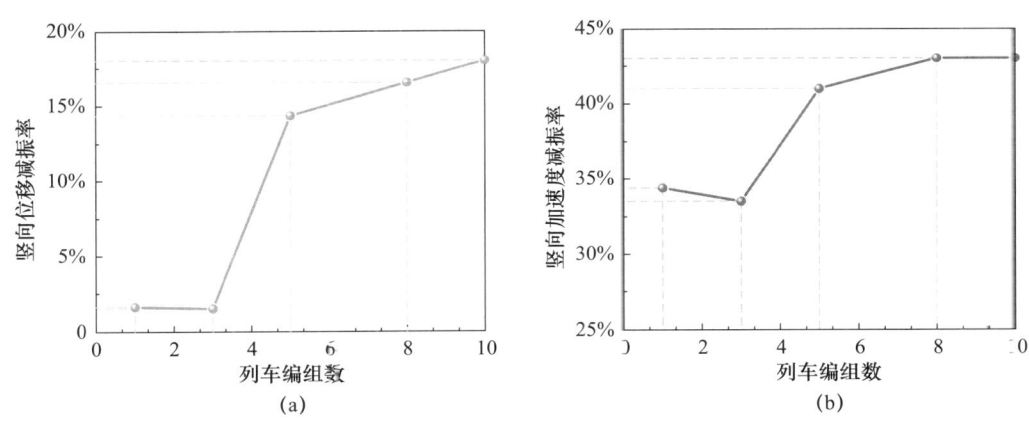

图 6-21 列车编组数对减振率影响的变化趋势

总体上可以看出,简支钢-混凝土组合箱梁桥跨中竖向加速度和位移的减振率均随列车编组数的增大而增大。可见列车编组数由 1 增至 8 时,MTMDs 装置对简支钢-混凝土组合箱梁桥跨中竖向加速度及竖向位移的减振率分别增大了 8.63% 及 14.91%;当编组数由 8 增至 10 时,跨中竖向位移的减振率趋于稳定,而竖向加速度的减振率还处于上升阶段,这也体现出 MTMDs 装置适用于抑制结构动力变形。所以,编组数的增大并未改变钢-混凝土组合箱梁的动力特性,但使共振效应越来越明显,MTMDs 装置的减振率也因此有所提高,这也从一定程度上表明与 TMD 类似的调谐减振装置都适用于减小工程结构共振响应。

值得注意的是,不管从减振率的时程曲线还是频域曲线,均可看出 MTMDs 对于竖向加速度的减振效果要好于竖向位移,因为 MTMDs 本身只能减小结构的动力响应部分,而钢-混凝土组合箱梁的静位移占比很大;此外,竖向位移的响应在低频范围(0~1Hz)内分布特别集中,而 MTMDs 装置只会在钢-混凝土组合箱梁的基频附近起到减振作用，所以位移不会减小太多。

### 6.5.3 钢-混凝土组合箱梁界面滑移效应的影响

如6.2节所述，MTMDs系统由3个TMD组成，且沿着横向均匀布置。在优化过程中，每个TMD子系统的质量比$\mu_t=0.7\%$，并保持不变，而改变其调谐频率比$\beta_{ti}$和阻尼比$\xi_{ti}$。列车参数与6.4.1节保持一致，而组合箱梁的剪力连接刚度$\rho_{sh}$分别变为$1kN/m^2$、$5kN/m^2$、$10kN/m^2$、$25kN/m^2$、$50kN/m^2$、$100kN/m^2$，对应的基频分别为3.58Hz、3.84Hz、3.91Hz、3.92Hz、3.93Hz、3.93Hz。

当8节列车以$V_v=180km/h$的速度通过简支钢-混凝土组合箱梁桥时，分别以跨中截面最大加速度或位移作为优化目标函数进行优化设计。利用PSM结合Den Hartog闭合解表达式，经过参数优化后，MTMDs系统最优调谐频率比$\beta_{ti,opt}$和最优阻尼比$\xi_{ti,opt}$、简支钢-混凝土组合箱梁桥跨中竖向动力响应及其减振率见表6-8和表6-9，具体的竖向位移$v_{bl}$时程曲线和频域曲线、竖向加速度$\ddot{v}_{bl}$时程曲线及频域曲线分别呈现于图6-22～图6-33，对应的最大值随界面剪力连接刚度$\rho_{sh}$的变化趋势如图6-34所示。

表6-8 简支钢-混凝土组合箱梁界面滑移效应对竖向位移、减振率的影响

| $\rho_{sh}$/ (kN/mm$^2$) | $v_{bl,max}$/mm | | $v_{bl}$减振率 | $\beta_{ti,opt}$ | $\xi_{ti,opt}$ |
|---|---|---|---|---|---|
| | 无MTMDs | 有MTMDs | | | |
| 1 | 6.07 | 5.9 | 2.75% | 1.4706<br>1.4706<br>1.4706 | 0.01<br>0.01<br>0.01 |
| 5 | 5.86 | 5.01 | 14.50% | 1.2714<br>1.1725<br>1.1313 | 0.01<br>0.01<br>0.01 |
| 10 | 5.87 | 4.9 | 16.53% | 1.1860<br>1.1480<br>1.1480 | 0.01<br>0.01<br>0.01 |
| 25 | 5.89 | 4.83 | 17.99% | 1.1451<br>1.0773<br>1.2152 | 0.01<br>0.01<br>0.01 |
| 50 | 5.90 | 4.81 | 18.47% | 1.1352<br>1.0751<br>1.2113 | 0.01<br>0.01<br>0.01 |
| 100 | 5.90 | 4.79 | 18.72% | 1.2158<br>1.0959<br>1.1078 | 0.01<br>0.01<br>0.01 |

表 6-9　简支钢-混凝土组合箱梁界面滑移效应对竖向加速度、减振率的影响

| $\rho_{sh}/$（kN/mm²） | $\ddot{v}_{bl,\max}/$（m/s²） | | $\ddot{v}_{bl}$减振率 | $\beta_{ti,opt}$ | $\xi_{ti,opt}$ |
| --- | --- | --- | --- | --- | --- |
| | 无 MTMDs | 有 MTMDs | | | |
| 1 | 1.24 | 1.00 | 18.96% | 1.2250<br>1.3500<br>1.3537 | 0.0100<br>0.0256<br>0.0725 |
| 5 | 1.68 | 1.01 | 39.69% | 1.1914<br>1.1914<br>1.1914 | 0.0100<br>0.0100<br>0.0100 |
| 10 | 1.71 | 0.97 | 43.02% | 1.1734<br>1.1734<br>1.1734 | 0.0100<br>0.0100<br>0.0100 |
| 25 | 1.72 | 0.94 | 45.10% | 1.1620<br>1.1620<br>1.1620 | 0.0100<br>0.0100<br>0.0100 |
| 50 | 1.72 | 0.93 | 45.70% | 1.1580<br>1.1580<br>1.1580 | 0.0100<br>0.0100<br>0.0100 |
| 100 | 1.72 | 0.93 | 45.95% | 1.1558<br>1.1558<br>1.1558 | 0.0100<br>0.0100<br>0.0100 |

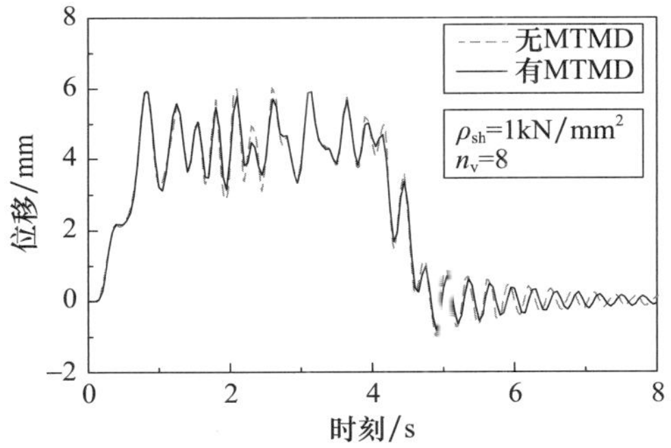

(a) 时程曲线 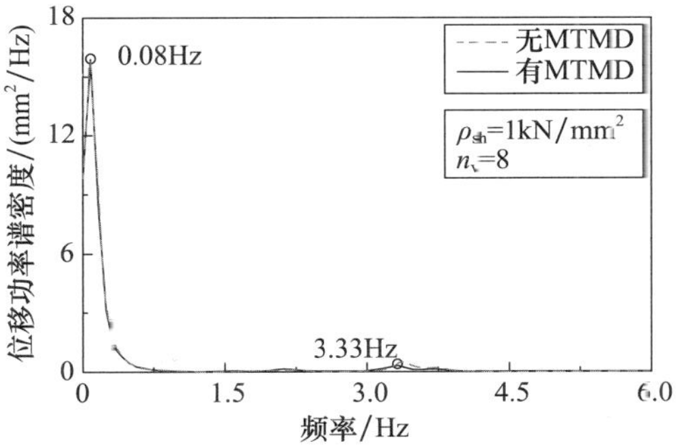　　(b) 功率谱密度

图 6-22　简支钢-混凝土组合箱梁桥跨中竖向位移（$\rho_{sh}=1$kN/m²）

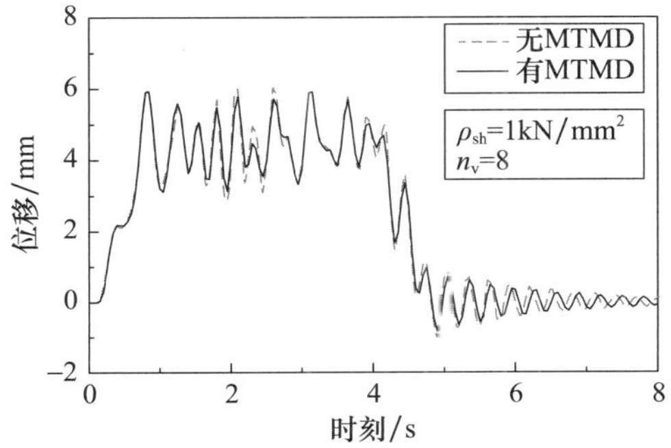

(a) 时程曲线 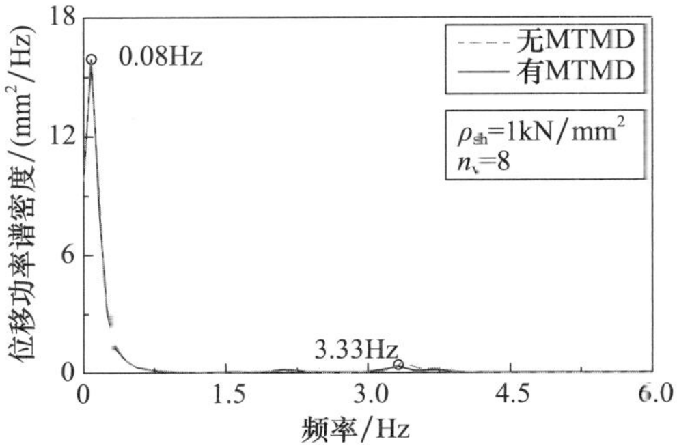　　(b) 功率谱密度

图 6-23　简支钢-混凝土组合箱梁桥跨中竖向位移（$\rho_{sh}=5$kN/m²）

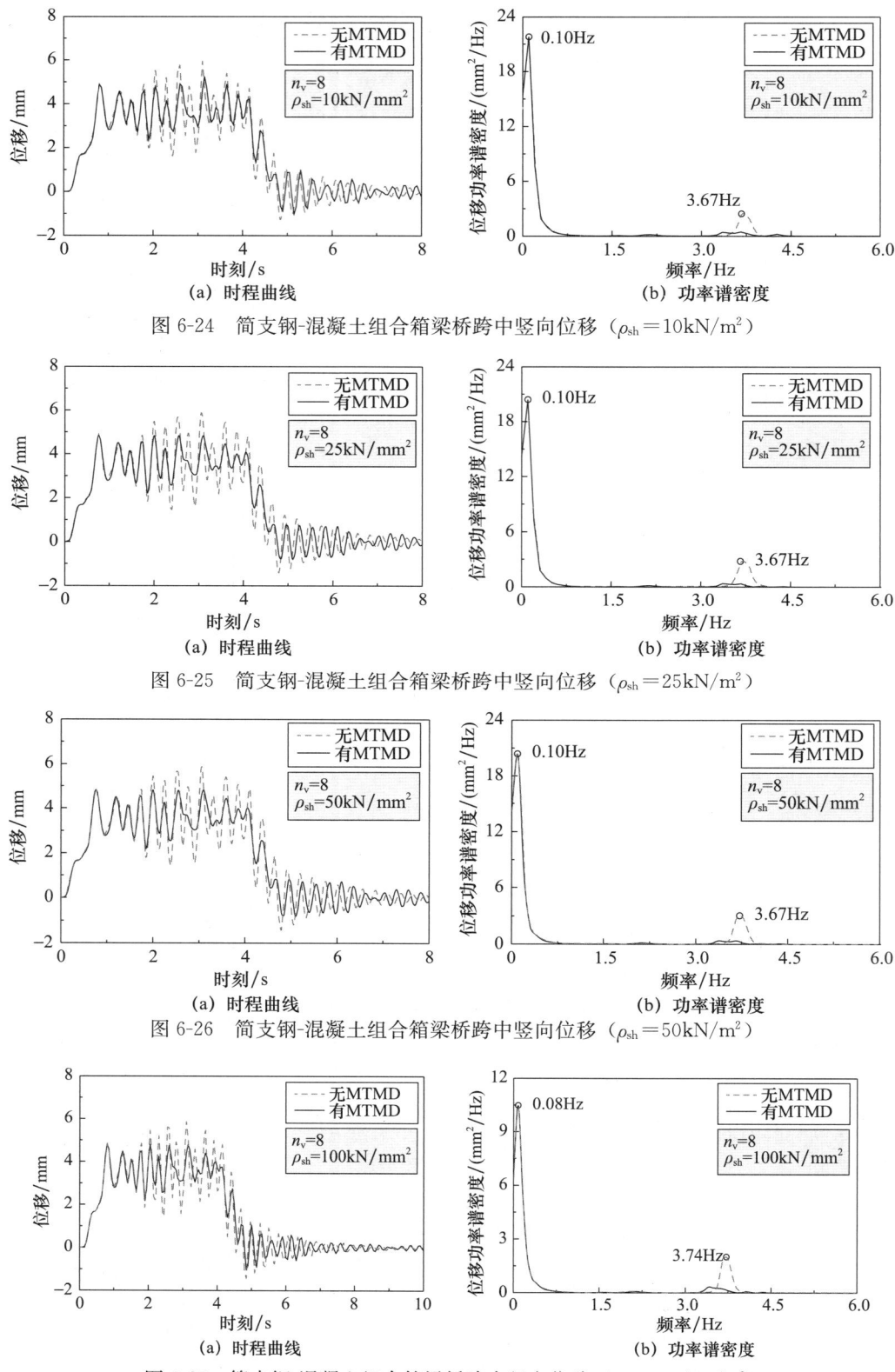

图 6-24 简支钢-混凝土组合箱梁桥跨中竖向位移（$\rho_{sh}=10\text{kN/m}^2$）

图 6-25 简支钢-混凝土组合箱梁桥跨中竖向位移（$\rho_{sh}=25\text{kN/m}^2$）

图 6-26 简支钢-混凝土组合箱梁桥跨中竖向位移（$\rho_{sh}=50\text{kN/m}^2$）

图 6-27 简支钢-混凝土组合箱梁桥跨中竖向位移（$\rho_{sh}=100\text{kN/m}^2$）

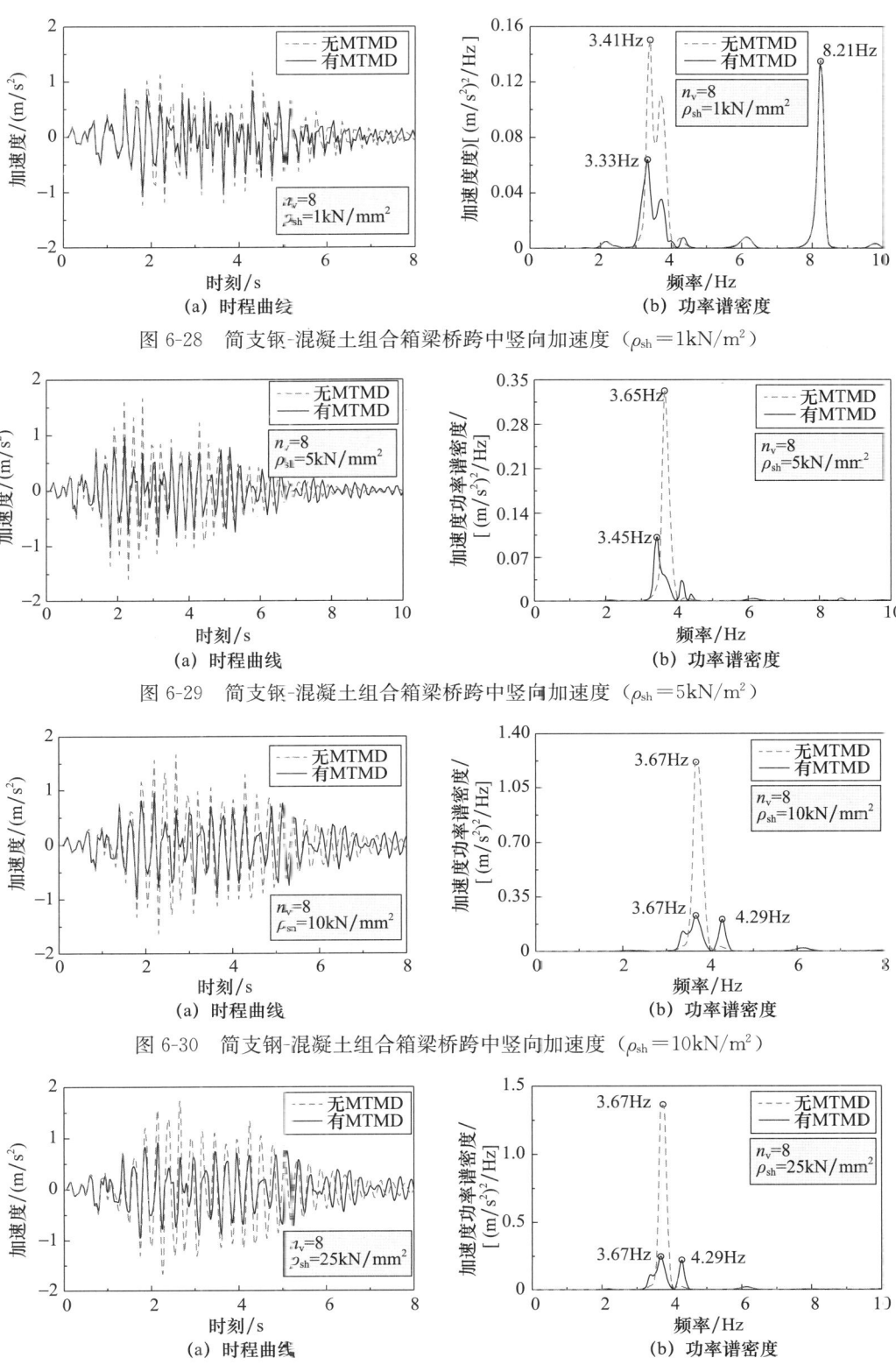

图 6-28 简支钢-混凝土组合箱梁桥跨中竖向加速度（$\rho_{sh}=1\text{kN/m}^2$）

图 6-29 简支钢-混凝土组合箱梁桥跨中竖向加速度（$\rho_{sh}=5\text{kN/m}^2$）

图 6-30 简支钢-混凝土组合箱梁桥跨中竖向加速度（$\rho_{sh}=10\text{kN/m}^2$）

图 6-31 简支钢-混凝土组合箱梁桥跨中竖向加速度（$\rho_{sh}=25\text{kN/m}^2$）

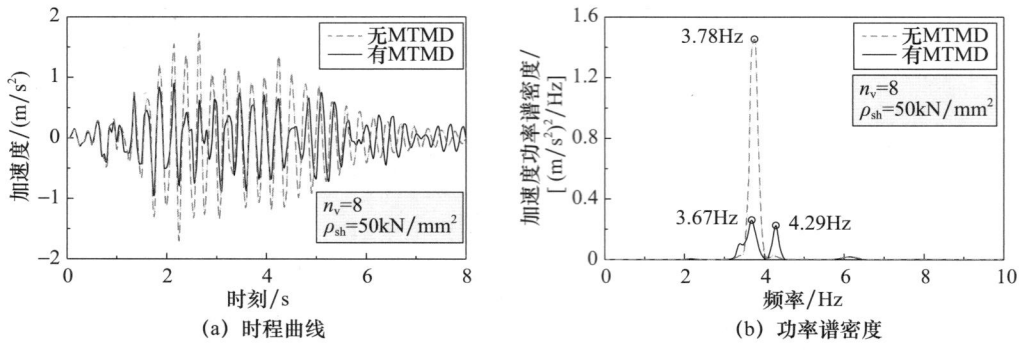

图 6-32 简支钢-混凝土组合箱梁桥跨中竖向加速度（$\rho_{sh}=50\text{kN/m}^2$）

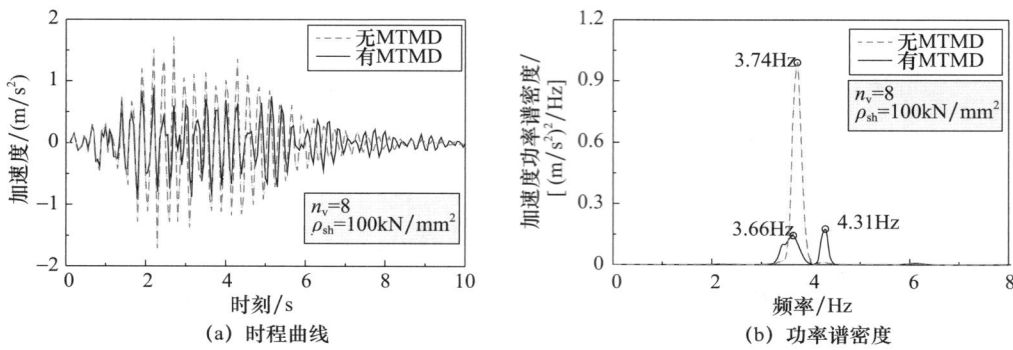

图 6-33 简支钢-混凝土组合箱梁桥跨中竖向加速度（$\rho_{sh}=100\text{kN/m}^2$）

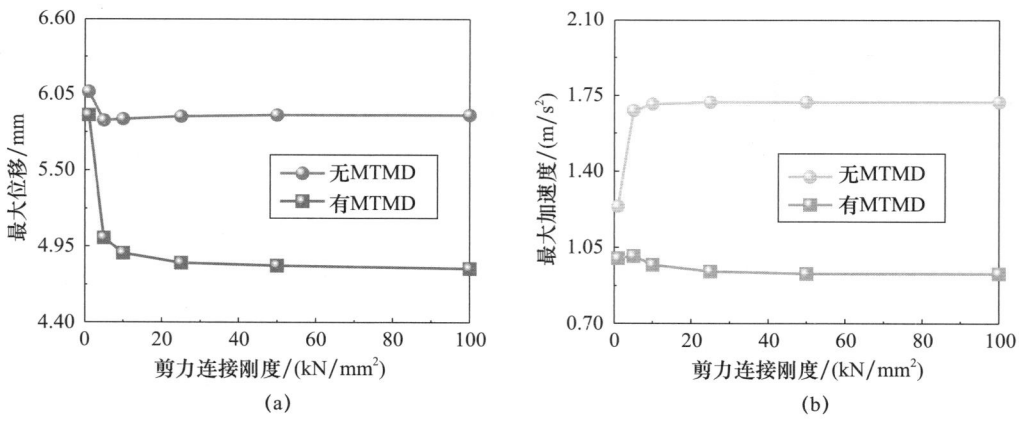

图 6-34 剪力连接刚度对最大竖向响应影响的变化趋势

从表 6-8、表 6-9 和图 6-22～图 6-34 中可以清楚地看出，在没有 MTMDs 装置进行减振时，剪力连接刚度由 $\rho_{sh}=1\text{kN/m}^2$ 变到 $\rho_{sh}=5\text{kN/m}^2$，简支钢-混凝土组合箱梁桥的整体刚度稍微增加，跨中竖向位移由 6.07mm 减小到 5.86mm；此后，在 $\rho_{sh}=5\text{kN/m}^2$ 变到 $\rho_{sh}=100\text{kN/m}^2$ 的过程中，跨中竖向位移轻微增大，且随着界面剪力连接刚度 $\rho_{sh}$ 的增大，竖向位移增大的幅度减小，但总体上变化不大，主要是因为简支钢-混凝土组合箱梁由弱剪力连接（$\rho_{sh}=1\text{kN/m}^2$）变到强剪力连接（$\rho_{sh}=100\text{kN/m}^2$）的过程中，基频

$f_{b1}$ 会稍微变大，导致 $V_{re}$ 逐渐接近 $V$，使之越来越接近共振状态，动力响应逐渐被放大，所以竖向加速度随剪力连接刚度 $\rho_{sh}$ 的增大而持续增加，直到 $\rho_{sh}=25\rm{kN/m^2}$ 时稳定为最大值 $1.72\rm{m/s^2}$，并且界面连接刚度 $\rho_{sh}$ 越大，竖向加速度增加的幅度越小。然而，由于静力成分占比太大，共振效应并不显著。尽管在强剪力连接的情况下，MTMDs 装置对简支钢-混凝土组合箱梁桥的竖向位移减振率略有增加，但总体趋势变化不大。

图 6-35 给出了列车从上桥通过简支钢-混凝土组合箱梁桥至下桥后的整个过程为，不同剪力连接刚度对应的跨中竖向位移及竖向加速度减振率。由图 6-35 可知，当简支钢-混凝土组合箱梁的剪力连接刚度 $\rho_{sh}=1\rm{kN/m^2}$ 时，由于列车运行速度 $V_v$ 远离使简支钢-混凝土组合箱梁产生共振效应的临界车速 $V_{re}$，MTMDs 系统通过调谐不能很好地减振，竖向加速度和位移的减振率接近最小，分别为 18.96% 和 2.75%；当 $\rho_{sh}=1\rm{kN/m^2}$ 变为 $\rho_{sh}=5\rm{kN/m^2}$ 时，简支钢-混凝土组合箱梁桥跨中竖向加速度的减振率增至 39.69%，竖向位移的减振率增至 14.50%，变化幅度比较明显；当界面连接刚度从 $\rho_{sh}=10\rm{kN/m^2}$ 增加到 $\rho_{sh}=50\rm{kN/m^2}$ 时，减振率的变化趋于稳定，并在 $\rho_{sh}=25\rm{kN/m^2}$ 附近出现拐点；当界面连接刚度由 $\rho_{sh}=50\rm{kN/m^2}$ 增加到 $\rho_{sh}=100\rm{kN/m^2}$ 时，减振率的变化非常小，趋于平稳；当界面连接刚度 $\rho_{sh}=100\rm{kN/m^2}$ 时，$V_v$ 与 $V_{re}$ 最为接近，共振效应最为明显，MTMDs 装置也达到了最佳的性能，对简支钢-混凝土组合箱梁桥竖向加速度和竖向位移的减振率最大，分别为 45.95% 和 18.72%。

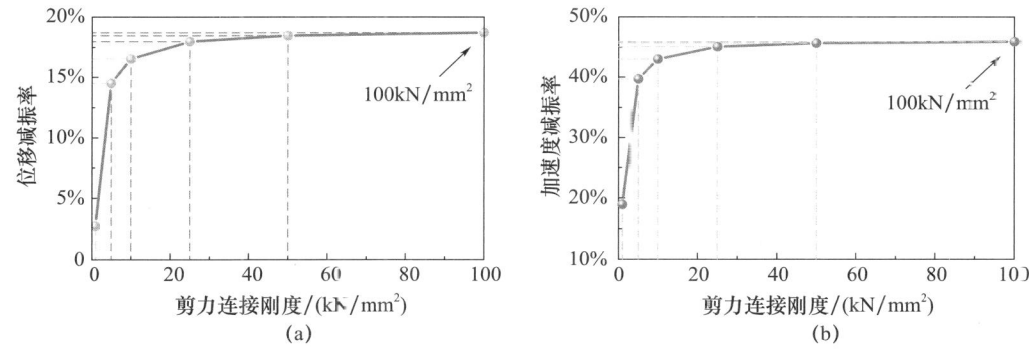

图 6-35 简支钢-混凝土组合箱梁剪力连接刚度对减振率影响的变化趋势

总体上可以看出，简支钢-混凝土组合箱梁桥跨中竖向加速度的减振率均随界面连接刚度的增大而增大，且界面连接刚度越大，竖向加速度减振率增加的幅度越小，变化趋势基本相似。由此可见，简支钢-混凝土组合箱梁滑移效应的存在会降低 MTMDs 装置对跨中竖向加速度及竖向位移的减振率，降低幅度分别为 26.99% 和 15.79%。因此，剪力连接刚度的减小略微改变了简支钢-混凝土组合箱梁的动力特性，使共振效应越来越弱，甚至不明显，MTMDs 装置的减振率也因此大幅降低。这也从一定程度上表明与 TMD 类似的调谐减振装置只适用于控制窄带激励下的结构响应。

### 6.5.4 钢-混凝土组合箱梁剪力滞效应的影响

列车参数与 6.4.1 节保持一致，MTMDs 系统由 3 个 TMD 组成，且沿着横向均匀布置。在优化过程中，每个 TMD 子系统的质量比 $\mu_d=0.7\%$，并保持不变，而改变其

调谐频率比 $\beta_{ti}$ 和阻尼比 $\xi_{ti}$。为了便于分析剪力滞效应的影响，组合箱梁的剪力连接刚度取 $\rho_{sh}=10kN/m^2$，并在分析过程中保持不变；而宽跨比分别为 $2b_c/L_b=0.250$、$2b_c/L_b=0.375$、$2b_c/L_b=0.500$，对应的基频为 4.13Hz、3.92Hz、3.59Hz；并与无剪力滞效应时的模型做对比，对应的基频为 4.17Hz、4.01Hz、3.71Hz。

当 8 节列车以 $V_v=180km/h$ 的速度通过简支钢-混凝土组合箱梁桥时，分别以跨中截面最大加速度或位移作为优化目标函数进行优化设计。分别构建考虑剪力滞效应与不考虑剪力滞效应的桥梁动力计算模型，计算模型所得利用 PSM 结合 Den Hartog 闭合解表达式，经过参数优化后，MTMDs 系统最优调谐频率比 $\beta_{ti,opt}$ 和最优阻尼比 $\xi_{ti,opt}$、简支钢-混凝土组合箱梁桥跨中竖向动力响应时频数据及其减振率见表 6-10 和表 6-11。考虑剪力滞效应与不考虑剪力滞效应的简支钢-混凝土组合箱梁桥跨中竖向位移 $v_{bl}$ 时程曲线和频域曲线、竖向加速度 $\ddot{v}_{bl}$ 时程曲线及频域曲线分别呈现于图 6-36～图 6-47，对应的最大值随宽跨比 $2b_c/L_b$ 的变化趋势如图 6-48 所示。

表 6-10 剪力滞效应对竖向位移减振率的影响

| $2b_c/L_b$ | | $v_{bl,max}$/mm | | $v_{bl}$ 减振率 | $\beta_{ti,opt}$ | $\xi_{ti,opt}$ |
|---|---|---|---|---|---|---|
| | | 无 MTMDs | 有 MTMDs | | | |
| 0.250 | 不考虑剪力滞效应 | 6.11 | 5.15 | 15.65% | 1.8397 | 0.010 |
| | | | | | 1.0688 | 0.010 |
| | | | | | 1.0453 | 0.010 |
| | 考虑剪力滞效应 | 6.09 | 5.14 | 15.63% | 1.8492 | 0.010 |
| | | | | | 1.0541 | 0.010 |
| | | | | | 1.0692 | 0.010 |
| 0.375 | 不考虑剪力滞效应 | 4.74 | 4.45 | 6.06% | 1.1976 | 0.010 |
| | | | | | 1.1998 | 0.010 |
| | | | | | 1.1998 | 0.010 |
| | 考虑剪力滞效应 | 4.86 | 4.63 | 4.79% | 0.8289 | 0.010 |
| | | | | | 1.5865 | 0.010 |
| | | | | | 1.2039 | 0.010 |
| 0.500 | 不考虑剪力滞效应 | 4.31 | 4.23 | 1.92% | 1.4813 | 0.010 |
| | | | | | 2.1332 | 0.010 |
| | | | | | 2.1373 | 0.010 |
| | 考虑剪力滞效应 | 4.62 | 4.6 | 0.58% | 2.1936 | 0.010 |
| | | | | | 2.1936 | 0.010 |
| | | | | | 2.1936 | 0.010 |

表 6-11 剪力滞效应对竖向加速度减振率的影响

| $2b_c/L_b$ | | $\ddot{v}_{bl,max}$/(m/s²) | | $\ddot{v}_{bl}$ 减振率 | $\beta_{ti,opt}$ | $\xi_{ti,opt}$ |
|---|---|---|---|---|---|---|
| | | 无 MTMDs | 有 MTMDs | | | |
| 0.250 | 不考虑剪力滞效应 | 1.69 | 1.10 | 35.12% | 1.1944 | 0.010 |
| | | | | | 1.1944 | 0.010 |
| | | | | | 1.1944 | 0.010 |
| | 考虑剪力滞效应 | 1.70 | 1.13 | 33.39% | 1.2035 | 0.010 |
| | | | | | 1.2035 | 0.010 |
| | | | | | 1.2035 | 0.010 |

续表

| $2b_c/L_b$ | | $\ddot{v}_{bl,max}/$ (m/s²) | | $\ddot{v}_{bl}$减振率 | $\beta_{ti,opt}$ | $\xi_{ti,opt}$ |
|---|---|---|---|---|---|---|
| | | 无 MTMDs | 有 MTMDs | | | |
| 0.375 | 不考虑剪力滞效应 | 1.09 | 0.76 | 29.74% | 0.9546<br>1.3181<br>1.3181 | 0.010<br>0.010<br>0.010 |
| | 考虑剪力滞效应 | 1.21 | 0.90 | 25.99% | 1.3797<br>1.3600<br>1.2000 | 0.010<br>0.010<br>0.010 |
| 0.500 | 不考虑剪力滞效应 | 0.71 | 0.55 | 23.45% | 1.2992<br>1.2938<br>1.5009 | 0.010<br>0.010<br>0.010 |
| | 考虑剪力滞效应 | 0.77 | 0.71 | 7.62% | 2.1021<br>1.5667<br>1.7000 | 0.010<br>0.010<br>0.010 |

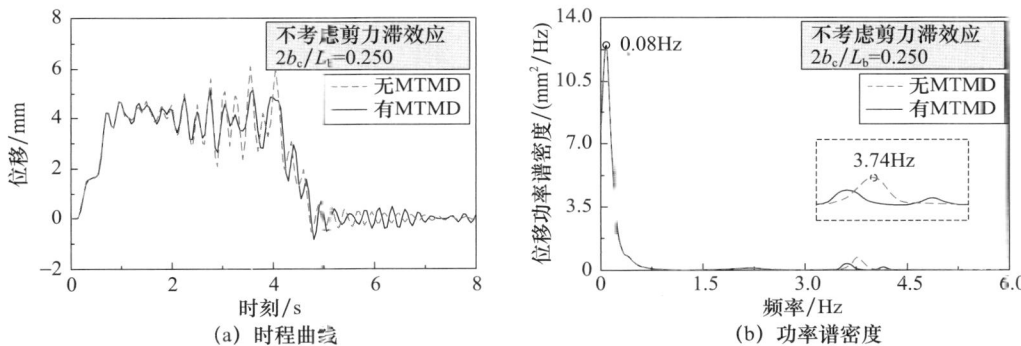

图 6-36 不考虑剪力滞效应的桥梁跨中竖向位移（$2b_c/L_b=0.250$）

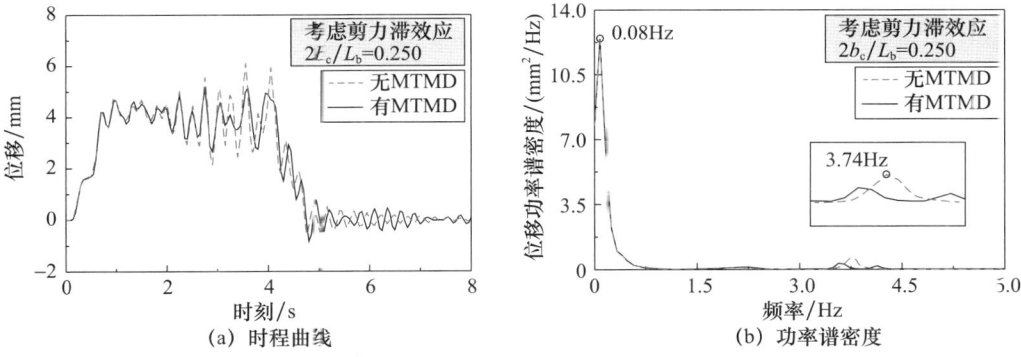

图 6-37 考虑剪力滞效应的桥梁跨中竖向位移（$2b_c/L_b=0.250$）

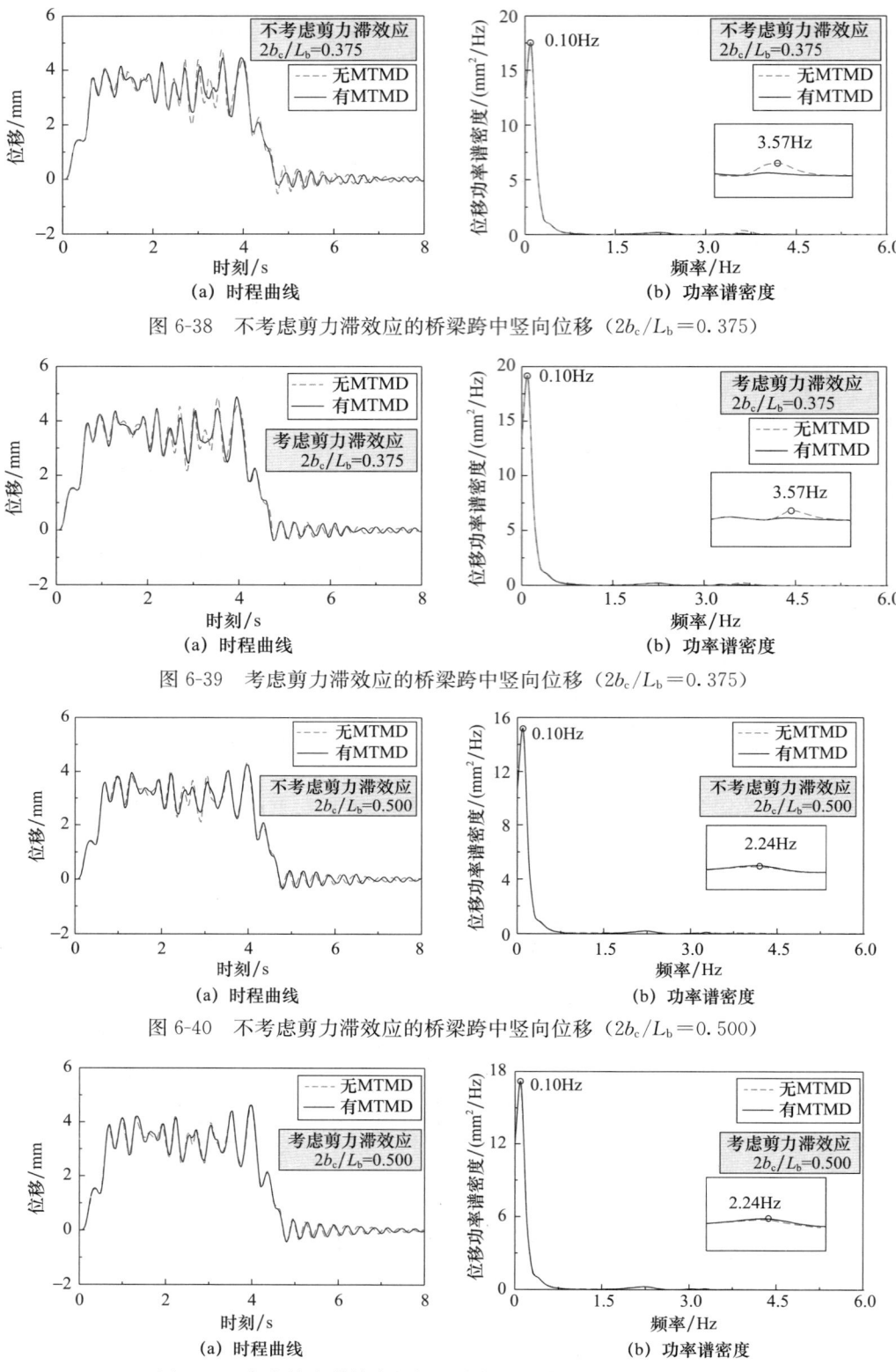

图 6-38 不考虑剪力滞效应的桥梁跨中竖向位移（$2b_c/L_b=0.375$）

图 6-39 考虑剪力滞效应的桥梁跨中竖向位移（$2b_c/L_b=0.375$）

图 6-40 不考虑剪力滞效应的桥梁跨中竖向位移（$2b_c/L_b=0.500$）

图 6-41 考虑剪力滞效应的桥梁跨中竖向位移（$2b_c/L_b=0.500$）

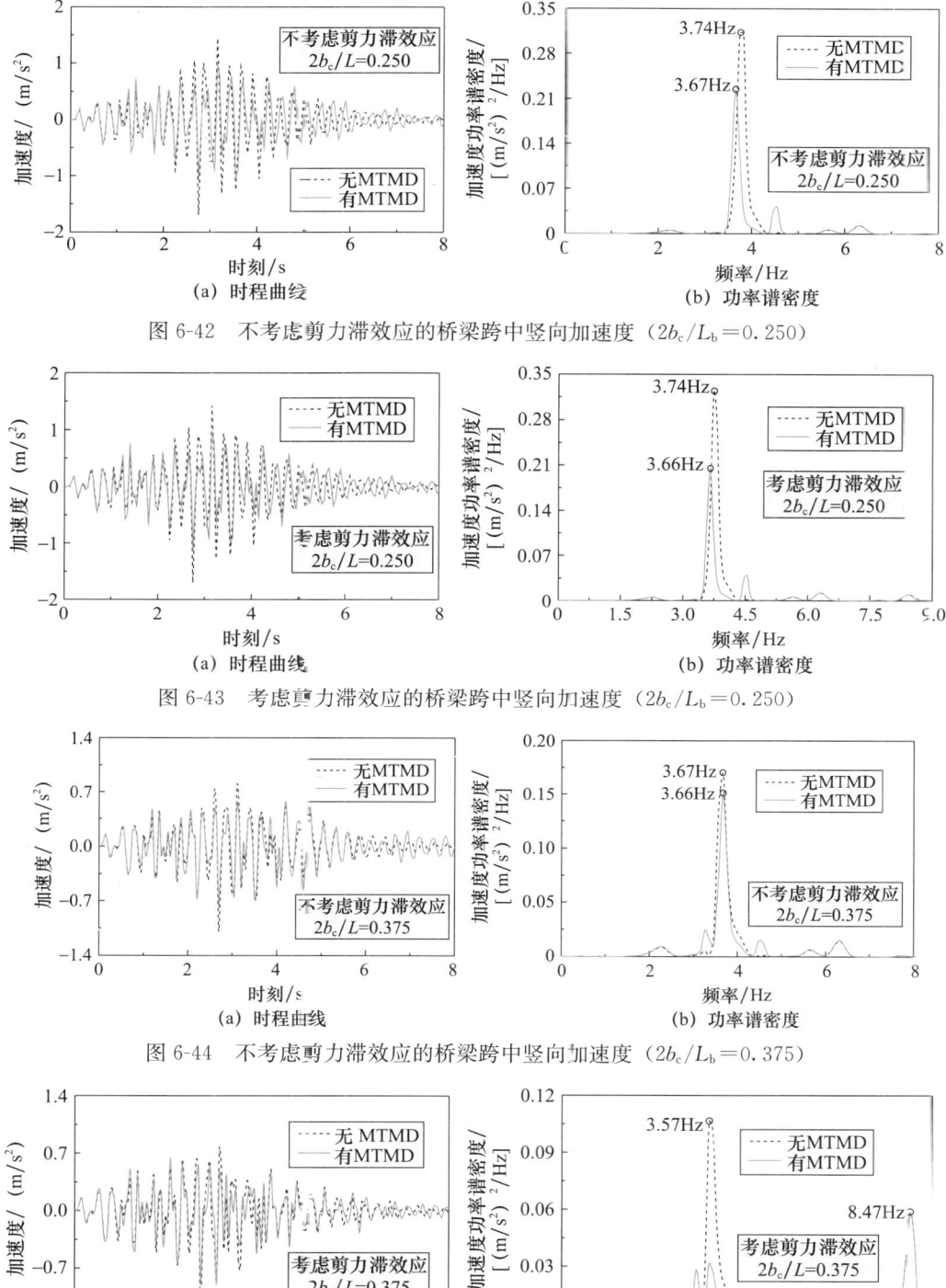

图 6-42 不考虑剪力滞效应的桥梁跨中竖向加速度（$2b_c/L_b=0.250$）

图 6-43 考虑剪力滞效应的桥梁跨中竖向加速度（$2b_c/L_b=0.250$）

图 6-44 不考虑剪力滞效应的桥梁跨中竖向加速度（$2b_c/L_b=0.375$）

图 6-45 考虑剪力滞效应的桥梁跨中竖向加速度（$2b_c/L_b=0.375$）

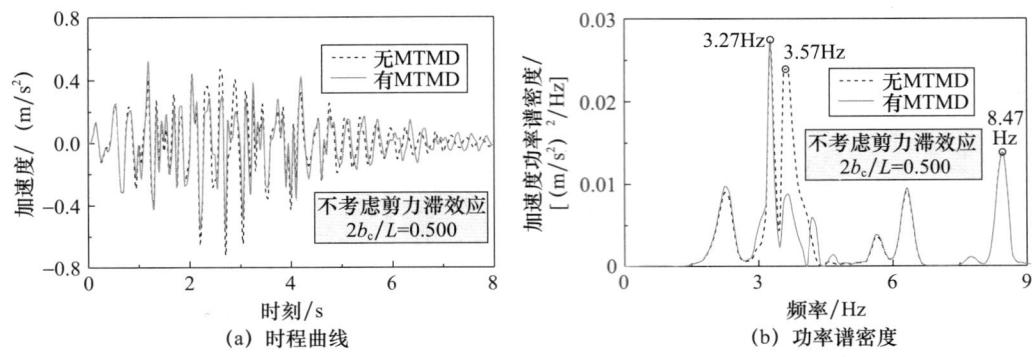

图 6-46 不考虑剪力滞效应的桥梁跨中竖向加速度（$2b_c/L_b=0.500$）

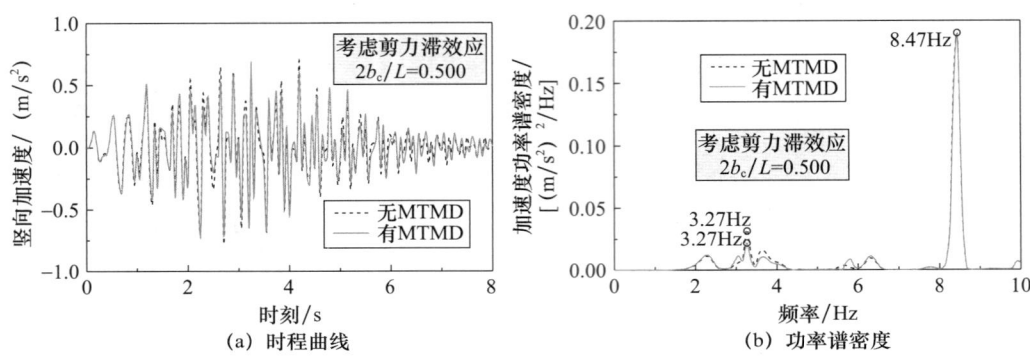

图 6-47 考虑剪力滞效应的桥梁跨中竖向加速度（$2b_c/L_b=0.500$）

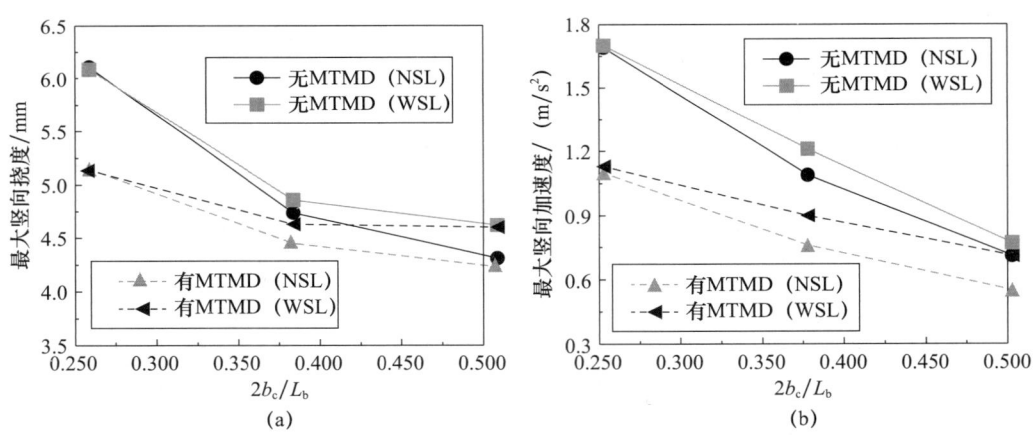

图 6-48 宽跨比对最大竖向响应影响的变化趋势

注：NSL 指不考虑剪力滞效应；WSL 指考虑剪力滞效应

从表 6-10、表 6-11 和图 6-36～图 6-48 中可以清楚地看出，不同的宽跨比模拟的结果存在明显的差别。当宽跨比 $2b_c/L_b=0.250$ 时，剪力滞效应不明显，简支钢-混凝土组合箱梁桥跨中最大竖向加速度由 1.69m/s² 增至 1.70m/s²，最大竖向位移由 6.109mm 降至 6.086mm，变化趋势微乎其微；因为考虑了剪力滞效应对简支钢-混凝土组合箱梁动力特性的影响不大,所以 MTMDs 系统对竖向加速度的减振率由 35.12% 变为 33.39%,对竖向位移的减振率由 15.65% 变为 15.63%,虽有减小但是幅度不大,MTMDs 系统减振效果良好。

当宽跨比 $2b_c/L_b=0.375$ 时,剪力滞效应变大,使简支钢-混凝土组合箱梁的刚度减小,跨中最大竖向加速度由 $1.09 m/s^2$ 增至 $1.21 m/s^2$,最大竖向位移由 4.74mm 增至 4.86mm,有一定程度的变化,但并不剧烈。MTMDs 系统仍可起到一定程度上的减振作用:因为剪力滞效应改变了简支钢-混凝土组合箱梁的动力特性,跨中竖向位移和竖向加速度所包含频率成分也变多,但动力响应最大的峰值仍位于基频处。因此,MTMDs 系统对简支钢-混凝土组合箱梁竖向加速度的减振率由 29.74% 降至 25.99%,对竖向位移的减振率由 6.06% 降至 4.79%,并没有出现非常明显的失谐效应,对简支钢-混凝土组合箱梁竖向振动可以起到很好的控制作用。

当宽跨比 $2b_c/L=0.500$ 时,剪力滞效应最大,导致简支钢-混凝土组合箱梁刚度显著降低。跨中最大竖向加速度由 $0.71 m/s^2$ 增至 $0.77 m/s^2$,最大竖向位移由 4.31mm 增至 4.62mm,变化幅度也最剧烈。剪刀滞效应不仅增加了跨中竖向加速度的频率成分,还使响应峰偏离基频。因此,MTMDs 系统对竖向加速度的减振率由 23.45% 骤降至 7.62%,对竖向位移的减振率由 1.92% 降至 0.58%,出现了明显的失谐效应,甚至对简支钢-混凝土组合箱梁竖向振动起不到很好的控制作用。

图 6-49 对比了不同宽跨比 $2b_c/L_b$ 下,考虑与不考虑剪力滞效应的计算模型的减振效果。从图 6-49 中可以看出,由于宽跨比的增加,剪力滞效应对减振效果的影响增大。对于简支钢-混凝土组合箱梁跨中竖向加速度的减振率而言,当宽跨比从 $2b_c/L_b=0.250$ 变为 $2b_c/L_b=0.500$ 时,考虑剪力滞效应的模型计算所得的减振率从 33.39% 变为 7.62%,出现了明显的下降。对于简支钢-混凝土组合箱梁跨中竖向位移的减振率而言,剪力滞效应的影响规律与其竖向加速度的减振率基本相同,考虑剪力滞效应的模型计算所得的减振率由 15.63% 变为 0.58%,也出现了明显的下降。

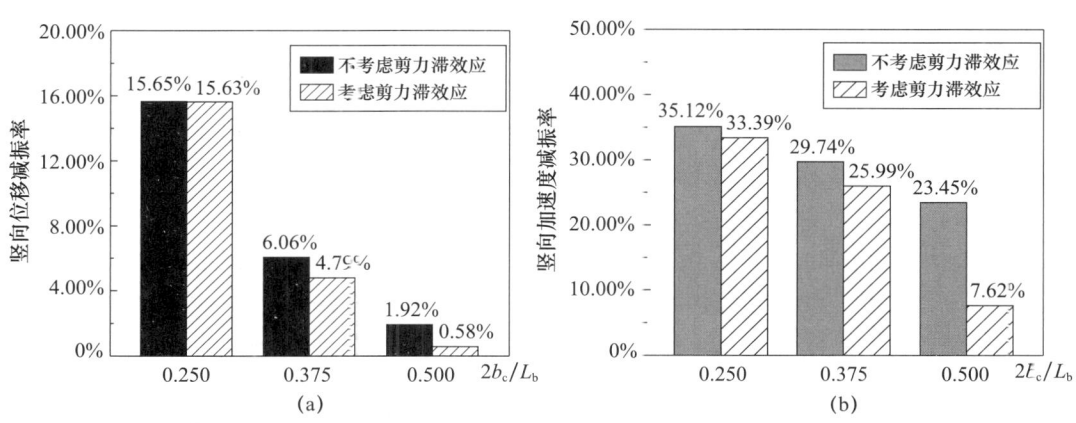

图 6-49 组合箱梁宽跨比对减振率影响的变化趋势

总体来说,由于宽跨比增大,剪力滞效应会影响动力响应的频率成分的分布,并且这种影响随宽跨比的增大而增大;简支钢-混凝土组合箱梁桥跨中竖向位移和竖向加速度的减振率都被削弱得比较严重。因此,在实际工程的车桥耦合系统动力响应分析和振动控制中，应充分考虑剪力滞效应的影响，如此才能有效地提高结构的安全性，防止动力响应过大而过早失效。

## 6.6 本章小结

本章以第 3 章所开发的列车-组合箱梁耦合系统动力分析模型为基础，结合工程结构振动控制原理，开发了考虑界面滑移、剪力滞效应精细的列车-组合箱梁-MTMDs 耦合系统振动分析模型；同时，采用了不同的优化算法，进行了 MTMDs 装置的参数优化设计，并系统探讨了单个 TMD 系统的质量比、列车的编组数、钢-混凝土组合箱梁的界面滑移及剪力滞效应对 MTMDs 系统多重调谐控制的影响规律，为钢-混凝土组合箱梁结构在实际铁路工程中的设计计算和推广应用提供了有力的理论支撑和数据参考。由此可以得到如下结论。

（1）对于车桥耦合时变系统下 MTMDs 装置的参数优化设计问题，采用 PSM 和 PSO 算法在搜寻最优值方面要优于 GA 算法；尤其 PSM 结合经典的 Den Hartog 闭合解表达式作为搜索的初始点，使得搜索过程中靠近最优值点的速度加快，所以优化时间大幅缩短。

（2）简支钢-混凝土组合箱梁桥跨中竖向加速度和竖向位移的减振率均随列车编组数的增大而增大。虽然，列车编组数的增加并未改变简支钢-混凝土组合箱梁的动力特性，但使共振响应越来越明显，MTMDs 的减振率也因此有所提高。这也从一定程度上表明与 TMD 类似的装置适用于减小工程结构的共振响应。

（3）简支钢-混凝土组合箱梁界面滑移的存在会使其受车桥耦合动力相互作用后变形更明显，并且 MTMDs 装置对简支钢-混凝土组合箱梁桥跨中竖向加速度及竖向位移的减振率减小。当界面连接刚度增大时，简支钢-混凝土组合箱梁桥跨中竖向加速度和竖向位移的减振率均增大；并且随着界面连接刚度增大，减振率增加的幅度变小。因为剪力连接刚度的增大略微改变了简支钢-混凝土组合箱梁的动力特性，使发生共振时的响应越来越强，MTMDs 的减振率也因此大大降低。这也从一定程度上表明与 TMD 类似的装置只适用于控制窄带激励下的结构响应。

（4）简支钢-混凝土组合箱梁的宽跨比与其剪力滞效应有直接的联系，进而显著地影响 MTMDs 装置的减振率。当宽跨比 $2b_c/L_b=0.250$ 时，剪力滞效应不太明显，对简支钢-混凝土组合箱梁的跨中竖向位移和竖向加速度的减振率几乎无影响。当宽跨比 $2b_c/L_b=0.500$ 时，剪力滞效应变大，改变了简支钢-混凝土组合箱梁的动力特性，竖向响应所包含频率成分也变得更多，最大的峰值甚至已不在基频对应的峰值处，而 MTMDs 装置出现了明显的失谐效应，并且这种影响随宽跨比的增大而增大，对简支钢-混凝土组合箱梁的竖向位移减振率削弱得比较严重，甚至 MTMDs 装置起不到很好的振动控制作用。

（5）在车桥耦合动力相互作用下，界面滑移及剪力滞效应对 MTMDs 装置的减振效果具有较明显的影响，在结构设计、施工及运营过程中要给予足够的重视。所以，必须在工程实际中给予合理的考虑，将不利的影响减到最小，从而确保 MTMDs 装置能够发挥出更好的减振性能，使列车通过钢-混凝土组合箱梁桥时更安全。

# 7 车桥耦合作用下钢-混凝土组合箱梁桥混合控制

## 7.1 概 述

本研究以工程结构振动控制原理为理论基础，从钢-混凝土组合箱梁结构与 MR-TMD 装置相互耦合运动着手，根据 D'Alembert 原理，得出 MR-TMD 系统的动力方程；建立考虑滑移及剪力滞效应的精细的刚柔耦合列车-组合箱梁-MR-TMD 时变系统动力分析模型，进而推导出此耦合时变系统的动力平衡方程；结合 Newmark-$\beta$ 逐步时间积分法编制 TMD 装置动力参数优化程序，实现复杂耦合时变系统优化设计问题的求解；将复杂耦合时变系统的动力方程转换为状态空间方程，推导出适用于车桥耦合时变系统的瞬时最优主动控制算法，求解理想的主动最优控制力；结合能反映磁流变液力学特性的 MRD 参数化模型和限幅最优半主动控制算法，考虑列车上桥和下桥时的不同情况，提出一种车桥耦合作用下减小钢-混凝土组合箱梁桥竖向振动的混合控制策略；结合德国 ICE 3 列车通过简支钢-混凝土组合箱梁桥的工程算例进行数值仿真；对简支钢-混凝土组合箱梁桥动力响应的时域和频域进行分析，探究简支钢-混凝土组合箱梁桥的界面滑移和剪力滞效应对混合控制减振效果的影响规律，为所提出的理论在实际铁路工程上应用提供了一定的技术方法支持。

## 7.2 MR-TMD 系统动力分析模型

### 7.2.1 MR-TMD 系统动力平衡方程

磁流变液调谐质量阻尼器（MR-TMD 或 MRTMD）由一个被动的调谐质量阻尼器（TMD）和一个半主动的磁流变液阻尼驱动器（MRD）组成；其中，MRD 可通过改变外部提供的电流，调节其施加的阻尼力，使阻尼器缸体内的活塞沿着轴向移动，相互协调，以保证 TMD 子系统与 MRD 子系统共同工作，如图 7-1 所示。

当列车通过简支钢-混凝土组合箱梁结构时，安装在其上的 MR-TMD 装置相应地也会受到激励，使得 TMD 质量块和组合箱梁结构产生相对运动；同时，MRD 中的驱动器也会产生较大的阻尼力使活塞往复运动，耗散 TMD 质量块和钢-混凝土组合箱梁结构中的能量。所以，根据 MR-TMD 装置独有的工作特性，在进行 MR-TMD 系统动力分析时，可基于以下假定：

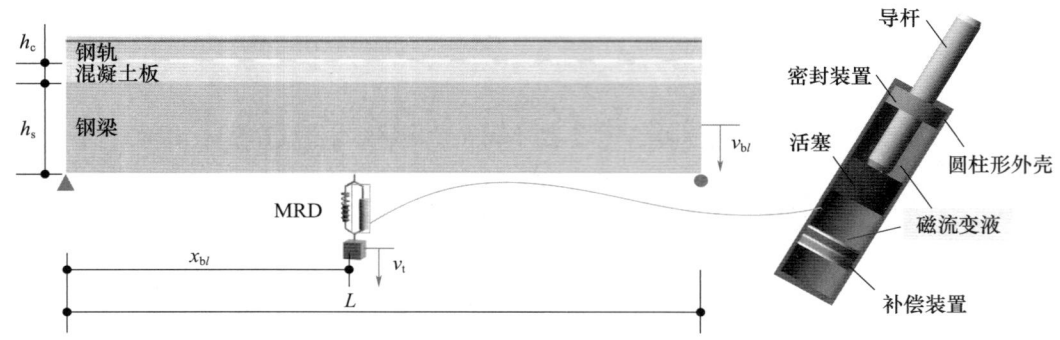

图 7-1  MR-TMD 装置构造与安装位置

（1）MRD 中的活塞只沿着轴向运动，无其他方向上的运动；

（2）TMD 的运动方向也与 MRD 活塞的轴向保持平行，即保证 MRD 施加的阻尼力方向与 TMD 质量块的运动方向平行；

（3）当 MR-TMD 系统工作时，TMD 质量块的惯性力和 MRD 的阻尼力同时作用于桥梁结构，没有时间间隔。

根据以上假定和图 7-2 的受力分析，可得到 MR-TMD 系统的动力平衡方程。

$$m_t \ddot{v}_t + c_t (\dot{v}_t - \dot{v}_{bl}) + k_t (v_t - v_{bl}) + F_{MR} = 0 \tag{7-1}$$

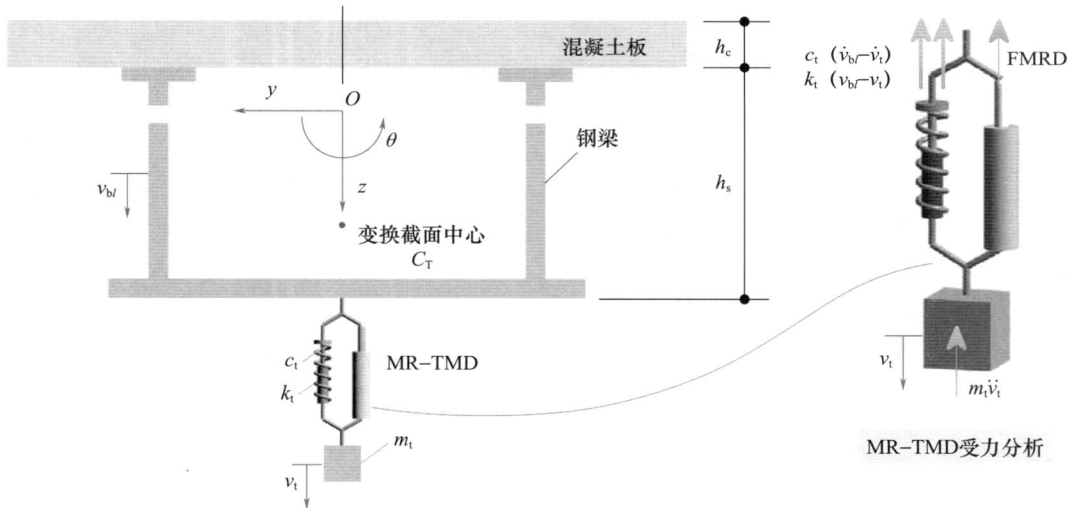

图 7-2  钢-混凝土组合箱梁在 $x=x_{bl}$ 截面处 MR-TMD 系统的受力

在需要进行振动控制的位置处（$x=x_{bl}$）安装 MR-TMD 装置后，如图 7-2 所示，可得钢-混凝土组合箱梁竖向的动力方程。

$$m_{bl} \ddot{v}_{bl} + c_{bl} \dot{v}_{bl} + k_{bl} v_{bl} = F_{bl} + F_{MR} + F_{TMD} \tag{7-2}$$

式中，$m_{bl}$、$c_{bl}$、$k_{bl}$ 分别为安装在钢-混凝土组合箱梁上的 MR-TMD 装置处（$x=x_{bl}$）所对应的第 $l$ 个梁单元的质量、阻尼系数和刚度；$v_{bl}$ 为安装在钢-混凝土组合箱梁上的 MR-TMD 装置处（$x=x_{bl}$）所对应的第 $l$ 个梁单元的竖向绝对位移，$\dot{v}_{bl}$ 和 $\ddot{v}_{bl}$ 分别为 $v_{bl}$ 对时间 $t$ 的一阶、二阶偏导数；$F_{bl}$ 为列车子系统中轮对施加在第 $l$ 个梁单元上的整体节点荷载；$F_{MR}$ 为 MRD 活塞施加在组合箱梁结构和 TMD 质量块上的阻尼力；$F_{TMD}$ 为 TMD 质量块施加在组合箱梁上的惯性力，可以表示为：

$$F_{TMD}=-\delta(x-x_{bl})m_t\ddot{v}_t=\delta(x-x_{bl})[c_t(\dot{v}_t-\dot{v}_{bl})+k_t(v_t-v_{bl})] \quad (7-3)$$

上式中，$\delta(-)$ 记为 Dirac 函数，其具体的取值见式（7-4）。

将式（7-3）代入式（7-2），可得如下展开式：

$$m_{bl}\ddot{v}_{bl}+(c_{bl}+c_t)\dot{v}_{bl}+(k_{bl}+k_t)v_{bl}=F_{bl}+F_{MRD}+(c_t\dot{v}_t+k_tv_t) \quad (7-4)$$

### 7.2.2 MRD 装置及动力分析模型

本研究选用美国 LORD 公司设计生产的 20 吨 MRD，其质量为 250kg，线圈的电阻 $R_{coil}=21.9\ \Omega$，最小电流 $I_{min}=0$ A，最大电流 $I_{max}=2A$ 所提供的阻尼力能达到 200kN，其简化的力学分析如图 7-3 所示。根据剪切阀式磁流变液阻尼器的工作原理，缸体内活塞含有能在孔隙中提供磁场的线圈，所以活塞可被视为"磁性阀"；而阻尼力一部分由磁流变液受挤压通过两极板产生，另一部分则由磁流变液与孔隙之间相对运动产生的摩擦提供。

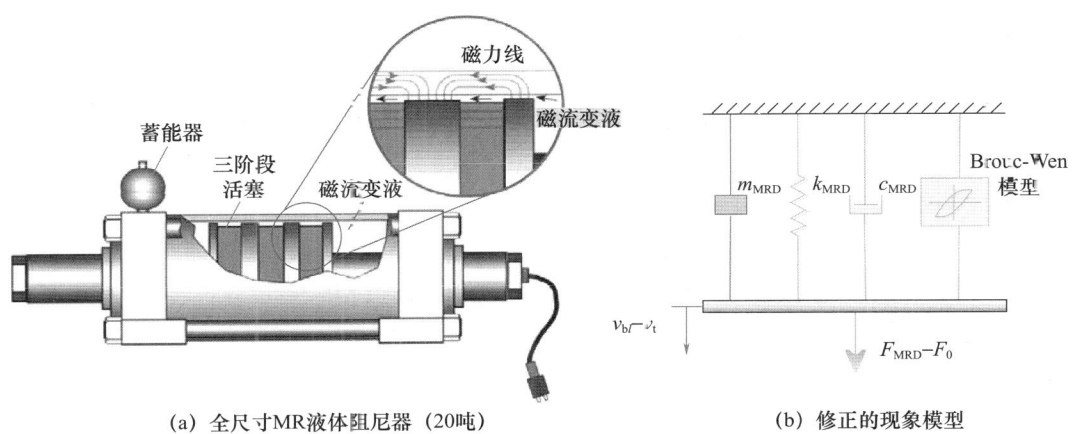

(a) 全尺寸 MR 液体阻尼器（20吨）      (b) 修正的现象模型

图 7-3　20 吨 MRD 示意图和修正的现象模型

对于 MRD 的模拟，Yang 等所提出的修正的现象模型（Proposed Phenomenological Model）既能较好地与试验结果符合，又能比较精确地描述磁流变液复杂的滞回特性、惯性效应和剪切稀化效应，因此适用于本研究。本质上，此模型是改进的 Bouc-Wen 模型，产生的阻尼力 $F_{MR}$ 可认为是由被动的粘滞阻尼力与 Bouc-Wen 滞回阻尼力组成的合力，能准确地反映低应变的黏弹性和高应变的库仑摩擦特性，表达式则为：

$$F_{MR}=F_0+\alpha z_{MR}+k_{MR}(v_t-v_{bl})+c_{MR}(\dot{v}_t-\dot{v}_{bl})+m_{MR}(\ddot{v}_t-\ddot{v}_{bl}) \quad (7-5)$$

式中，$v_t-v_{bl}$ 为安装在钢-混凝土组合箱梁上的 MR-TMD 装置处（$x=x_{bl}$）所对应的第 $l$ 个梁单元和 TMD 质量块的相对位移；$\dot{v}_t-\dot{v}_{bl}$ 和 $\ddot{v}_t-\ddot{v}_{bl}$ 分别为 $v_t-v_{bl}$ 对时间 $t$ 的一阶、二阶导数；$F_0$ 为由于阻尼器密封和测量偏差而产生的初始摩擦力；$k_{MR}$ 为储液器的刚度；$m_{MR}$ 为磁流变液的等效质量，反映了磁流变液的惯性力和粘性效应；$c_{MR}$ 为磁流变液屈服后的塑性阻尼系数，可以由式（7-6）表示；$z_{MR}$ 为磁流变液的滞变位移，反映了磁流变液的滞回特性，通过求解式（7-7）的非线性一阶微分方程得到。

$$c_{MR} = a_1 \cdot e^{-(a_2|\dot{v}_t - \dot{v}_{bl}|)^p} \tag{7-6}$$

$$\dot{z}_{MR} = -\gamma_{MR}|\dot{v}_t - \dot{v}_{bl}|z_{MR}|z_{MR}|^{n-1} - \beta_{MR}(\dot{v}_t - \dot{v}_{bl})|z_{MR}|^n + A_{MR}(\dot{v}_t - \dot{v}_{bl}) \tag{7-7}$$

式 (7-7) 描述了磁流变液的剪切稀化现象，是一个关于相对位移绝对值的单调递减函数，所以在低速作用下阻尼力会出现明显下降。需要特别指出的是，针对本研究所选用的 20 吨 MRD，式 (7-5) ～式 (7-7) 中有 11 个阻尼器参数；其中，5 个参数是正常量，不随电流的大小发生变化，分别为 $A_{MR} = 1377.9788 \text{m}^{-1}$、$\beta_{MR} = 27.1603 \text{m}^{-1}$、$\gamma_{MR} = 25179.04 \text{m}^{-1}$、$k_{MR} = 20.1595 \text{N/m}$ 和 $p = 0.2442$；另外 6 个参数随电流 $I$ 的大小发生相应的变化。由于本研究所采用的半主动控制只考虑最小电流 $I_{min} = 0\text{A}$ 与最大电流 $I_{max} = 2\text{A}$ 时的情况，基于 Yang 等的试验数据，用修正的现象模型描述 20 吨 MRD 的参数值见表 7-1。

表 7-1　20 吨的 MR-TMD 装置通电参数

| $I$/A | $\alpha$/N | $a_1$/ (kN·s/m) | $a_2$/ (s/m) | $m_{MRD}$/ton | $f_0$/N | $n$ |
|---|---|---|---|---|---|---|
| 0 | 136120 | 4349 | 862.03 | 3 | 1465.82 | 1.0000 |
| 2 | 230020 | 35030 | 4335.08 | 22 | 5126.79 | 6.7374 |

## 7.3　列车-组合箱梁-MR-TMD 耦合系统动力分析模型

假定列车在简支钢-混凝土组合箱梁桥上以速度 $V_v$ 匀速行驶，每个轮对的位移为此处对应的简支钢-混凝土组合箱梁的位移和轨道不平顺叠加而成，由于列车自激激励主要对钢-混凝土组合箱梁的竖向振动影响较大，所以 MR-TMD 装置悬挂在简支钢-混凝土组合箱梁的底部，以控制后者的竖向动力响应。因此，整个耦合系统的动力平衡方程为：

$$\begin{bmatrix} \boldsymbol{M}_{vv} & \boldsymbol{0} & \boldsymbol{0} \\ \boldsymbol{0} & \boldsymbol{M}_{bb} & \boldsymbol{0} \\ \boldsymbol{0} & \boldsymbol{0} & \boldsymbol{M}_{tt} \end{bmatrix} \begin{bmatrix} \ddot{\boldsymbol{q}}_v \\ \ddot{\boldsymbol{q}}_b \\ \ddot{\boldsymbol{q}}_t \end{bmatrix} + \begin{bmatrix} \boldsymbol{C}_{vv} & \boldsymbol{0} & \boldsymbol{0} \\ \boldsymbol{0} & \boldsymbol{C}_{bb} & \boldsymbol{C}_{bt} \\ \boldsymbol{0} & \boldsymbol{C}_{tb} & \boldsymbol{C}_{tt} \end{bmatrix} \begin{bmatrix} \dot{\boldsymbol{q}}_v \\ \dot{\boldsymbol{q}}_b \\ \dot{\boldsymbol{q}}_t \end{bmatrix} + \begin{bmatrix} \boldsymbol{K}_{vv} & \boldsymbol{0} & \boldsymbol{0} \\ \boldsymbol{0} & \boldsymbol{K}_{bb} & \boldsymbol{K}_{bt} \\ \boldsymbol{0} & \boldsymbol{K}_{tb} & \boldsymbol{K}_{tt} \end{bmatrix} \begin{bmatrix} \boldsymbol{q}_v \\ \boldsymbol{q}_b \\ \boldsymbol{q}_t \end{bmatrix} = \begin{bmatrix} \boldsymbol{F}_v \\ \boldsymbol{F}_b + \boldsymbol{F}_{TMD} + \boldsymbol{F}_{MR} \\ -\boldsymbol{F}_{MR} \end{bmatrix}$$

$$\tag{7-8}$$

式中，$\boldsymbol{F}_{TMD}$ 为 TMD 质量块施加在简支钢-混凝土组合箱梁相应单元上的惯性力列向量；$\boldsymbol{F}_{MR}$ 为 MRD 的活塞施加在简支钢-混凝土组合箱梁相应单元和 TMD 质量块上的阻尼力列向量，对应的非零元素如下：

$$\boldsymbol{F}_{TMD}(n_{bl}) = c_t(\dot{v}_t - \dot{v}_{bl}) + k_t(v_t - v_{bl}) \tag{7-9}$$

$$\boldsymbol{F}_{MR}(n_{bl}) = -\boldsymbol{F}_{MR}(n_t) = F_{MR} \tag{7-10}$$

式中，$n_{bl}$ 为在整体坐标系下安装在简支钢-混凝土组合箱梁上的 MR-TMD 装置处（$x = x_{bl}$）所对应的第 $l$ 个梁单元对应的自由度；$n_t$ 为 MR-TMD 系统中的 MRD 对应的自由度数，也为式 (7-8) 中方程的最大阶数。

$\boldsymbol{M}_{tt}$、$\boldsymbol{C}_{tt}$ 和 $\boldsymbol{K}_{tt}$ 分别为 MR-TMD 系统的刚度子矩阵、质量子矩阵和阻尼子矩阵，具体元素如下：

$$\boldsymbol{M}_{tt} = \begin{bmatrix} m_{t1} & & & \\ & m_{t2} & & \\ & & \ddots & \\ & & & m_{tn} \end{bmatrix}_{n \times n} \tag{7-11}$$

$$\boldsymbol{C}_{tt} = \begin{bmatrix} c_{t1} & & & \\ & c_{t2} & & \\ & & \ddots & \\ & & & c_{tn} \end{bmatrix}_{n \times n}, \quad \boldsymbol{K}_{tt} = \begin{bmatrix} k_{t1} & & & \\ & k_{t2} & & \\ & & \ddots & \\ & & & k_{tn} \end{bmatrix}_{n \times n} \tag{7-12}$$

式中，$n$ 为 TMD 总的个数；由于在本研究里 $n=1$，所以 $\boldsymbol{K}_{tt}$、$\boldsymbol{M}_{tt}$、$\boldsymbol{C}_{tt}$ 都退化为一阶方阵。

对式（7-8）的右边再次进行移项，使得关于 TMD 系统动力特性的系数都在方程的左边，而方程右边荷载项中只保留已知的轨道不平顺和 MRD 所提供的阻尼力，则最终的方程可改写成如下形式：

$$\begin{bmatrix} \boldsymbol{M}_{vv}^t & \boldsymbol{M}_{vb}^t & \boldsymbol{0} \\ \boldsymbol{M}_{bv}^t & \boldsymbol{M}_{bb}^t & \boldsymbol{0} \\ \boldsymbol{0} & \boldsymbol{0} & \boldsymbol{M}_{tt} \end{bmatrix} \begin{bmatrix} \ddot{\boldsymbol{q}}_v^t \\ \ddot{\boldsymbol{q}}_b^t \\ \ddot{\boldsymbol{q}}_t \end{bmatrix} + \begin{bmatrix} \boldsymbol{C}_{vv}^t & \boldsymbol{C}_{vb}^t & \boldsymbol{0} \\ \boldsymbol{C}_{bv}^t & \boldsymbol{C}_{bb}^t & \boldsymbol{C}_{bt} \\ \boldsymbol{0} & \boldsymbol{C}_{tb} & \boldsymbol{C}_{tt} \end{bmatrix} \begin{bmatrix} \dot{\boldsymbol{q}}_v^t \\ \dot{\boldsymbol{q}}_b^t \\ \dot{\boldsymbol{q}}_t \end{bmatrix} + \begin{bmatrix} \boldsymbol{K}_{vv}^t & \boldsymbol{K}_{vb}^t & \boldsymbol{0} \\ \boldsymbol{K}_{bv}^t & \boldsymbol{K}_{bb}^t & \boldsymbol{K}_{bt} \\ \boldsymbol{0} & \boldsymbol{K}_{tb} & \boldsymbol{K}_{tt} \end{bmatrix} \begin{bmatrix} \boldsymbol{q}_v^t \\ \boldsymbol{q}_b^t \\ \boldsymbol{q}_t \end{bmatrix} = \begin{bmatrix} \boldsymbol{F}_v^t \\ \boldsymbol{F}_b^t + \boldsymbol{F}_{MR} \\ -\boldsymbol{F}_{MR} \end{bmatrix}$$
$$\tag{7-13}$$

式中，$\boldsymbol{q}_t$ 为整体坐标系下 TMD 质量块的位移向量，$\dot{\boldsymbol{q}}_t$ 和 $\ddot{\boldsymbol{q}}_t$ 分别为 $\boldsymbol{q}_t$ 对时间 $t$ 的一阶导数和二阶导数。

由式（7-13）可知，方程左边矩阵元素不仅出现了列车和简支钢-混凝土组合箱梁桥相互的耦合项，还出现了 TMD 系统和简支钢-混凝土组合箱梁桥相互的耦合项；同时，已有的列车自身项、桥梁自身项、荷载列向量也随时间进行了更新，因此仍是一个二阶时变线性微分方程组。

本章所提出的列车-组合箱梁桥-MR-TMD 耦合系统的响应，可采用 Newmark-$\beta$ 逐步时间积分法实现对上述时变线性微分方程组的迭代求解。MR-TMD 系统的刚度子矩阵 $\boldsymbol{K}_{tt}$、质量子矩阵 $\boldsymbol{M}_{tt}$、阻尼子矩阵 $\boldsymbol{C}_{tt}$ 的结果，MR-TMD 系统和简支钢-混凝土组合箱梁耦合的非零元素见附录 G。

## 7.4 基于车桥耦合作用的混合控制策略

### 7.4.1 TMD 系统参数优化设计

为了便于之后的研究和对比分析，工程算例的参数仍与 6.4 节保持一致。列车运行速度也保持为 $V_v = 180 \text{km/h}$，使之接近引起组合梁共振的临界车速 $V_{re}$。

本研究所采用的混合控制方式包含被动控制和半主动控制。在被动控制中，可以忽略半主动装置 MRD 对 TMD 质量块和钢-混凝土组合箱梁结构的影响，只考虑被动控制 TMD 装置，即可令式（7-13）中的 MRD 阻尼力 $\boldsymbol{F}_{MR} = 0$。绝大多数 TMD 系统的优化设计，都采用了经典的 Den Hartog 闭合解表达式，这些表达式适用于有阻尼的单自由度 TMD 系统对受简谐激励的无阻尼单自由度主体结构的调谐减振优化设计问题，因此与数值解相比，可大幅简化优化过程。根据 Den Hartog 闭合解表达式，TMD 系统的最优调谐频率比 $\beta_{\text{t1,opt}}$ 与最优阻尼比 $\xi_{\text{t1,opt}}$ 为：

$$\beta_{\text{t1,opt}} = \frac{1}{1+\mu_{\text{t}}} \tag{7-14}$$

$$\xi_{\text{t1,opt}} = \sqrt{\frac{3\mu_{\text{t}}}{8(1+\mu_{\text{t}})^3}} \tag{7-15}$$

式中，$\mu_{\text{t}}$ 为 TMD 相对于结构的质量比，$\mu_{\text{t1}} = m_{\text{t1}}/m_{\text{b}}$；$m_{\text{t1}}$、$m_{\text{b}}$ 分别为 TMD 的质量和组合箱梁的总质量。

所以，TMD 系统的最优调谐频率 $\omega_{\text{t1,opt}}$、最优刚度 $k_{\text{t1,opt}}$、最优阻尼系数 $c_{\text{t1,opt}}$ 为：

$$\omega_{\text{t1,opt}} = \beta_{\text{t1,opt}} \omega_{\text{b1}} \tag{7-16}$$

$$k_{\text{t1,opt}} = m_{\text{t1}} \omega_{\text{t1,opt}}^2 \tag{7-17}$$

$$c_{\text{t1,opt}} = 2\xi_{\text{t1,opt}} m_{\text{t1}} \omega_{\text{t1,opt}} \tag{7-18}$$

式中，$\omega_{\text{b1}}$ 为简支钢-混凝土组合箱梁桥的第一阶圆频率。

由于在 6.4.1 节中已经进行了 TMD 系统参数优化的算法比选，使用了 PSM，并且在优化过程中使用上述 Den Hartog 闭合解表达式作为初始点，加快了优化的速度，得到理想的优化结果。

因此，对于被动控制中 TMD 系统参数优化问题，以简支钢-混凝土组合箱梁桥跨中截面最大位移作为优化目标函数，最后的优化问题简化为式（7-19）：

$$\begin{cases} \min\limits_{\max} v_{\text{b}l}(\mu_{\text{t1}}, \beta_{\text{t1}}, \xi_{\text{t1}}) \\ \text{s. t. } \mu_{\text{t1}} = 0.02; \\ \quad \beta_{\text{t1}} \in [0.8, 2.2]; \\ \quad \xi_{\text{t1}} \in (0, 0.5] \end{cases} \tag{7-19}$$

在 MATLAB 2021® 中，将列车和钢-混凝土组合箱梁的动力特性参数导入程序，结合式（7-14）和式（7-15）编写函数并嵌入优化工具箱进行优化求解，得到 TMD 系统的最佳动力性能参数，具体的优化过程如图 7-4 所示。

### 7.4.2 改进的 IOC 算法与最优控制力

在半主动控制方法中，有时需要借助主动控制算法求解主动控制力。由于本研究重点在于探索耦合时变系统减振实现的可能性、减振的影响因素和效果分析，所以暂且不考虑实时观测、信号识别等现实问题，认为此受控的结构系统为可控的、全状态反馈，并在此反馈下能计算、决策和实施控制力。根据现代控制理论，假设式（7-13）的最大阶数为 $n_{\text{t}}$，对此受控桥梁结构的动力平衡方程进行初等变换，改写成状态空间方程的形式，见式（7-20）。

$$\dot{z}(t) = A(t) z(t) + B(t) U(t) + D(t) F_v(t) \tag{7-20}$$

式中，$z(t)$ 为 $2n_{\text{t}} \times 1$ 阶的状态向量，反映了系统的位移、速度，$\dot{z}(t)$ 为 $z(t)$ 对时间 $t$ 的一阶导数；$A(t)$ 为系统矩阵，描述了受控结构的质量、刚度及阻尼等动力特性；$U(t)$ 为主动控制力列向量（控制系统的主动控制力由主动控制装置作动器所提

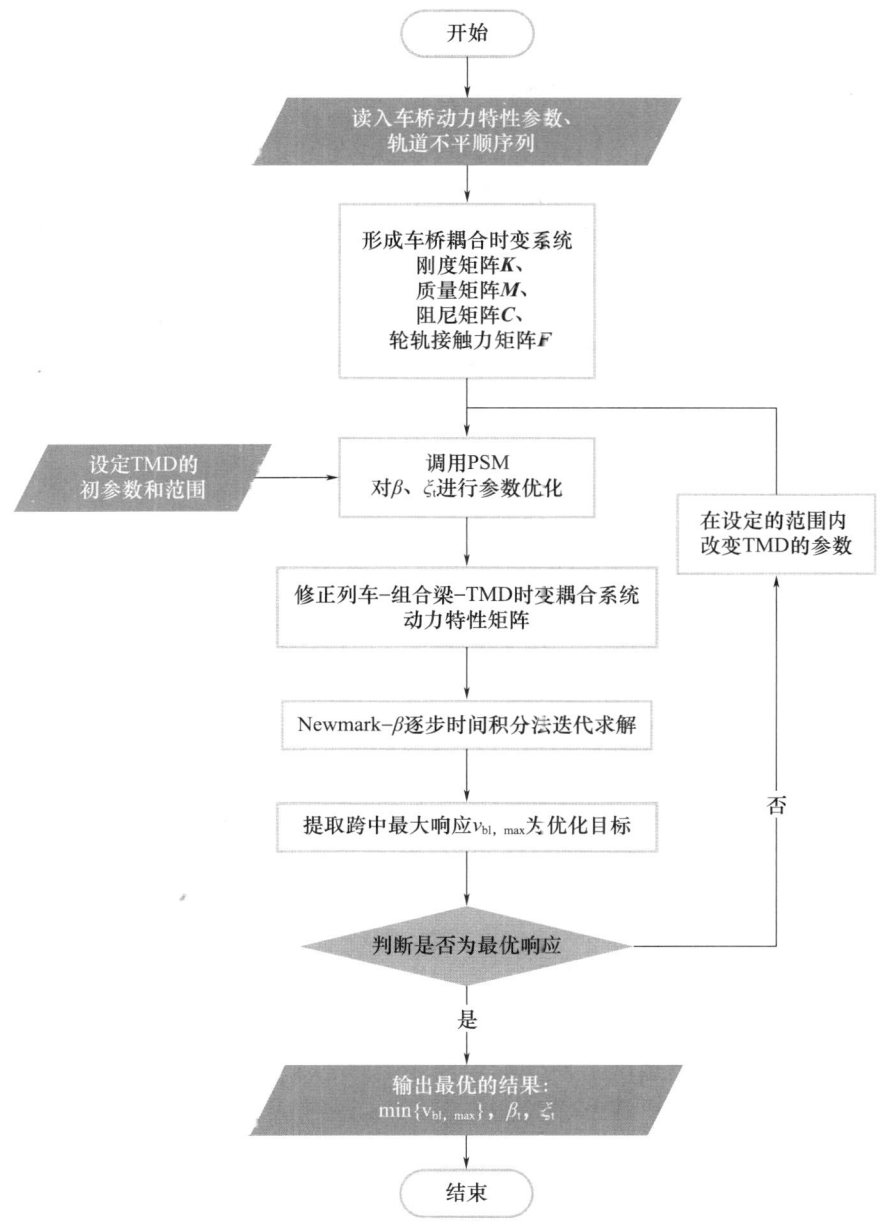

图 7-4 MR-TMD 装置中单个 TMD 的参数优化流程图

供），$B(t)$ 则为 MR-TMD 装置提供的控制力所对立的位置矩阵；$F_v(t)$ 为环境干扰列向量，在本研究里可视为轨道不平顺自激激励；$D(t)$ 则为环境干扰对应的位置矩阵。

式（7-20）中所有矩阵的分块形式及非零元素如下：

$$A(t) = \begin{bmatrix} \mathbf{0}_{n_t \times n_t} & \mathbf{I}_{n_t \times n_t} \\ -M(t)^{-1}K(t) & -M(t)^{-1}C(t) \end{bmatrix}_{2n_t \times 2n_t} \quad (7\text{-}21)$$

$$\boldsymbol{B}(t) = \begin{bmatrix} \boldsymbol{0}_{n_t \times p_t} \\ \boldsymbol{M}(t)^{-1} \boldsymbol{B}_s \end{bmatrix}_{2n_t \times p_t}, \quad \boldsymbol{D}(t) = \begin{bmatrix} \boldsymbol{0}_{n_t \times n_t} \\ \boldsymbol{M}(t)^{-1} \end{bmatrix}_{2n_t \times n_t}, \quad \boldsymbol{F}_v(t) = \begin{bmatrix} \boldsymbol{F}_v^t \\ \boldsymbol{F}_b^t \\ \boldsymbol{0} \end{bmatrix}_{n_t \times 1}$$
(7-22)

$$\boldsymbol{U}(t) = [F_{MR}]_{1 \times 1} \quad (7\text{-}23)$$

式中，$\boldsymbol{0}$ 为零矩阵，$\boldsymbol{I}$ 为单位矩阵；$\boldsymbol{B}_s$ 为 MR-TMD 施加到钢-混凝土组合箱梁桥上的 MR 阻尼力的单元定位向量，有两个非零元素为 $\boldsymbol{B}_s(n_{bl}) = 1$，$\boldsymbol{B}_s(n_t) = -1$；$n_t$ 为式 (7-20) 中矩阵最大阶数；$p_t$ 为 MR-TMD 装置的个数，由于本研究只在组合箱梁上安装一个 MR-TMD 装置，所以取为 $p_t = 1$。分块子矩阵 $\boldsymbol{A}(t)$、$\boldsymbol{B}(t)$、$\boldsymbol{D}(t)$ 的表达形式为：

$$\boldsymbol{M}(t) = \begin{bmatrix} \boldsymbol{M}_{vv}^t & \boldsymbol{M}_{vb}^t & \boldsymbol{0} \\ \boldsymbol{M}_{bv}^t & \boldsymbol{M}_{bb}^t & \boldsymbol{0} \\ \boldsymbol{0} & \boldsymbol{0} & \boldsymbol{M}_{tt} \end{bmatrix}_{n_t \times n_t} \quad (7\text{-}24)$$

$$\boldsymbol{C}(t) = \begin{bmatrix} \boldsymbol{C}_{vv}^t & \boldsymbol{C}_{vb}^t & \boldsymbol{0} \\ \boldsymbol{C}_{bv}^t & \boldsymbol{C}_{bb}^t & \boldsymbol{C}_{bt} \\ \boldsymbol{0} & \boldsymbol{C}_{tb} & \boldsymbol{C}_{tt} \end{bmatrix}_{n_t \times n_t}, \quad \boldsymbol{K}(t) = \begin{bmatrix} \boldsymbol{K}_{vv}^t & \boldsymbol{K}_{vb}^t & \boldsymbol{0} \\ \boldsymbol{K}_{bv}^t & \boldsymbol{K}_{bb}^t & \boldsymbol{K}_{bt} \\ \boldsymbol{0} & \boldsymbol{K}_{tb} & \boldsymbol{K}_{tt} \end{bmatrix}_{n_t \times n_t} \quad (7\text{-}25)$$

通过式 (7-20) 可以看出，经过初等变换后，此系统的表示形式由原来的物理空间变成了状态空间；线性非齐次微分方程的阶数也由原来的二阶降为了一阶，只不过矩阵维数增大了一倍。

在现代控制理论中，传统的线性二次调节器（LQR）最优控制是史上最早，也是目前最为完善的一种状态空间优化设计法，为后续的控制理论奠定了基础；此算法的基本思想是从二次型目标函数 $J(t)$ 取得极小值的目标出发，设计出对应状态的反馈控制器，从而实现最优控制。难能可贵的是，LQR 最优算法易于构成闭环反馈机制，可得到系统状态的线性反馈，从而提出各种主动最优控制律。然而，本研究所针对的车桥耦合系统仍为时变系统；为了考虑时变效应的影响，Yang 等所提出的瞬时最优控制（Instantaneous Optimal Control，IOC）算法，无须求解 LQR 算法中的 Riccati 方程就能获得主动最优控制力，保证在每个时刻系统控制都能达到局部最优，既节省计算时间，也能取得更好的控制效果。但是，目前此算法假定式 (7-20) 中的矩阵 $\boldsymbol{A}$、$\boldsymbol{B}$ 和 $\boldsymbol{D}$ 均为不随时间发生变化的常量。因此，本研究推导出了适用于车桥耦合时变系统改进的 IOC 算法，具体的推导过程如下。

首先，对系统矩阵 $\boldsymbol{A}(t)$ 进行线性的空间变换，将其转化为：

$$\boldsymbol{\Lambda}(t) = \boldsymbol{T}^{-1}(t) \boldsymbol{A}(t) \boldsymbol{T}(t) \quad (7\text{-}26)$$

式中，$\boldsymbol{\Lambda}(t)$ 为对角矩阵，也为 $\boldsymbol{A}(t)$ 对应的特征值矩阵，第 $j$ 个对角元素为 $\boldsymbol{A}(t)$ 的第 $j$ 个特征值 $\lambda_j(t)$；$\boldsymbol{T}(t)$ 为特征向量矩阵，是由 $\boldsymbol{A}(t)$ 的特征向量组成的矩阵。

将式 (7-26) 代入式 (7-20)，可得：

$$\dot{\boldsymbol{z}}^*(t) = \boldsymbol{\Lambda}(t) \boldsymbol{z}^*(t) + \boldsymbol{Y}(t) \quad (7\text{-}27)$$

式中，

$$\boldsymbol{z}^*(t) = \boldsymbol{T}^{-1}(t) \boldsymbol{z}(t) \quad (7\text{-}28)$$

$$Y(t) = T^{-1}(t)[B(t)U(t) + D(t)F_v(t)] \tag{7-29}$$

此时，$T(t)$ 可被认为是从 $z^*(t)$ 到 $z(t)$ 的状态转移矩阵。

对式（7-27）进行非齐次线性微分方程的求解，可得：

$$z^* = e^{\int \Lambda(\tau)d\tau}\left[\int e^{-\int \Lambda(\tau)d\tau}Y(\tau)d\tau + c\right] \tag{7-30}$$

式中，$c$ 为一个待定的常数列向量。

根据车桥耦合系统的初始状态：

$$z(0) = 0, \quad z^*(0) = 0 \tag{7-31}$$

可确定：

$$c = 0 \tag{7-32}$$

所以，式（7-30）中的一阶状态空间微分方程对应的一个特解为：

$$z^*(t) = e^{\int_0^t \Lambda(\tau)d\tau}\int_0^t e^{-\int_0^\tau \Lambda(\tau)d\tau}Y(\tau)d\tau \tag{7-33}$$

将式（7-33）对时间段 $[0, t]$ 上的定积分，看成对时间区域 $[0, t-\Delta t]$ 内的定积分 $z_1^*(t)$ 和对时间区域 $[t-\Delta t, t]$ 内的定积分 $z_2^*(t)$ 之和，即：

$$\begin{aligned}z^*(t) &= z_1^*(t) + z_2^*(t) \\ &= e^{\int_0^t \Lambda(\tau)d\tau}\int_0^{t-\Delta t} e^{-\int_0^\tau \Lambda(\tau)d\tau}Y(\tau)d\tau + e^{\int_0^t \Lambda(\tau)d\tau}\int_{t-\Delta t}^t e^{-\int_0^\tau \Lambda(\tau)d\tau}Y(\tau)d\tau\end{aligned} \tag{7-34}$$

将式（7-34）的第一项在时间区域 $[0, t-\Delta t]$ 内进行积分，可得 $z_1^*(t)$：

$$z_1^*(t) = e^{\int_0^t \Lambda(\tau)d\tau}\int_0^{t-\Delta t} e^{-\int_0^\tau \Lambda(\tau)d\tau}Y(\tau)d\tau = e^{\int_{t-\Delta t}^t \Lambda(\tau)d\tau}z^*(t-\Delta t) \tag{7-35}$$

由于每一个时间步的步长 $\Delta t$ 都非常短，$z_1^*(t)$ 可以近似为：

$$z_1^*(t) \cong e^{\Lambda(t-\Delta t)\Delta t}z^*(t-\Delta t) \tag{7-36}$$

将式（7-34）的第二项在时间区域 $[t-\Delta t, t]$ 内进行梯形数值积分，可得 $z_2^*(t)$：

$$\begin{aligned}z_2^*(t) &\cong \frac{\Delta t}{2}[e^{\int_{t-\Delta t}^t \Lambda(\tau)d\tau}Y(t-\Delta t) + Y(t)] \\ &\cong \frac{\Delta t}{2}[e^{\Lambda(t-\Delta t)\Delta t}Y(t-\Delta t) + Y(t)]\end{aligned} \tag{7-37}$$

将式（7-36）和式（7-37）代入式（7-28），可得：

$$\begin{aligned}z(t) &= T(t)z^*(t) \\ &= T(t)[e^{\Lambda(t-\Delta t)\Delta t}z^*(t-\Delta t)] + \frac{\Delta t}{2}T(t)[e^{\Lambda(t-\Delta t)\Delta t}Y(t-\Delta t) + Y(t)] \\ &= T(t)e^{\Lambda(t-\Delta t)\Delta t}[T^{-1}(t-\Delta t)z(t-\Delta t) + \frac{\Delta t}{2}Y(t-\Delta t)] + \frac{\Delta t}{2}T(t)Y(t)\end{aligned} \tag{7-38}$$

记

$$D^*(t-\Delta t) = e^{\Lambda(t-\Delta t)\Delta t}T^{-1}(t-\Delta t)z(t-\Delta t) + \frac{\Delta t}{2}Y(t-\Delta t) \tag{7-39}$$

式中，$e^{\Lambda(t-\Delta t)\Delta t}$ 是一个指数对角矩阵，第 $j$ 个对角元素为 $e^{\lambda_j(t-\Delta t)\Delta t}$；$D^*(t-\Delta t)$ 包含了在 $t-\Delta t$ 时刻所有的动态变量。

则有：

$$z(t) = T(t) D^*(t-\Delta t) + \frac{\Delta t}{2}[B(t) U(t) + D(t) F_v(t)] \quad (7\text{-}40)$$

本质上，式（7-40）将式（7-33）所表示的连续时间的状态方程离散化，根据已知的列车-组合箱梁-MR-TMD耦合系统的初始状态和外部干扰，步步递推，即可求得系统任意时刻 $t$ 的状态 $z(t)$。

控制增益设计是此算法的一个重要部分。为此，引入二次型性能泛函 $J(t)$ 作为一个衡量指标，来描述受控的钢-混凝土组合箱梁结构系统状态变量和MRD控制变量的性能：

$$J(t) = \frac{1}{2}[z(t)^\mathrm{T} Q z(t) + U(t)^\mathrm{T} R U(t)] \quad (7\text{-}41)$$

式中，第一项为结构振动的广义能量，反映了结构振动能量的贡献，其中，$Q \in R^{2n_t \times 2n_t}$ 是钢-混凝土组合箱梁结构状态向量权矩阵，也是 $2n_t$ 维实向量空间，为半正定矩阵；第二项为作动器对结构所做功需要外加的广义能量，反映了外加能量的贡献，其中，$R \in R^{p_t \times p_t}$ 是控制力向量权矩阵，也是 $p_t$ 维实向量空间，为正定矩阵。

所以，此算法的出发点是当前受控结构系统在某时刻受到某种外部环境干扰 $F_v$ 偏离零状态（$z=0$）后，在外部能源供应不多的前提下，对结构系统施加适当的控制力，使此系统重新接近于零状态。因此，可以通过调整权矩阵 $Q$ 和 $R$ 的大小，在每个时刻 $t$ 满足系统状态方程的条件下，最小化二次型性能泛函 $J(t)$，进而确定最优控制力 $U(t)$。因此，系统状态最优控制问题本质上为固定始端、有限时间的条件极值问题，其数学描述为：

$$\begin{cases} \min J[U(t)] \\ \text{s. t.} \ \dot{z}(t) = A(t) z(t) + B(t) U(t) + D(t) F_v(t); \\ z(t_0) = 0, \ \dot{z}(t_0) = 0 \end{cases} \quad (7\text{-}42)$$

在 $U(t)$ 取值不受限制的情况下，约束条件就是系统的状态空间方程，即式（7-20）。从物理意义上来讲，$Q$ 的大小体现了结构系统的安全性，$Q$ 越大，结构受控后响应越小；$R$ 的大小决定了控制系统的经济性，$R$ 越小，则施加的控制力越大，控制效果越好，但所需外部能量越大；所以，要基于两者之间的相对重要程度来协调两者各自的权重。关于权矩阵 $Q$、$R$ 的取值，针对本研究的具体形式为：

$$Q = \alpha_{bb} \begin{bmatrix} \boldsymbol{0} & & & & & \\ & \boldsymbol{K}_{bb} & & & & \\ & & \boldsymbol{0} & & & \\ & & & \boldsymbol{0} & & \\ & & & & \boldsymbol{M}_{bb} & \\ & & & & & \boldsymbol{0} \end{bmatrix}_{2n_t \times 2n_t} \quad (7\text{-}43)$$

$$R = \beta_{\mathrm{MR}} I_{p_t \times p_t} \quad (7\text{-}44)$$

式中，$\alpha_{bb}$ 和 $\beta_{\mathrm{MR}}$ 为正实数；$p_t$ 为MR-TMD装置的个数，本研究只在钢-混凝土组合箱梁底部安装一个MR-TMD装置，所以取 $p_t=1$。

需要说明的是，因为本研究进行振动控制的对象是简支钢-混凝土组合箱梁桥结构，所以权矩阵 $Q$ 只需考虑组合箱梁的贡献，即把所占的权重变大。

将 $z(t)^T Q z(t)$ 展开，则为如下形式：

$$z(t)^T Q z(t) = q_b(t)^T K_{bb} q_b(t) - \dot{q}_b(t)^T M_{bb} \dot{q}_b(t) \tag{7-45}$$

式中，第一项为钢-混凝土组合箱梁某时刻的广义势能；第二项为组合箱梁某时刻的广义动能，两者之和 $z(t)^T Q z(t)$ 则代表钢-混凝土组合箱梁某时刻振动所具有的广义机械能；式（7-45）也间接地证明式（7-41）中的 $z(t)^T Q z(t)$ 反映了结构振动能量的贡献。

为了找到每个时刻下 $J(t)$ 的极小值，构造汉密尔顿函数（Hamilton），将式（7-42）所表示的条件极值问题，变为无条件极值问题：

$$H(t) = \frac{1}{2} [z(t)^T Q z(t) + U(t)^T R U(t)] -$$
$$\{\lambda\}^T (z(t) - T(t) D^*(t-\Delta t) + \frac{\Delta t}{2} [B(t) U(t) + D(t) F_v(t)]) \tag{7-46}$$

式中，$\{\lambda\}$ 为拉格朗日乘子（Lagrange multiplier）列向量，其实质为待求的伸缩系数。

令 $\delta H$、$\delta z$、$\delta U$ 和 $\delta \lambda$ 分别为 $H(t)$、$z(t)$、$U(t)$ 和 $\lambda(t)$ 的变分。由 $\delta z$、$\delta U$ 和 $\delta \lambda$ 的任意性，根据泛函分析中极值存在的必要条件：

$$\frac{\partial H}{\partial z} = 0, \quad \frac{\partial H}{\partial U} = 0, \quad \frac{\partial H}{\partial \lambda} = 0 \tag{7-47}$$

可得：

$$\begin{cases} Q z(t) + \{\lambda\} = 0, \{\lambda\} = -Q z(t) \\ R U(t) - \frac{\Delta t}{2} B^T(t) \{\lambda\} = 0, U(t) = -\frac{\Delta t}{2} R^{-1} B^T(t) Q z(t) \\ z(t) - T(t) D^*(t-\Delta t) + \frac{\Delta t}{2} [B(t) U(t) + D(t) F_v(t)] = 0 \end{cases} \tag{7-48}$$

假设此系统为闭环线性反馈控制系统，即外部干扰作用于组合箱梁结构上，使之产生响应；传感器接收响应，并把此时的状态 $z(t)$ 传递到控制器上；控制器做出判断，并计算所需的控制力，如图 7-5 所示；最后根据计算结果，作动器把控制力施加在钢-混凝土组合箱梁底部和 TMD 质量块上。所以，最优控制力 $U(t)$ 由状态变量 $z(t)$ 调节。

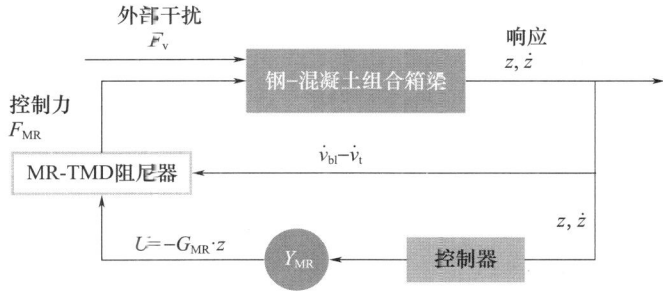

图 7-5 闭环反馈控制机制示意图

令

$$U(t) = -G_{MR}(t) z(t) \tag{7-49}$$

则根据式（7-48）的第二式，可求得受控的钢-混凝土组合箱梁结构系统每个时刻 $t$ 的最优状态增益反馈矩阵 $G_{MR}(t)$。

$$G_{MR}(t) = \frac{\Delta t}{2} R^{-1} B^T(t) Q \tag{7-50}$$

由于本研究只含有一个 MR-TMD 装置，因此，某一时刻 MRD 最优控制力的大小可以记为标量形式 $U(t)$，表达式如下：

$$U(t) = -G_{MR}(t) z(t) \tag{7-51}$$

将式（7-51）代入式（7-40），可得：

$$\begin{aligned} z(t) &= \left[ I + \frac{\Delta t}{2} B(t) G_{MR}(t) \right]^{-1} \left[ T(t) D^*(t-\Delta t) + \frac{\Delta t}{2} D(t) F_v(t) \right] \\ &= \left[ I + \frac{(\Delta t)^2}{4} B(t) R^{-1} B^T(t) Q \right]^{-1} \left[ T(t) D^*(t-\Delta t) + \frac{\Delta t}{2} D(t) F_v(t) \right] \end{aligned} \tag{7-52}$$

值得注意的是，将式（7-51）展开：

$$\begin{aligned} U(t) &= -G_{MR}(t) z(t) = -\begin{bmatrix} K_G(t) & C_G(t) \end{bmatrix} \begin{Bmatrix} q(t) \\ \dot{q}(t) \end{Bmatrix} \\ &= -K_G(t) q(t) - C_G(t) \dot{q}(t) \end{aligned} \tag{7-53}$$

并代入式（7-20）的列车-组合箱梁-MR-TMD 耦合系统动力平衡方程组中，即：

$$\begin{aligned} M(t) \ddot{q}(t) &+ C(t) \dot{q}(t) + K(t) q(t) \\ &= D(t) F_v - K_G(t) q(t) - C_G(t) \dot{q}(t) \end{aligned} \tag{7-54}$$

合并同类项后，可得：

$$M(t) \ddot{q}(t) + \left[ C(t) + C_G(t) \right] \dot{q}(t) + \left[ K(t) + K_G(t) \right] q(t) = D(t) F_v \tag{7-55}$$

从上式可以看出，增益矩阵 $G_{MR}$（或权矩阵 $Q$、$R$）实际上对于系统控制效果的影响显著，因为改变了简支钢-混凝土组合箱梁结构的刚度和阻尼。

### 7.4.3 半主动控制算法与混合控制策略

参照已求解得到的主动最优控制力 $U(t)$，考虑实际 MR-TMD 可以实现控制力的情况，所采用的半主动控制应该尽可能使所提供的半主动控制力接近主动最优控制力。事实上，MR-TMD 装置中的 MRD 是以阻尼力形式提供控制作用，所以，与钢-混凝土组合箱梁的速度方向平行且相反，最终减小了钢-混凝土组合箱梁结构的振动。因此，MRD 进行半主动控制时总是无条件稳定，且具有较好的鲁棒性，所以针对 MRD 的大多数半主动控制，出发点也是基于此。本研究选取 Dyke 等所提出的剪切最优控制算法，考虑闭环反馈控制中实际施加的电压，结合 7.2 节中所采用的 MRD 修正的现象模型，能较为准确地模拟每个时刻实际能提供的 MRD 阻尼力 $F_{MR}$，具体思想为：若 MRD 实际产生的阻尼力 $F_{MR}$ 小于或等于期望实现的主动最优控制力 $U(t)$，且两者同号，就将 MR-TMD 装置中的 MRD 电压调节为最大值 $V_{max} = I_{max} \cdot R_{coil} = 2 \times 21.9 = 43.8$（V）；否则，调节为最小值 $V_{min} = 0V$；然后，根据此时刻的电压值、MRD 两端的相对速度，计算出此时刻能提供的实际 MRD 阻尼力 $F_{MR}$。对应的临界条件判断公式为：

$$V(t) = V_{max} H\{[U(t) - F_{MR}]F_{MR}\} \quad (7-56)$$

式中，$H(\cdot)$ 为 Heaviside 函数，具体表达式如下：

$$H(\{U(t) - F_{MR}\}F_{MR}) = \begin{cases} 1 & \{[U(t) - F_{MR}]F_{MR} \geqslant 0\} \\ 0 & \{[U(t) - F_{MR}]F_{MR} < 0\} \end{cases} \quad (7-57)$$

实际上，MRD 提供的阻尼力可以分成两部分：一部分为不可调的被动粘滞阻尼力，另一部分为可调的库仑阻尼力。这决定了 MRD 的两种控制形式。

(1) 被动控制：没有电流供应，MRD 只提供被动粘滞阻尼力；
(2) 半主动控制：有电流供应，MRD 提供被动粘滞阻尼力和库仑阻尼力。

所以，通过改变 MRD 的电压，就能实时连续地调整 MRD 的阻尼力。基于这一特性，结合半主动控制算法，可作为混合控制策略的两种工作状态的一个判断条件。

(1) 状态Ⅰ：当 MR-TMD 安装位置处钢-混凝土组合箱梁结构响应较小时，不提供给 MRD 电压，此时相当于纯被动控制。
(2) 状态Ⅱ：当 MR-TMD 安装位置处钢-混凝土组合箱梁结构响应较大时，需提供给 MRD 最大电压，以便向组合箱梁施加尽可能大的作动力，以混合控制（半主动控制和被动控制）的方式减振。

MR-TMD 装置的控制状态切换设计方案如图 7-3 所示。

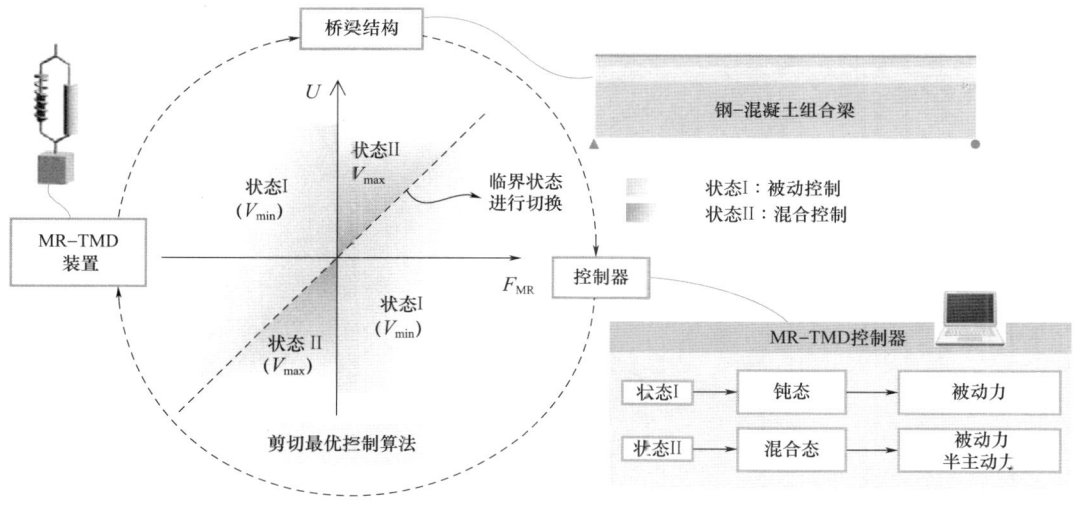

图 7-6　基于 MR-TMD 装置的混合控制策略

在 MATLAB 2021® 软件中建立列车-组合箱梁-MR-TMD 耦合系统，编写在车桥耦合作用下对简支钢-混凝土组合箱梁桥混合控制程序，并进行仿真和结果分析，如图 7-7 所示，具体步骤为：

(1) 以组合箱梁跨中截面最大竖向位移作为优化目标函数，结合 PSM 和 Den Hartog 闭合解表达式作为初值进行 TMD 系统参数优化设计，得到 TMD 的最优调谐频率比 $\beta_{t1,opt}$、最优阻尼比 $\xi_{t1,opt}$。

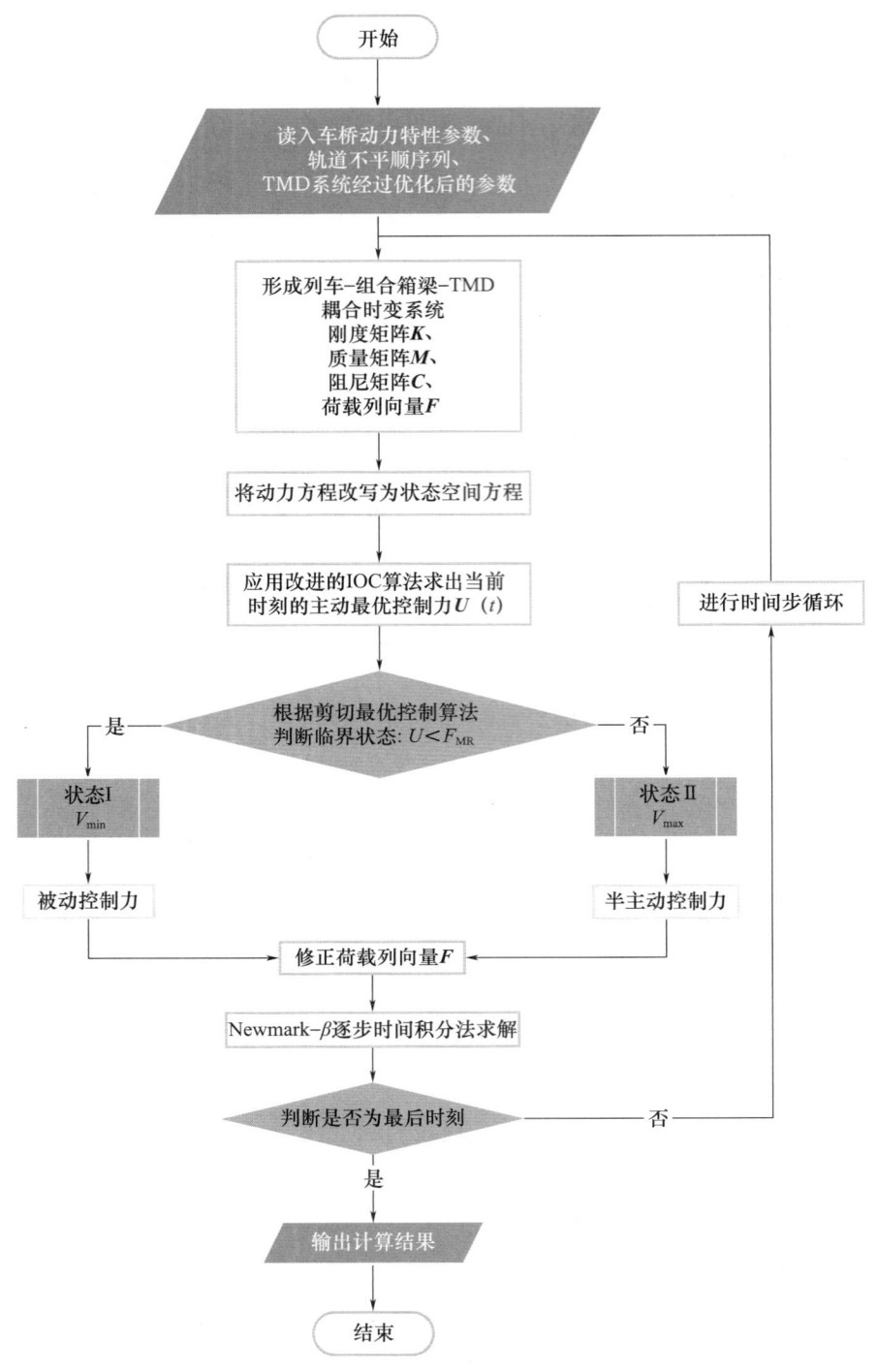

图 7-7　混合控制仿真流程图

（2）将式（7-13）形式的动力平衡方程转换为式（7-20）形式的状态空间方程，并根据 IOC 算法得到主动最优控制力 $U(t)$，此时，权矩阵的系数取值为 $\alpha_{bb}=200$，$\beta_{MR}=10^{-6}$，并在此后的研究中一并保持不变。

(3) 根据剪切最优控制算法，判断当前时刻应提供给 MR-TMD 装置的电压，并结合当前时刻 MRD 两端的相对速度，得到时刻 MRD 活塞可提供的半主动控制力 $F_{MR}(t)$；

(4) 将半主动控制力 $F_{MR}(t)$ 代入式（7-13）中，修正荷载列向量 $\boldsymbol{F}_v(t)$；

(5) 沿用 3.4.5 节中的 Newmark-$\beta$ 逐步时间积分法，进而实现对所有时间步的迭代求解，得到列车-组合箱梁-MR-TMD 耦合系统的响应。

## 7.5 车桥耦合作用下 MR-TMD 系统减振影响因素分析

### 7.5.1 钢-混凝土组合箱梁界面滑移效应的影响

列车参数与第 6 章保持一致，而钢-混凝土组合箱梁的剪力连接刚度 $\rho_{sh}$ 分别变为 $1kN/m^2$、$5kN/m^2$、$10kN/m^2$、$25kN/m^2$、$50kN/m^2$、$100kN/m^2$，对应的基频为 3.58Hz、3.84Hz、3.91Hz、3.92Hz、3.93Hz、3.93Hz。

当 8 节列车以 $V_v=180km/h$ 的速度通过简支钢-混凝土组合箱梁桥时，以跨中处截面最大位移作为优化的目标函数、Den Hartog 闭合解表达式作为初值，结合 PSM 进行优化求解；在优化过程中，TMD 系统的质量比 $\mu_t=2\%$，并保持不变，而改变其调谐频率比 $\beta_{t1}$ 和阻尼比 $\xi_{t1}$。经过参数优化后，最优调谐频率比 $\beta_{t1,opt}$、最优阻尼比 $\xi_{t1,opt}$，见表 7-2。

表 7-2 MR-TMD 装置中的 TMD 优化后的参数

| $\rho_{sh}/(kN/mm^2)$ | $\beta_{t1,opt}$ | $\xi_{t1,opt}$ |
| --- | --- | --- |
| 1 | 1.4711 | 0.0100 |
| 5 | 1.1397 | 0.0100 |
| 10 | 1.0911 | 0.0100 |
| 25 | 1.0757 | 0.0100 |
| 50 | 1.1063 | 0.0192 |
| 100 | 1.0680 | 0.0100 |

得到 TMD 系统的最优参数后，根据所提出的混合控制策略，计算出每个时刻 MRD 活塞可提供的半主动控制力 $F_{MR}(t)$。此时，权矩阵的系数取值为 $\alpha_{bb}=200$、$\beta_{MR}=10^{-6}$，并在此后的研究中保持不变。

采用 Newmark-$\beta$ 逐步时间积分法对所有时间步进行迭代求解后，得到列车-组合箱梁桥-MR-TMD 耦合系统的响应。为了便于比较和证明 MR-TMD 装置减振的有效性，将其对钢-混凝土组合箱梁的混合控制结果，与 TMD 装置（参数优化的结果见表 7-3）的被动控制结果进行对比。具体的优化表达式如下：

$$\begin{cases} \min\limits_{max} \ddot{v}_{bl}(\mu_t,\beta_{t1},\xi_{t1}) \text{ or } \ddot{v}_{bl}\max(\mu_t,\beta_{t1},\xi_{t1}) \\ \text{s.t. } \mu_t=0.02; \\ \quad \beta_{t1} \in [0.8, 2.2]; \\ \quad \xi_{t1} \in (0, 0.5] \end{cases} \quad (7-58)$$

表 7-3　TMD 装置优化后的参数

| $\rho_{sh}$/（kN/mm²） | 针对 $v_{bl}$ | | 针对 $\ddot{v}_{bl}$ | |
|---|---|---|---|---|
| | $\beta_{t1,opt}$ | $\xi_{t1,opt}$ | $\beta_{t1,opt}$ | $\xi_{t1,opt}$ |
| 1 | 1.4711 | 0.0100 | 1.2176 | 0.0110 |
| 5 | 1.1397 | 0.0100 | 1.1934 | 0.0100 |
| 10 | 1.0911 | 0.0100 | 1.1753 | 0.0100 |
| 25 | 1.0911 | 0.0100 | 1.1639 | 0.0100 |
| 50 | 1.0757 | 0.0100 | 1.1598 | 0.0100 |
| 100 | 1.1063 | 0.0192 | 1.1577 | 0.0100 |

随着钢-混凝土组合箱梁剪力连接刚度 $\rho_{sh}$ 的变化，其跨中竖向动力响应见表 7-4 和表 7-5，所有的竖向位移和竖向加速度时程曲线分别呈现于图 7-8 和图 7-9，对应的最大值随剪力连接刚度 $\rho_{sh}$ 的变化趋势如图 7-10 所示。

表 7-4　不同剪力连接刚度下组合箱梁跨中竖向位移

| $\rho_{sh}$/（kN/mm²） | $v_{bl,max}$/mm | | |
|---|---|---|---|
| | 无控 | TMD | MR-TMD |
| 1 | 6.07 | 5.90 | 5.61 |
| 5 | 5.86 | 5.02 | 4.70 |
| 10 | 5.87 | 4.91 | 4.58 |
| 25 | 5.89 | 4.85 | 4.51 |
| 50 | 5.90 | 4.82 | 4.48 |
| 100 | 5.90 | 4.81 | 4.47 |

表 7-5　不同剪力连接刚度下组合箱梁跨中竖向加速度

| $\rho_{sh}$/（kN/mm²） | $\ddot{v}_{bl,max}$/（m/s²） | | |
|---|---|---|---|
| | 无控 | TMD | MR-TMD |
| 1 | 1.24 | 1.11 | 0.46 |
| 5 | 1.68 | 1.08 | 0.44 |
| 10 | 1.71 | 1.09 | 0.44 |
| 25 | 1.72 | 0.95 | 0.43 |
| 50 | 1.72 | 0.95 | 0.42 |
| 100 | 1.72 | 0.94 | 0.43 |

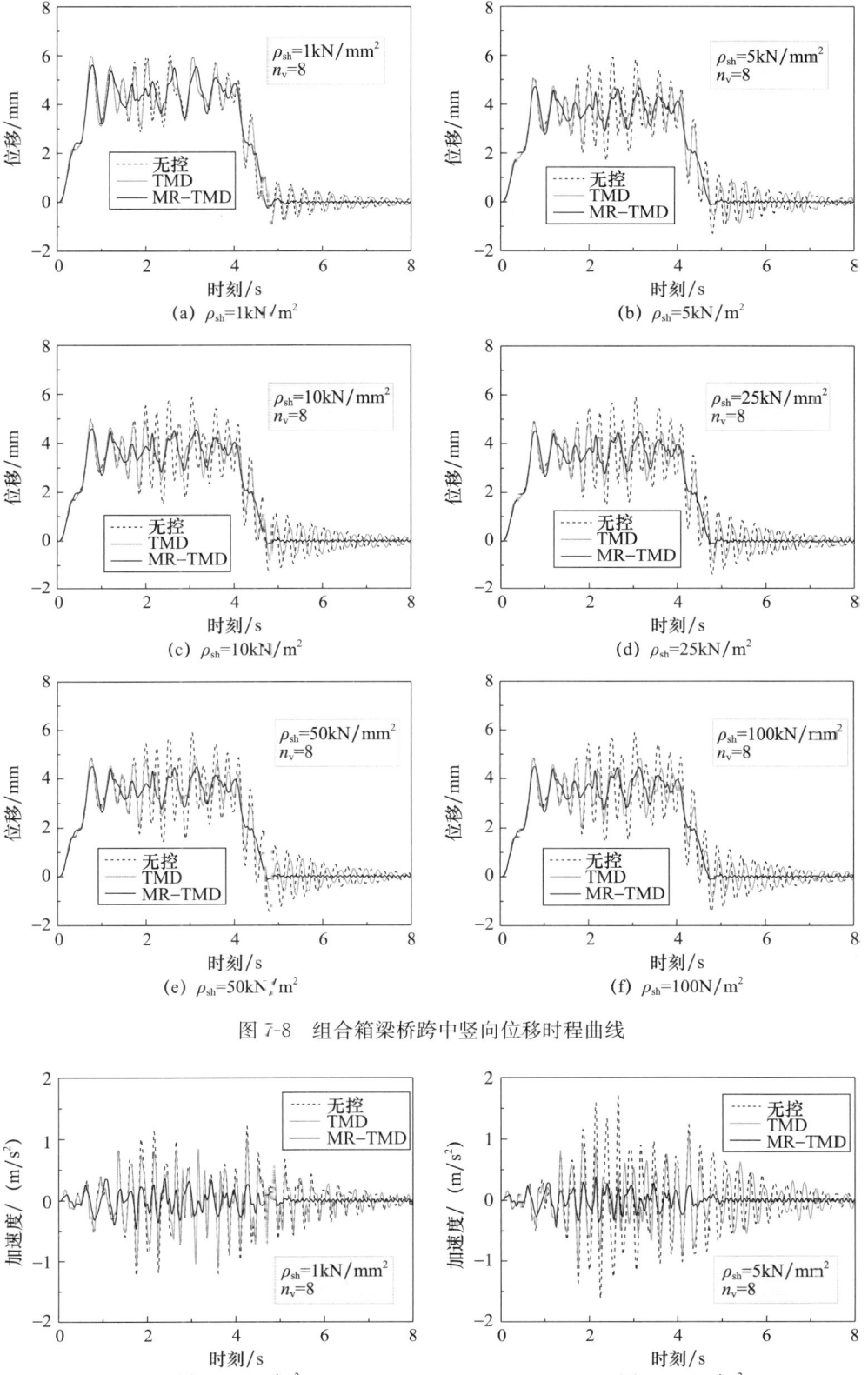

图 7-8 组合箱梁桥跨中竖向位移时程曲线

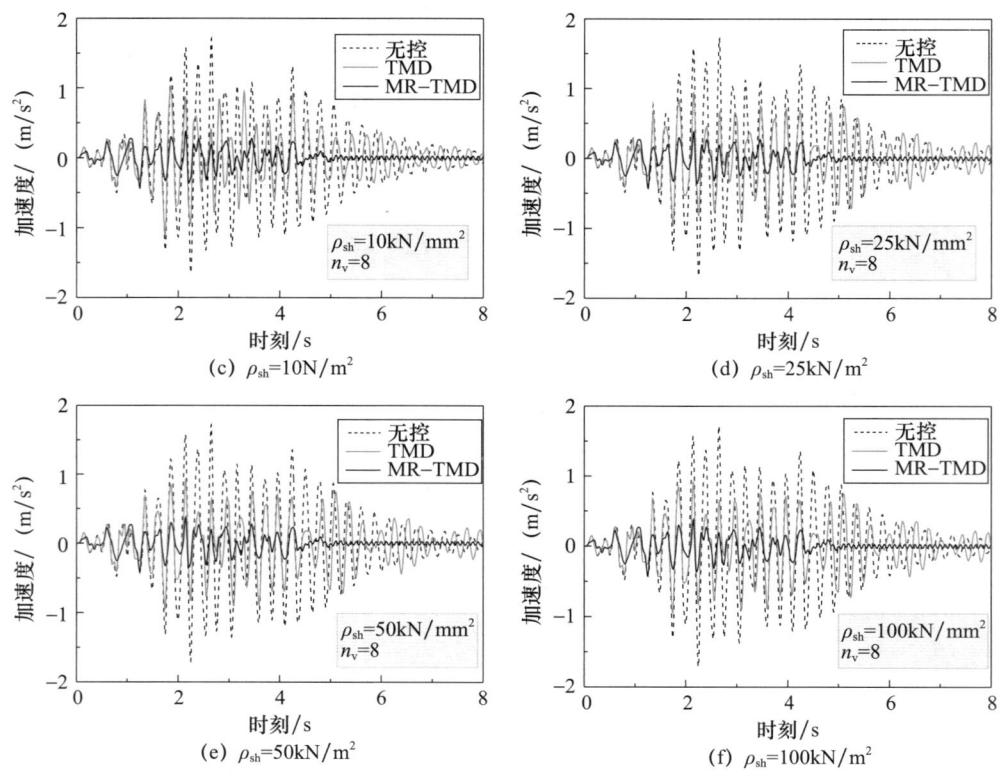

图 7-9 组合箱梁桥跨中处竖向加速度时程曲线

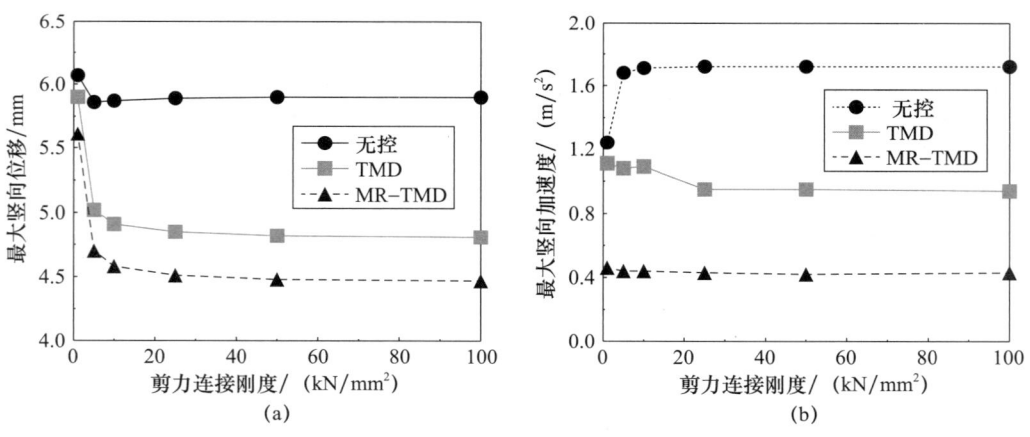

图 7-10 剪力连接刚度对最大竖向响应影响的变化趋势

从表 7-4、表 7-5 和图 7-8、图 7-9 中可以清楚地看出,随着界面连接刚度 $\rho_{sh}$ 的增大,由于简支钢-混凝土组合箱梁结构的刚度稍微变大,跨中竖向位移先减小;之后,由于钢-混凝土组合箱梁的基频 $f_{b1}$ 逐渐变大,导致列车运行速度 $V_v$ 接近临界车速 $V_{re}$,使简支钢-混凝土组合箱梁桥越来越接近共振状态,动力响应逐渐被放大,其竖向位移呈现轻微增大的趋势。但是,由于静力成分占比太大,即使在强剪力连接($\rho_{sh}=100kN/m^2$)

的情况下略有增加,放大的动力效应也不会很突出;而竖向加速度随界面连接刚度 $\rho_{sh}$ 的增大而增大,也间接地证明了由于共振的影响,钢-混凝土组合箱梁的动力响应被逐渐放大,但总体上变化不大。

此外,即使界面连接刚度 $\rho_{sh}$ 发生变化,通过 MR-TMD 装置进行控制振动后,钢-混凝土组合箱梁桥振动的幅度变小,并且竖向位移和竖向加速度的时程曲线也非常相似,甚至在 TMD 装置减振效果不理想的情况下($\rho_{sh}=1\mathrm{kN/m^2}$),MR-TMD 装置的减振效果也能保持良好的稳定性。

表 7-6 给出了不同剪力连接刚度 $\rho_{sh}$ 下不同控制方式对钢-混凝土组合箱梁跨中竖向动力响应的减振率,图 7-11 给出了随剪力连接刚度 $\rho_{sh}$ 的变化对应的跨中竖向位移及竖向加速度减振率。由图 7-11 可知,对于被动控制方式,当钢-混凝土组合箱梁的剪力连接刚度由 $\rho_{sh}=1\mathrm{kN/m^2}$ 变为 $\rho_{sh}=5\mathrm{kN/m^2}$ 时,TMD 系统对简支钢-混凝土组合箱梁桥跨中竖向位移的减振率由 2.75% 增至 14.34%,对竖向加速度的减振率由 10.11% 增至 35.98%,变化幅度比较明显;当界面连接刚度从 $\rho_{sh}=5\mathrm{kN/m^2}$ 变为 $\rho_{sh}=100\mathrm{kN/m^2}$ 时,减振率的变化逐渐趋于稳定,在 $\rho_{sh}=25\mathrm{kN/m^2}$ 时出现了拐点;当界面连接刚度 $\rho_{sh}=100\mathrm{kN/m^2}$ 时,$V_v$ 与 $V_{re}$ 最为接近,共振效应最为明显,对竖向位移和竖向加速度的减振率也达到了最大值,分别为 18.38% 和 37.47%。总体来说,剪力连接刚度 $\rho_{sh}$ 的减小略微改变了钢-混凝土组合箱梁的动力特性,产生的滑移效应会降低 TMD 系统对钢-混凝土组合桥梁箱跨中竖向位移及竖向加速度的减振率,分别为 15.63%、35.11%。

表 7-6 不同剪力连接刚度下的减振率

| $\rho_{sh}$/(kN/mm²) | $v_{bl}$ 减振率 | | $\ddot{v}_{bl}$ 减振率 | |
| --- | --- | --- | --- | --- |
| | TMD | MR-TMD | TMD | MR-TMD |
| 1 | 2.75% | 7.62% | 10.11% | 63.02% |
| 5 | 14.34% | 19.79% | 35.98% | 73.89% |
| 10 | 16.22% | 21.89% | 36.27% | 74.45% |
| 25 | 17.73% | 23.47% | 44.38% | 74.86% |
| 50 | 18.34% | 24.01% | 44.97% | 75.38% |
| 100 | 18.38% | 24.24% | 45.22% | 75.02% |

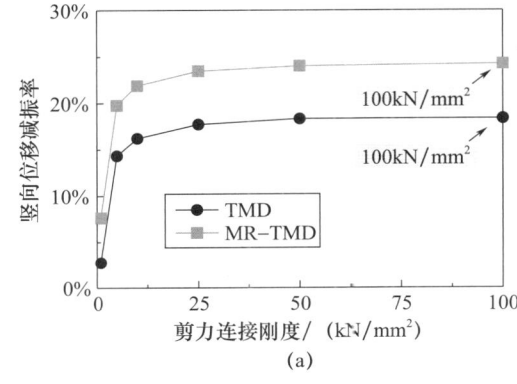
(a)

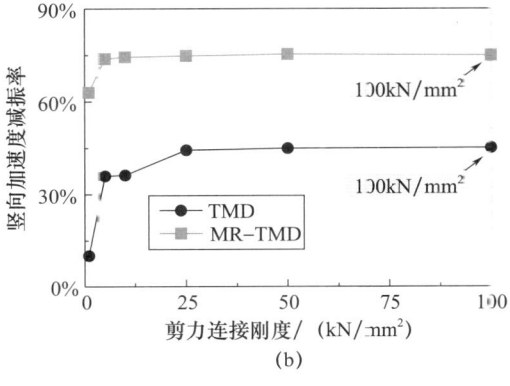
(b)

图 7-11 不同剪力连接刚度下的减振率

相比之下，对于本书所提出的混合控制方式，由于 MR-TMD 系统扩大了减振的带宽，所以对于简支钢-混凝土组合箱梁的动力响应的减振效果比 TMD 系统更好：当简支钢-混凝土组合箱梁桥的剪力连接刚度从 $\rho_{sh}=1\text{kN/m}^2$ 变为 $\rho_{sh}=5\text{kN/m}^2$ 时，跨中竖向位移的减振率由 7.62% 增至 19.79%，竖向加速度的减振率由 63.02% 增至 73.89%，变化幅度也比较明显；当界面连接刚度从 $\rho_{sh}=5\text{kN/m}^2$ 变为 $\rho_{sh}=100\text{kN/m}^2$ 时，减振率的变化趋于稳定；当界面连接刚度 $\rho_{sh}=50\text{kN/m}^2$ 时，竖向位移和竖向加速度的减振率达到最大值 75.38%；当界面连接刚度 $\rho_{sh}=100\text{kN/m}^2$ 时，竖向加速度的减振率达到最大值 24.24%。通过以上对比分析，从侧面上验证了 MR-TMD 装置和与之对应的控制策略可行、有效，为相关技术应用的实现提供了理论支撑。

此外，当列车产生自激激励的频率远离了组合箱梁的基频 $f_{b1}$ 时，钢-混凝土组合箱梁的共振越来越弱，MR-TMD 装置和 TMD 装置的减振率也因此降低。然而，TMD 的减振效果受钢-混凝土组合箱梁基频 $f_{b1}$ 的影响较大，一旦远离共振区，减振效果会大幅下降，这也又一次表明 TMD 系统只能用于窄带激励，其鲁棒性不强。虽然 MR-TMD 系统的减振效果也受钢-混凝土组合箱梁基频 $f_{b1}$ 的影响，但影响程度比 TMD 系统小，减振效果相比 TMD 系统提高了，甚至界面滑移效应达到最大时（$\rho_{sh}=1\text{kN/m}^2$），MR-TMD 系统对竖向加速度的减振效果几乎没有影响，主要原因是扩大了减振的带宽，如图 7-12 和图 7-13 所示。

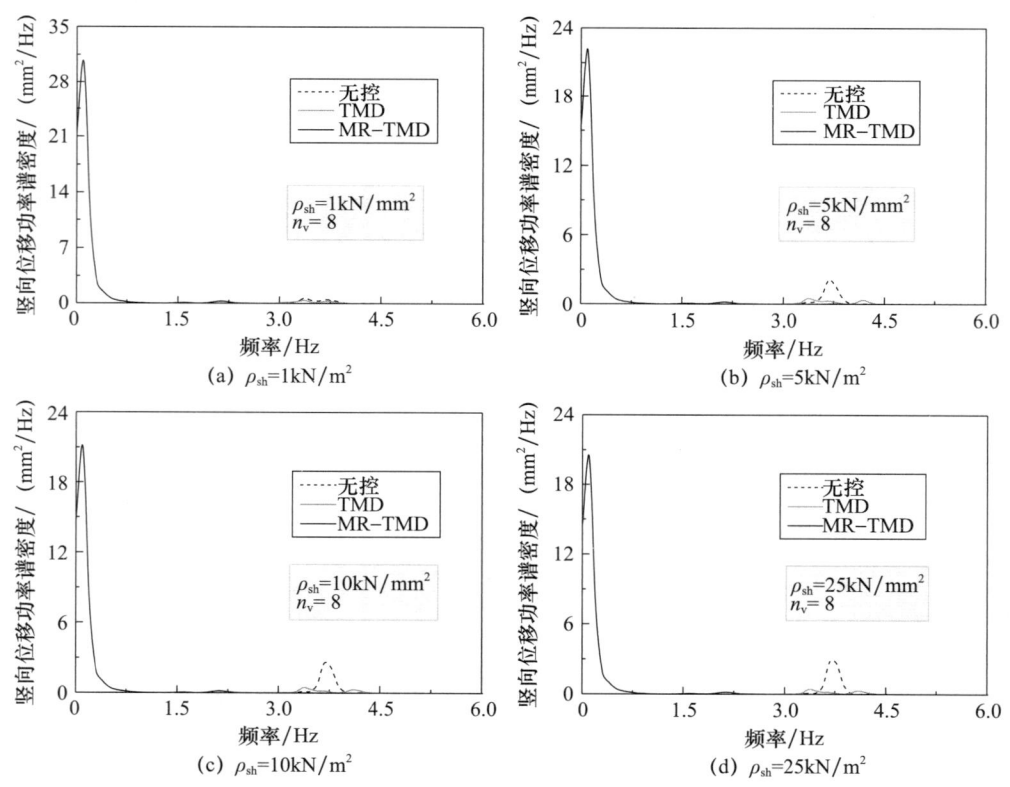

# 7 车桥耦合作用下钢-混凝土组合箱梁桥混合控制

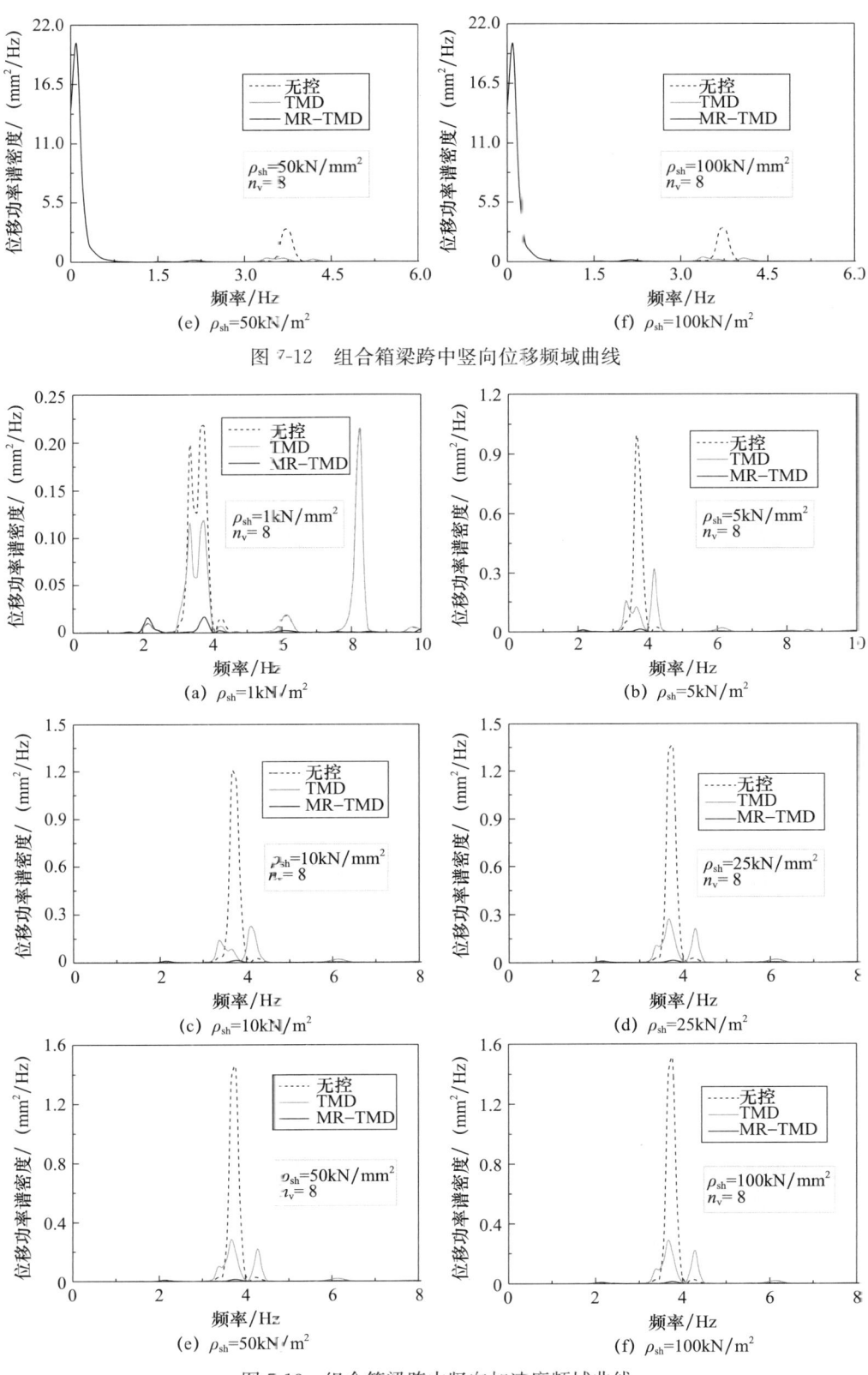

(e) $\rho_{sh}=50\text{kN}/m^2$     (f) $\rho_{sh}=100\text{kN}/m^2$

图 7-12 组合箱梁跨中竖向位移频域曲线

(a) $\rho_{sh}=1\text{kN}/m^2$     (b) $\rho_{sh}=5\text{kN}/m^2$

(c) $\rho_{sh}=10\text{kN}/m^2$     (d) $\rho_{sh}=25\text{kN}/m^2$

(e) $\rho_{sh}=50\text{kN}/m^2$     (f) $\rho_{sh}=100\text{kN}/m^2$

图 7-13 组合箱梁跨中竖向加速度频域曲线

而对竖向位移的减振，MR-TMD 装置和 TMD 装置差别较小。其原因可能如下：首先静位移较大，动位移较小，MR-TMD 系统虽然扩大动力部分减振的带宽，但对静力部分无能无力；其次，MR-TMD 装置本身的限制也是一部分原因，因为要想大幅减小竖向位移，需要液压系统施加给钢-混凝土组合箱梁的底部非常大的作动力来抵消静位移，除非 MR-TMD 系统中的质量块质量非常大，能够完全固定住 MRD 的活塞一端，并且所提供的电流必须足够大、不能中断，而这在实际工程中几乎不可能实现；最后，受半主动控制算法的限制，MR-TMD 系统的减振性能也不会发挥到最大。所以，MR-TMD 装置对钢-混凝土组合箱梁跨中竖向位移的减振效果也就不会太理想。

此外，当列车上桥或在桥上时，简支钢-混凝土组合箱梁跨中位置处的竖向动力响应较大，MRD 按照混合控制策略通以最大电流 $I_{max}$，通过活塞向组合箱梁底部施加作动力，TMD 装置中的质量块提供被动的惯性力、MRD 提供半主动控制力，以混合控制的方式减振；当列车下桥或不在桥上时，简支钢-混凝土组合箱梁跨中位置处的竖向动力响应较小，MRD 不再通以电流，即 $I_{min}=0A$，此时 TMD 中的质量块提供被动的惯性力、MRD 提供被动的粘滞阻尼力，以被动控制的方式减振，如图 7-14 所示；这样既保障了钢-混凝土组合箱梁结构相对安全、控制效果较优，也节省了能源的消耗。

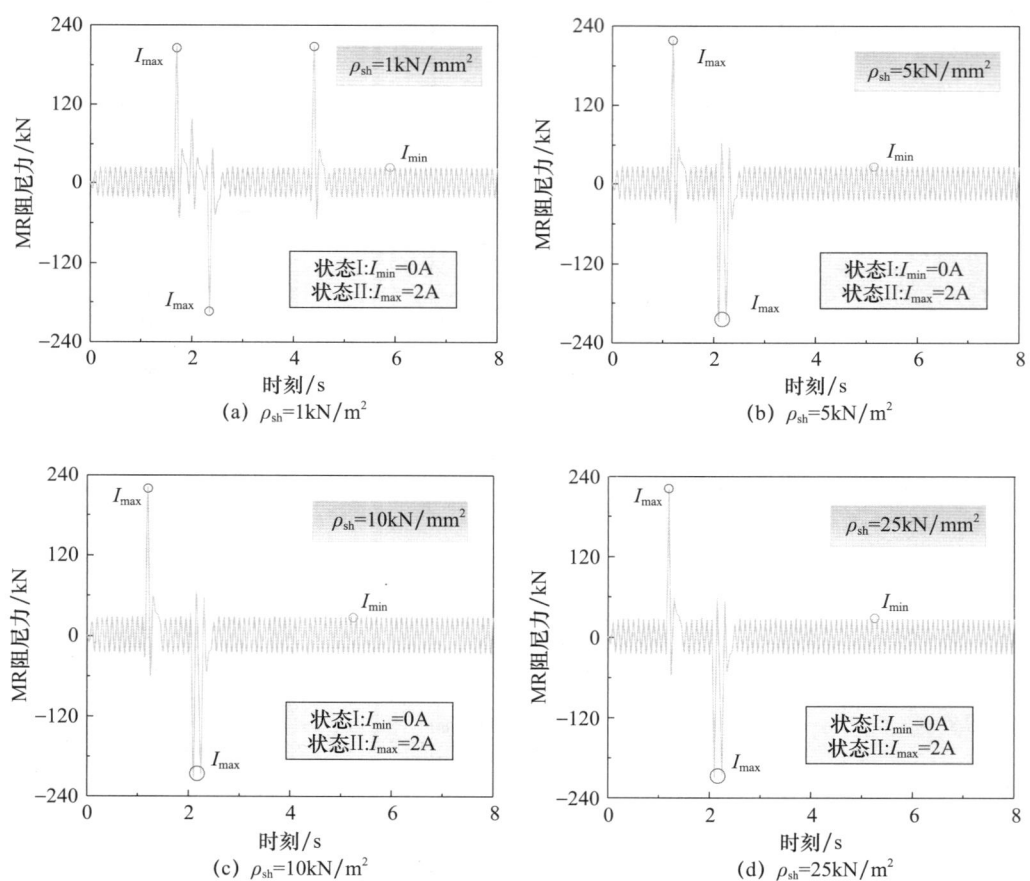

(a) $\rho_{sh}=1kN/m^2$

(b) $\rho_{sh}=5kN/m^2$

(c) $\rho_{sh}=10kN/m^2$

(d) $\rho_{sh}=25kN/m^2$

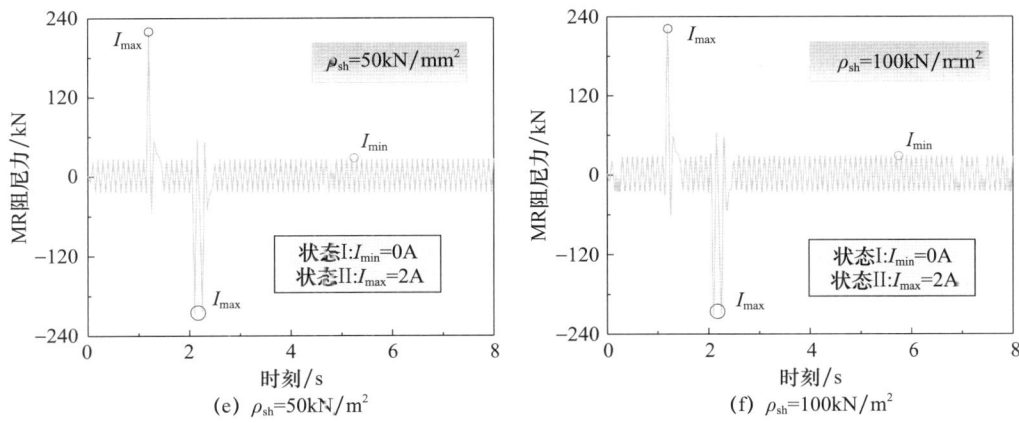

图 7-14 不同剪力连接刚度下 MR-TMD 装置的半主动控制力时程曲线

通过图 7-15 所示的 MRD 的相对位移-MRD 阻尼力曲线，也可以看出本研究所用到的 MRD 现象模型可以比较精确地描述磁流变液低速区的非线性滞回特性，间接证明了数值模拟的准确性。

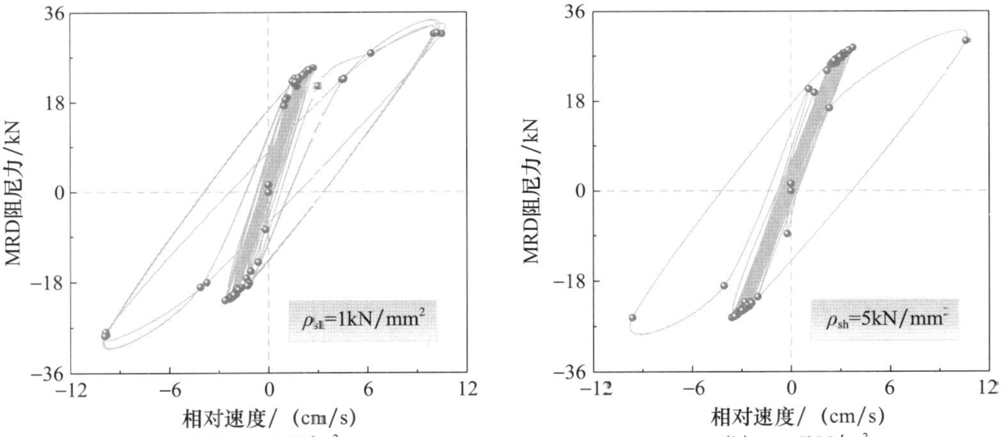

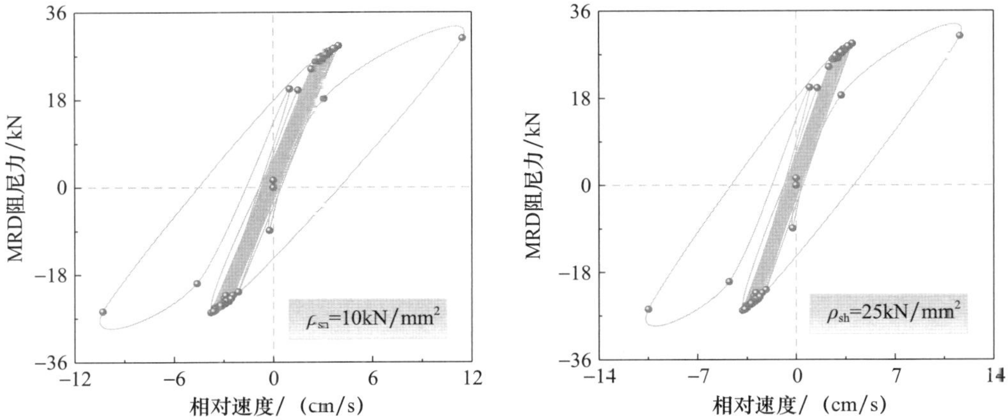

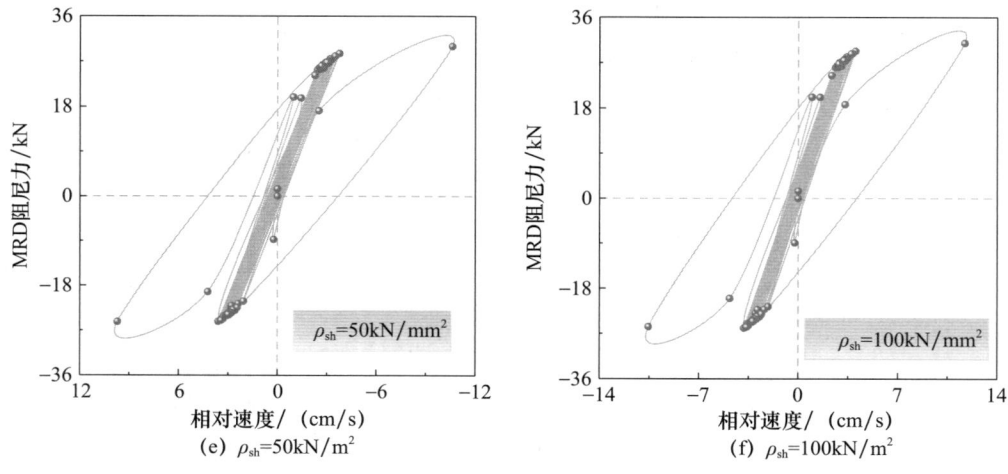

图 7-15 不同剪力连接刚度下 MRD 阻尼力特性图

### 7.5.2 钢-混凝土组合箱梁剪力滞效应的影响

列车参数与第 6 章保持一致;钢-混凝土组合箱梁的剪力连接刚度取 $\rho_{sh}=10kN/m^2$,并在分析过程中保持不变,而宽跨比分别为 $2b_c/L_b=0.250$、$2b_c/L_b=0.375$、$2b_c/L_b=0.500$,对应的基频分别为 4.13Hz、3.92Hz、3.59Hz;并与不考虑剪力滞效应的模型做对比,对应的基频分别为 4.17Hz、4.01Hz、3.71Hz。

当 8 节列车以 $V_v=180km/h$ 的速度通过简支钢-混凝土组合箱梁桥时,以跨中截面最大位移作为优化目标函数,以 Den Hartog 闭合解表达式作为初值,结合 PSM 进行优化求解;在优化过程中,TMD 系统的质量比 $\mu_t=2\%$,并保持不变,而改变其调谐频率比 $\beta_{t1}$ 和阻尼比 $\xi_{t1}$。经过参数优化后,最优调谐频率比 $\beta_{t1,opt}$、最优阻尼比 $\xi_{t1,opt}$ 见表 7-7。

表 7-7 MR-TMD 装置中的 TMD 装置的优化参数

| $2b_c/L_b$ | | $\beta_{t1,opt}$ | $\xi_{t1,opt}$ |
|---|---|---|---|
| 0.250 | 不考虑剪力滞效应 | 1.0439 | 0.011 |
| | 考虑剪力滞效应 | 1.0672 | 0.047 |
| 0.375 | 不考虑剪力滞效应 | 1.0439 | 0.011 |
| | 考虑剪力滞效应 | 1.0672 | 0.047 |
| 0.500 | 不考虑剪力滞效应 | 1.4606 | 0.010 |
| | 考虑剪力滞效应 | 2.0533 | 0.010 |

得到 TMD 系统的最优参数后,根据本研究所提出的混合控制策略,计算出每个时刻 MRD 活塞可提供的半主动控制力 $F_{MR}(t)$。此时,权矩阵的系数 $\alpha_{bb}$、$\beta_{MR}$ 的取值与 7.4.1 节保持一致。

采用 Newmark-$\beta$ 逐步时间积分法对所有时间步进行迭代求解后,得到列车-组合箱梁-MR-TMD 耦合系统的响应。为了验证 MR-TMD 装置的减振效能并便于对比分析,将其对钢-混凝土组合箱梁的混合控制验证结果,与 TMD 装置(参数优化的结果见表 7-8)的被动控制结果进行对比。

表 7-8　TMD 装置优化后的参数

| $2b_c/L_b$ | | 针对 $v_{bl}$ | | 针对 $\ddot{v}_{bl}$ | |
|---|---|---|---|---|---|
| | | $\beta_{t1,opt}$ | $\xi_{t1,opt}$ | $\beta_{t1,opt}$ | $\xi_{t1,opt}$ |
| 0.250 | 不考虑剪力滞效应 | 1.0439 | 0.011 | 1.1965 | 0.0100 |
| | 考虑剪力滞效应 | 1.0672 | 0.047 | 1.2057 | 0.0100 |
| 0.375 | 不考虑剪力滞效应 | 1.1939 | 0.010 | 1.2650 | 0.0100 |
| | 考虑剪力滞效应 | 1.9716 | 0.010 | 1.3868 | 0.0100 |
| 0.500 | 不考虑剪力滞效应 | 1.4606 | 0.010 | 1.6833 | 0.0184 |
| | 考虑剪力滞效应 | 2.0533 | 0.010 | 2.1958 | 0.0100 |

随着简支钢-混凝土组合简梁桥宽跨比 $2b_c/L_b$ 的变化，考虑剪力滞效应和不考虑剪力滞效应的跨中竖向动力响应见表 7-9 和表 7-10，所有的竖向位移和竖向加速度时程曲线分别呈现于图 7-16～图 7-21，对应的最大值随宽跨比 $2b_c/L_b$ 的变化趋势如图 7-22 所示。

表 7-9　不同宽跨比 $2b_c/L_b$ 下跨中竖向位移

| $2b_c/L_b$ | | $v_{bl,max}$/mm | | |
|---|---|---|---|---|
| | | 无控 | TMD | MR-TMD |
| 0.250 | 不考虑剪力滞效应 | 6.11 | 5.09 | 5.10 |
| | 考虑剪力滞效应 | 6.09 | 5.13 | 5.11 |
| 0.375 | 不考虑剪力滞效应 | 4.74 | 4.44 | 4.45 |
| | 考虑剪力滞效应 | 4.86 | 4.70 | 4.68 |
| 0.500 | 不考虑剪力滞效应 | 4.31 | 4.27 | 4.19 |
| | 考虑剪力滞效应 | 4.62 | 4.60 | 4.47 |

表 7-10　不同宽跨比 $2b_c/L_b$ 下跨中竖向加速度

| $2b_c/L_b$ | | $\ddot{v}_{bl,max}$/(m/s²) | | |
|---|---|---|---|---|
| | | 无控 | TMD | MR-TMD |
| 0.250 | 不考虑剪力滞效应 | 1.69 | 1.28 | 0.56 |
| | 考虑剪力滞效应 | 1.70 | 1.36 | 0.54 |
| 0.375 | 不考虑剪力滞效应 | 1.09 | 0.79 | 0.43 |
| | 考虑剪力滞效应 | 1.21 | 0.93 | 0.33 |
| 0.500 | 不考虑剪力滞效应 | 0.71 | 0.59 | 0.27 |
| | 考虑剪力滞效应 | 0.77 | 0.72 | 0.32 |

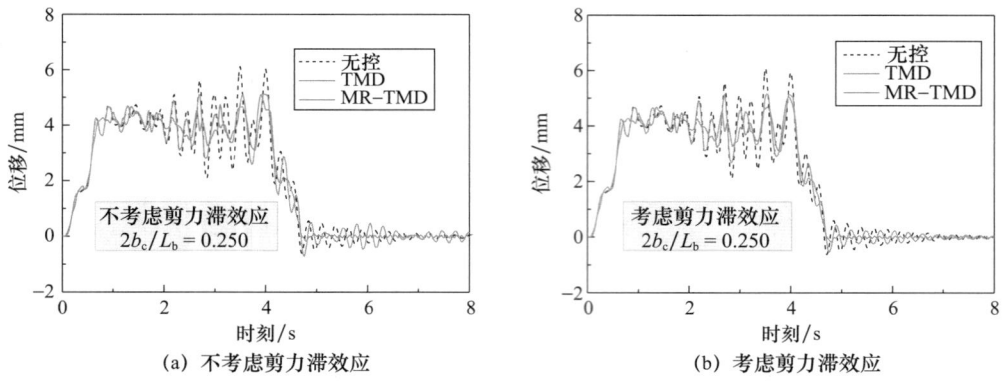

图 7-16　宽跨比 $2b_c/L_b = 0.250$ 时桥梁跨中竖向位移时程曲线

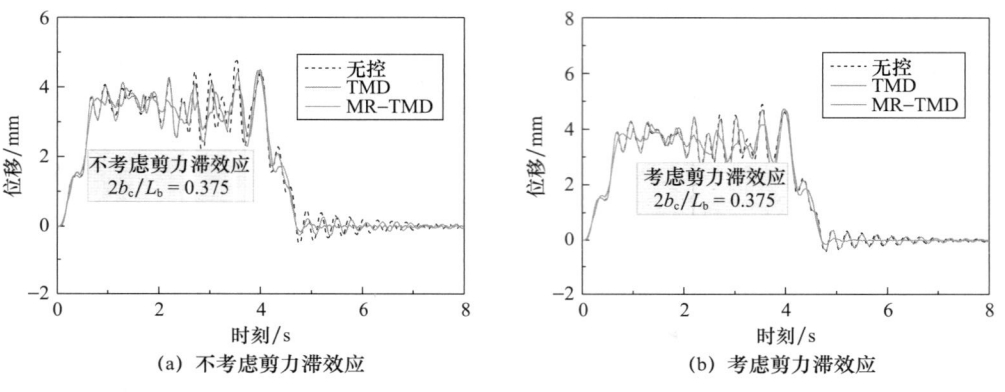

图 7-17　宽跨比 $2b_c/L_b = 0.375$ 时桥梁跨中竖向位移时程曲线

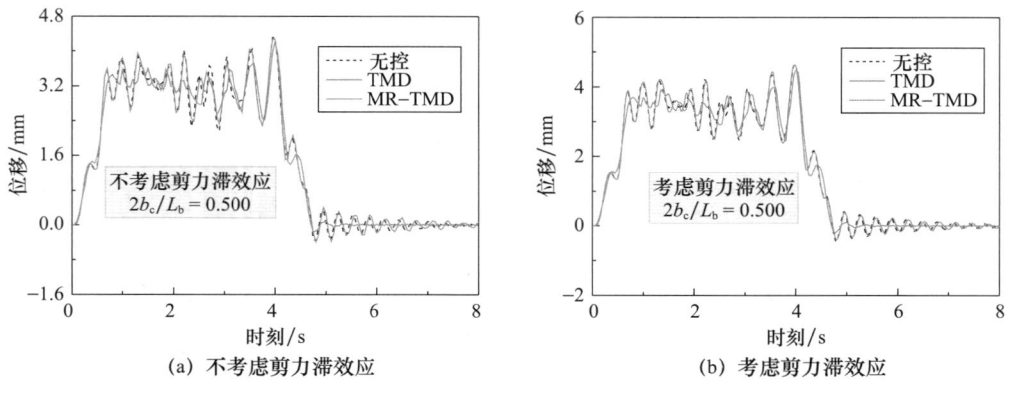

图 7-18　宽跨比 $2b_c/L_b = 0.500$ 时桥梁跨中竖向位移时程曲线

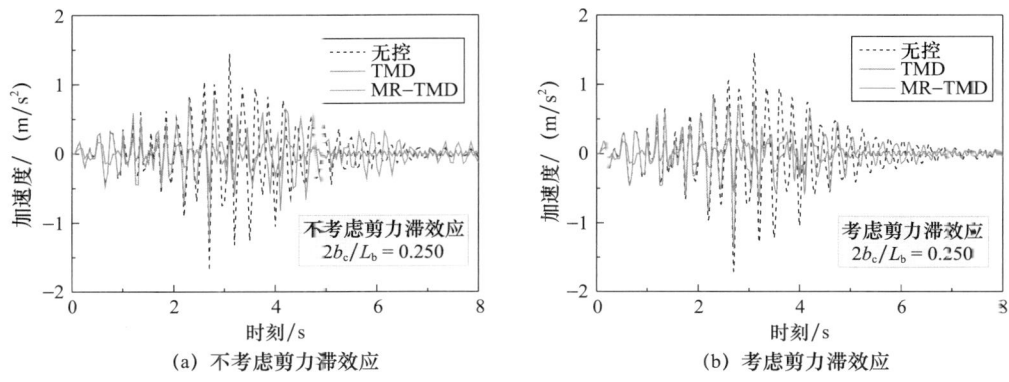

图 7-19　宽跨比 $2b_c/L_b=0.250$ 时跨中竖向加速度时程曲线

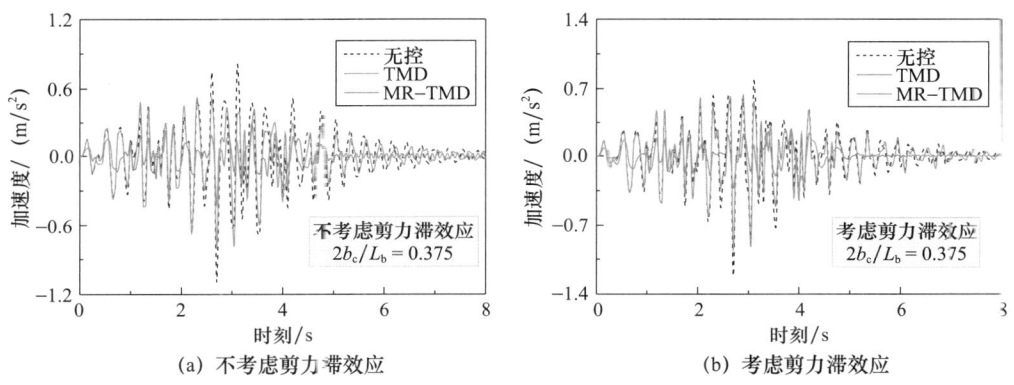

图 7-20　宽跨比 $2b_c/L_b=0.375$ 时桥梁跨中竖向加速度时程曲线

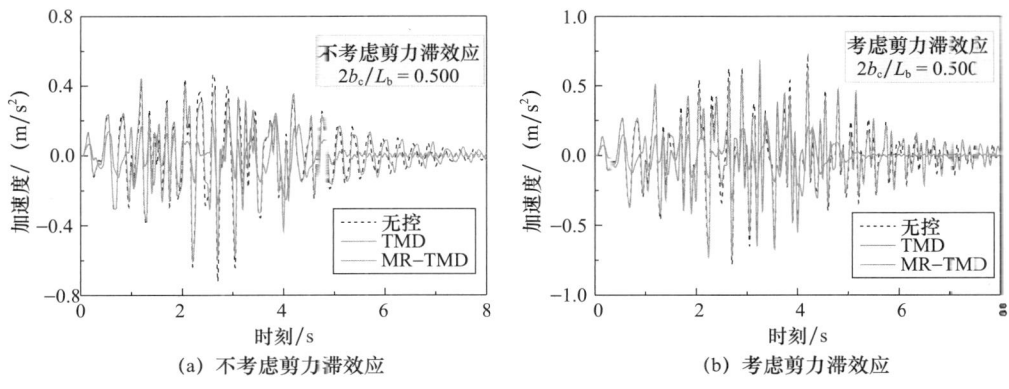

图 7-21　宽跨比 $2b_c/L_b=0.500$ 时桥梁跨中竖向加速度时程曲线

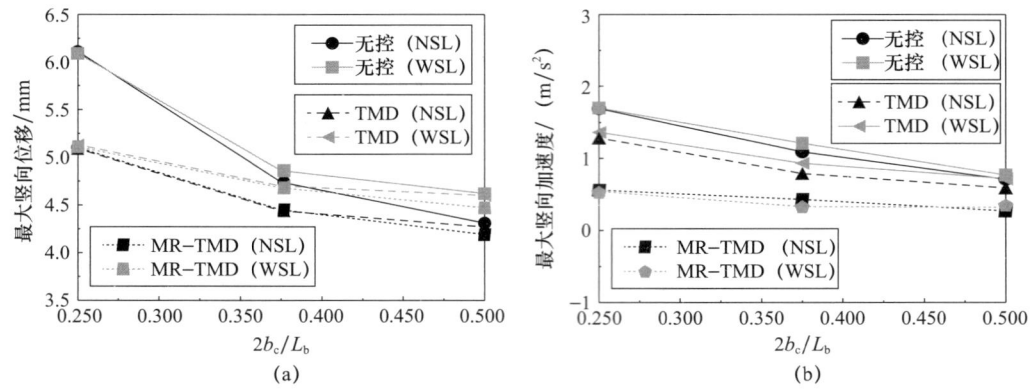

图 7-22 宽跨比对最大竖向响应影响的变化趋势

注：NSL 指不考虑剪力滞效应；WSL 指考虑剪力滞效应

从表 7-9、表 7-10 和图 7-16～图 7-21 中可以清楚地看到，考虑剪力滞效应和不考虑剪力滞效应的简支钢-混凝土组合箱梁跨中竖向动力响应都有所差别：

(1) 当宽跨比 $2b_c/L_b=0.250$ 时，简支钢-混凝土组合箱梁的剪力滞效应不太明显，跨中处的最大竖向位移由 6.11mm 降至 6.09mm，最大竖向加速度由 1.69m/s² 增至 1.70m/s²，变化的程度非常小。

(2) 当宽跨比 $2b_c/L_b=0.375$ 时，剪力滞效应开始变大，使钢-混凝土组合箱梁的刚度减小，跨中处的最大竖向位移由 4.74mm 增至 4.86mm，最大竖向加速度由 1.09m/s² 增至 1.21m/s²。

(3) 当宽跨比 $2b_c/L_b=0.50$ 时，剪力滞效应最大，使钢-混凝土组合箱梁的刚度大幅减小，跨中处的最大竖向位移由 3.42mm 增至 3.48mm，最大竖向加速度由 0.95m/s² 增至 1.01m/s²，有一定程度的变化，但幅度并不剧烈。

此外，从图 7-19～图 7-21 中还能看出，MR-TMD 装置对于减小钢-混凝土组合箱梁的竖向加速度响应效果显著，甚至在 TMD 装置减振效果不理想的情况时（$2b_c/L_b=0.500$），MR-TMD 装置的减振效果也能保持良好的稳定性。虽然对竖向位移的减振效果不如对竖向加速度明显，最大的峰值大约在 $t=4$s 的时刻（最后一节列车将要下桥），但是进行混合控制后，由于动力部分（竖向加速度）的大幅减小，钢-混凝土组合箱梁竖向振动的幅度没有那么明显，所以 MR-TMD 系统对竖向位移的减振一定程度上也是有意义的。

图 7-23 和图 7-24 给出了随简支钢-混凝土组合箱梁桥宽跨比 $2b_c/L_b$ 的变化，各种控制方式对应的跨中竖向位移及竖向加速度减振率。由图 7-23 和图 7-24 可知，对于 TMD 装置的被动控制方式，当宽跨比为 $2b_c/L_b=0.250$ 时，考虑剪力滞效应后，对钢-混凝土组合箱梁的动力特性影响并不大，所以对跨中竖向加速度的减振率只减小 1.07%，对竖向位移的减振率减小 3.90%，影响不大，TMD 系统仍能起到一定程度的减振作用。

当宽跨比 $2b_c/L_b=0.375$ 时，考虑剪力滞效应后，钢-混凝土组合箱梁的动力特性稍微改变，使得对跨中竖向加速度的减振率降低 3.52%；对竖向位移的减振率降低 2.92%，下降幅度不大，TMD 装置还能起到振动控制作用。

当宽跨比 $2b_c/L_b=0.500$ 时，考虑剪力滞效应后，简支钢-混凝土组合箱梁桥跨中竖向位移的减振率降低 0.37%，变化不大；然而，竖向加速度的减振率降低 10.36%，下降幅度较大，甚至 TMD 装置对组合箱梁的竖向位移起不到很好的振动控制作用。

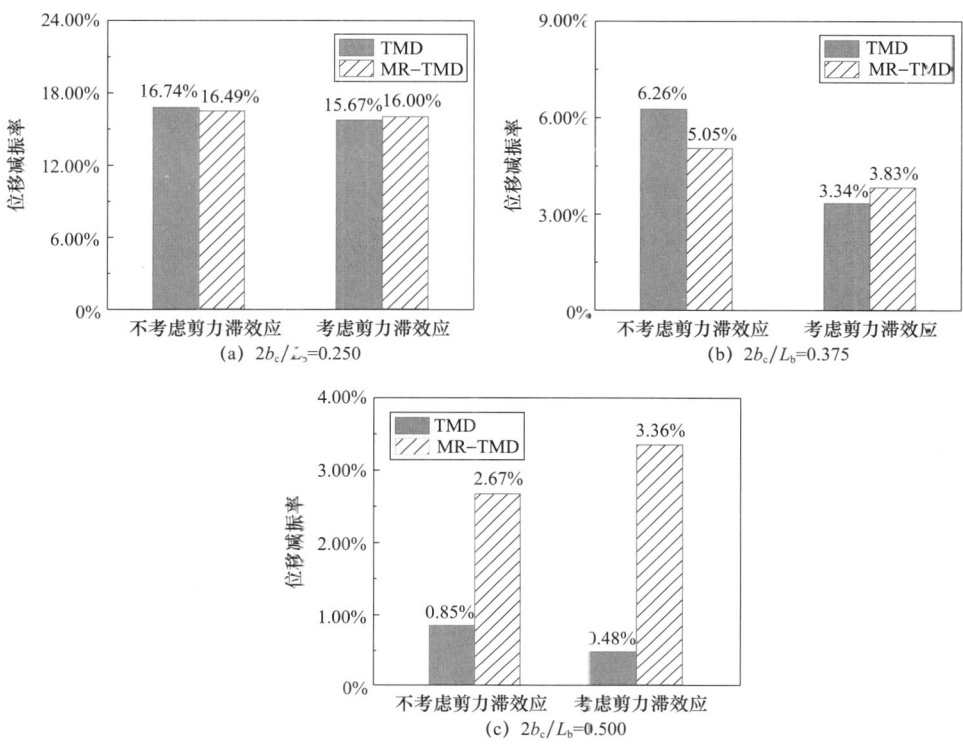

图 7-23 不同宽跨比 $2b_c/L_b$ 下竖向位移减振率

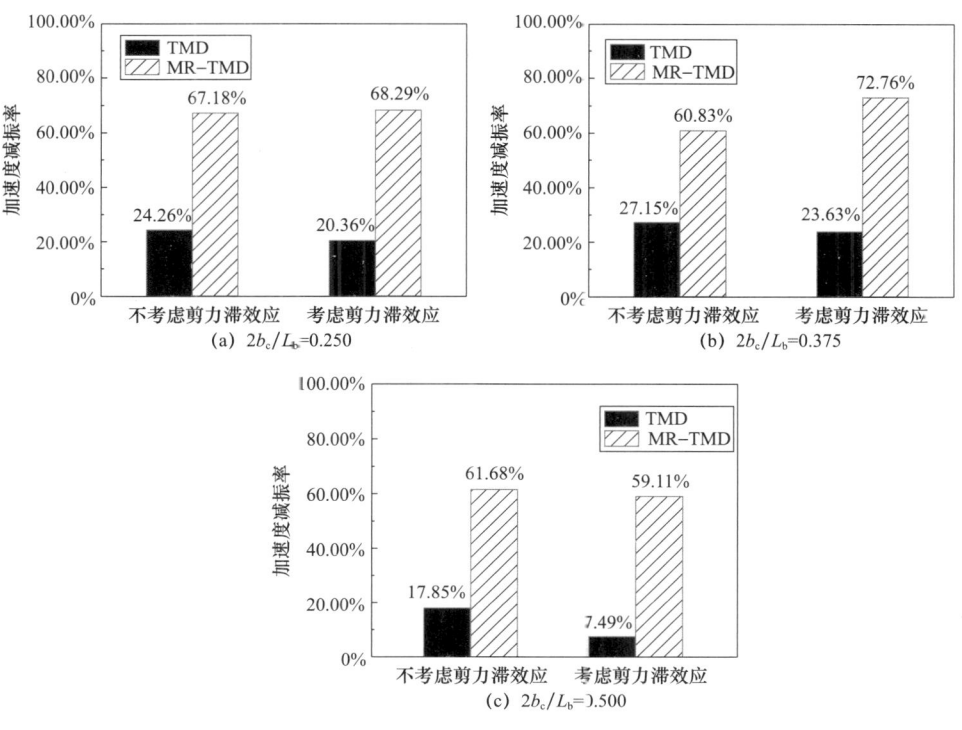

图 7-24 不同宽跨比 $2b_c/L_b$ 下竖向加速度减振率

而对于本研究所提出 MR-TMD 装置的混合控制方式，简支钢-混凝土组合箱梁跨中竖向加速度和竖向位移的减振效果却不尽相同：当组合箱梁的宽跨比为 $2b_c/L_b=0.250$ 时，考虑剪力滞效应后，跨中竖向加速度的减振率提高了 1.11%，因为 MR-TMD 系统扩大了减振的带宽，所以减振效果远远优于 TMD 系统。而竖向位移的减振率减小了 0.49%，可能的原因是竖向位移中，静力部分占比太大，所以动力部分的响应即便减小了，从宏观上也不能很好地体现，甚至减振效果比 TMD 系统还稍微差一点。

当组合箱梁的宽跨比为 $2b_c/L_b=0.375$ 时，减振效果也出现了上述相似的变化趋势。当组合箱梁的宽跨比为 $2b_c/L_b=0.500$ 时，竖向加速度减振率下降了 2.57%，变化程度不大，竖向位移的减振率提高了 0.69%，但均不影响 MR-TMD 系统的整体工作性能，减振效果依旧良好。

从总体上可以看出，随着宽跨比 $2b_c/L_b$ 的增大，钢-混凝土组合箱梁的剪力滞效应会越来越明显，不但改变了其动力特性，并且影响了其动力响应频率成分的分布，使所包含频率成分变多，甚至最大的峰值已不在钢-混凝土组合箱梁的基频处，如图 7-25～图 7-30 所示。因此，对于 TMD 系统的被动减振方式，减振效果会被大幅削弱，甚至产生明显的失谐效应，所以在实际工程中对 TMD 装置进行调谐时应充分考虑剪力滞效应的影响。

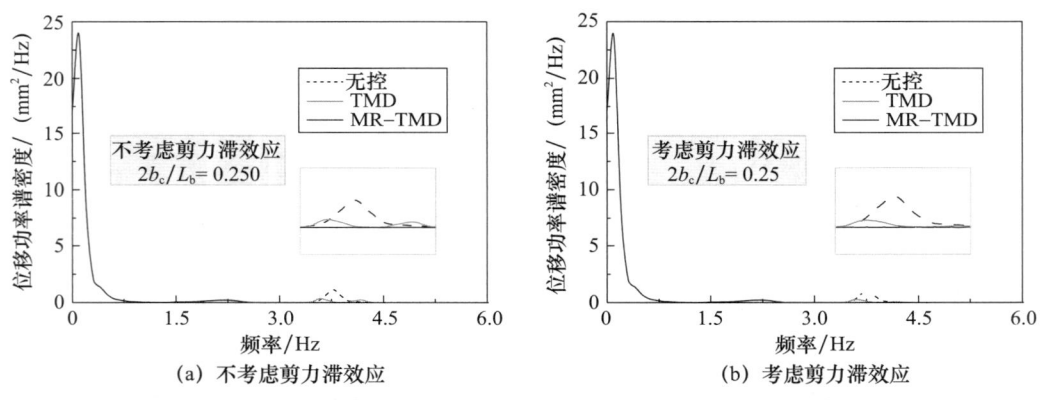

图 7-25 宽跨比 $2b_c/L_b=0.250$ 时桥梁跨中竖向位移频域曲线

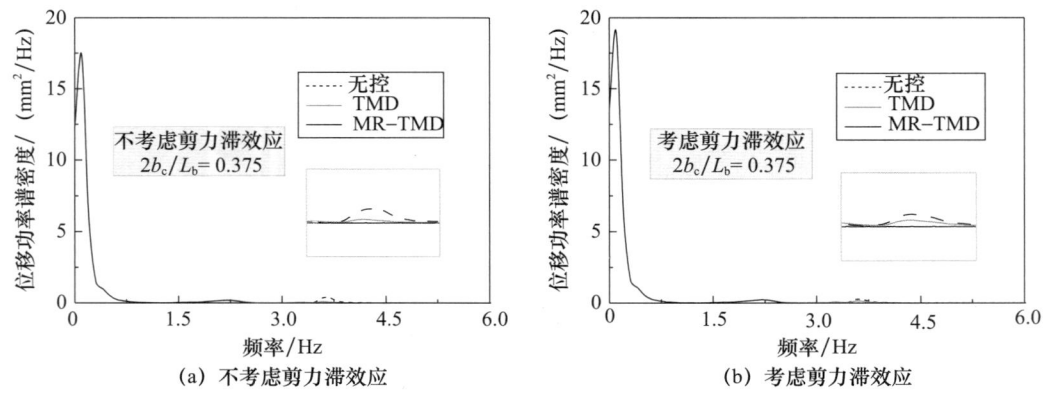

图 7-26 宽跨比 $2b_c/L_b=0.375$ 时桥梁跨中竖向位移频域曲线

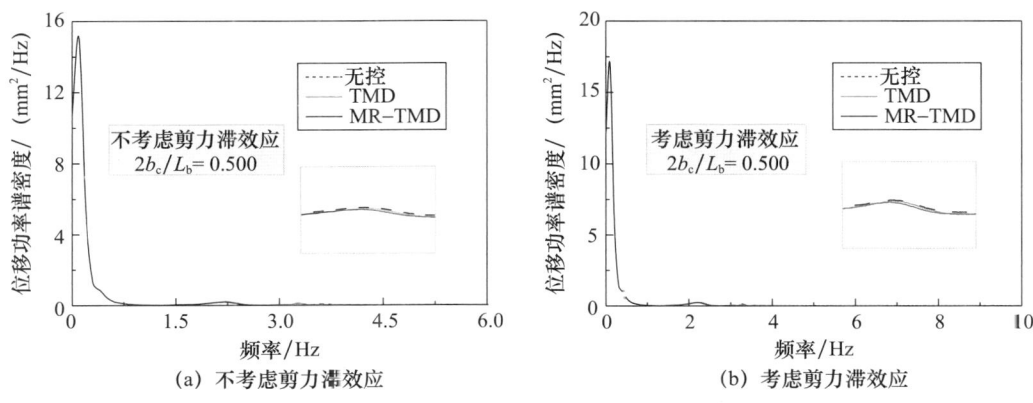

图 7-27　宽跨比 $2b_c/L_b=0.500$ 时桥梁跨中竖向位移频域曲线

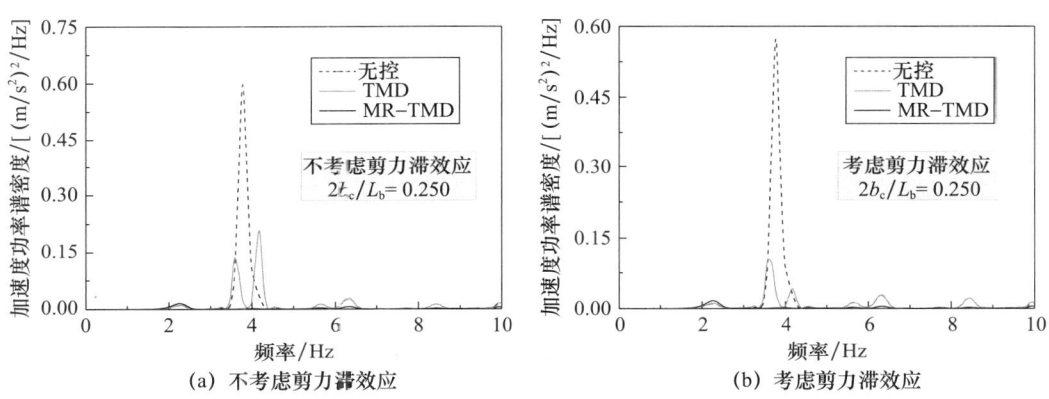

图 7-28　宽跨比 $2b_c/L_b=0.250$ 时桥梁跨中竖向加速度频域曲线

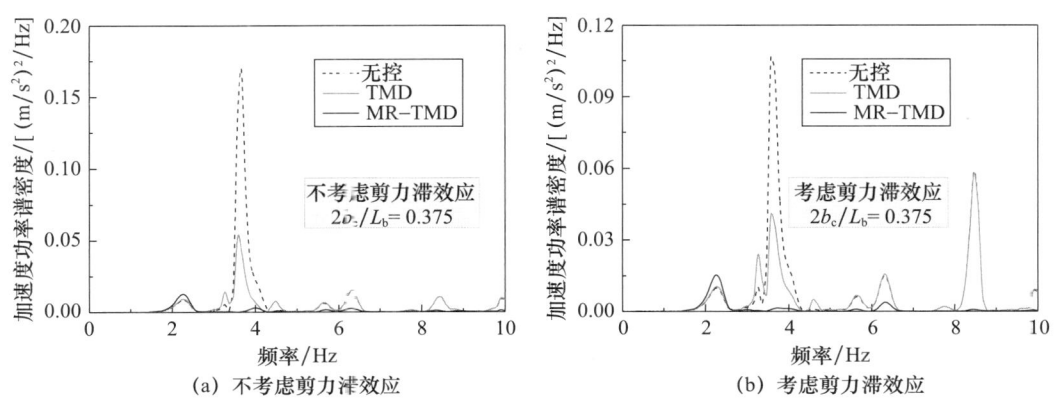

图 7-29　宽跨比 $2b_c/L_b=0.375$ 时桥梁跨中竖向加速度频域曲线

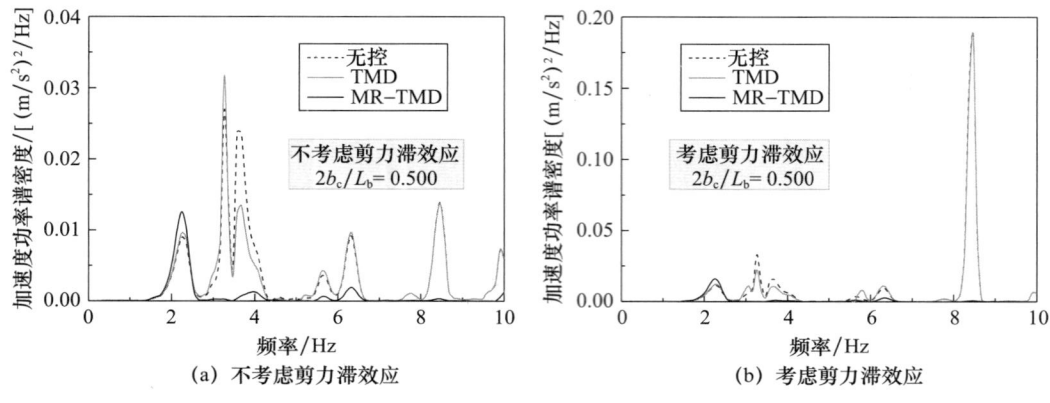

图 7-30 宽跨比 $2b_c/L_b=0.500$ 时桥梁跨中竖向加速度频域曲线

而对于本研究所提出的 MR-TMD 装置混合控制方式而言,剪力滞效应并没有影响竖向加速度的减振效果;当钢-混凝土组合箱梁的宽跨比为 $2b_c/L_b=0.250$ 时,MR-TMD 装置的减振效果比 TMD 装置提高了 47.98%;宽跨比为 $2b_c/L_b=0.375$ 时,提高了 49.13%;宽跨比为 $2b_c/L_b=0.500$ 时,提高了 51.62%。然而,由于 MR-TMD 装置对竖向位移的减振效果受限,当钢-混凝土组合箱梁的宽跨比为 $2b_c/L_b=0.25$ 时,MR-TMD 装置的减振效果只比 TMD 装置提高了 0.33%;宽跨比为 $2b_c/L_b=0.375$ 时,提高了 0.49%;宽跨比为 $2b_c/L_b=0.500$ 时,提高了 2.28%。

此外,通过图 7-31 所示的 MRD 的相对位移-MR 阻尼力曲线,也可以看出本研究所用到的 MRD 现象模型可以比较精确地描述磁流变液低速区的非线性滞回特性,也间接证明了数值模拟的准确性。

通过 MRD 所提供的阻尼力时程曲线(图 7-32~图 7-34),也可以看出,只有当列车上桥或在桥上时,简支钢-混凝土组合箱梁跨中位置处的竖向动力响应较大,MRD 才通以最大电流 $I_{max}$,节约了供电能源。所以,图 7-14、图 7-32~图 7-34,都间接地表明了 MR-TMD 减振装置在将来可以应用到土木工程领域的可能性。

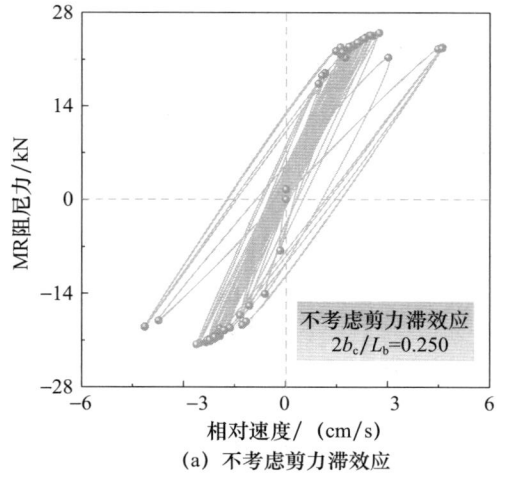

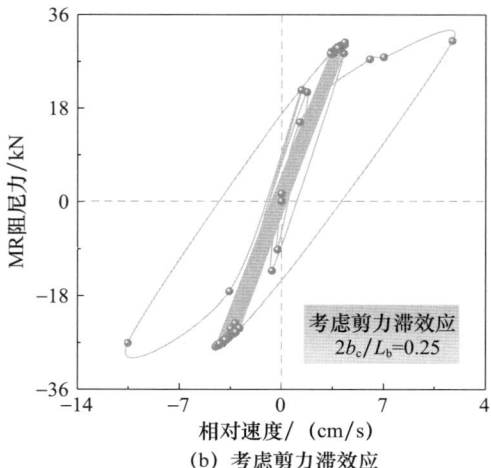

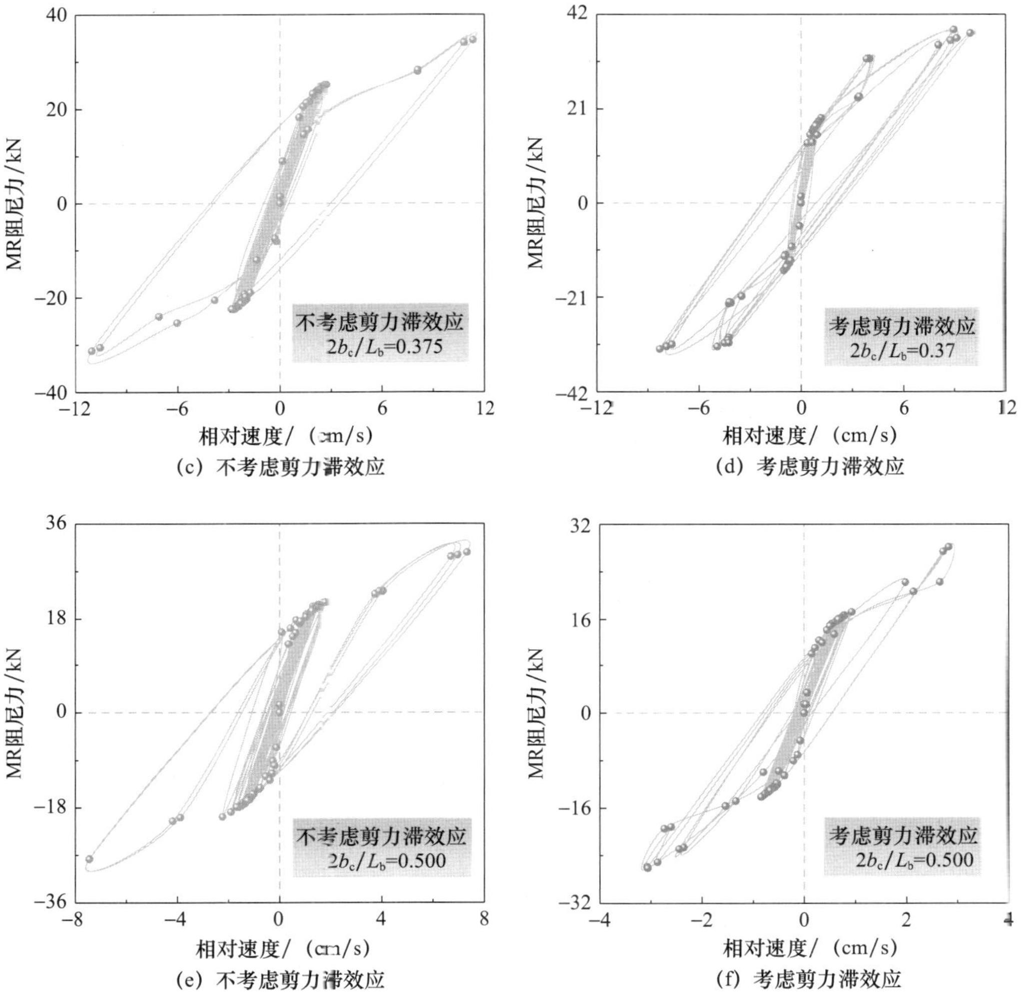

图 7-31 不同宽跨比 $2b_c/L_b$ 下 MRD 阻尼力特性图

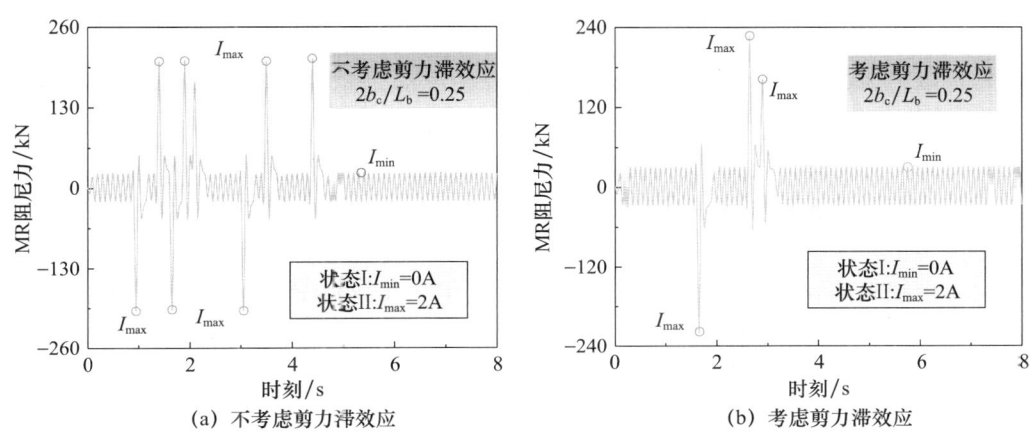

图 7-32 宽跨比 $2b_c/L_b=0.250$ 时 MR-TMD 装置的半主动控制力时程曲线

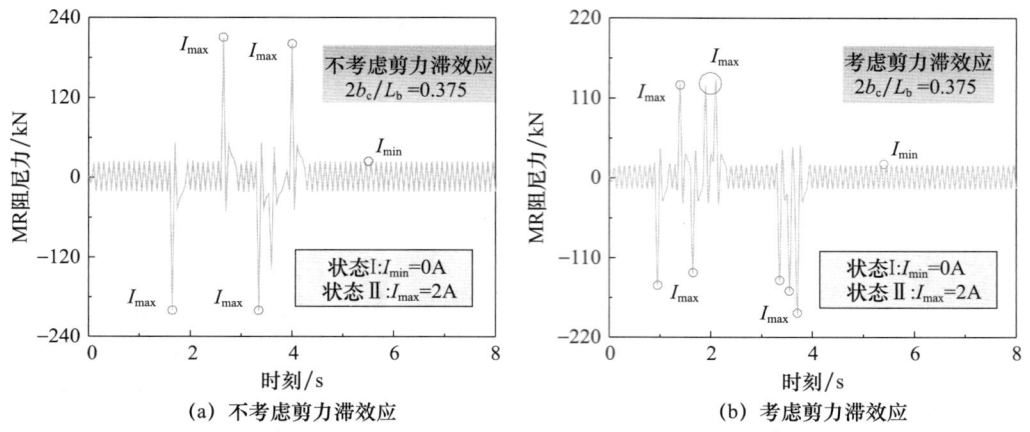

图 7-33 宽跨比 $2b_c/L_b=0.375$ 时 MR-TMD 装置的半主动控制力时程曲线

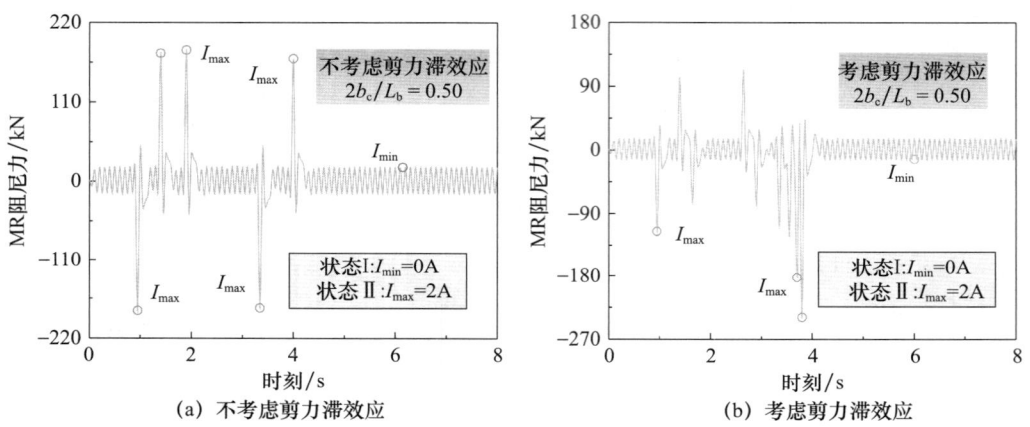

图 7-34 宽跨比 $2b_c/L_b=0.50$ 时 MR-TMD 装置的半主动控制力时程曲线

## 7.6 本章小结

本章以第 3 章所开发的列车-组合箱梁耦合系统动力分析模型为基础，结合工程结构振动控制原理，开发了考虑界面滑移、剪力滞效应精细的列车-组合箱梁-MR-TMD时变耦合系统振动分析模型；同时结合现代控制理论，推导出适用于车桥耦合系统减振的主动最优瞬时控制算法，并结合 MRD 的工作特性，选取了精确的 MRD 动力模型和剪切最优半主动控制算法，提出了车桥耦合动力相互作用下针对简支钢-混凝土组合箱梁的混合控制策略，并系统地讨论了钢-混凝土组合箱梁的界面滑移及剪力滞效应对 MR-TMD 系统振动控制的影响规律和变化趋势，一定程度上为钢-混凝土组合箱梁桥在实际铁路工程中的设计计算和推广应用提供了有力的理论支撑和数据参考。由此可以得到如下结论。

（1）钢-混凝土组合箱梁的界面滑移对 TMD 装置被动控制方式的影响比较显著，因为装置本身仅适合窄带激励，对频率非常敏感。而对于本研究所采用的 MR-TMD 装置混合控制方式,由于扩大了减振的带宽,鲁棒性增强了,对于简支钢-混凝土组合箱梁桥动力响应的减振效果比 TMD 装置更好。

(2) 随着宽跨比的增大,钢-混凝土组合箱梁的剪力滞效应会越来越明显,但不同的控制方式效果不尽相同:对于被动控制的 TMD 装置,减振效果会被大幅削弱,甚至会产生明显的失谐效应,所以在调谐时应充分考虑剪力滞效应的影响;而对于混合控制的 MR-TMD 装置,虽然对竖向位移的减振效果不如对竖向加速度明显,但是由于竖向加速度的大幅减小,钢-混凝土组合箱梁的振动幅度相对于被动调谐减振没有那么剧烈,所以 MR-TMD 装置对竖向位移的减振一定程度上也是有意义的。

(3) 当列车上桥或在桥上时,简支钢-混凝土组合箱梁桥跨中位置处的竖向动力响应较大,MRD 按照混合控制策略向线圈通以最大电流 $I_{max}$,以混合控制的方式减振;这样不仅节省了能源的消耗,控制效果较优,对钢-混凝土组合箱梁结构也相对安全。这为 MR-TMD 装置在将来可以应用到实际工程结构的减振中提供了可能。

(4) 由于本章研究的重点在于探索复杂耦合时变系统减振的可能性、减振的影响因素和变化规律,仅限于理论分析和仿真模拟的层面,还有许多现实意义上的难题需要攻克,比如实时观测、信号识别等问题,可供以后的学者进行进一步的研究。

# 附录 A 形函数矩阵 $[N_c]_{6\times 18}$、$[N_s]_{6\times 18}$、$[N_{sl}]_{1\times 18}$ 和 $[N_F]_{9\times 18}$

形函数矩阵 $[N_c]_{6\times 18}$ 的非零元素为：
$N_c(1,1)=n_1''$；$N_c(1,2)=n_2''$；$N_c(1,10)=n_3''$；$N_c(1,11)=n_4''$；
$N_c(2,3)=n_1''$；$N_c(2,4)=n_2''$；$N_c(2,12)=n_3''$；$N_c(2,13)=n_4''$；
$N_c(3,5)=m_1'$；$N_c(3,14)=m_2'$；
$N_c(4,8)=m_1'$；$N_c(4,17)=m_2'$；
$N_c(5,7)=m_1'$；$N_c(5,16)=m_2'$；
$N_c(6,8)=m_1$；$N_c(6,17)=m_2$。

形函数矩阵 $[N_s]_{6\times 18}$ 的非零元素为：
$N_s(1,1)=n_1''$；$N_s(1,2)=n_2''$；$N_s(1,10)=n_3''$；$N_s(1,11)=n_4''$；
$N_s(2,3)=n_1''$；$N_s(2,4)=n_2''$；$N_s(2,12)=n_3''$；$N_s(2,13)=n_4''$；
$N_s(3,6)=m_1'$；$N_s(3,15)=m_2'$；
$N_s(4,9)=m_1'$；$N_s(4,18)=m_2'$；
$N_s(5,7)=m_1'$；$N_s(5,16)=m_2'$；
$N_s(6,9)=m_1$；$N_s(6,18)=m_2$。

形函数矩阵 $[N_{sl}]_{1\times 18}$ 的非零元素为：
$N_{sl}(1,3)=n_1'$；$N_{sl}(1,4)=n_2'$；$N_{sl}(1,5)=-m_1$；$N_{sl}(1,6)=m_1$；$N_{sl}(1,12)=n_3'$；$N_{sl}(1,13)=n_4'$；$N_{sl}(1,14)=-m_2$；$N_{sl}(1,15)=m_2$。

形函数矩阵 $[N_F]_{9\times 18}$ 的非零元素为：
$N_F(1,1)=n_1$；$N_F(1,2)=n_2$；$N_F(1,10)=n_3$；$N_F(1,11)=n_4$；
$N_F(2,1)=n_1'$；$N_F(2,2)=n_2'$；$N_F(2,10)=n_3'$；$N_F(2,11)=n_4'$；
$N_F(3,3)=n_1$；$N_F(3,4)=n_2$；$N_F(3,12)=n_3$；$N_F(3,13)=n_4$；
$N_F(4,3)=n_1'$；$N_F(4,4)=n_2'$；$N_F(4,12)=n_3'$；$N_F(4,13)=n_4'$；
$N_F(5,5)=m_1$；$N_F(5,14)=m_2$；
$N_F(6,6)=m_1$；$N_F(6,15)=m_2$；
$N_F(7,7)=m_1$；$N_F(7,16)=m_2$；
$N_F(8,8)=m_1$；$N_F(8,17)=m_2$；
$N_F(9,9)=m_1$；$N_F(9,18)=m_2$。

其中 $n_1=\left(1+\dfrac{2z}{l_e}\right)\left(\dfrac{z}{l_e}-1\right)^2$，$n_2=l_e\left(\dfrac{z}{l_e}-1\right)^2\dfrac{z}{l_e}$，$n_3=\left(3-\dfrac{2z}{l_e}\right)\left(\dfrac{z}{l_e}\right)^2$，$n_4=l_e\left(\dfrac{z}{l_e}-1\right)\left(\dfrac{z}{l_e}\right)^2$；$m_1=1-\dfrac{z}{l_e}$；$m_2=\dfrac{z}{l_e}$。

# 附录 B
# 与钢-混凝土组合箱梁系统有关的矩阵元素

与 $d_b(x)$ 对应的关于一致质量的形函数矩阵 $N_K(x)$ 的具体形式为：

$$N_K^T(x) = \begin{bmatrix} 1-\lambda & 0 & 0 & 0 & 0 & 0 & 0 \\ 0 & 1-\lambda & 0 & 0 & 0 & 0 & 0 \\ 0 & 0 & 1-3\lambda^2+2\lambda^3 & 0 & 0 & 0 & 0 \\ 0 & 0 & l_e(\lambda-2\lambda^2+\lambda^3) & 0 & 0 & 0 & 0 \\ 0 & 0 & 0 & 1-3\lambda^2+2\lambda^3 & 0 & 0 & 0 \\ 0 & 0 & 0 & l_e(\lambda-2\lambda^2+\lambda^3) & 0 & 0 & 0 \\ 0 & 0 & 0 & 0 & 1-\lambda & 0 & 0 \\ 0 & 0 & 0 & 0 & 0 & 1-\lambda & 0 \\ 0 & 0 & 0 & 0 & 0 & 0 & 1-\lambda \\ \lambda & 0 & 0 & 0 & 0 & 0 & 0 \\ 0 & \lambda & 0 & 0 & 0 & 0 & 0 \\ 0 & 0 & 3\lambda^2-2\lambda^3 & 0 & 0 & 0 & 0 \\ 0 & 0 & l_e(-\lambda^2+\lambda^3) & 0 & 0 & 0 & 0 \\ 0 & 0 & 0 & 3\lambda^2-2\lambda^3 & 0 & 0 & 0 \\ 0 & 0 & 0 & l_e(-\lambda^2+\lambda^3) & 0 & 0 & 0 \\ 0 & 0 & 0 & 0 & \lambda & 0 & 0 \\ 0 & 0 & 0 & 0 & 0 & \lambda & 0 \\ 0 & 0 & 0 & 0 & 0 & 0 & \lambda \end{bmatrix}$$

钢-混凝土组合箱梁有限梁单元的一致质量矩阵 $M_{be}$ 的非零元素为：

$M_{be}(1,1) = M_{be}(10,10) = \rho_c A_c l_e/3$，$M_{be}(1,10) = M_{be}(10,1) = \rho_c A_c l_e/6$，

$M_{be}(2,2) = M_{be}(11,11) = \rho_s A_s l_e/3$，$M_{be}(2,11) = M_{be}(11,2) = \rho_s A_s l_e/6$，

$M_{be}(3,3) = M_{be}(12,12) = 13\rho_h(A_c+A_s)l_e/35$，

$M_{be}(3,4) = M_{be}(4,3) = 11\rho_h(A_c+A_s)l_e/210$，

$M_{be}(3,12) = M_{be}(12,3) = 9\rho_h(A_c+A_s)l_e/70$，

$M_{be}(3,13) = M_{be}(13,3) = -13\rho_h(A_c+A_s)l_e/420$，

$M_{be}(4,3) = 11\rho_h(A_c+A_s)l_e/210$，$M_{be}(4,4) = M_{be}(13,13) = \rho_h(A_c+A_s)l_e/105$，

$M_{be}(4,12) = M_{be}(12,4) = 13\rho_h(A_c+A_s)l_e/420$，

$M_{be}(4, 13) = M_{be}(13, 4) = -\rho_h (A_c + A_s) l_e/140$,

$M_{be}(5, 5) = M_{be}(14, 14) = 13\rho_h (A_c + A_s) l_e/35$, $M_{be}(5, 6) = 11\rho_h (A_c + A_s) l_e/210$,

$M_{be}(5, 14) = M_{be}(14, 5) = 9\rho_h (A_c + A_s) l_e/70$,

$M_{be}(5, 15) = M_{be}(15, 5) = -13\rho_h (A_c + A_s) l_e/420$,

$M_{be}(6, 5) = 11\rho_h (A_c + A_s) l_e/210$, $M_{be}(6, 6) = M_{be}(15, 15) = \rho_h (A_c + A_s) l_e/105$,

$M_{be}(6, 14) = M_{be}(14, 6) = 13\rho_h (A_c + A_s) l_e/420$,

$M_{be}(6, 15) = M_{be}(15, 6) = -\rho_h (A_c + A_s) l_e/140$,

$M_{be}(7, 7) = M_{be}(16, 16) = \rho_h I_x l_e/3$, $M_{be}(7, 16) = M_{be}(16, 7) = \rho_h I_x l_e/6$,

$M_{be}(8, 8) = M_{be}(17, 17) = 16\rho_c b_c t_c l_e/45$, $M_{be}(8, 17) = M_{be}(17, 8) = 8\rho_c b_c t_c l_e/225$,

$M_{be}(9, 9) = M_{be}(18, 18) = 16\rho_s b_{s1} t_s l_e/45$,

$M_{be}(9, 18) = M_{be}(18, 9) = 8\rho_s b_{s1} t_s l_e/225$,

$M_{be}(12, 13) = M_{be}(13, 12) = -11\rho_h (A_c + A_s) l_e/210$,

$M_{be}(14, 15) = M_{be}(15, 14) = -11\rho_h (A_c + A_s) l_e/210$。

与 $d_{bM}$ 对应的关于一致质量的形函数矩阵 $N_M(x)$ 的具体形式为：

$$N_M^T(x) = \begin{bmatrix} 1-\lambda & 0 & 0 & 0 & 0 & 0 & 0 \\ 0 & 1-\lambda & 0 & 0 & 0 & 0 & 0 \\ 0 & 0 & 1-3\lambda^2+2\lambda^3 & 0 & 0 & 0 & 0 \\ 0 & 0 & l_e(\lambda-2\lambda^2+\lambda^3) & 0 & 0 & 0 & 0 \\ 0 & 0 & 0 & 1-3\lambda^2+2\lambda^3 & 0 & 0 & 0 \\ 0 & 0 & 0 & l_e(\lambda-2\lambda^2+\lambda^3) & 0 & 0 & 0 \\ 0 & 0 & 0 & 0 & I_x(1-\lambda) & 0 & 0 \\ 0 & 0 & 0 & 0 & 0 & \psi_c(1-\lambda) & 0 \\ 0 & 0 & 0 & 0 & 0 & 0 & \psi_s(1-\lambda) \\ \lambda & 0 & 0 & 0 & 0 & 0 & 0 \\ 0 & \lambda & 0 & 0 & 0 & 0 & 0 \\ 0 & 0 & 3\lambda^2-2\lambda^3 & 0 & 0 & 0 & 0 \\ 0 & 0 & l_e(-\lambda^2+\lambda^3) & 0 & 0 & 0 & 0 \\ 0 & 0 & 0 & 3\lambda^2-2\lambda^3 & 0 & 0 & 0 \\ 0 & 0 & 0 & l_e(-\lambda^2+\lambda^3) & 0 & 0 & 0 \\ 0 & 0 & 0 & 0 & I_x\lambda & 0 & 0 \\ 0 & 0 & 0 & 0 & 0 & \psi_c\lambda & 0 \\ 0 & 0 & 0 & 0 & 0 & 0 & \psi_s\lambda \end{bmatrix}$$

# 附录 C
# 与列车系统有关的矩阵元素

在二系悬挂系统中，第 $i$ 节列车、第 $j$ 个转向架、第 $k$ 个轮对的刚度矩阵、阻尼矩阵的非零元素为：

$K_{vcci}(1,1)=k_{v2hi1}+k_{v2hi2}$，$K_{vcci}(1,2)=-h_{v1i}(k_{v2hi1}+k_{v2hi2})$，

$K_{vcci}(2,1)=-h_{v1i}(k_{v2hi1}+k_{v2hi2})$，

$K_{vcci}(2,2)=h_{v1i}^2(k_{v2hi1}+k_{v2hi2})+b_{v2i}^2(k_{v2vi1}+k_{v2vi2})$，

$K_{vcci}(3,3)=s_{vi}^2(k_{v2hi1}+k_{v2hi2})+h_{v1i}^2(k_{v2li1}-k_{v2li2})$，

$K_{vcci}(4,4)=k_{v2vi1}+k_{v2vi2}$，

$K_{vcci}(5,5)=s_{vi}^2(k_{v2vi1}+k_{v2vi2})+h_{v3i}^2(k_{v2vi1}+k_{v2vi2})$。

$K_{vt_jt_ji}(1,1)=k_{v2hij}+2k_{v1hij}$，$K_{vt_jt_ji}(1,2)=h_{v2i}k_{v2hij}-2h_{v3i}k_{v1hij}$，

$K_{vt_jt_ji}(2,1)=h_{v2i}k_{v2hij}-2h_{v3i}k_{v1hij}$，

$K_{vt_jt_ji}(2,2)=h_{v2i}^2k_{v2hij}+b_{v2i}^2k_{v2vij}+2h_{v3i}^2k_{v1hij}+2b_{v1i}^2k_{v1vij}$，

$K_{vt_jt_ji}(3,3)=2d_{vi}^2k_{v1hij}+2b_{v1i}^2k_{v1lij}+b_{v2i}^2k_{v2lij}$，

$K_{vt_jt_ji}(4,4)=2k_{v1vij}+k_{v2vij}$，

$K_{vt_jt_ji}(5,5)=2d_{vi}^2k_{v1vij}+2h_{v3i}^2k_{v2lij}+b_{v2i}^2k_{v2lij}$。

$K_{vt_jci}(1,1)=-k_{v2hij}$，$K_{vt_jci}(1,2)=h_{v1i}k_{v2hij}$，

$K_{vt_jci}(1,3)=-\eta_{vj}s_{vi}k_{v2hij}$，

$K_{vt_jci}(2,1)=-h_{v2i}k_{v2hij}$，$K_{vt_jci}(2,2)=h_{v1i}h_{v2i}k_{v2hij}-b_{v2i}^2k_{v2vij}$，

$K_{vt_jci}(2,3)=-h_{2i}\eta_{vj}s_{vi}k_{v2hij}$，

$K_{vt_jci}(3,3)=-b_{v2i}^2k_{v2lij}$

$K_{vt_jci}(4,4)=-k_{v2vij}$，$K_{vt_jci}(4,5)=-\eta_{vj}s_{vi}k_{v2vij}$，

$K_{vt_jci}(5,5)=h_{v1i}h_{v2i}k_{v2lij}$。

$K_{vw_kw_ki}(1,1)=k_{v1hij}$，

$K_{vw_kw_ki}(2,2)=k_{v1hij}$。

$K_{vw_kt_ji}(1,1)=-k_{v2hij}$，$K_{vw_kt_ji}(2,1)=h_{v3i}k_{v2hij}$，

$K_{vw_kt_ji}(2,1)=-k_{v2hij}$，$K_{vw_kt_ji}(2,2)=h_{v3i}k_{v2hij}$。

其中，根据反力互等定理，$\boldsymbol{K}_{vct_ji}=\boldsymbol{K}_{vt_jci}$，$\boldsymbol{K}_{vw_kt_ji}=\boldsymbol{K}_{vt_jw_ki}$。

车辆动力平衡方程中的阻尼子矩阵，与刚度子矩阵形式相同，只需将刚度子矩阵中的"$k$"用"$c$"代替即可。

# 附录 D  与刚柔耦合列车-组合箱梁系统有关的矩阵元素

将与钢-混凝土组合箱梁有限梁单元的横向位移 $u$、竖向位移 $v$ 和转角位移 $\phi$ 相关的自由度标记，建立定位向量：

$$j_{s1}=[5\ \ 6\ \ 14\ \ 15],\quad j_{s2}=[3\ \ 4\ \ 12\ \ 13],\quad j_{s3}=[7\ \ 16]$$

建立与钢-混凝土组合箱梁有限梁单元位移相关的形函数向量 $\boldsymbol{N}_{bd}(x)$，并对时间 $t$ 分别求一阶、二阶偏导数，结果为：

$$\boldsymbol{N}_{bd}^{T}(x)=[1-3\lambda^{2}+2\lambda^{3}\ \ \ l_{e}(\lambda-2\lambda^{2}+\lambda^{3})\ \ \ 3\lambda^{2}-2\lambda^{3}\ \ \ l_{e}(-\lambda^{2}+\lambda^{3})\ \ \ 1-\lambda\ \ \ \lambda]$$

$$\dot{\boldsymbol{N}}_{bd}^{T}(x)=V_{v}\left[\frac{1}{l_{e}}(-6\lambda+6\lambda^{2})\ \ 1-4\lambda+3\lambda^{2}\ \ \frac{1}{l_{e}}(6\lambda-6\lambda^{2})\ \ -2\lambda+3\lambda^{2}\ \ -\frac{1}{l_{e}}\ \ \frac{1}{l_{e}}\right]$$

$$\ddot{\boldsymbol{N}}_{bd}^{T}(x)=V_{v}^{2}\left[\frac{1}{l_{e}^{2}}(-6+12\lambda)\ \ \frac{1}{l_{e}}(-4+6\lambda)\ \ \frac{1}{l_{e}^{2}}(6-12\lambda)\ \ \frac{1}{l_{e}}(-2+6\lambda)\ \ 0\ \ 0\right]$$

第 $i$ 节车体、第 $j$ 个转向架、第 $k$ 个轮对作用于钢-混凝土组合箱梁的第 $l$ 个单元时，列车与组合梁在 $t$ 时刻相互耦合的刚度子矩阵、质量子矩阵、阻尼子矩阵和荷载子向量分别为：

（1）$\boldsymbol{K}_{v_i b_l}^{t}$、$\boldsymbol{C}_{v_i b_l}^{t}$、$\boldsymbol{M}_{v_i b_l}^{t}$ 和 $\boldsymbol{F}_{v_i}^{t}$。

以上元素矩阵分别由下面方法求得：

for $p=1:4$

$$K_{v_i b_l}^{t}[e_b+2, j_{s1}(p)] = K_{v_i b_l}[e_b+2, j_{s1}(p)] + k_{v1hij}h_{v3i}N_{bd}(p) + c_{v1hij}h_{v3i}\dot{N}_{bd}(p)$$

$$C_{v_i b_l}^{t}[e_b+2, j_{s1}(p)] = C_{v_i b_l}[e_b+2, j_{s1}(p)] + c_{v1hij}h_{v3i}N_{bd}(p)$$

end

$$F_{vi}^{t}(e_b+2) = k_{v1vij}b_{v1t}^{2}\Phi_{S} + c_{v1vij}b_{v1t}^{2}\dot{\Phi}_{S} - k_{v1hij}h_{v3i}U_{S} - c_{v1hij}h_{v3i}\dot{U}_{S}$$

$$F_{vi}^{t}(e_b+3) = k_{v1hij}e_{vi}\eta_{vk}U_{S} + c_{v1hij}\eta_{vk}d_{vi}\dot{U}_{S}$$

for $p=1:4$

$$K_{v_i b_l}^{t}[e_b+4, j_{s2}(p)] = K_{v_i b_l}[e_b+4, j_{s2}(p)] - k_{v1vij}N_{bd}(p) - c_{v1vij}\dot{N}_{bd}(p)$$

$$C_{v_i b_l}^{t}[e_b+4, j_{s2}(p)] = C_{v_i b_l}[e_b+4, j_{s2}(p)] - c_{v1vij}N_{bd}(p)$$

end

for $p=1:2$

$$K_{v_i b_l}^{t}[e_b+4, j_{s3}(p)] = K_{v_i b_l}[e_b+4, j_{s3}(p)] - k_{v1vij}e_{vi}N_{bd}(p+4) - c_{v1vij}e_{vi}\dot{N}_{bd}(p+4)$$

$$C^t_{v_ib_l}[e_b+4, j_{s3}(p)] = C_{v_ib_l}[e_b+4, j_{s3}(p)] - c_{v1vij}e_{vi}\dot{N}_{bd}(p+4)$$

end

$$F^t_{v_i}(e_b+4) = k_{v1vij}V_S + c_{v1vij}\dot{V}_s$$

for $p=1:4$

$$K^t_{v_ib_l}[e_b+5, j_{s2}(p)] = K_{v_ib_l}[e_b+5, j_{s2}(p)] - k_{v1vij}\eta_{vk}d_{vi}N_{bd}(p)$$
$$- c_{v1vij}\eta_{vk}d_{vi}\dot{N}_{bd}(p)$$
$$C^t_{v_ib_l}[e_b+5, j_{s2}(p)] = C_{v_ib_l}[e_b+5, j_{s2}(p)] - c_{v1vij}\eta_{vk}d_{vi}N_{bd}(p)$$

end

for $p=1:2$

$$K^t_{v_ib_l}[e_b+5, j_{s3}(p)] = K_{v_ib_l}[e_b+5, j_{s3}(p)] - k_{v1vij}\eta_{vk}d_{vi}e_{vi}N_{bd}(p+4)$$
$$- c_{v1vij}\eta_{vk}d_{vi}e_{vi}\dot{N}_{bd}(p+4)$$
$$C^t_{v_ib_l}[e_b+5, j_{s3}(p)] = C_{v_ib_l}[e_b+5, j_{s3}(p)] - c_{v1vij}\eta_{vk}d_{vi}e_{vi}N_{bd}(p+4)$$

end

$$F^t_{vi}(e_b+5) = k_{v1vij}\eta_{vk}d_{vi}V_S + c_{v1vij}\eta_{vk}d_{vi}\dot{V}_S$$

for $k=1:4$
  for $p=1:4$

$$K^t_{v_ib_l}[15+k, j_{s1}(p)] = K_{v_ib_l}[15+k, j_{s1}(p)] + 2f_{cy}\dot{N}_{bd}(p)/V_v$$
$$C^t_{v_ib_l}[15+k, j_{s1}(p)] = C_{v_ib_l}[15+k, j_{s1}(p)] + 2f_{cy}N_{bd}(p)/V_v$$

end

for $p=1:2$

$$K^t_{v_ib_l}[15+k, j_{s1}(p)] = K_{v_ib_l}[15+k, j_{s1}(p)] + 2f_{cy}h_{v4i}\dot{N}_{bd}(p+4)/V_v$$
$$C^t_{v_ib_l}[15+k, j_{s1}(p)] = C_{v_ib_l}[15+k, j_{s1}(p)] + 2f_{cy}h_{v4i}N_{bd}(p+4)/V_v$$

end

$$F^t_{v_i}(15+k) = -2f_{cy}\dot{U}_s/V_v$$

end

(2) $\boldsymbol{K}^t_{b_lv_i}$、$\boldsymbol{C}^t_{b_lv_i}$、$\boldsymbol{M}^t_{b_lv_i}$、$\boldsymbol{K}^t_{b_lb_l}$、$\boldsymbol{C}^t_{b_lb_l}$、$\boldsymbol{M}^t_{b_lb_l}$ 和 $\boldsymbol{F}^t_{b_l}$。

以上元素矩阵分别由下面方法求得:

for $k=1:4$
  for $p=1:4$

$$K^t_{b_lv_i}[j_{s1}(p), 15+k] = K_{b_lv_i}(j_{s1}(p), e_b+1) + 2f_{cy}\dot{N}_{bd}(p)/V_v$$
$$C^t_{b_lv_i}[j_{s1}(p), 15+k] = C_{b_lv_i}(j_{s1}(p), e_b+1) + 2f_{cy}N_{bd}(p)/V_v$$

  end
end

for $p=1:4$

for $r=1:4$

$$K^t_{b_l b_l}[j_{s1}(p), j_{s1}(r)] = K_{b_l b_l}[j_{s1}(p), j_{s1}(r)] - 2f_{cy}\dot{N}_{bd}(r)N_{bd}(p)/V_v$$
$$C^t_{b_l b_l}[j_{s1}(p), j_{s1}(r)] = C_{b_l b_l}[j_{s1}(p), j_{s1}(r)] - 2f_{cy}N_{bd}(r)N_{bd}(p)/V_v$$

end

for $r=1:2$

$$K^t_{b_l b_l}[j_{s1}(p), j_{s3}(r)] = K_{b_l b_l}[j_{s1}(p), j_{s3}(r)] - 2f_{cy}h_{v4i}\dot{N}_{bd}(r+4)N_{bd}(p)/V_v$$
$$C^t_{b_l b_l}[j_{s1}(p), j_{s3}(r)] = C_{b_l b_l}[j_{s1}(p), j_{s3}(r)] - 2f_{cy}h_{v4i}N_{bd}(r+4)N_{bd}(p)/V_v + 2m_{vwijk}h_{v4i}\dot{N}_{bd}(r+4)N_{bd}(p)$$

end

$$F_{b_l}[j_{s1}(p)] = 2f_{cy}\dot{U}_S/V_v$$

end

for $p=1:4$

$$K^t_{b_l v_i}[j_{s2}(p), e_b+4] = K_{b_l v_i}[j_{s2}(p), e_b+4] - k_{v1vij}N_{bd}(p)$$
$$C^t_{b_l v_i}[j_{s2}(p), e_b+4] = C_{b_l v_i}[j_{s2}(p), e_b+4] - c_{v1vij}N_{bd}(p)$$
$$K^t_{b_l v_i}[j_{s2}(p), e_b+5] = K_{b_l v_i}[j_{s2}(p), e_b+5] - k_{v1vij}\eta_{vk}d_{vi}N_{bd}(p)$$
$$C^t_{b_l v_i}[j_{s2}(p), e_b+5] = C_{b_l v_i}[j_{s2}(p), e_b+5] - c_{v1vij}\eta_{vk}d_{vi}N_{bd}(p)$$

end

for $r=1:4$

$$K^t_{b_l b_l}[j_{s3}(p), j_{s2}(r)] = K_{b_l b_l}[j_{s3}(p), j_{s2}(r)] + k_{v1vij}e_{vi}N_{bd}(r)N_{bd}(p+4) + c_{vivij}e_{vi}\dot{N}_{bd}(r)N_{bd}(p+4) + m_{vwijk}e_{vi}\ddot{N}_{bd}(r)N_{bd}(p+4) - 2f_{cy}h_{v4i}\dot{N}_{bd}(p)/V_v$$
$$C^t_{b_l b_l}[j_{s3}(p), j_{s2}(r)] = C_{b_l b_l}[j_{s3}(p), j_{s2}(r)] + c_{v1vij}e_{vi}N_{bd}(r)N_{bd}(p+4) + 2m_{vwijk}e_{vi}\dot{N}_{bd}(r)N_{bd}(p+4)$$
$$M^t_{b_l b_l}[j_{s3}(p), j_{s2}(r)] = M_{b_l b_l}[j_{s3}(p), j_{s2}(r)] + m_{vwijk}e_{vi}N_4(r)N_{bd}(p+4)$$

end

for $r=1:2$

$$K^t_{b_l b_l}[j_{s2}(p), j_{s3}(r)] = K_{b_l b_l}[j_{s2}(p), j_{s3}(r)] + k_{v1vij}e_{vi}N_{bd}(r+4)N_{bd}(p) + c_{v1vij}e_{vi}\dot{N}_{bd}(r+4)N_{bd}(p) + m_{vwijk}e_{vi}\ddot{N}_{bd}(r+4)N_{bd}(p)$$
$$C^t_{b_l b_l}[j_{s2}(p), j_{s3}(r)] = C_{b_l b_l}[j_{s2}(p), j_{s3}(r)] + c_{v1vij}e_{vi}N_{bd}(r+4)N_{bd}(p) + 2m_{vwijk}e_{vi}\dot{N}_{bd}(r+4)N_{bd}(p)$$
$$M^t_{b_l b_l}[j_{s2}(p), j_{s3}(r)] = M_{b_l b_l}[j_{s2}(p), j_{s3}(r)] + m_{vwijk}e_{vi}N_{bd}(r+4)N_{bd}(p)$$

end

$$F_{b_l}[j_{s2}(p)] = -k_{v1vij}V_S N_{bd}(p) - c_{v1vij}\dot{V}_S N_{bd}(p) - m_{vwijk}\ddot{V}_S N_{bd}(p) + \left(\frac{m_{vci}}{4} + \frac{m_{vtij}}{2} + m_{vwijk}\right)g N_{bd}(p)$$

end
for $p=1:2$

$K^t_{b_l v_i}[j_{s3}(p), e_b+1] = K_{b_l v_i}[j_{s3}(p), e_b+1] - k_{v1hij}h_{v4i}N_{bd}(p+4)$

$C^t_{b_l v_i}[j_{s3}(p), e_b+1] = C_{b_l v_i}[j_{s3}(p), e_b+1] - c_{v1hij}h_{v4i}N_{bd}(p+4)$

$K^t_{b_l v_i}[j_{s3}(p), e_b+2] = K_{b_l v_i}[j_{s3}(p), e_b+2] - k_{v1vij}b^2_{v1i}N_{bd}(p+4) + k_{v1hij}h_{v3i}h_{v4i}N_{bd}(p+4)$

$C^t_{b_l v_i}[j_{s3}(p), e_b+2] = C_{b_l v_i}[j_{s3}(p), e_b+2] - c_{v1vij}b^2_{v1i}N_{bd}(p+4) + c_{v1hij}h_{v3i}h_{v4i}N_{bd}(p+4)$

$K^t_{b_l v_i}[j_{s3}(p), e_b+3] = K_{b_l v_i}[j_{s3}(p), e_b+3] - k_{v1hij}\eta_{vk}d_{vi}h_{v4i}N_{bd}(p+4)$

$C^t_{b_l v_i}[j_{s3}(p), e_b+3] = C_{b_l v_i}[j_{s3}(p), e_b+3] - c_{v1hij}\eta_{vk}d_{vi}h_{v4i}N_{bd}(p+4)$

$K^t_{b_l v_i}[j_{s3}(p), e_b+4] = K_{b_l v_i}[j_{s3}(p), e_b+4] - k_{v1vij}e_{vi}N_{bd}(p+4)$

$C^t_{b_l v_i}[j_{s3}(p), e_b+4] = C_{b_l v_i}[j_{s3}(p), e_b+4] - c_{v1vij}e_{vi}N_{bd}(p+4)$

$K^t_{b_l v_i}[j_{s3}(p), e_b+5] = K_{b_l v_i}[j_{s3}(p), e_b+5] - k_{v1vij}\eta_{vk}d_{vi}e_{vi}N_{bd}(p+4)$

$C^t_{b_l v_i}[j_{s3}(p), e_b+5] = C_{b_l v_i}[j_{s3}(p), e_b+5] - c_{v1vij}\eta_{vk}d_{vi}e_{vi}N_{bd}(p+4)$

end
for $k=1:4$
    for $p=1:2$

$C^t_{b_l v_i}[j_{s3}(p), 15+k] = C_{b_l v_i}[j_{s3}(p), 15+k] - 2f_{cy}h_{v4i}\dot{N}_{bd}(p)/V_v$

    end
end
for $p=1:2$
    for $r=1:4$

$K^t_{b_l b_l}[j_{s3}(p), j_{s1}(r)] = K_{b_l b_l}[j_{s3}(p), j_{s1}(r)] - 2f_{cy}h_{v4i}\dot{N}_{bd}(r)N_{bd}(p+4)/V_v$

$C^t_{b_l b_l}[j_{s3}(p), j_{s1}(r)] = C_{b_l b_l}[j_{s3}(p), j_{s1}(r)] - 2f_{cy}h_{v4i}N_{bd}(r)N_{bd}(p+4)/V_v$

end
for $r=1:4$

$K^t_{b_l b_l}[j_{s3}(p), j_{s2}(r)] = K_{b_l b_l}[j_{s3}(p), j_{s2}(r)] + k_{v1vij}e_{vi}N_{bd}(r)N_{bd}(p+4) + c_{v1vij}e_{vi}\dot{N}_{bd}(r)N_{bd}(p+4) + m_{vwijk}e_{vi}\ddot{N}_{bd}(r)N_{bd}(p-4) - 2f_{cy}h_{v4i}\dot{N}_{bd}(p)/V_v$

$C^t_{b_l b_l}[j_{s3}(p), j_{s2}(r)] = C_{b_l b_l}[j_{s3}(p), j_{s2}(r)] + c_{v1vij}e_{vi}N_{bd}(r)N_{bd}(p-4) + 2m_{vwijk}e_{vi}\dot{N}_{bd}(r)N_{bd}(p+4)$

$M^t_{b_l b_l}[j_{s3}(p), j_{s2}(r)] = M_{b_l b_l}[j_{s3}(p), j_{s2}(r)] + m_{vwijk}e_{vi}N_{bd}(r)N_{bd}(p+4)$

end
for $r=1:2$

$K^t_{b_l b_l}[j_{s3}(p), j_{s3}(r)] = K_{b_l b_l}[j_{s3}(p), j_{s3}(r)] + k_{v1vj}b^2_{v1i}N_{bd}(r+4)N_{bd}(p+4) + c_{v1vj}b^2_{v1i}\dot{N}_{bd}(r+4)N_{bd}(p+4) +$

$$J_{vw\phi ijk}N_{bd}(r+4)N_{bd}(p+4)+k_{v1hjj}h_{v4i}^2N_{bd}(r+4)$$
$$N_{bd}(p+4)+c_{v1hij}h_{v4i}^2\dot{N}_{bd}(r+4)N_{bd}(p+4)+$$
$$m_{vwijk}h_{v4i}^2\ddot{N}_{bd}(r+4)N_{bd}(p+4)+k_{v1vij}e_{vi}^2N_{bd}(r+4)$$
$$N_{bd}(p+4)+c_{v1vij}e_{vi}^2\dot{N}_{bd}(r+4)N_{bd}(p+4)+$$
$$m_{vwijk}e_{vi}^2\ddot{N}_{bd}(r+4)N_{bd}(p+4)-$$
$$2f_{cy}h_{v4i}^2\dot{N}_{bd}(r+4)N_{bd}(p+4)/V_v$$

$$C_{b_lb_l}^t[j_{s3}(p),j_{s3}(r)]=C_{b_lb_l}[j_{s3}(p),j_{s3}(r)]+c_{v1vij}b_{v1i}^2N_{bd}(r+4)N_{bd}(p+4)+$$
$$2J_{vw\phi ijk}\dot{N}_{bd}(r+4)N_{bd}(p+4)+$$
$$c_{v1hij}h_{v4i}^2N_{bd}(r+4)N_{bd}(p+4)+2m_{vwijk}h_{v4i}^2\dot{N}_{bd}(r+4)$$
$$N_{bd}(p+4)+c_{v1vij}e_{vi}^2N_{bd}(r+4)N_{bd}(p+4)+$$
$$2m_{vwijk}e_{vi}^2\dot{N}_{bd}(r+4)N_{bd}(p+4)-$$
$$2f_{cy}h_{v4i}^2N_{bd}(r+4)N_{bd}(p+4)/V_v$$

$$M_{b_lb_l}^t[j_{s3}(p),j_{s3}(r)]=M_{b_lb_l}[j_{s3}(p),j_{s3}(r)]+J_{vw\phi ijk}N_{bd}(r+4)N_{bd}(p+4)+$$
$$m_{vwijk}h_{v4i}^2N_{bd}(r+4)N_{bd}(p+4)+$$
$$m_{vwijk}e_{vi}^2N_{bd}(r+4)N_{bd}(p+4)$$

end

$$F_{b_l}[j_{s3}(p)]=(-J_{vw\phi ijk}\ddot{\Phi}_1-c_{v1vij}b_{v1i}^2\dot{\Phi}_S-k_{v1vij}b_{v1i}^2\Phi_S)N_{bd}(p+4)+$$
$$2f_{cy}h_{v4i}\dot{U}_SN_{bd}(p+4)/V_v+(-k_{v1hij}h_{v4i}U_S-c_{v1hij}h_{v4i}\dot{U}_S-m_{vwijk}h_{v4i}\ddot{U}_S)$$
$$N_{bd}(p+4)+$$
$$\left[-k_{v1vij}e_{vi}V_S-c_{v1vij}e_{vi}\dot{V}_S-m_{vwijk}e_{vi}\ddot{V}_S+\left(\frac{m_{vi}}{4}+\frac{m_{vtij}}{2}+m_{vwijk}\right)e_{vi}g\right]N_{bd}(p+4)$$

end

其中，$e_b$ 为转向架的位置函数，具体值如下：
$$e_b=\begin{cases}5 & (j=1,\text{转向架前轮对})\\10 & (j=2,\text{转向架后轮对})\end{cases}$$

# 附录 E 形函数矩阵 $N_{se}$、$N_{he}$

形函数矩阵 $\boldsymbol{N}_{se}$、$\boldsymbol{N}_{he}$ 如下式所示：

$$\boldsymbol{N}_{se}^{T}(x) = \begin{bmatrix} -\dfrac{1}{l_e} \\ -z\left(\dfrac{12x}{l_e^3} - \dfrac{6}{l_e^2}\right) \\ -z\left(\dfrac{6x}{l_e^2} - \dfrac{4}{l_e}\right) \\ -y\left(\dfrac{12x}{l_e^3} - \dfrac{6}{l_e^2}\right) \\ -y\left(\dfrac{6x}{l_e^2} - \dfrac{4}{l_e}\right) \\ -\dfrac{\psi_s(y)}{l_e} \\ \dfrac{1}{l_e} \\ z\left(\dfrac{12x}{l_e^3} - \dfrac{6}{l_e^2}\right) \\ z\left(\dfrac{6x}{l_e^2} - \dfrac{4}{l_e}\right) \\ y\left(\dfrac{12x}{l_e^3} - \dfrac{6}{l_e^2}\right) \\ y\left(\dfrac{6x}{l_e^2} - \dfrac{4}{l_e}\right) \\ \dfrac{\psi_s(y)}{l_e} \end{bmatrix} \quad \boldsymbol{N}_{he}^{T}(x) = \begin{bmatrix} 1 - \dfrac{x}{l_e} \\ \dfrac{x}{l_e} - 1 \\ h\left(\dfrac{6x^2}{l_e^3} - \dfrac{6x}{l_e^2}\right) \\ h\left(1 + \dfrac{3x^2}{l_e^2} - \dfrac{4x}{l_e}\right) \\ \dfrac{x}{l_e} \\ -\dfrac{x}{l_e} \\ h\left(\dfrac{6x}{l_e^2} - \dfrac{6x^2}{l_e^3}\right) \\ h\left(\dfrac{3x^2}{l_e^2} - \dfrac{2x}{l_e}\right) \end{bmatrix}$$

式中，$l_e$ 为单元长度；$x$、$y$、$z$ 分别为钢-混凝土组合箱梁桥纵向、横向、竖向坐标；$h$ 为混凝土板形心与钢梁形心之间的竖向距离；$\psi_s(y)$ 为钢梁的剪力滞翘曲形函数。

# 附录 F  MTMDs 系统与钢-混凝土组合箱梁系统耦合的矩阵元素

MTMDs 与钢-混凝土组合箱梁耦合的刚度子矩阵（$K_{bt}$、$K_{tb}$）、阻尼子矩阵（$C_{bt}$、$C_{tb}$）的非零元素如下：

for $i=1:n$

$K_{bt}(i, n_{bl}) = K_{bt}(i, n_{bl}) - k_t(i)$；

$K_{bb}^t(n_{bl}, n_{bl}) = K_{bb}^t(n_{bl}, n_{bl}) + k_t(i)$；

$C_{bt}(i, n_{bl}) = C_{bt}(i, n_{bl}) - c_t(i)$；

$C_{bb}^t(n_{bl}, n_{bl}) = C_{bb}^t(n_{bl}, n_{bl}) + c_t(i)$。

end

$K_{tb} = K_{bt}^T$；

$C_{tb} = C_{bt}^T$。

其中根据反力互等定理，$k_t(i) = k_{ti}$，$c_t(i) = c_{ti}$；T 代表矩阵的转置；bt 代表安装在钢-混凝土组合箱梁桥上的 MTMDs 装置所对应的梁单元号。

# 附录 G MR-TMD 与钢-混凝土组合箱梁耦合的矩阵元素

MR-TMD 与钢-混凝土组合箱梁耦合的刚度子矩阵（$K_{bt}$、$K_{tb}$）、阻尼子矩阵（$C_{bt}$，$C_{tb}$）的非零元素如下：

$K_{bt}(1, n_{bl}) = K_{bt}(1, n_{bl}) - k_{t1}$；

$K^t_{bb}(n_{bl}, n_{bl}) = K^t_{bb}(n_{bl}, n_{bl}) + k_{t1}$。

$C_{bt}(1, n_{bl}) = C_{bt}(1, n_{bl}) - c_{t1}$；

$C^t_{bb}(n_{bl}, n_{bl}) = C^t_{bb}(n_{bl}, n_{bl}) + c_{t1}$。

$K_{tb} = K^T_{bt}$；

$C_{tb} = C^T_{bt}$。

其中，bt 代表安装在钢-混凝土组合箱梁桥上的 MR-TMD 装置所对应的梁单元号。

# 参考文献

[1] BAANT Z P, WU S T. Rate-type creep law of aging concrete based on maxwell chain [J]. Matériaux et Constructions, 1974, 7 (1): 45-60.

[2] JURKIEWIEZ B, BUZON S, SIEFFERT J G. Incremental viscoelastic analysis of composite beams with partial interaction [J]. Computers and Structures, 2005, 83 (21-22): 1780-1791.

[3] JURKIEWIEZ B, DESTREBCQ J F, VERGNE A. Incremental analysis of time-dependent effects in composite structures [J]. Computers and Structures, 1999, 73 (1): 425-435.

[4] GILBERT R I, BRADFORD M A. Time-dependent behavior of continuous composite beams at service loads [J]. Journal of Structural Engineering, 1995, 121 (2): 319-327.

[5] FABRIZIO GARA, GRAZIANO LEONI, LUIGINO DEZI. A beam finite element including shear lag effect for the time-dependent analysis of steel-concrete composite decks [J]. Engineering structures, 2009, 31 (8): 1916-1917.

[6] 王骅, 薛伟辰. 考虑收缩徐变的钢-混凝土组合梁变形计算 [J]. 长安大学学报（自然科学版）, 2004 (1): 56-60.

[7] 薛伟辰. 1年持续荷载下预应力组合梁的受力性能 [J]. 桥梁建设, 2003 (2): 1-3+15.

[8] 孙海林, 叶列平, 陆新征. 钢-混凝土组合梁收缩和徐变的影响分析和计算 [J]. 建筑结构, 2006, 36 (S1): 899-902+898.

[9] 樊健生, 聂鑫, 李全旺. 考虑收缩、徐变及开裂影响的组合梁长期受力性能研究（Ⅱ）：理论分析 [J]. 土木工程学报, 2009, 42 (3): 16-22.

[10] 樊健生, 聂建国, 王浩. 考虑收缩、徐变及开裂影响的组合梁长期受力性能研究（Ⅰ）：试验及计算 [J]. 土木工程学报, 2009, 42 (3): 8-15.

[11] ZHU L, SU R K L. Analytical solutions for composite beams with slip, shear-lag and time-dependent effects [J]. Engineering Structures, 2017, 152: 559-578.

[12] GATTESCO N. Analytical modeling of nonlinear behavior of composite beams with deformable connection [J]. Journal of Constructional Steel Research, 1999, 52 (2): 195-218.

[13] YAN J B. Finite element analysis on steel-concrete-steel sandwich beams [J]. Materials and Structures, 2015, 48 (6): 1645-1667.

[14] WANG L, KANG X, JIANG P. Vibration analysis of a multi-span continuous bridge subject to complex traffic loading and vehicle dynamic interaction [J]. KSCE Journal of Civil Engineering, 2016, 20 (1): 323-332.

[15] SHEN-HAW, JU. Vibration Analysis of 3D Timoshenko Beams Subjected to Moving Vehicles [J]. Journal of Engineering Mechanics, 2011, 137 (11): 713-721.

[16] Nassif H H, Liu M, Ertekin O. Model Validation for Bridge-Road-Vehicle Dynamic Interaction System [J]. Journal of Bridge Engineering, 2003, 8 (2): 112-120.

[17] MOGHIMI H, RONAGH H R. Development of a numerical model for bridge-vehicle interaction

and human response to traffic-induced vibration [J]. Engineering Structures, 2008, 30 (12): 3808-3819.

[18] LAW S S, ZHU X Q. Bridge dynamic responses due to road surface roughness and braking of vehicle [J]. Journal of Sound and Vibration, 2004, 282 (3): 805-830.

[19] 郭薇薇, 夏禾, 李慧乐, 等. 铁路新型钢-混凝土组合桁架桥在列车作用下的动力响应分析 [J]. 振动与冲击, 2012, 31 (4): 128-133.

[20] 张楠, 夏禾. 铁路桥梁在高速列车作用下的动力响应分析 [J]. 工程力学, 2005 (3): 144-151.

[21] AU F T K, WANG J J, CHEUNG Y K. Impact study of cable-stayed railway bridges with random rail irregularities [J]. Engineering Structures, 2001, 240 (3): 447-465.

[22] ZHOU W B, JIANG L Z, YU Z W. Analysis of free vibration characteristic of steel-concrete composite box-girder considering shear lag and slip [J]. Journal of Central South University, 2013, 20 (9): 2570-2577.

[23] WANG H, ZHU E. Dynamic response analysis of monorail steel-concrete composite beam-train interaction system considering slip effect [J]. Engineering Structures, 2018, 160: 257-269.

[24] ULKER-KAUSTELL M, KAROUMI R. Application of the continuous wavelet transform on the free vibrations of a steel-concrete composite railway bridge [J]. Engineering structures, 2011, 33 (3): 911-919.

[25] LIU K, REYNDERS E, ROECK G, et al. Experimental and numerical analysis of a composite bridge for high-speed trains [J]. Journal of Sound and Vibration, 2008, 320 (1): 201-220.

[26] ZHU L, WANG H L, HAN B, et al. Dynamic analysis of a coupled steel-concrete composite box girder bridge-train system considering slip and shear-lag [J]. Thin-Walled Structures, 2020, 157: 107060.

[27] 陈超. 考虑复杂空间力学效应的钢-混凝土组合箱梁桥-列车耦合系统动力分析 [D]. 北京: 北京交通大学, 2022.

[28] TAKAI H. Maintenance of track with long-wave track irregularity on shinkansen [J]. Quarterly Report of RTRI (Railway Technical Research Institute) (Japan), 1990, 31 (3): 128-131.

[29] 曹艳梅, 夏禾, 王昆鹏, 等. 紧邻既有铁路桥基础施工对行车影响的预评估 [J]. 铁道学报, 2013, 35 (3): 95-101.

[30] Cao Y, Xia H, Lu W, et al. A numerical method to predict the riding comfort induced by foundation construction close to a high-speed-line bridge [J]. Proceedings of the Institution of Mechanical Engineers, Part F: Journal of Rail and Rapid Transit, 2015, 229 (5): 553-564.

[31] Yau J. Response of a maglev vehicle moving on a series of guideways with differential settlement [J]. Journal of Sound and Vibration, 2009, 324 (3): 816-831.

[32] Esveld C. Modern Railway Track [M]. MRT-Production, 2001.

[33] 罗浩. 高速铁路大跨度预应力混凝土连续梁桥徐变变形对车-桥系统耦合振动的影响研究 [D]. 长沙: 中南大学, 2011.

[34] 王凡, 郭向荣. 考虑徐（温）变的连续梁拱桥车桥耦合振动分析 [J]. 重庆交通大学学报（自然科学版）, 2009, 28 (6): 986-990.

[35] 李国琪. 高速铁路56m PC简支箱梁长期运行性能研究 [D]. 兰州: 兰州交通大学, 2020.

[36] 王昆鹏. 桥梁附加变形对高速列车运行安全影响的研究 [D]. 北京: 北京交通大学, 2015.

[37] 王安琪. 桥梁徐变对轨道不平顺及高速行车动力特性的影响 [D]. 成都: 西南交通大学, 2021.

[38] MINER M A. Cumulative damage in fatigue [J]. J Appl Mech, 1945, 12 (3): 159-164.

[39] 潘际炎. 铁路钢桥疲劳可靠度设计及铁路桥梁疲劳荷载谱研究 [J]. 铁道学报, 1992 (4):

58-66.

[40] ZHAO Z, HALDAR A, BREEN F L. Fatigue-reliability evaluation of steel bridges [J]. Journal of Structural Engineering, 1994, 120 (5): 1608-1623.

[41] 谭冬梅, 罗素珍, 瞿伟廉, 等. 斜拉索在随机风-车-覆冰联合作用下的疲劳可靠度分析 [J]. 长安大学学报（自然科学版）, 2019, 39 (2): 91-99.

[42] 李慧乐, 夏禾. 基于车桥耦合随机振动分析的钢桥疲劳可靠度评估 [J]. 工程力学, 2017, 34 (2): 69-77.

[43] 罗媛, 颜东煌, 袁明, 等. 随机重载车辆作用下简支梁桥疲劳可靠度评估 [J]. 中外公路, 2017, 37 (3): 63-68.

[44] 任效佐. 基于车桥耦合理论的重载铁路桥梁疲劳病害评估与可靠性研究 [D]. 北京: 北京交通大学, 2022.

[45] 苏有华. 基于监测的正交异性钢桥面板系统疲劳可靠度评估 [D]. 杭州: 浙江大学, 2021.

[46] 王维. 基于车桥耦合振动的钢-混凝土组合梁桥疲劳研究 [D]. 长沙: 湖南大学, 2018.

[47] 崔玉萍. 钢-混凝土组合梁疲劳问题概述 [J]. 市政技术, 2004 (1): 6-13.

[48] OEHLERS D J, FOLEY L. The fatigue strength of stud shear connections in composite beams [J]. Proceedings of the Institution of Civil Engineers, 1985, 79 (2): 349-364.

[49] GATTESCO N, GIURIANI, et al., Low-cycle fatigue test on stud shear connectors [J]. Journal of Structural Engineering, 1998.

[50] 叶梅新, 侯文崎. 芜湖公铁两用长江大桥受压区桁梁结合梁试验研究成果简介 [C] //中国力学学会主办. 第八届全国结构工程学术会议论文集: 第Ⅲ卷. 北京: 清华大学出版社, 1999: 6.

[51] 聂建国, 王宇航. 钢-混凝土组合梁疲劳性能研究综述 [J]. 工程力学, 2012, 29 (6): 1-11.

[52] ALBRECHT P, LI W. Fatigue strength of prestressed composite steel-concrete beams [J]. Journal of Structural Engineering, 1995, 121 (12): 1850-1856.

[53] YAO J T P. Concept of structural control [J]. Journal of the Structural Division, 1972, 98 (7): 1567-1574.

[54] YANG J N. Application of optimal control theory to civil engineering structures [J]. Journal of the Engineering Mechanics Division, 1975, 101 (6): 819-838.

[55] SPENCER B, NAGARAJAIAH S. State of the art of structural control [J]. Journal of Structural Engineering, 2003, 129 (7): 845-856.

[56] LUCA S G, CHIRA F, ROȘCA V O. Passive, active and semi-active control systems in civil engineering [J]. Bulletin of the Polytechnic Institute of Jassy, Constructions, Architechture Section, 2005, 3 (3-4): 23-32.

[57] IBRAHIM R A. Recent advances in nonlinear passive vibration isolators [J]. Journal of Sound and Vibration, 2008, 314 (3-5): 371-452.

[58] SOONG T T, JR BPENCER F S. Supplemental energy dissipation: state-of-the-art and state-of-the-practice [J]. Engineering Structures, 2002, 24 (3): 243-259.

[59] ZHANG Z, STAINO A, BASU B, et al. Performance evaluation of full-scale tuned liquid dampers (TLDs) for vibration control of large wind turbines using real-time hybrid testing [J]. Engineering Structures, 2016, 126 (1): 417-431.